사랑의 혁명

김영찬 비평집
사랑의 혁명

펴낸날	2025년 6월 30일
지은이	김영찬
펴낸이	이광호
주간	이근혜
편집	윤소진 김필균 이주이 허단 최은지 유하은
마케팅	이가은 최지애 허황 남미리 맹정현
제작	강병석
펴낸곳	㈜문학과지성사
등록번호	제1993-000098호
주소	04034 서울 마포구 잔다리로7길 18(서교동 377-20)
전화	02) 338-7224
팩스	02) 323-4180(편집) 02) 338-7221(영업)
대표메일	moonji@moonji.com
저작권 문의	copyright@moonji.com
홈페이지	www.moonji.com

ⓒ 김영찬, 2025. Printed in Seoul, Korea
ISBN 978-89-320-4419-4 03800

이 책의 판권은 지은이와 ㈜문학과지성사에 있습니다.
양측의 서면 동의 없는 무단 전재 및 복제를 금합니다.

이 도서는 2025년 한국문화예술위원회 아르코문학작가펠로우십 지원사업 선정 작가의 도서입니다.

김영찬 비평집

문학과지성사

사랑의 혁명

책머리에

　오래전 소설가 최인훈은 모든 것이 막혀버려 혁명이 가능하지 않은 한국 사회에서 우리에게 필요한 것은 오직 '사랑과 시간'이라고 말했다. 그리고 그로부터 20여 년이 지난 뜨거운 화염의 시절, 한때 설익은 혈기로 종작없던 젊은 날의 나는 『회색인』의 이 구절을 읽으면서 섣부르게도 그것이 단지 도피와 회피의 레토릭이라고만 단정했다. 하지만 그 후로 더 오랜 시간이 흐른 지금, 왜 하필 '사랑과 시간'일 수밖에 없는지를, 그리고 그렇게 말할 수밖에 없는 아득한 선생의 마음을, 이제 조금은 가늠할 수 있을 것 같다. 2016~17년 폭발적으로 분출된 촛불 시민의 염원과 기대에 대한 배신과 무능과 실패, 그 뒤에 곧바로 이어진 참담한 퇴행의 악몽과 극심한 내란의 스트레스를 고통스럽게 통과하며, 나는 '사랑과 시간'이라는 화두를 오래도록 생각했다.
　그리고 한국소설은 그런 가운데서도 계속 씌어졌고, 한 걸음씩 앞으로 나아가고 있었다. 이 시기에 내가 읽은 한국소설은 적나라하게 반복되는 '오늘'을 견디며 "복사씨와 살구씨"의 "고요한 단단함"(김수영, 「사랑의 변주곡」)이 어째서 사랑일 수밖에 없는지를, 사랑이 얼마나 무서운 고통과 기다림인지를, 그것이 어떻게 (바디우의 주장처럼) 삶을 재발명하고 진리와 보편과 코뮌으로 도약하는 힘인지를 자기만의 언어로 이야기하고 있었다. 비평은 그 자리에서 그들과 함께 견뎠고, 그

간곡한 기다림과 사랑의 언어를 늦게나마 헤아리고 받아 적으려고 노력했다. '사랑의 혁명'이라는 제목을 얹은 연유다.

한동안 부산한 현장의 활기에서 한 발짝 비켜서 있었다. 자의든 타의든 이제 부지런히 맨몸으로 현장의 바닥을 더듬고 구르고 모색하는 현장 비평가로서의 몫은 어느덧 멀어져갔다는 느낌이다. 세불아여(歲不我與)이니, 어쩔 수 없는 일이다. 하지만 현장에서 살짝 비켜서 있다는 것이 주는 망외의 이점도 있다. 문학이란 무엇이어야 하는가, 그리고 나는 왜 여전히 문학을 붙들고 있는가,라는 해묵은 질문을 다시금 새로운 각도에서 물을 수 있는 시차적 관점을 제공해줬다는 점에서 그렇다. 이 책에 실린 몇몇 글에서 시도해본 것처럼, 부족하나마 문학사의 부러진 척추를 나름의 방식으로 이어보고 그 이음매를 찬찬히 들여다보려는 마음을 먹을 수 있었던 것도 돌아보면 그 덕분이다. 딴에는 시차와 시대착오를 통해서라도 어떻게든 동시대를 살아보려 한 기록으로 읽혔으면 한다.

1부에는 사랑과 혁명이라는 화두, 고통의 분유(分有)와 연대라는 문제의식을 담고 있는 글들을 주로 묶었다. '실재에 대한 열정'을 분출한 한국문학의 희소한 전통이나 비평의 전이적 연대를 다루는 글들도 크게는 그런 맥락 속에 함께 놓을 수 있겠다. 3부에는 지금 이곳에서 자기의 언어와 형식으로 오늘의 현실을 성찰하고 살아가는 한국소설의 성과를 살피는 글들을 묶었다. 현장에서 씌어지는 한국소설의 부단한 이모저모를 느린 걸음으로 띄엄띄엄 더듬더듬 쫓아가본 영성(零星)한 기록이다.

2부와 4부에는 멀리는 식민지시대부터 1960~70년대, 1990년대를 아우르며 기억해야 할 한국소설의 흐름과 맥점을 짚어보는 글들을 주로 모았다. 근대문학이 죽고 없는 지금, 2부와 4부에서 주로 다루고 있는 한국소설은 이를테면 근대문학의 유령들이다. 한국의 일그러진 역사와 현실의 증상을 제 몸으로 앓았고, 그리하여 저 스스로 증상이 된 소설들. 이들은 비록 죽었지만, 그렇다고 해서 오늘의 한국문학을 성찰하는 데서도 이 유령들의 목소리에 귀 기울이는 작업이 의미가 없는 것은 아니다. 데리다의 말처럼, '산다는 것'은 죽음을 통해서만 배울 수 있기 때문이다.

5부에는 영화에 대해 쓴 글을 묶었다. 본격적인 영화비평이라기보다는 문학비평의 문제의식을 영화 장르로 확장해간 글들이다.

비상계엄과 탄핵 정국을 통과하며 국회와 광장과 남태령에서 세대와 성별을 초월해 한마음으로 함께 싸운, 이름 모를 모든 이들에게 뒤늦게 감사를 전한다. 이 비평집의 서문을 쓰고 있는 지금, 마음에서 무거운 돌덩어리를 조금은 덜어낼 수 있게 된 것도, 새로운 시작에 작은 기대나마 얹어볼 수 있게 된 것도, 모두 당신들 덕분이다. ……어느덧 주위에 아픈 사람들이 조금씩 하나둘 늘어간다. 부디 잘 견디고 싸워주기를. 그들과 함께 싸우며, 나도 읽기와 쓰기를 계속할 것이다.

어느덧 네 번째 비평집이다. 느릿느릿 겨우 여기까지 왔다. 유독 게으른 글쓰기를 그래도 너그럽게 참아주고 격려하고 보듬어준 주위의 많은 사람들 덕이다. 그들에게 또 다른 짐이 되지 않기만을 바랄 뿐이다. 어려운 시절에 흔쾌히 출간을 허락해주신 이광호 선생님, 부족한 글을 정성스럽게 오류를 교정하고 만지고 다듬느라 애쓰신 편집자 윤소진 님께도 특별히 감사하다.

2025년 6월
김영찬

차례

책머리에 4

1부 사랑과 시간

보이지 않는 자들의 혁명─황정은의 『디디의 우산』을 중심으로 11
불가능한 장소에서, 고통의 미메시스와 글쓰기의 드라마─한강의 『작별하지 않는다』 33
죄의식과 고통의 연대─권여선의 『토우의 집』과 『레몬』 57
실재에 대한 열정 혹은 한국문학의 어떤 희미한/희귀한 흔적들 77
비평의 '전이'가 말해주는 것 96

2부 분열의 기억

분열의 얼룩, 불쌍한 녀석 백민석 117
나르시시즘적 문학주의와 진정성의 심리구조─장정일의 「아담이 눈뜰 때」 다시 읽기 137
무라카미 하루키, 사라지는 매개자와 1990년대 한국문학 162
기차를 타고, 기어라, 비평!─김형중의 『제복과 수갑』과 비평의 유물론 185

3부 이야기의 경이

Dream Trip, 아니면 Bad Trip─최제훈의 『블러디메리가 없는 세상』과
 김사과의 『하이라이프』 197
이야기는 힘이 세다─엄우흠의 『마리의 돼지의 낙타』 209
21세기 노동가족 생존기─이수경의 『자연사박물관』 220
노이즈는 영혼을 잠식한다─권여선의 「희박한 마음」 231
미끄러지는 복수와 성찰적 할머니의 탄생─윤성희의 「남은 기억」 237
세속적 현현(顯現)과 삶의 경이─백수린의 「흰 눈과 개」 244

4부 혁명과 고독

분단시대 드라큘라의 꿈—최인훈 선생을 추모하며   253
증상과 성찰—1969, 다시 읽는 이청준   270
근대의 모순을 살아가는 개인의 길—백인빈, 이제하, 김승옥의 소설   290
지금 우리 학교는, 훈육과 폭력의 오작동—전상국의 『우상의 눈물』   314
감정 실천과 수행적 자기 발견의 드라마 그리고 고쳐 읽는 『무정』
　—이수형의 『감정을 수행하다』에 덧붙여   325

5부 문학 영화 카페

저개발의 모더니티와 숭고의 정치학—신상옥 영화 「상록수」 읽기   343
'민족'의 상상, 「아리랑」의 영화적 근대성   366
문학에서 연극으로, 혹은 영화로   388

1부
사랑과 시간

보이지 않는 자들의 혁명
— 황정은의 『디디의 우산』을 중심으로

1. 들어가며

한국문학사에는 드물게 혁명을 사유하는 소설이 있다. 예컨대 최인훈의 『회색인』(1964)이 대표적인 사례다. 4·19혁명의 열기가 5·16 군사쿠데타에 의해 변질되어가고 모든 것이 막혀버렸다는 좌절과 체념의 분위기가 지식인들을 사로잡던 시절, 최인훈은 『회색인』을 썼다. 이 소설에서 그는 4·19혁명이 일어나기 바로 직전의 시기로 시계를 되돌린다. 이승만 독재의 폭정과 혁명의 조짐이 뒤섞여 동요와 기대로 혼란스럽던 시기를 배경으로, 혁명의 가능성과 불가능성에 대한 젊은 지식인들의 사유와 토론이 펼쳐진다.

『회색인』의 주인공 독고준에 따르면, 어쨌거나 혁명은 불가피하다. 그러나 지금의 한국 사회에서 혁명은 가능하지 않다. 한국 사회의 열악한 후진성과 낙후된 의식은 혁명을 허락하지 않는다. 무슨 일을 하려 해도 도대체가 어찌해볼 수조차 없는 "참으로 더러운 시대 못난 지역의 주민"[1]인 우리는, 시대의 감옥에 "갇혀 있으나 탈출은 금지돼"(p. 76) 있다. 모든 것이 절망적인 "절벽"(p. 33)이다. 독고준을 짓누르는

---

1 최인훈, 『회색인』, 문학과지성사, 1991, p. 33.

절벽과 봉쇄의 감각은 그를 회의와 권태의 의자에 주저앉힌다. 그렇다면 무엇을 할 것인가? 그는 오직 "사랑과 시간"[2]만이 대안이라고 말한다. 그런데 사랑이 혁명을 구원할 수 있을까?

최인훈의 저 물음이 있은 지 55년이 흐른 2019년, 황정은은『디디의 우산』(창비, 2019)을 썼다. 혁명이 불가피함을 말하면서도 혁명을 불가능하게 하는 한국 사회의 조건들에 대해 사유했던 최인훈과 마찬가지로, 이 소설에서 황정은도 그렇게 한다. 황정은은 2015년 세월호 참사 1주기 추모 시위와 2016~17년 촛불혁명의 시기를 가로지르며 한국 사회에서 혁명이란 무엇인가를, 그리고 그것이 과연 가능한 것인지를 묻는다.『회색인』의 주인공 독고준이 모든 열정과 시도를 가로막는 '절벽' 앞에서 무참히 좌절했던 것처럼, 황정은의 주인공은 사람들을 가두고 가로막는 "파란색 폴리스라인을 두른 차벽"[3] 앞에서 우리는 저 '차벽'을 도저히 통과하지 못할 것이라고 우울하게 고백한다. 최인훈의『회색인』이 그랬던 것처럼, 황정은의『디디의 우산』은 그렇게 촛불시위와 대통령 탄핵으로 이어지는 혁명의 조짐을 통과하면서 혁명의 조건과 그 불가능성을 숙고한다. 그런 측면에서, 황정은은 최인훈의 후예다.

황정은의『디디의 우산』은 중편소설「d」와「아무것도 말할 필요가 없다」를 한데 묶은 연작소설집이다. 이 연작의 시간적 배경은 대략 세월호가 가라앉은 즈음의 시점에서 시작해 2015년 세월호 참사 1주기 시위와 2016년 국정농단 사건으로 촉발된 촛불시위를 지나 2017년 봄 대통령 탄핵 선고에 이르기까지의 기간이다. 이 중「d」는 연인인 dd를 사고로 잃고 상실감과 환멸을 앓는 청년 d의 이야기를 다루고 있고, 「아무것도 말할 필요가 없다」는 소설을 쓰고 있는 여성화자 '나'와 '나'

---

2 같은 책, p. 17.

3 황정은,『디디의 우산』, 창비, 2019, p. 122. 이후 이 소설을 인용할 때는 페이지만 표기.

의 연인 서수경의 이야기를 중심에 놓고 배제와 혐오, 말과 사고의 무능 같은 온갖 가시적·비가시적 벽으로 가로막힌 한국 사회의 오늘을 성찰한다.

그런 만큼 이 두 소설은 연작이라 하기엔 내용의 연속성도 없고 인물과 사건의 공통성도 존재하지 않는다. 그리고 이 둘은 그 내용만큼이나 형식에서도 이질적이다. 「d」가 통상적인 사실주의적 수법으로 이야기를 끌어간다면, 「아무것도 말할 필요가 없다」는 역사적 사건과 인물 들, 그리고 1996년 연세대 사태부터 2017년 대통령 탄핵 선고에 이르기까지 최근세사의 중요한 국면들을 파편적이고 불연속적으로 배치하면서 그로부터 환기되는 문제들에 대한 에세이적 서술이 중심이된다. 그럼에도 불구하고 이 둘을 말 그대로 연작이라 할 수 있는 근거는 무엇인가? 그것은 바로 두 소설 모두에서 각기 다른 방식으로 '혁명이 도대체 가능한가'에 대한 사유가 펼쳐진다는 데서 찾을 수 있다. 즉 이 연작은 인물과 사건의 연속성보다는 혁명의 가능성과 불가능성이라는 메타적 주제 아래 느슨하게 연결된다. 이와 관련해 『디디의 우산』에 묶인 두 편의 소설이 "혁명의 시작점과 끝점"을 각각 짚으면서 "모두가 어둠 속에서 절망하고 있던 시기에 가능성을 포착하고, 반대로 혁명이 성공적으로 완수되었다고 믿는 시기에 불가능성을 겹쳐두는 시선의 낙차"[4]를 보여준다는 지적도 정확히 이 점을 포착했다.

최인훈이 상상하는 혁명과 황정은의 혁명은 세월의 낙차만큼이나 큰 차이가 있다. 그러나 그 둘은 모두 혁명의 가능성과 불가능성의 조건을 집요하게 묻고 있었다는 점에서 상통한다. 가령 혁명의 가능성을 회의하는 최인훈의 앞에 캄캄한 '절벽'이 놓여 있었다면, 혁명을 통과하는 황정은의 눈앞에는 '차벽'이 가로막혀 있었다. 최인훈이 혁명이

---

4 강지희, 「세상의 모든 존재들에게, 우산을」, 『디디의 우산』 해설, 창비, 2019, p. 320.

실패한 자리에서 무엇이 혁명을 불가능하게 하는지를 물었다면, 황정은은 어쩌면 실패한 혁명이었을지도 모를 역사의 한 매듭이 끝난 자리에서 혁명의 가능성을 가로막는 '우리' 안의 장벽들을 묻는다. 그리고 최인훈의 혁명이 자아의 혁명과 무관한 것이 아니었던 것처럼, 황정은의 혁명도 그렇다. 이 글은 이런 맥락을 고려하면서 황정은의 『디디의 우산』을 읽는다.

2. 불가능한 애도와 하찮음의 연대

『디디의 우산』의 앞머리에 놓인 중편 「d」는 연인인 dd의 죽음 뒤에 환멸과 상실감에서 벗어나지 못하고 있는 주인공 d의 의식과 행로를 따라간다. d에게 dd와 함께했던 짧은 순간은 잡음으로 가득했던 세계를 정지시키는 단 하나의 "예외"(p. 40)였다. 그러나 dd와의 예외적인 순간은 어느 날 폭력적으로 잘려 나갔다. 달리는 버스에서 dd는 "검은 길 위로 내동댕이쳐"졌고, 모든 것이 그 길 위에서 "중단"되었다. dd는 말한다. "그런데 그것은 무엇의 결과일까…… 무엇의, 결과이기는 한 걸까."(p. 36) 그처럼 dd의 죽음은 인과(因果)라는 상식적 감각마저 파괴해버린 폭력적인 절단이었다. 어렴풋이 품었던 기대와 희망은 d에게 유일무이했던 그 '예외'를 폭력적인 방식으로 잃음으로써 또다시 삭제되고 환멸과 혐오로 뒤바뀌었다. "환멸과 혐오. 그것이 d에게 가능했다. 왜 안 되겠는가."(p. 47)

d에게 환멸과 혐오만 남은 이 세계는 영원히 정지된 죽음의 공간일 뿐이다. 그런 d가 이제 홀로 감당해야 하는 것은 "권태, 환멸, 한조각의 정나미도 남지 않은 삶"(p. 138)이다. 그것은 출구 없는 마음의 지옥이다. 그에게 기대와 희망은 언제나 "상실감과 배신감"으로 돌아오는 거

대한 착각일 뿐, 그래서 그는 "기만적인 기대와 거짓된 실감을 버렸다"(p. 23)고 말한다. 그리고 d를 유폐시킨 그 마음의 지옥을 더욱 가혹한 것으로 만드는 것은 다름 아닌 죄의식이다. dd가 튕겨나가는 그 순간 "dd를 붙들고 있지 않았"(p. 36)다는 죄의식은 그를 끝없는 우울로 침잠하게 만든다. 애도는 불가능하다.

이 불가능한 애도가 만들어낸 마음의 지옥은 사실 d의 것만은 아니다. 황정은이 연인을 잃은 d의 트라우마와 죄의식을 무겁게 침잠하는 문체로 그려가는 배경에는 2014년 세월호 참사가 불러일으켰던 마음의 파장과 정동(情動)이 가로놓여 있다. 그럼으로써 d의 우울과 상실감은 세월호 참사 이후 오래도록 우리 사회를 뒤덮었던 사회적 트라우마를 환기한다. 그리고 황정은은 그 트라우마를 더욱 견디기 힘든 것으로 만드는 것이 무엇인지를 d를 통해 암시한다. "너의 애인은 왜 함께 오지 않았느냐"는 아버지 이승근의 물음에 d는 "모르겠는데 실은 모르지 않아서 모르겠다고 말할 수밖에 없다"고 생각한다. 실로 그것은 그렇게 무지(無知)를 가장해야만 가까스로 대면할 수 있는 물음이다. 왜냐하면, d는 말한다. "왜냐하면 너무 하찮기 때문이라고. 나도 dd도 그리고 당신도. 우리가 너무 하찮아서, 충돌 한 번에 내동댕이쳐질 수 있기 때문이라고."(p. 139) 그렇게 여기엔 거대한 폭력 앞에 속수무책일 수밖에 없는 무력한 개인의 감각이 투사돼 있다. 이 지점에서 d의 우울과 환멸은 세월호 참사 이후 불가능한 애도와 죄의식이라는 마음의 파장을 안고 어둠의 시대를 힘겹게 통과했던 무력하고 하찮은 개인들의 마음의 풍경과 오버랩된다.

연인을 사고로 잃은 d의 일상이 2015년 세월호 1주기 추모 시위와 접속하는 것은 그런 의미에서 자연스럽다. d는 어느 날 친구인 박조배와 함께 우연히 시위 행렬을 만나 거기 섞여드는데, 그가 시위 현장에서 만나는 것은 대로를 가로막은 "파란색 폴리스라인을 두른 차벽"(p.

122)이다. 겉으로 드러나진 않지만 d의 마음을 유폐시켰던 출구 없는 상황은 이 대목에서 차벽이 만들어낸 고립과 봉쇄라는 형태로 은유적으로 반복된다.

> 세종대로 사거리는 두개의 긴 벽을 사이에 둔 공간(空間)이 되어 있었다. 고요하게 정지되어 있어 진공이나 다름없었다. 사십여분 전에 박조배와 d가 머물고 있던 청계광장 쪽에서 함성이 들려왔다. 이제 어떻게 할까. d는 경찰버스 너머로 솟은 이순신 장군 동상을 바라보았다. 저 소리는 이 간격을, 이 진공을 도저히 통과하지 못할 것이라고 생각했다. 조배야 이것이 혁명이로구나. d는 생각했다. 우리는 우회한 것이 아니고 저 차벽이 만들어낸 흐름을 충실하게 따라 찌꺼기처럼 여기 도착했구나. 혁명은 이미 도래했고 이것이 그것 아니냐고 d는 생각했다. 혁명을 거의 가능하지 않도록 하는 혁명…… 격벽을 발명해낸 사람들이 만들어낸 혁명…… 밤공기가 싸늘했다. (pp. 132~33)

"고요하게 정지되어 있어 진공이나 다름없었"던 저 격벽 사이의 공간은, "매우 정지된 지금"에 갇혀 "이 세계 이후의 저 세계"(p. 113)를 상상할 수 없는 d의 죽음 같은 삶을 연상시킨다. d는 시위대의 함성이 차벽이 만들어낸 "이 간격을, 이 진공을 도저히 통과하지 못할 것"이라고 생각한다. 그리고 그는 차벽을 우회한다고 걷긴 했지만 "저 차벽이 만들어낸 흐름을 충실하게 따라 찌꺼기처럼 여기 도착"했을 뿐임을 깨닫는다. 장벽이 가로막은 거리는 이동에 한계를 강제하고 이동을 제약함으로써 그 자체로 정치적 공간이 된다.[5] 그런 의미에서 "혁명은 이

---

5 거리에서 이동의 권리와 그 제약이 갖는 정치성에 대해서는 미미 셸러, 『모빌리티 정의』, 최영석 옮김, 앨피, 2019, pp. 63~64 참조.

미 도래"했지만 그것은 "혁명을 거의 가능하지 않도록 하는 혁명", 즉 반혁명이다. 결국 저 차벽의 봉쇄가 강제하는 정해진 길을 순종적으로 따라가는 찌꺼기 같은 하찮은 삶만이 가능할 뿐이다. 서사의 앞부분에서 부각됐던 d의 우울과 좌절감이 한 개인의 특수한 사적 경험과 감각의 차원에 그치지 않고 우리 시대가 맞닥뜨린 현실적 시대감각의 차원으로 변환되고 확장되는 것은 바로 이 지점에서다.

연인의 죽음에서 비롯된 d의 환멸의 감각은 이로써 사회정치적인 맥락을 얻게 되는데, 이는 그가 내내 붙들려 있던 '탈출'이라는 단어도 마찬가지다. 세 들어 살던 집에서 노파들에게 1983년 2월 25일 공습 사이렌으로 시작된 이웅평 대위 귀순 사건의 경험을 전해 들은 dd는 나중에 어렴풋하게 그때의 기억을 떠올린다. 모든 것이 정지된 것처럼 느껴지던 그때, d가 그 사건에서 느낀 것은 '매우 정지된 지금'을 뚫고 날아가는 탈출의 감각이었다. d는 말한다. "그런데 그것을 아시나요? 이웅평 대위가 전투기를 몰고 남한으로 넘어온 이유가 환멸 때문이었다고 합니다. 〔……〕 그는 그것을 가지게 된 거죠. 탈출의 경험을."(pp. 113~14) 하지만 d에게는 그런 경험도, 가능성도 없다. 그는 "나는 내 환멸로부터 탈출하여 향해 갈 곳도 없"(p. 114)다고 말한다. 그런 d에게 현실은 '영원히 정지된 지금'이다.

> 비상한 일이 벌어지는 때……라는 것이 따로 있을까? 그것이 따로 있다면, 이렇게 끝날 조짐도 없이 계속 이어지고 있을 리가 없었다. 그렇다. 이어지고 있다. 조짐도 무엇도 없이 이것은 이렇게 이어진다. 박조배는 금방이라도 세계가 망할 것처럼 이야기했으나 d는 의아했다. 망한다고?
> 왜 망해.
> 내내 이어질 것이다. 더는 아름답지 않고 솔직하지도 않은, 삶이.

거기엔 망함조차 없고…… 그냥 다만 적나라한 채 이어질 뿐. (p. 134)

이 대목에서 d의 사적인 환멸의 감각과 암울한 현실에 대한 시대적 감각이 한데 포개지고 하나로 합쳐진다. "비상한 일이 벌어지는 때"란 없다. 이 세계는 망하지 않을 것이다. 즉 그가 환멸에서 탈출하는 것이 불가능한 것처럼, 이 모든 것을 뚫고 나가는 혁명도 가능하지 않다. 이 현실은 "끝날 조짐도 없이" 적나라하게 이어질 것이고, 이후를 상상할 수 없는 "매우 정지된 지금"(p. 113)으로 고착될 것이다.

물론 「d」에서 그려지는 이 불가능의 감각은 d가 세운상가에서 늙은 오디오 수리기사 여소녀를 만나고 진공관으로 음악을 듣기 시작하면서 조금씩 흔들린다. 황정은은 d의 마음속에 일기 시작한 그 미세한 동요를 포착하면서 「d」의 서사를 마무리한다. 그리고 「d」에서 그려지는 이 불가능의 감각은 이어지는 연작인 「아무것도 말할 필요가 없다」에서 구체적인 사회·역사적 국면들을 배경으로 한층 더 구체화되고, 그것을 낳는 우리 안팎의 장벽들에 대한 탐구로 확장된다.

3. 영원한 오늘, 혁명은 없다

『디디의 우산』의 두번째 소설 「아무것도 말할 필요가 없다」의 여성 화자 '나'(김소영)는 동성 연인인 서수경과 함께 살고 있다. 「d」에서 연인을 잃은 d가 스스로를 마음의 감옥에 유폐시켰다면, 이 소설에서 연인과 함께 사는 '나'는 이성애적 규범과 '상식'이라는 외부적 시선의 감옥으로 끊임없이 내몰리고 있다. 이웃의 천박한 호기심, 무신경한 말과 시선을 견디며 살아야 하는 '나'와 서수경의 삶은 그 자체로 상식의 세계에서 배제된 '예외'로서의 삶이다. 「아무것도 말할 필요가 없다」에서 혁명의 불가능에 대한 감각과 사유의 근거를 제공한 것도 바로 그 이성애적·가부장제적 젠더 권력이 배제한 예외로서 부득이 겪을 수밖에 없었던 일상의 억압과 폭력이다.

그리고 '나'는 소설가다. '나'는 이야기를 완성하려고 하지만 잘 되지 않는다. 쓰다 만 미완의 원고만 쌓여간다. '나'는 매번 "단 한가지 이야기"를 쓰려고 노력한다. 그것은 "누구도 죽지 않는 이야기"(p. 151)다. 하지만 쓰려고 하는 소설에는 언제나 어쩔 수 없이 죽음이 등장하고 소설은 중단된다.

> 완주(完走)라는 제목으로 이야기 한편을 쓸 수 있을까.
> 어째서 네 글엔 죽거나 죽어가거나 죽은 것처럼 보이는 사람들이 계속 등장하는가. 오래전에 누군가 내게 그것을 물은 뒤 다정(多情)이 내 이야기에 도움이 될지도 모른다고 조언한 적이 있었다. 〔……〕 다정이 나의 문제일 수 있을까. 그것이 내게 부족해 자꾸 죽음이 등장하는 것이며 이야기가 매번 중단되는 것일까.
> 도대체 다른 사람들은 이야기를 어떻게 끝내는 것일까. 그 이야기가 거기서 끝난다는 것을 그들은 어떻게 알까. (pp. 152~53)

'나'를 사로잡는 것은 도대체 이야기 한 편을 끝낼 수 있을까, 라는 물음이다. 하지만 그것은 가능하지 않다. 왜냐하면 아무리 해도 소설에 "죽거나 죽어가거나 죽은 것처럼 보이는 사람들이 계속 등장"하기 때문이다. 중단되는 이야기에 대한 '나'의 이런 물음에는 의심할 여지 없이 2014년 세월호 참사가 남긴 트라우마가 각인돼 있다. 황정은이 여기서 환기하는 것은 세월호 참사의 숱한 죽음들 이후의 언어도단이고, 그런 시대에 소설을 쓴다는 일이 도대체 가능한가에 대한 깊은 회의

다. 누군가 "다정(多情)이 내 이야기에 도움이 될지도 모른다고 조언"한 적이 있지만, 화자는 의심한다. "그것을 완성할 수 있을까. 그러려면 무엇이 필요할까. 다정, 그것이 내게 좋은 툴이 될 수 있을까."(p. 159) 그러나 연인의 죽음을 겪은 d의 말처럼 세월호 참사 이후의 시간은 말 그대로 "한조각의 정나미도 남지 않은"(p. 138) 시간이다. 그런 상황에서 '다정'이란 자기를 속이는 기만일 뿐, 그것이 "좋은 툴"로 작동할 리도 없다. 소설 쓰기와 관련한 이런 '나'의 의심과 회의에는 죽음이 만연한 이 세계에서 '다정'이 아무런 해결책도 될 수 없음을, 차라리 '다정'조차 이미 가능하지 않음을 다시금 확인하는 작가의 비관이 투사돼 있다.

「아무것도 말할 필요가 없다」의 서사에는 이처럼 세월호 참사 이후의 소설 쓰기에 대한 반성적 회의가 배면에 깔려 있다. 이 소설에서 누구도 죽지 않는 이야기를 완성할 수 있을까, 라는 '나'의 회의는, 일상에서 '나'가 맞닥뜨리는 고립과 배제의 경험과 불가능의 감각을 환기하면서 혁명이 과연 가능할까, 라는 물음으로 조금씩 나아간다. 그리고 그에 대한 사유는 2015년 세월호 참사 1주기 추모집회, 2016~17년 촛불시위와 박근혜 대통령 탄핵 선고로 이어지는 정치적 국면들을 배경으로 구체화된다.

연작의 첫 소설인 「d」의 정조는 상당 부분 '매우 정지된 지금' 안에 갇혀버렸다는 봉쇄의 감각과 탈출 가능성에 대한 회의에 의해 지배되고 있었다. 「아무것도 말할 필요가 없다」는 전혀 다른 인물과 사건이 등장하는 완전히 별개의 소설이지만, 그런 봉쇄의 감각과 회의는 또 다른 방식으로 지속된다. 그리고 「d」의 '매우 정지된 지금'의 감각은 여기서는 "다른 날일 가능성이 없는 오늘"(p. 311)의 감각으로 변주된다. 「d」와 「아무것도 말할 필요가 없다」의 그런 연속성은 그 둘이 모두 똑같이 2016년 세월호 참사 추모집회 현장을 그리는 장면에서도 확인된다. 그리고 세월호 참사가 불러일으킨 사회적 트라우마와 마음의 파장도 여전히 진행 중이다. 마침 「아무것도 말할 필요가 없다」의 화자 '나'와 서수경은 d가 있었던 같은 시위 현장에 있었고, d가 보았던 것과 똑같은 것을 보고 같은 생각을 한다.

> 북쪽과 남쪽을 잇는 세종대로는 두겹의 차벽으로 가로막혀 북쪽으로도 남쪽으로도 갈 수 없게 되어 있었다. 우리는 오가는 차도 행인도 없이 넓은 도로가 깨끗하게 비어 있는 것을 보았다. 세종대로 사거리는 두 개의 긴 벽을 사이에 둔 공간(空間)이 되어 있었다. 청계광장 쪽에서 차벽에 가로막힌 사람들이 지르는 함성이 들려왔다. 여태 많은 사람이 거기 남아 있는 듯했다. 이제 어떻게 할까. (p. 290)

「d」의 서술과 거의 같은 내용이 똑같이 반복된다. "두 개의 긴 벽을 사이에 둔 공간(空間)"이라는 표현이 특히 그렇다. 그 차벽의 봉쇄가 만들어낸 진공 속에서 d가 탈출 불가능을 감지했듯이, 화자에게도 이 장면은 흡사한 감각으로 다가온다. 그리고 d와 마찬가지로 화자인 '나'를 사로잡는 것 또한 '탈출'의 모티프다. 이 앞에서 '나'는 가부장제적 의식과 여성 비하가 만연했던 대학 학생회 시절에 농활 현장에서 도망쳤던 경험을 회상하면서 "불모의 세계를 탈출하는 사람의 이야기를 쓰고 싶었는데 그 뒤를 이어 쓸 수 없었다"(p. 195)고 말한다. 어떻게 써도 거짓말이고 기만이라는 생각을 떨쳐낼 수가 없었기 때문이다. d와 똑같이 '나'도 생각한다. "탈출의 경험이 내게 없기 때문일까?"(p. 196) 「아무것도 말할 필요가 없다」에서 "탈출할 수 없어"(p. 283)라는 비관은 이렇게 여러 곳에서 반복된다. '나'에게는 "불가능성이 내 동기들"(p. 183)이다.

비관이 비롯되는 시점은 1996년 8월 '연세대 사건'이다.[6] '나'에 따르면 그 사건은 "물리적으로 고립시키고, 폭력이라는 틀을 씌운다"(p. 188)는 고립과 봉쇄의 툴(tool)을 만들어냈다. 그리고 목구멍 어딘가에 걸려 있던 그 고립의 기억은 2008년 6월 10일 광화문대로를 가로막은 '명박산성'과 2009년 1월 용산 참사를 겪으며 다시 한번 환기됐고, 2015년 4월 16일 세월호 추모 시위 현장에서 다시 등장한 차벽에서 세련된 형태로 완성된다. 그것이 뜻하는 것은 "물리적 봉쇄와 이념적 봉쇄, 운동과 일상의 격리"이고, "일상적인 것에서 정치적인 것의······ 박리"(p. 188)다. 「아무것도 말할 필요가 없다」는 1996년 연세대 사태에서 시작해 역사의 중요한 국면마다 반복된 그 고립과 봉쇄의 기억을 하나씩 끄집어낸다. 문제는 그것이 지배체제의 폭력에만 국한된 것이 아니라는 사실이다. 저들이 만들어낸 고립과 봉쇄의 도구는 그것을 갖지 못한 인간들의 의식까지도 지배한다. 화자는 말한다. "툴을 쥔 인간은 툴의 방식으로 말하고 생각한다. 그리고 어찌된 영문인지, 툴을 쥐지 못한 인간 역시 툴의 방식으로······"(pp. 189~90)

『디디의 우산』에서 황정은은 그렇게 "툴을 쥐지 못한 인간"이 어떻게 "툴의 방식"으로 말하고 생각하는지를, 그것이 어떻게 일상의 폭력으로 작용하는지를 '나'와 '나'의 동성 연인인 서수경의 체험을 통해 서술한다. 보이지 않게 일상에서 작동하는 '툴의 방식'은 여성과 소수자에게 한층 더 가혹하다. 운동권과 대학에 만연했던 가부장제적 남성지배 문화, 직장에서 아무렇지도 않게 자행되던 성폭력과 여성 혐오, 지배자의 언어를 내면화하고 힘없음(無力)을 힘껏 혐오하는 아버지의 무사고(無思考), 이성애적 규범의 무신경한 강요와 비이성애적 관계에 대

---

[6] 『디디의 우산』에서 회고되는 1996년 연세대 사건에 대한 상세한 설명과 그에 대한 『디디의 우산』의 소설적 재현에 대해서는 소영현, 「광장의 젠더와 혁명의 성정치—1996-2016, 혁명의 기록과 기억'들」, 『대중서사연구』, 제26권 2호, 대중서사학회, 2020, pp. 176~83 참조.

한 모든 가시적·비가시적 혐오 및 폭력, 상식이라는 잣대로 함부로 타자를 재단하고 배제하는 배려 없음과 사유의 무능. 이 소설에서 황정은이 화자의 입을 통해 들추어내는 것은 그렇게 삶의 전방위에 걸쳐 대중의 일상과 의식을 점령한 그 지배권력의 툴이고, 이를 당연하게 받아들이는 "말하기, 생각하기, 공감하기의 무능성"(p. 220)이다. 「d」의 주인공이 거리를 가로막은 차벽에서 보았던 것이 여기서는 일상과 습관을 지배한다. 그것이야말로 d의 말처럼 "혁명을 거의 가능하지 않도록 하는 혁명"(p. 133)이다.

「아무것도 말할 필요가 없다」의 '나'가 2016년 촛불집회 현장에서 보는 것도 바로 그 혁명을 거의 가능하지 않도록 하는 '우리' 내부의 차벽이다. 그 차벽이란 권력이 우리 안에 심어놓은 통치자의 기율이고, "툴을 쥐지 못한 인간"이 자발적으로 내면화하는 지배자의 툴이다. 그것은 바깥으로 흘러넘치는 혁명의 열광과 에너지를 고립시키고 배제한다. 소설은 '나'의 말을 통해 촛불혁명 과정에서 아무렇지 않게 행해졌던 저 의식적·무의식적 고립과 배제가 만들어낸 광장의 균열을 숙고한다. 그것은 "우리가 무조건 하나라는 거대하고도 괴로운 착각"(p. 306)에 가해지는 균열이기도 하다.

> 평화적 시위에 대한 사람들의 열광은 서수경과 내게 거의 강박처럼 보였다. 광장이나 여론이 모이는 곳에서 종종 보이곤 하는, 평화적으로 시위하는 착한 시민이라는 자부가 우리는 불편했다. 착한 시민의 정상적 시위와 착하지 않은 시민의 비정상적 시위가 이렇게 나뉘는 것일까⋯⋯ 세월호 유가족과 미수습자 가족들은 지난 3년 내내 착하지 않은 시민이었다는 말인가⋯⋯ (pp. 302~303)

평화적 시위에 대한 사람들의 강박은 "착한 시민의 정상적 시위"와

"착하지 않은 시민의 비정상적 시위"를 분리하고 후자를 고립시킨다. 질서를 지키는 '착한 시민'의 자부심은 자연스레 무질서한 '착하지 않은 시민'에 대한 비난으로 이어진다. 이런 방식으로, '툴을 쥔' 지배자의 말과 사고는 시위에 참여한 '툴을 쥐지 못한' 인간들의 말과 사고를 지배한다. 혁명이 기성의 모든 규범과 인습을 초과하고 질서를 뒤흔드는 사건이라면, 황정은은 규범과 질서를 준수하는 평화적 시위에 대한 강박이야말로 혁명을 가로막는 또 하나의 '차벽'일 수 있음을 시사한다. 그 차벽은 우리 안에 내면화된 고립과 배제라는 통치 권력의 기율이다. "계집(女)인 나" 앞에서 "惡女 OUT"(p. 306)이라고 적힌 팻말을 아무렇지 않게 치켜드는 '우리' 안의 젠더 폭력도 마찬가지다. 촛불혁명의 안쪽에는 그렇게 규범적 젠더시스템의 여성 혐오가 빈발하고 있었고,[7] 그 때문에 '나'는 "불편하고 불쾌했다"(pp. 305~306)고 말한다. 황정은은 그렇게 촛불혁명 광장을 균열시켰던 저 고립과 배제와 혐오가 결국 "혁명을 거의 가능하지 않도록 하는 혁명"의 도구임을, 이를 성찰하지 않는 한 혁명은 결코 오지 않을 것임을 암시한다.

박근혜 탄핵 선고가 있었던 2017년 3월 10일, '나'는 "오늘은 어떻게 기억될까"(p. 310)라고 말하며 1942년 2월 22일에 반려자인 로테 알트만과 함께 자살한 슈테판 츠바이크의 이야기를 떠올린다. '나'에 따르면, 과거의 그림자를 떨쳐낼 수 없었던 그들에게 1942년과 이후의 세계는 더 볼 것 없는 "구체적이고도 뻔한 현실"이었을 것이고, 오늘은 "다른 날일 가능성이 없는 오늘"(p. 311)이었을 것이다. 그리고 작가는 바로 뒤에 적는다. "2017년 3월 10일./오늘은 어떻게 기억될까."(p. 313) 서로 다른 두 사건의 이런 병치를 통해 작가가 말하는 것은, 탄핵이 이루어진 '오늘'이 어쩌면 결국 가능성의 소멸에 절망한 츠바이크의

---

[7] 2016~17년 촛불혁명 과정에서 분출된 여성 혐오 정치에 대해서는 김홍미리, 「촛불광장과 적폐의 여성화: 촛불이 만든 것과 만들어가는 것들」, 『시민과세계』, 30호, 참여연대, 2017 참조.

'오늘'과 다르지 않으리라는 것이다. 이 현실은 끝날 조짐도 없이 적나라하게 이어질 것이다.

"탄핵이 이루어진다면 혁명이 완성되는 것이라고"(p. 313) 사람들은 말했지만, 그래서 '나'는 회의한다. "그래서 오늘은 그날일까. 혁명이 이루어진 날. 사람들이 말하는 것처럼 피 한방울 흘리지 않고 혁명은 마침내 도래한 것일까."(p. 314) 이 의심과 회의의 배면에 있는 것은 혁명이 이루어졌다고 하는 오늘 뒤에도 영원히 변하지 않는 "구체적이고도 뻔한 현실"을 살게 될지 모른다는 '나'의(그리고 작가의) 두려운 우울이다. 혁명은 오지 않을 것이다.

4. 지금 여기, 혁명의 이야기

그렇다면 무엇을 해야 할까? 『디디의 우산』에서 황정은은 탈출이 불가능한 이 세계를 어떻게 살아갈 것인가에 대한 고심의 단서를 소설 곳곳에 뿌려놓았다. 장면 하나. 「d」에서 세운상가의 오디오 수리기사 여소녀는 d에게 앰프의 진공관을 보여주며 그것이 산만하고 미세한 신호를 한 방향으로 흐르게 해 소리의 진폭을 늘려준다고 말한다. d는 여소녀의 설명을 듣고 진공관을 들여다본다. 마치 진공관의 신호처럼, d의 마음의 신호는 세월호 참사로 사랑하는 이를 잃고 싸우는 사람들에게로 흘러간다. 그리고 그와 공명하고 하나로 합쳐진다.

> d는 위태로워 보일 정도로 얇은 유리 껍질 속 진공을 들여다보며 수일 전 박조배와 머물렀던 공간을 생각했다. 그 진공을. 그것은 넓고 어둡고 고요하게 정지해 있었으나 이 작고 사소한 진공은 흐르는 빛과 신호로 채워져 있었다. d는 다시 세종대로 사거리에

> 서 느꼈던 진공을 생각하고, 문득 흐름이 사라진 그 공간과 그 너머, 거기 머물고 있는 사람들을 생각했다. 그들과 d에게는 같은 것이 거의 없었다. 다른 장소, 다른 삶, 다른 죽음을 겪은 사람들. 그들은 애인(愛人)을 잃었고 나도 애인을 잃었다. 그들이 싸우고 있다는 것을 d는 생각했다. 그 사람들은 무엇에 저항하고 있나. 하찮음에 하찮음에. (p. 144)

비록 서로 다른 죽음이지만, d가 애인을 잃은 것처럼 그들도 애인을 잃었다. 참사로 애인을 잃은 사람들은 탈출할 수 없는 격벽의 진공에 갇혔지만, 그들은 그들이 갇힌 바로 그 진공 안에서 싸우고 있었다. 하찮게 내동댕이쳐진 사람들은 그 하찮음으로 하찮음에 저항하고 있었다. 진공관 안에서 작고 희미한 빛과 신호가 모여 소리가 되듯이, 그들에게로 흘러가는 d의 마음의 신호는 아마도 그렇게 그들의 신호와 만나 언젠가 증폭되고 소리를 만들어낼 것이다. 물론 그렇다고 해서 격리되고 배제된 그들이 탈출이 불가능한 진공에서 탈출할 수 있는 것은 아니다. 황정은은 낙관이라는 물신(物神)을 멀리한다. 이 대목이 보여주는 것은 어쩌면 하찮음과 싸우는 하찮은 존재들의 저 작고 사소한 마음의 연대가, 그 희미하게 잔존하는 빛의 연대가 어쩌면 작은 기적의 시작이 될 수도 있진 않을까 하는 물음이다.[8]

장면 둘. 「아무것도 말할 필요도 없다」에서 서수경은 세월호 참사 추모 시위를 가로막은 차벽 앞에서 '나'에게 오시이 마모루(押井守)의 애니메이션 「스카이 크롤러」의 대사를 기억하느냐고 묻는다. 그리고 말한다. 이길 가능성이 없다는 걸 알면서도 그가 티처에게 응전하는

---

8 조금 다른 맥락에서 이 장면에 대한 상세한 분석은 김영찬, 「어둠과 환멸로부터—황정은 중편소설 「웃는 남자」를 읽고」, 『문학이 하는 일』, 창비, 2018, pp. 288~89 참조. 「웃는 남자」는 약간의 수정을 거친 뒤 『디디의 우산』에 연작으로 묶인 「d」의 전신이다.

건 탈출할 수 없었기 때문 아니겠느냐고, "탈출이 불가능하다면 여기서 날 수밖에, 여기서 마찰하는 수밖에 없"(p. 292)다고. 이 세계의 바깥은 없고, 그러니 여기서 마찰하는 수밖에 없다는 얘기다. 그렇게 서수경에 기대 황정은은 말한다. 탈출이 불가능하다면 중요한 것은 그 불가능을 어떻게든 살아내는 일이다.

하지만 그뿐일까? 그렇지 않다. 탄핵이 이루어진 날, '나'는 강제수용소에서 죽은 러시아 시인 오시프 만델슈탐의 시집 『아무것도 말할 필요가 없다』를 떠올린다. 그는 "아무것도 말할 필요가 없는 세계"(p. 316)에 갇혀 죽었고 그의 시는 압수되고 불태워졌다. 그의 시가 망각 속에 가라앉지 않은 이유는 그의 아내인 나데즈다가 그 시들을 끊임없이 암송하고 필사한 덕분이었다.

> 나데즈다는 말할 필요가 있었고 나 역시 그렇다. 누구도 죽지 않는 이야기 한편을 완성하고 싶다. 언제고 쓴다면, 그것의 제목을 '아무것도 말할 필요가 없다'로 하면 어떨까. (p. 316)

'누구도 죽지 않는 이야기를 완성할 수 있을까'라는 물음은 '혁명이 과연 가능할까'라는 물음과 분리되지 않는다. '나'에 따르면 중요한 것은 '아무것도 말할 필요가 없는 세계'에서 끊임없이 잊지 않고 말하는 것, 그래서 기어코 "누구도 죽지 않는 이야기"를 완성하는 것이다. '나'가 "산다는 것은 말하는 것입니다"(p. 242)라는 롤랑 바르트의 아름다운 문장에 붙들리는 것도 그런 측면에서 우연이 아니다. 소설가인 '나'에게, 죽음을 잊지 않고 죽음으로 중단되는 이야기를 끝내 완성하려는 노력은 그 자체로 혁명을 사유하는 일과 다르지 않다. 그리고 황정은은 『디디의 우산』에서 그렇게 하고 있다. 『디디의 우산』이 혁명을 사유하는 글쓰기에 대한 자기반영적 텍스트라 할 수 있는 것은 이 때문이다.

"혁명이 도래했다는 오늘"을 '나'는 이렇게 기록한다. "우리가 여기 모였다고."(p. 317) '나'는 혁명의 도래를 회의하지만, 그럼에도 불구하고 어떻게든 그들과 함께 살아갈 것이다. 잠든 모두를 흔들어 깨우고, 식사를 준비해 다 같이 먹고, 올리브잎 차도 한 잔씩 마시고, 친구에 대해 이야기하고, 어떻게 살아야 하는지 걱정하기도 하면서. 그렇게 '나'는 생각한다. "여기에도 혁명은 있을까."

> 이제 모두를 깨울 시간이다.
> 그들을 흔들어 깨우는 동안 여기에도 혁명은 있을까, 나는 궁금할 것이다. "한번 일어났다. 그러면 그것은 다시 일어난다."(2017년 9월 22일 세월호아카데미. 박래군 416연대 공동대표의 쁘리모 레비 인용을 재인용함. "사건은 일어났고 따라서 또다시 일어날 수 있다." 프리모 레비 『가라앉은 자와 구조된 자』, 돌베개, 2014) 오래전 내가 읽은 책에 그런 구절이 있었는데 그것이 여기의 이야기가 될 수도 있을까. 혁명, 그 이야기가 될 수도 있을까. (p. 315)

익숙한 "여기의 이야기"가 혁명의 이야기가 될 수도 있을까? 아마도 황정은은 그렇게 생각하는 것 같다. '나'의 저 반문에 숨어 있는 것은, 어쩌면 혁명은 그렇게 '그럼에도 불구하고' 살아가는 삶 속에, 사랑하는 이들과 함께하는 평범한 일상의 반복에서 시작되는 것일지도 모른다는 생각이다. 물론 그것이 저절로 이루어질 리는 없다. 황정은은 '나'의 말을 통해 너무도 당연해서 시야에 보이지 않는 일상의 규범과 관습(특히 이성애적 규범과 상식을 포함해)에 의문을 제기하면서 그것을 끄집어내 먼지를 털고 "새로운 질서로 쌓아보거나"(p. 266) 하는 일이 뒤따라야 함을 암시한다. 랑시에르J. Rancière의 표현을 빌리자면, 일종의 일상적 감각의 재배치가 있어야 한다는 얘기다. 그리고 '나'와 서수경은 소설 속에서 일상에서 작동하는 고립과 배제와 혐오의 도구를 하나하나 들추어내면서 이미 그 일을 성찰적으로 하고 있었다. 비이성애자인 '나'와 서수경의 입장에서, 그 일은 결국 이성애 규범적 문화의 각본을 따르지 않는 또 다른 삶의 가능성[9]을 살아내는 일이 될 것이다.

5. 보이지 않는 자들의 혁명

황정은의 『디디의 우산』의 서사는 일상적 삶의 현장에서 혁명의 가능성과 불가능성의 조건이 어디에 있는지를 헤아리는 성찰의 서사다. 이에 따르면, 일상과 정치는 분리되지 않는다. 황정은은 이 소설에서 특히 분리와 배제와 혐오라는 통치의 도구가 어떻게 '상식'이라는 이름으로 우리 안에 내면화되어 삶과 일상의 습관을 지배하는지를 전면에 부각한다. 이때 '상식'은 (『디디의 우산』에서 중요하게 언급되는) 한나 아렌트의 '악의 상투성'이라는 표현을 빌리자면 '반혁명의 상투성'이 가장 적나라하게 집약되는 장소다. 상식은 눈에 보이지 않는 것을 배제한다. 『디디의 우산』은 특히 이성애적 젠더 규범이라는 상식이 보면서도 보지 않는, 그래서 보이지 않게 된 존재들의 불편한 삶에 대한 이야기이기도 하다.

황정은은 『디디의 우산』에서 그 격리되고 배제된 존재들에게 혁명이란 대체 무엇인가를 묻는다. 『디디의 우산』은 그 존재들이 대면하는 문제를 비가시성/가시성의 모순과 역설을 통해 이야기한다. 장면 하나. '나'와 서수경은 2013년 가을, 베를린에 있는 '나치에 희생된 동성애자

---

9 사라 아메드, 『감정의 문화정치』, 시우 옮김, 오월의봄, 2023, pp. 316~34 참조.

추모관'을 방문한다. 동성애자 추모관은 홀로코스트 메모리얼에서 동 떨어진 공원 가장자리에 분리된 채로 있었다. 그곳에서 그들은 게이에게는 핑크 트라이앵글의 낙인이 있었던 반면 레즈비언을 지칭하는 낙인은 따로 없었다는 것을 알게 된다. '나'는 생각한다. "레즈비언의 낙인/상징이 따로 존재하지 않았다는 것은 무엇을 뜻할까."(p. 249) 나치에게 탄압받고 죽임을 당할 때조차 레즈비언은 이중으로 격리되고 배제된 존재였고 비가시화된 존재들이었다. 그런데 '나'는 자기에게 "격리와 배제의 반복"으로 보였던 그 존재 양상이 "서수경에게는 독자성/가시성으로 보였다"(p. 249)고 말한다. 레즈비언은 이중의 배제와 격리를 통해 비가시화되지만, 어쩌면 역설적으로 그것이 그들에게는 자신의 독자성을 가시화하는 가능성의 조건이 될 수도 있겠다는 얘기다. 분리되어 있기 때문에 보인다는 것이고, 떨어져 있기 때문에 볼 수 있다는 것이다.

장면 둘. '나'는 수개월 전에 시신경이 조금씩 죽어갈 것이라는 진단을 받는다. 이제 조금씩 눈이 보이지 않게 되면서 '나'는 그동안 보지 못했던 것들을 보게 된다. '나'는 비문맹인이 사용하는 글자를 일컫는 말이 묵자(墨字)라는 것, "묵자란 볼 수 있는 사람들의 언어/도구"라는 것을 알게 된다. '나'는 반문한다. "우리가 보는 언어들이 전부 묵자인데 그것을 묵자라고 칭한다는 것을 우리는 왜 몰랐까."(p. 273) 왜냐하면 "묵자의 상태가 상식"이라서 "그걸 부를 필요도 없"고, 너무도 당연해 "지칭조차 하지 않"(p. 274)기 때문이다. 따라서 그것은 말할 필요도 없고 생각할 필요도 없다. 그래서 '보는 이'는 '보지 못하는 이'를 보지 못한다.

> 토요일 오전 열한시라는 묵자의 세계를 사는 사람은 묵자를 읽지 못하는 누군가가 용산역 1번 플랫폼에도 있을 수 있으며 그가

동행인 없이 홀로 서서 열차를 기다릴 수도 있는 상황을 가정하지 않는다. 보는 이는 보지 못하는 이를 보지 못한다. 보지 못하는 이가 왜 거기 있는가? 그는 고려되지 않는다. 용산역 1번 플랫폼의 상식에 그는 포함되지 않는다. 그는 거기 없다…… 나는 아직 그것을 볼 수 있었으므로 거기 있었지만 언젠가 사라질 것이다. 상식의 세계라는 묵자의 플랫폼에서, 다시 한번. (p. 275)

"이성애자가 아니고 착한 딸이 될 수 없으며 비맹인에서 점차로 멀어지고 있"(p. 275)는 '나'는 "상식의 세계라는 묵자의 플랫폼"에서 보이지 않는 존재가 된다. 그러나 '나'에게 중요한 것은 그 비가시성이라는 조건이 오히려 거꾸로 보이지 않던 것을 볼 수 있게 하는 조건이 된다는 점이다. 묵자라는 상식의 세계에서 떨어져 나왔을 때, 그리고 그것을 의문시했을 때, 비로소 보이지 않던 것이 보인다.

이제 삼중으로(비이성애자/못된 딸/맹인) 보이지 않게 된 '나'는, 보이는 자들의 '상식'을, 그 세계의 기본적인 전제를, "그것을 알 필요가 없다"라는 삶의 태도로 나타나는 "묵자(墨字)의 세계관"(p. 267)을, "혁명을 거의 가능하지 않게 하는" 그 모든 말과 사고의 무능을 문제적인 것으로 가시화할 수 있게 된다. 황정은이라면 아마도 혁명은 그렇게 배제된 보이지 않는 존재가 자기 삶의 실제 조건 속에서 작동하는 앎의 의지와 일상적 감각의 재배치, 그리고 사랑과 관계의 재정의[10] 속에서 조금씩 시작되리라고 말할 것이다.

『디디의 우산』이 씌어지기 55년 전에, 최인훈은 『회색인』에서 혁명

---

10 예컨대 다음과 같은 구절. 『디디의 우산』에서 '나'는 말한다. "우리가 무슨 관계인가./우리는 서로에게, 서로를 마중 가는 사람, 20년째 서로의 귀가를 열렬히 반기는 사람, 나머지 한 사람이 더는 집으로 돌아오지 못하는 순간을 매일 상상하는 사람, 서로의 죽음을 가장 근거리에서 감당하기로 약속한 사람."(p. 260)

이 불가능하다면 우리에게 필요한 것은 기다림이라고 말했다. '사랑과 시간'만이 대안이라는 얘기다. 『디디의 우산』의 '나'와 서수경도 기다리는 사람들이다. '나'는 "사랑하는 사람" 칸나미의 죽음을 매번 예감하며 그를 기다리는 「스카이 크롤러」의 쿠사나기에 대해 이야기한다. "서수경과 나를 건드린 것은 아마도 이 기다림일 것이다."(p. 255) 그들은 매일 언제 어떻게 닥칠지 모를 추락과 상실을 경험하고 죽음의 불안에 시달리면서 서로의 무사 귀가를 기다린다. 그들의 기다림은 죽음과 이별의 예감에 붙들린 불안한 기다림이다. 『디디의 우산』이 사유하는 혁명에는 매일을 불안하게 서로를 기다리는 이 보이지 않는 존재들의 사랑이 있다. 어쩌면 이것이 최인훈의 '사랑과 시간'과는 다른, 황정은식의 여성적/비이성애자적 '사랑과 시간'일 수 있겠다. 황정은은 이를 통해 혁명의 이야기를 보이지 않는 존재들의 이야기로 젠더화한다. 그리하여 『디디의 우산』은 말한다. 보이지 않는 자들의 사랑과 기다림이 혁명을 구원할 것이다.

불가능한 장소에서, 고통의 미메시스와 글쓰기의 드라마
— 한강의 『작별하지 않는다』

1. 들어가며

한강의 『작별하지 않는다』(문학동네, 2021)는 1948년에서 1950년에 걸쳐 벌어졌던 제주 4·3 사건과 보도연맹 학살사건이 남긴 상흔에 다가가는 여정을 그리는 소설이다. "내가 그 도시의 학살에 대한 책을 낸 지 두 달 가까이 지났을 때"[1]라는 진술이 암시하듯, 화자인 '나'(경하)는 『소년이 온다』(창비, 2014)를 쓴 실제 작가 한강을 연상시키는 인물이다. '그 책'을 쓴 뒤 '나'는 꿈과 생시, 삶과 죽음 사이를 오가며 후유증에 시달리고 있다. 소설은 그러던 '나'가 홀로 제주를 찾아 그곳에서 벌어진 참상의 진실에 다가가는 고행과 기억의 순례를 중심에 놓는다. 『작별하지 않는다』는 이를 통해 학살로 죽어간 사람들의 참상, 와중에 살아남은 자들의 고통과 잊지 않으려는 고투를 기록한다.

대략의 경개(梗槪)는 이렇다. '그 책'을 낸 뒤 고통과 악몽에 시달리던 '나'는 어느 날 친구 인선에게서 집에 홀로 남은 새를 돌봐달라는 부탁을 받고 제주를 찾는다. 다큐멘터리 작가인 인선은 '나'와 함께 계획한 '검은 나무들을 심는 프로젝트'를 혼자서 추진하다가 사고로 손가락

---

[1] 한강, 『작별하지 않는다』, 문학동네, 2021, p. 11. 이후 이 책을 인용할 때는 페이지만 적는다.

이 잘려 병실에 누워 있다. 폭설을 뚫고 죽을 고비를 넘기며 우여곡절 끝에 제주 인선의 집에 도착한 '나'는 이미 죽어버린 새 '아마'를 땅에 묻고 혼미한 상태로 생사의 경계를 헤맨다. 삶과 죽음, 꿈과 현실의 경계에서 인선의 혼(魂)/환영을 만난 '나'는 그녀와 함께 4·3과 보도연맹 학살로 가족을 잃은 인선의 엄마 강정심의 오랜 견딤과 기다림의 사연을 경과해 역사적 참상의 흔적과 기억에 다가간다.

전작인 『소년이 온다』에서 1980년 광주항쟁을 조명했던 한강은, 이 소설에서는 그렇게 제주 4·3과 그 직후의 이야기로 시선을 옮긴다. 그리고 그 시선의 이동을 매개하는 것은 다름 아닌 '고통'이다. 한강은 『소년이 온다』에서 죽은 자들과 생존자들의 고통의 기억을 옮기면서 '고통에 대해 쓴다는 것'의 의미를 물었다. 『작별하지 않는다』는 그 소설을 쓰고 난 뒤 '나'가 겪은 심리적·신체적 고통의 체험을 앞머리에 배치한다. '그 책'을 쓰고 나서 '나'의 평범한 일상은 파괴되었고, 끔찍한 두통과 위경련에 시달리면서 죽음까지 결심한다. 소설의 이야기는 그런 '나'의 고통에서 시작해 손가락이 잘린 인선의 고통으로, 다시 제주 4·3의 학살과 곧바로 이어진 '경산 코발트광산 민간인 학살'[2]이 야기한 역사적 참상의 고통으로 미끄러져 들어간다.

그렇다면 이 소설은 제주 4·3에 대한 소설인가? 그렇기도 하고 아니기도 하다. 무엇보다 이 소설의 초점은 제주 4·3에 대한 문학적 '재현' 혹은 증언에만 있지 않다. 이 소설에서는 그보다 고통을 직접 몸으로 겪으며 그 악몽의 중심으로 다가가 트라우마와 조우하는 '나'의 고통스

---

[2] 이 사건은 한국전쟁 발발 직후 4·3과 보도연맹 가입으로 각지의 형무소에 체포, 수감된 3,500여 명(유족단체 추정)을 대상으로 자행된 대량학살 사건이다. 소설에서 그려지는 유해 발굴 사진과 자료, 인선의 엄마 강정심의 경산유족회 활동 등은 모두 이 실제 사건에 근거한다. 이 사건에 대한 4·19 이후 진상조사 과정과 유족회 활동의 경위에 대해서는 노용석, 「'청산'과 '탈출'의 기로에서—경산코발트광산 과거사 청산 담론의 변동과 의미 분석」, 『기억과 전망』, 45권, 민주화운동기념사업회, 2021 참조.

러운 여정이 전면에 부각된다. 따라서 이 소설은 엄밀히 말하면 '제주 4·3 서사'라고 할 수는 없다.³ 이 소설의 실감을 만들어내는 것은 사건의 진상보다는 그와 연루된 자들의 생생한 고통 그 자체다. 5·18에 대한 소설 창작의 전후로 맞닥뜨린 '나'의 신체적·심리적 고통, 잘린 손가락의 신경을 살리기 위해 3분마다 바늘에 찔려야 하는 친구 인선의 끔찍한 치료의 고통, 제주 인선의 집에 당도한 뒤 매서운 한기(寒氣)에 오한과 두통과 구토로 몰려오는 신체적 고통, 제주 4·3의 망자들과 생존자들이 겪어야 했던 학살과 고문과 기다림의 고통. 이 소설의 이야기는 저 모든 고통을 한자리에 펼쳐놓는, 말 그대로 고통의 서사다.

『작별하지 않는다』에 대한 대다수 논의는 이런 소설의 실상과 의도에 대한 섬세한 고려가 다소 부족한 것 같다. 예컨대 이 소설이 재현 대상인 4·3의 트라우마를 배음으로 밀어내고 "재현을 둘러싼 고통"을 "재현하려는 고통"에 앞세움으로써 재현의 책임을 '고통의 진정성'으로 대체해버린다는 지적⁴이 대표적이다. 이런 논의는 역사의 문학적 '재현'이라는 기준에 의거해 소설의 애초 의도와 방법을 '재현의 윤리'라는 이름으로 아예 문제가 있는 것으로 기각해버린다. 이는 이 소설의 전제가 제주 4·3에 대한 기억의 충실한 전승과 재현에 있다는(혹은 그래야 한다는) 선입견에서 비롯된 비판이다. "4·3이라는 구체적 사건을 다루는 소설이 영혼과 고통의 시적 세계에 머무른 채 '정치적인 것'으로 향하기를 포기"한다는 비판⁵ 또한 이와 다르지 않다.

---

3 이 소설을 '제주 4·3 서사'로 단정하는 비평적 논의에 대해서는 이미 손정수의 적절한 비판이 있었다. 손정수, 「바다를 보여드리고 싶은 마음으로 만든 세계—역사적 사건을 모티프로 한 최근 한국소설에 내포된 로맨스의 계기와 그 의미」, 『문학동네』 2023년 가을호, pp. 100~101 참조.

4 황정아, 「'문학의 정치'를 다시 생각한다」, 『창작과비평』 2021년 겨울호, pp. 25~26 참조.

5 이소, 「제주에서 보낸 한철—한강·조해진·김금희의 장편소설과 '정치적인 것'에 대하여」, 『쓺』 2022년 상권, p. 107.

다른 한편, 그와는 다른 각도에서 『작별하지 않는다』의 초점이 '애도'에 놓여 있다고 볼 수도 있겠다. 실제로 한강의 전작인 『소년이 온다』와 마찬가지로, 소설에서 제주를 방문해 4·3 학살의 기록과 이야기를 보고 듣는 '나'의 여정이 당시 영문도 모른 채 학살된 자들에 대한 애도 작업과 무관하지 않은 것도 사실이다. 그러나 우리가 여기서 강조해야 하는 것은, 학살의 역사에 대한 기록/기억이 갖는 의미를 '애도'라는 최종 종착지로 환원하는 것이 일종의 이론적 클리셰일 수 있다는 점이다. 특히 이 소설의 지향이 애도와 전혀 무관하진 않다 해도, '나'가 겪는 고통의 여정이나 인선의 어머니 강정심의 사연, 그것을 전하는 인선(의 혼)과의 대화가 갖는 의미를 모두 애도라는 하나의 지향으로 환원해버리는 것은 작품의 지닌 다각도의 함의를 단순화하고 축소해버리는 결과를 낳는다. 더욱이 이는 이 소설을 4·3에 대한 증언과 재현이 중심이 된 '제주 4·3 서사'로 환원하는 시각에서도 그다지 멀지 않다.

무엇보다 『작별하지 않는다』는 '나'가 겪고 통과하는 고통에 대한 집요한 천착이 소설 전체를 압도한다. 소설의 분량이나 심리적 강도 또한 4·3에 대한 충실한 재현보다 '나'가 겪는 신체적·심리적 고통과 4·3의 고통스러운 기억을 내부화하는 과정의 고통에 대한 묘사 쪽으로 훨씬 더 기울어져 있다. 따라서 이 소설의 무게중심의 한 축은 종착지로서의 애도보다는 과거 4·3에 연루된 자들의 고통과 그 파장이 남긴 고통을 함께 겪어내는 '나'(와 인선)의 고통의 드라마에 놓여 있다고 보는 것이 적실할 것이다.

광주 5·18이 남긴 고통의 파장을 그렸던 『소년이 온다』의 심층에는 그 고통의 문제에 어떻게 다가가고 또 그것을 어떻게 쓸 것인가, 라는 물음이 있었다. 그것은 끊이지 않는 인간과 세계의 고통 앞에서 문학은 무엇을 해야 하고 또 어떻게 써야 하는가라는 자기반영적인 메타적 물음이었다.[6] 『작별하지 않는다』는 제주 4·3의 기억으로 초점을 옮겨 바로 그 물음을 대상과 방법을 달리해 심화하고 극적으로 연출한다. 『작별하지 않는다』가 말 그대로 『소년이 온다』의 후속편이라 할 수 있다면 그것은 정확히 바로 이런 측면에서다. 이 글은 그런 고통에 대한 글쓰기의 수행적 연출이라는 관점에서 한강의 『작별하지 않는다』를 다시 읽는다.

2. 고통의 전이와 글쓰기의 자의식

『작별하지 않는다』의 소설가 화자 '나'(경하)는 실제 작가 한강의 분신이다. '나'는 '그 도시의 학살에 대한 책'을 쓰고 난 뒤 끔찍한 후유증을 앓고 있다. 가족들과 함께했던 일상은 파괴돼 홀로 남았고, 수시로 급습하는 편두통과 위경련에 시달리며 잠도 제대로 못 잘 정도다. 삶은 산산이 부서지고 있었고 죽음을 예감하며 유서를 쓰고 찢고를 반복하고 있었다. '나'의 일상은 그렇게 죽음에 잠식되어간다. 이는 모두 '그 책'이 '나'에게 남긴 상흔인데, 그것은 이미 5·18에 대한 자료를 읽고 '그 책'을 쓰면서부터 시작된 것이다. '그 책'은 '나'의 모든 삶의 순간들을 빨아들였다. "마치 몸이 절반으로 갈라지듯, 그 모든 사적인 순간들에까지 그 책의 그림자가 어른거리고 있었다."(p. 18)

그리고 악몽이 있었다. 악몽은 '그 책'을 쓸 때부터 이미 '나'의 삶을 잠식하고 있었다. 악몽 속에서 '나'는 공수부대의 곤봉에 맞아 쓰러졌고, 아이와 여자 들과 함께 숨어 내려간 우물 안쪽으로는 수십 발의 총탄이 쏟아져 내렸다. 책을 쓴 지 4년이 지났어도 '나'는 여전히 악몽에서 벗어나지 못하고 "악몽과 생시가 불분명하게 뒤섞인 시기를 통

---

6 이에 대해서는 김영찬, 「고통과 문학, 고통의 문학—한강의 『소년이 온다』와 「눈 한송이가 녹는 동안」을 중심으로」, 『문학이 하는 일』, 창비, 2018 참조.

과"(p. 19)하고 있었다. 악몽은 여전히 현재 진행형이다.

> 거기 담긴 나의 지난 사 년은 껍데기에서 몸을 꺼내 칼날 위를 전진하는 달팽이 같은 무엇이었을 것이다. 살고 싶어하는 몸. 움푹 찔리고 베이는 몸. 뿌리치고 껴안고 매달리는 몸. 무릎 꿇는 몸. 애원하는 몸. 피인지 진물인지 눈물인지 모를 것이 끝없이 새어나오는 몸. (pp. 12~13)

이렇게 '그 책'을 쓰고 난 뒤에도 '나'는 여전히 '나'의 몸에 스며든 희생자들의 고통에서 벗어나지 못하고 있다. '나'의 몸은 희생자들의 고통받고 죽어가는 몸과 겹쳐지고, 고통은 '나'의 몸으로 그대로 전이된다. 끊이지 않는 두통과 위경련, 끔찍한 악몽은 그 고통이 '나'의 모든 것을 잠식했다는 표식이다. 그것은 '나'의 삶까지도 파괴한다. 한강은 그렇게 소설의 첫머리에서 '그 책'을 쓰기 전후로 겪었던 '나'의 심리적·신체적 고통을 곡절하게 묘사한다. 제주 4·3의 기억을 그리려고 하는 소설의 서두가 왜 굳이 그렇게 시작되어야 하는가?

당연히 이유가 있다. 이 이전에 한강은 『소년이 온다』의 글쓰기를 말하면서 "타인의 고통 때문에 생기는 개인적 고통, 그 지극히 감각적인 고통"[7]에 대해 쓰고 싶었다고 말했다. 『소년이 온다』에서 타인의 고통 때문에 생기는 그 고통은 학살과 고문을 겪고 살아남은 사람들의 것이기도 하고, 그에 대해 쓰고 있는 에필로그의 주인공인 소설가 화자 '나'의 것이기도 하다. 특히 에필로그에서 과거 희생자들의 고통은 시간을 가로질러 바로 그 소설을 쓰고 있는 현재의 화자 '나'에게로 스며들고 침투한다. 고통의 신음은 '나'를 꿰뚫고 저들의 고통은 글쓰기

---

[7] 김연수, 「사랑이 아닌 다른 말로는 설명할 수 없는─한강과의 대화」, 『창작과비평』 2014년 가을호, p. 322.

의 고통으로 전이된다.[8] 한강은 『소년이 온다』의 그 고통의 전이를 『작별하지 않는다』의 서두에서 똑같이 반복한다. '고통에 대한 글쓰기'의 고통은 허구의 경계를 훌쩍 뛰어넘어 '나'의 일상까지도 잠식해버렸고, '그 책'을 쓴 지 4년이 넘도록 여전히 지속되고 있다. 『소년이 온다』의 에필로그와 『작별하지 않는다』의 서두는 이렇게 상호텍스트적으로 오버랩된다.[9] 이는 『작별하지 않는다』의 글쓰기가 전작인 『소년이 온다』에서 그렸던 감각적 고통의 전이라는 문제와 뗄 수 없이 긴밀하게 결속되어 있고, 또 그것이 이 소설의 출발점임을 암시하는 자기반영적 장치다.

이때 한강은 『작별하지 않는다』의 글쓰기가 지금 '나'를 점유한 고통에서 시작된다는 것, 그리고 그 고통이 자기의 의지와는 무관하게 '나'에게 도래하는 타자의 고통에 대한 전이와 사로잡힘의 소산임을 암시한다. 자기가 겪는 악몽과 신체적 고통에 대한 서두의 서술은 제주 4·3의 참상에 다가가는 이 소설의 글쓰기가 그런 고통의 전이와 그에 대한 무의지적 이끌림에서 비롯된다는 것을 보여주는 자의식적 설정이다. 그리고 이를 뚜렷하게 강조하는 장치가 바로 '나'가 꾸는 반복적인 꿈이다.

'나'는 '그 책'을 쓰고 난 뒤 두 달이 지나 꾸었던 꿈을 4년이 지난 지금도 똑같이 반복해서 꾼다. 그것은 눈을 맞고 있는 수천 그루의 검은 통나무들이 심긴 바닷가 벌판에서 파도에 휩쓸리는 무덤에 대한 꿈이다. '나'는 어느 순간 그 꿈이 "그 도시에 대한 꿈만이 아니었을지도 모

---

8   이에 대한 상세한 분석은 김영찬, 앞의 글, pp. 226~31 참조.

9   한강 역시 『소년이 온다』와 『작별하지 않는다』의 긴밀한 내적 연속성을 스스로 의식했던 것으로 보인다. "(중간에 『흰』이 있긴 하지만—인용자) 본격적인 장편소설들이 모두 연결되어 있다고 한다면 『소년이 온다』 다음이 『작별하지 않는다』예요. 『소년이 온다』가 에필로그로 끝나는데, 『작별하지 않는다』의 프롤로그 격인 1부 1장이 그 에필로그에서 이어지는 셈이에요." 한강·정용준, 「빛이 머물다 간 자리」, 『AXT』 2022년 1/2월호, p. 73.

른다고"(p. 11) 깨닫는다.

> 그때 왜 몸이 떨리기 시작했는지 모른다. 마치 울음을 터뜨리는 순간과 같은 떨림이었지만, 눈물 같은 건 흐르지도, 고이지도 않았다. 그걸 공포라고 부를 수 있을까? 불안이라고, 전율이라고, 돌연한 고통이라고? 아니, 그건 이가 부딪히도록 차가운 각성 같은 거였다. 보이지 않는 거대한 칼이 —사람의 힘으로 들어올릴 수도 없을 무거운 쇳날이—허공에 떠서 내 몸을 겨누고 있는 것 같았다. 나는 그걸 마주 올려다보며 누워 있는 것 같았다.
> 봉분 아래의 뼈들을 휩쓸어가기 위해 밀려들어오던 그 시퍼런 바다가, 학살당한 사람들과 그후의 시간에 대한 것이 아니었는지도 모른다고 그때 처음 생각했다. 다만 개인적인 예언이었는지도 모른다고. 물에 잠긴 무덤들과 침묵하는 묘비들로 이뤄진 그곳이, 앞으로 남겨질 내 삶을 당겨 말해주고 있었는지도 모른다고.
> 그러니까 바로 지금을. (pp. 11~12)

프로이트의 말처럼 꿈은 무의식의 사유다. 그리고 무의식은 시간을 알지 못한다. "물에 잠긴 무덤들과 침묵하는 묘비들로 이뤄진 그곳"에 대한 꿈은 처음엔 광주에서 학살된 사람들의 고통과 연결된 것이었지만, 그 꿈의 이미지는 무의지적 연상작용을 통해 지금 나의 고통과 연결되고, 이 뒤에서는 제주 4·3의 고통으로 미끄러져간다. 이 꿈속 이미지의 연상을 통해 과거, 현재, 미래의 고통의 시간은 하나로 겹쳐지고 순환되고 확장된다.

그리고 이는 희생자들의 고통에 대해 쓰기로 한다면 쓰는 자에게도 고통은 불가피하다는 자각으로 이어진다. '나'는 생각한다. "학살과 고문에 대해 쓰기로 마음먹었으면서, 언젠가 고통을 뿌리칠 수 있을 거라고, 모든 흔적들을 손쉽게 여읠 수 있을 거라고, 어떻게 나는 그토록 순진하게—뻔뻔스럽게—바라고 있었던 것일까?"(p. 23) 어차피 쓰기로 한다면 고통은 불가피하다. 그런 자각을 통해 '나'가 이르게 되는 것은 무엇인가? 그것은 고통을 뿌리칠 수 없다면 그 안으로 자발적으로 들어가야 한다는 깨달음이다. 고통의 수동성에서 자발성으로의 전환이다. 이는 '나'를 사로잡았던 악몽, 즉 물에 잠긴 검은 나무들과 무덤들, 밀물에 휩쓸려가는 뼈들이 등장하는 그 악몽을 회피하지 않고 나아가겠다는 다짐으로 나타난다. 이것은 한강식 '꿈의 해석'이다.

> 그때 알았다.
> 파도가 휩쓸어가버린 저 아래의 뼈들을 등지고 가야 한다. 무릎까지 퍼렇게 차오른 물을 가르며 걸어서, 더 늦기 전에 능선으로. 아무것도 기다리지 말고, 누구의 도움도 믿지 말고, 망설이지 말고 등성이 끝까지. 거기, 가장 높은 곳에 박힌 나무들 위로 부스러지는 흰 결정들이 보일 때까지.
>
> 시간이 없으니까.
> 단지 그것밖엔 길이 없으니까, 그러니까
> 계속하길 원한다면.
> 삶을. (pp. 26~27)

그것밖엔 길이 없다. 삶을 지속하기 위해서는 다름 아닌 바로 그 고통의 한가운데서 길을 찾아야 한다. 고통을 회피하지 않고 고통에 대해 쓰기를 멈추지 않겠다는 다짐이다. 그렇게 광주 5·18의 고통에서 시작된 꿈속 이미지는 여기서 지금 '나'의 고통을 경유해 자기가 앞으로 쓰게 될 제주 4·3의 고통의 이미지와 하나로 겹쳐지고, 자기가 나아가려고 하는 글쓰기의 이미지로 전환된다. 한강은 그렇게 소설의 서두에서 소설가 화자 '나'의 입을 빌려 자신이 지금 쓰고 있는 바로 이 소설 전체를 관통하는 글쓰기의 자의식을 극화(劇化)한다. 이 소설은 그렇게 '나'를 점유한 글쓰기의 고통에서 출발해 다시 글쓰기의 고통 한가운데로 자발적으로 걸어 들어가는 이야기다.

3. 고통의 미메시스

『작별하지 않는다』에서는 '나'가 홀로 남아 굶고 있는 새를 살리기 위해 제주도에 있는 인선의 목공방에 도착하기까지의 이야기가 1부 전체에 걸쳐 길게 서술된다. 소설의 절반 정도가 할애되는 셈이다. 어떤 면에서 균형과 개연성을 결한 듯한 이런 구조는 언뜻 제주 4·3을 이야기하기 위한 지나친 작위의 소산으로 보일 수도 있다. 그 과정에서 살을 에는 추위와 폭설 속에서 두통과 위경련에 시달리며 죽음 직전까지 갈 정도로 '나'가 겪는 고통의 묘사는 가히 압도적이다. 이 소설이 1부에서 재현된 '실시간'의 고통을 지나치게 강조해 "고통의 진정성"에 몰두하는 "센티멘탈리즘의 논리"[10]에 매몰된다는 지적도 그런 측면에서는 이해할 수 있는 비판이다. 분명 이 소설의 1부에서 '나'의 고통에 대한 묘사는 실로 과한 면이 있다. 그럼에도 불구하고, 소설 전체의 논리로 볼 때는 그 자체가 고통에 대한/고통의 글쓰기가 반드시 통과해야 할 필연적인 과정일 수 있다. 왜 그런가?

잠시 『소년이 온다』를 에두르자. 『소년이 온다』의 에필로그에서 소설가 화자 '나'는 말한다. "그 일을 쓰려면 거기 있어봐야 하니까. 그게

---

10 황정아, 앞의 글, p. 26.

최선의 방법이니까."[11] 이것은 역사의 트라우마에 접근하는 한강식 글쓰기의 전제이자 방법에 대한 자기지시적 언술이다.『작별하지 않는다』에서 집요하게 묘사되는 '나'의 심리적·신체적 고통은 바로 그 글쓰기의 전제 및 방법과 무관하지 않다. 이때 "거기 있어봐야" 한다는 것은 말 그대로 그 공간에 있어야 한다는 이야기가 아니다. 그것은 (『소년이 온다』의 '나'가 그랬던 것처럼) 현재의 '나'를 탈존(脫存)시켜 '나' 바깥으로 열어놓음으로써 '나'의 몸과 마음이 과거 죽은 자들의 고통이 재연(再演)되는 장소가 되어야 한다는 것을 의미한다. 그리고 그것은 '나'의 의지를 초과하는 무의지적 사유의 차원에서 벌어지는 일이다. 그것은 비자발적인 것이지만 불가피한 것이다. 『작별하지 않는다』에서 '나'가 제주 인선의 집으로 가는 도중 건천에 굴러떨어져 추위와 눈의 한기 속에서 죽음 직전까지 가는 것이나, 전기가 끊어진 인선의 집에서 통증과 오한에 정신이 흐려지면서 죽음을 예감하는 것은 모두 "거기 있어봐야" 한다는 '최선의 방법'에 다다르는 과정이다. 쓰기 위해서는 '나' 자신이 거기에 있어봐야 한다. 즉 '나' 자신이 그곳에서 죽어간 자들의 고통을 겪어봐야 하고, 그들처럼 죽어봐야 한다. 『작별하지 않는다』에서, '거기'에 있기 위해 '나'가 스스로를 몰아가는 곳에 있는 것은 자신의 상징적 죽음이다.

> 죽으러 왔구나, 열에 들떠 나는 생각한다.
> 죽으려고 이곳에 왔어.
>
> 베어지고 구멍 뚫리려고, 목을 졸리고 불에 타려고 왔다.
> 불꽃을 뿜으며 무너져 앉을 이 집으로.

---

11 한강,『소년이 온다』, 창비, 2014, p. 204.

조각난 거인의 몸처럼 겹겹이 포개져 누운 나무들 곁으로. (p. 172)

'나'는 죽으려고 이곳에 왔다. '나'의 이 상징적 죽음은 '그 일을 쓰려면 거기 있어봐야 한다'는 저 방법론적 명제를 부지불식간에 실천하는 사건이다. 여기서 '나'의 고립과 죽음은 베어지고 구멍 뚫리고, 목을 졸리고 불에 타 죽어간 모든 제주 4·3 희생자들의 고립과 죽음에 대한 상징적 대속(代贖)이다. '나'의 상징적 죽음은 그렇게 희생자들의 죽음을 반복한다. 예컨대 '나'는 인선의 집으로 가던 도중 건천으로 굴러 떨어져 눈을 맞으며 의식이 꺼져가던 중에 말한다. "눈송이가 얼굴에 떨어지는 감각을 느낄 수 없다."(p. 135) 그리고 그 눈은 제주 4·3 당시 인선의 엄마가 목격했던, 학교 운동장에서 죽어간 여자들과 노인들의 얼굴을 뒤덮은 눈과 동일시된다. "지금 내 몸에 떨어지는 눈이 그것들이 아니란 법이 없다."(p. 136) 그렇게 건천에서 눈을 맞으며 정신을 잃어가는 '나'의 상황은 과거 영문도 모른 채 학살돼 녹지 않는 눈으로 얼굴이 뒤덮인 시체 더미들의 상황을 반복해 재연한다. 인선의 엄마가 평생을 두려워했던 "*녹지 않는 그 눈송이들의 인과관계*"(p. 86)가 시간을 거슬러 '나'를 꿰뚫는다. 고통 속에 죽어간 자들에 대한 글쓰기는 그렇게 '나'의 고통과 상징적 죽음을 통과해서만 가능해진다. 1부에서 '나'가 겪는 실시간의 고통이 제주 4·3의 고통에 대한 글쓰기의 전제와 방법을 몸으로 연출하는 것이라 할 수 있는 것은 이 때문이다.

'나'의 꿈이 그런 것처럼, 죽음은 (레비나스의 표현을 빌리자면) '자기 외의 다른 곳ailleurs qu'en soi'[12]을 열어놓는다. 이 소설에서 '나'의 상징적 죽음은 '나'를 탈존시켜 '나' 바깥의 죽어간 타자들의 고통에 열어

---

12 에마뉘엘 레비나스, 『존재에서 존재자로』, 서동욱 옮김, 민음사, 2003, p. 156.

놓고 자기의 몸과 마음을 그들의 몸과 마음에 겹쳐놓는다. 이때 죽어간 자들의 고통은 '재현'의 대상이라기보다 자기의 몸으로 반복하고 그래서 스며들고 내부화되는 대상이다. 여기서 벌어지는 일을 달리 말한다면 그것은 바로 고통의 미메시스다. 그리고 이는 소설 전체에 걸쳐 반복된다.

고통의 미메시스는 '나'뿐만 아니라 인선에게도 일어나는 사건이다. 그것은 이 소설에서 제주 4·3의 기억에 다가가는 '쓰기'의 과정이 '나'뿐만 아니라 '나'와 병실에 누워 있는 인선, 그리고 지금 이곳에 도래한 희생자들의 혼(魂)과의 보이지 않는 결속을 통해 진척된다는 것을 고려하면 당연하다. 인선은 봉합한 손가락의 신경을 죽이지 않기 위해 3분마다 한 번씩 바늘에 찔려 피를 흘려야 하는 끔찍한 고통을 겪으며 '나'의 '그 책'이 생각났다고 말한다.

> 까무러칠 것같이 아팠는데,
> 정말 차라리 까무러치고 싶었는데, 왜 그때 네 책 생각이 났는지 몰라.
> 거기 나오는 사람들, 아니, 그때 그곳에 실제로 있었던 사람들 말이야.
> 아니, 그곳뿐만 아니라 그 비슷한 일이 일어났던 모든 곳에 있었던 사람들 말이야.
> 총에 맞고,
> 몽둥이에 맞고,
> 칼에 베어 죽은 사람들 말이야.
> 얼마나 아팠을까?
> 손가락 두 개가 잘린 게 이만큼 아픈데.
> 그렇게 죽은 사람들 말이야, 목숨이 끊어질 정도로

몸 어딘가가 뚫리고 잘려나간 사람들 말이야. (pp. 56~57)

　인선은 자기의 고통을 통해 광주에서 학살당한 사람들의 고통을, 그리고 이어 "그 비슷한 일이 일어났던 모든 곳에 있었던 사람들"의 고통을 떠올린다. 인선은 그렇게 모든 희생자들의 고통 위에 자기의 고통을 겹쳐놓고 수많은 고통의 연쇄와 흐름 속에 밀어 넣는다. 고통은 이 반복과 전이를 통해 순환한다. 그럼으로써 인선이 겪는 고통은 단지 그녀만의 고통에 머물지 않는다. 인선의 연상 속에서 그녀의 신체적 고통은 고립된 개인의 차원을 넘어 광주의 고통은 물론이고 친구인 소설가 '나'의 고통, 그리고 제주 4·3과 보도연맹 학살의 고통은 물론 당시 가족을 잃은 엄마의 고통, 아버지가 겪은 투옥과 고문의 고통 등과 저도 모르게 겹쳐진다. 인선이 겪는 치료 과정의 끔찍한 신체적 고통은 그럼으로써 자기 밖에서 순환하는 저 모든 역사적 고통의 연쇄를 상상하고 자기 안에 내부화하는 고통의 미메시스로서 의미를 부여받는다. 그것은 시간을 가로질러 뒤섞이고 순환하는 역사적 고통의 흐름에 자기의 고통을 무의지적으로 밀어 넣음으로써 가능해진다.

　인선이 오래전 제주공항 활주로 아래서 발견된 유골들의 사진을 본 뒤 그 가운데 유독 다른 모습으로 누워 있는 한 유골의 자세를 모방하는 것도 유사한 맥락이다. 그 유골은 전쟁 발발 직후 제주에서 예비검속으로 붙잡혀 총살된 천여 명 중 한 사람의 것이다. 인선은 말한다. "*다른 유골들은 대개 두개골이 아래를 향하고 다리뼈들이 펼쳐진 채 엎드려 있었는데, 그 유골만은 구덩이 벽을 향해 모로 누워서 깊게 무릎을 구부리고 있었어. 잠들기 어려울 때, 몸이 아프거나 마음이 쓰일 때 우리가 그렇게 하는 것처럼.*"(p. 211) 인선은 여자이거나 10대 중반의 남자로 추정되는 그 유골만 다른 자세를 하고 발뼈에 고무신이 신겨 있는 이유가 흙에 덮이는 순간 숨이 붙어 있었기 때문이라고 추측한다. 그 유골을 본 후 인선이 그 유골의 자세를 "흉내내듯 책상 아래 모로 누워 무릎을 구부려보기도"(같은 곳) 하는 것은 총을 맞고 구덩이로 굴러떨어져 숨이 붙은 채 생매장당한 '그 사람'의 고통을 함께 겪는, 즉 '거기에 있어보는' 행위다.

이후 인선이 곧바로 유골로 누워 있는 그 사람에 대한 다큐멘터리를 찍기로 한다는 설정은 그 미메시스가 쓰기/재현의 전제이자 방법이 되어야 한다는 작가의 생각을 보여준다. 그리고 그것은 인선이 다큐멘터리 작업을 위해 구술 증언들을 읽던 중 경험하는 자아의 와해 및 변형과도 뗄 수 없이 연결되어 있다. 끔찍한 학살의 참상을 읽으면서 자기는 무너져 '자기 외의 다른 곳'으로 미끄러져가고, 와해된 자아의 경계를 뚫고 '그들'이 찾아온다.

> 그 아이들./절멸을 위해 죽인 아이들. 〔……〕 그들이 왔구나./무섭지 않았어. 아니, 숨이 쉬어지지 않을 만큼 행복했어. 고통인지 황홀인지 모를 이상한 격정 속에서 그 차가운 바람을, 바람의 몸을 입은 사람들을 가르며 걸었어. 수천 개 투명한 바늘이 온몸에 꽂힌 것처럼, 그걸 타고 수혈처럼 생명이 흘러들어오는 걸 느끼면서. 나는 미친 사람처럼 보였거나 실제로 미쳤을 거야. (p. 318)

이러한 인선의 이야기는 고통의 미메시스가 '함께 있기'와 불가분의 것임을 보여준다. 인선이 "책상 밑에서 내가 무릎을 구부리는 동시에 활주로 아래 구덩이 속에도 있었던 게"(p. 322) 이상하지 않다고 말하는 것도 그런 맥락이다. 『작별하지 않는다』에서 고통을 쓰기 위해 "거기 있어봐야" 한다는 명제는 이렇게 고통의 미메시스를 통해, '함께 있기'의 의지적/무의지적 실연(實演)을 통해 구체화된다. 누구와 함께 있는가? 학살된 자들의 혼(魂)/유령이다. 인선이 말한다. "……누군가 더 있는 것 같을 때가 있어." '나'가 묻는다. "너도 그럴 때가 있어? 〔……〕 언제부터 그랬어?" 인선이 대답한다. "뼈들을 본 뒤부터야."(pp. 208~209)

4. 불가능한 장소에서, 그리고 '함께 겪기'

4·3에 대한 본격적인 글쓰기의 무대는 '나'의 저 상징적 죽음을 통해 비로소 열린다. 2~3부의 큰 줄기는 인선의 집에서 '나'와 그곳에 도래한 인선의 혼(혹은 환영)의 대화를 통해 전개된다. '나'에게 인선이 들려주는 제주 4·3 생존자들의 구술 증언, 창졸간에 가족을 잃은 엄마와 오랜 투옥과 고문의 후유증으로 평생을 고통받은 아버지의 이야기, 체포돼 형무소에 수감되었다가 처형된 엄마의 오빠 강정훈의 사연, 죽은 오빠의 흔적을 찾아 오랜 세월 자료를 모으고 희생자 가족 모임까지 주도했던 엄마 강정심의 집요한 의지와 기다림. 이 모든 이야기들이 '나'와 인선의 대화를 통해 풀려 나온다. 인선의 엄마가 모아온 자료 문서, 취재 기사, 사진 스크랩, 다큐멘터리 스틸 사진, 유해 발굴 자료집 등의 내용과 그것을 인선에게 건네받아 보고 읽는 '나'의 의식의 흐름도 여기에 덧붙는다.

그 과정에서 소개되는 희생자들의 고통의 이야기는 차마 보기 힘들고 이루 옮기기 힘들 정도다. 그래서 '나'도 인선이 펼쳐 보여주는 자료 사진을 보는 걸 수시로 중단하고 내려놓기를 반복한다. "더이상 뼈들을 보고 싶지 않기 때문이다."(p. 284) '나'는 더 이상 원하지 않는다. "그걸 펼치고 싶지 않다."(p. 285) 이런 '나'의 반응은 그 참혹한 학살의 역사와 흔적들을 무엇으로도 재현하는 것이 불가능하다는 생각으로 이어진다.

몸이 떨리고, 내 손과 함께 흔들린 불꽃의 음영에 방안의 모든 것이 술렁인 순간 나는 안다. 이 이야기를 영화로 만들 것인지 물었을 때 인선이 즉시 부인한 이유를.

피에 젖은 옷과 살이 함께 썩어가는 냄새, 수십 년 동안 삭은 뼈들의 인광이 지워질 거다. 악몽들이 손가락 사이로 새어나갈 거다. 한계를 초과하는 폭력이 제거될 거다. 사 년 전 내가 썼던 책에서 누락되었던, 대로에 선 비무장 시민들에게 군인들이 쏘았던 화염방사기처럼. 수포들이 끓어오른 얼굴과 몸에 흰 페인트가 끼얹어진 채 응급실로 실려온 사람들처럼. (p. 287)

'나'에 따르면 인선이 그 이야기를 영화로 만들 수 없었던 것처럼, 소설로도 쓸 수 없을 것이다. 왜냐하면 한계를 초과하는 폭력과 악몽과 피냄새의 실재가 쓰는 순간 지워지고 새어 나가버릴 것이기 때문이다. 이 대목은 언뜻 참상의 재현 불가능성에 대한 고심을 담고 있는 것처럼 보인다. 하지만 여기에는 '그렇다면 어떻게 쓸 것인가'라는 물음이 동시에 존재한다. 2~3부 전체의 서사는 그 자체가 이 물음에 대한 작가 나름의 응답이다.

그렇다면 어떻게 쓸 것인가? 작가는 소설의 곳곳에 인선이 찍은 다큐멘터리 영화를 소개하면서 그 단서를 뿌려놓는다.[13] 인선의 영화에는 그림자가 일렁대는 흰 회벽이 대부분을 차지하는 화면, 자신이 직접 희끄무레한 형체로만 노출되는 인터뷰이로 등장하는 수법, 인터뷰의 흐름에 "의도적이고 지속적인 불협화음"(p. 157)을 만들어내는 손

---

13 이와 관련해서, 이 소설이 실제로 한강이 다큐멘터리 감독 임흥순과 함께했던 일련의 협업의 연속성 아래 있다는 지적도 있었다. 성가인, 「비경험세대 작가들의 서사에 나타난 역사적 사건의 재현 양상과 방법」, 계명대학교 박사학위논문, 2023, pp. 76~78 참조.

길의 일렁임, 증언의 목소리와 수시로 교차되면서 끼어드는 자연과 일상 풍경의 몽타주 같은 것들이 있었다. '나'와 인선이 함께 만들어가는 전승된 4·3의 기억에 대한 이야기는 바로 이 다큐멘터리의 형식과 그대로 닮아 있다. 벽에 일렁거리는 인선의 그림자, 인선과 새(아마)의 허밍이 만들어내는 엇박자의 불협화음 같은 것들 속에서 그 둘의 유사성이 암시된다. 즉 그것은 이를테면 인선(의 혼)이 인터뷰이로, '나'가 청자로 등장하는 증언과 듣기의 무대다.

한강은 이 소설에서 그렇게 제주 4·3에 대한 '쓰기'의 공간을 '나'와 인선이 주고받는 증언과 듣기의 무대로 설치한다. 그리고 이 무대는 현실성과 개연성을 이탈한 매우 모호하고 몽환적인 공간으로 설정된다.[14] 서울의 병실에 누워 있어야 할 인선이 불쑥 제주에 나타나고, 이미 죽은 새 아마가 새장 속에서 울고 있다. 아마에게 '나'는 말한다. "너는 죽었잖아."(p. 179) '나'는 지금 자기가 있는 곳이 꿈인지 현실인지, 자기와 인선이 살았는지 죽었는지를 끊임없이 되묻고 의심한다. "이건 꿈이니?"(p. 184) 인선도 되묻는다. "……*꿈인가.*"(p. 188) '나'는 생각한다. 꿈이 아니면 이 모든 것이 "망자의 환상"(pp. 190~91)일 수도 있겠다고.

'나'와 인선의 이 증언과 듣기/'쓰기'의 무대는 삶과 죽음이, 꿈과 현실이 동시에 존재하는 장소다. 그곳은 또한 이곳과 저곳이, 과거와 현재가 동시에 존재하는 곳이고, 꿈과 꿈이, 혼과 혼이 만나는 곳이기도 하다. 그곳은 꿈과 현실이 교차하고 삶과 죽음이 공존하는 경계 지대다.

---

14 이 소설의 2~3부 장면들이 "리얼리티로부터 기꺼이 풀려난 초자연적이고 바로크적인 세계"라는 지적도 이 점을 부각한다(김예령, 「아니, 아니라는 사랑의 수행—한강, 『작별하지 않는다』」, 『문학동네』 2022년 봄호, p. 94).

잔에서 입술을 뗀 인선과 눈이 마주쳤을 때 나는 생각했다. 그녀의 뱃속에도 이 차가 퍼지고 있을까. 인선이 혼으로 찾아왔다면 나는 살아 있고, 인선이 살아 있다면 내가 혼으로 찾아온 것일 텐데. 이 뜨거움이 동시에 우리 몸속에 번질 수 있나. (p. 194)

정말 누가 여기 함께 있나, 나는 생각했다. 동시에 두 곳에 존재하는, 관측하려 하는 찰나 한곳에 고정되는 빛처럼.
그게 너일까, 다음 순간 생각했다. 네가 지금 진동하는 실 끝에 이어져 있나. 어두운 어항 속을 들여다보듯, 되살아나려 하는 너의 병상에서.

*

아니, 그 반대인지도 모른다. 죽었거나 죽어가는 내가 끈질기게 이곳을 들여다보고 있는지도 모른다. 저 건천 하류의 어둠 속에서. 아마를 묻고 돌아와 누운 너의 차가운 방에서. (pp. 322~23)

증언과 듣기/'쓰기'의 무대는 이처럼 죽은 인선(의 혼)과 살아 있는 '나'가, 혹은 제주에서 죽은 '나'(의 혼)과 서울 병원에서 죽은 인선의 혼이 한곳에 존재하는 장소다. 그곳은 불가능한 장소다.[15] 그러나 한강 소설의 논리에 따르면, 그곳이야말로 사건에 대한 충실한 전승과 재현이 아닌 고통에 대한 '쓰기'가 비로소 가능해지는 장소다. 즉 이 불가능

---

15 이 불가능한 장소는 한강의 다른 소설 『흰』에서는 "어둠과 빛 사이"의 "파르스름한 틈"으로 묘사된다. "만일 당신이 아직 살아 있다면, 지금 나는 이 삶을 살고 있지 않아야 한다./지금 내가 살아 있다면 당신이 존재하지 않아야 한다./어둠과 빛 사이에서만, 그 파르스름한 틈에서만 우리는 가까스로 얼굴을 마주본다."(한강, 『흰』, 난다, 2016, p. 117)

은 죽은 자들의 고통에 대한 '쓰기'를 위해서는 불가피하다. 왜냐하면 바로 그 불가능한 장소야말로 죽은 자들의 혼/유령이 비로소 도래하는 곳이기 때문이고, 그들의 목소리가 현전하는 곳이기 때문이다.[16] 그 불가능한 장소란 무엇인가? 가령 시간적으로는 한강이 단편 「눈 한송이가 녹는 동안」에서 그려놓은 '눈이 녹지 않는 순간'이 바로 그것이다. '나'가 쓰고 있는 희곡에서 젊은 승려와 죽은 소녀의 유령이 눈을 맞으며 대화를 나눈다. "*왜 머리 위 눈이 녹지 않을까?/시간이 흐르지 않으니까요./하지만 우리는 이야기를 나누고 있는데./우리가 시간 밖에 있으니까요.*"[17] 한강의 소설에서, 이 불가능한 '시간 바깥의 시간'이야말로 유령이 도래하고 유령의 목소리가 현전하는 시간이다. 그리고 한강의 소설에서 산 자와 죽은 자가 만나고, 죽은 자가 말하는 그 불가능한 시간과 장소는 '나'의 몸과 의식을 '나' 바깥에 위치시키는 것을 통해 가능해진다. 이 소설에서 제주 4·3의 진실에 다가가는 '나'와 인선의 만남과 목소리가 혼과 혼의 불가능한 만남과 목소리가 되어야 하는 것도 이 때문이다. 그렇게 보면 이 소설에서 2~3부의 리얼리티가 흐려지고 개연성이 지워져야 하는 것은 어느 면 필연적인 선택이다.

『작별하지 않는다』에 등장하는 "두 개의 시야"(p. 114)라는 메타포도 '쓰기'가 가능해지는 장소에 대한 한강의 그런 생각과 무관하지 않다. 인선의 아버지가 섬을 떠나 감옥에 있던 15년 동안 제주 마을의 생생한 정경을 내내 눈앞에서 지켜봤던 것(p. 321)이나,[18] 갓등에 앉은 새

---

16 일면 글쓰기에 대한 이런 한강 소설의 논리는 시간이 "이음매에서 어긋나" 어그러지고 맞지 않게 되는 "몰(沒)시간성"의 순간, 그 어긋남이 바로 타자의 가능성 자체이며 유령이 도래하는 장소이자 "정의를 위한 장소"라는 데리다의 주장을 연상시키는 데가 있다(자크 데리다, 『마르크스의 유령들』, 진태원 옮김, 그린비, 2014, p. 59). 그런 측면에서 『작별하지 않는다』에서 암시되는 한강의 논리를 그대로 따르자면, 고통에 대한 글쓰기가 비로소 가능해지는 불가능한 장소는 데리다가 말하는 (유령/죽은 자에 대한) '책임'과 '정의'를 위한 장소가 될 것이다.

17 한강, 「눈 한송이가 녹는 동안」, 『창작과비평』 2015년 여름호, pp. 316~17.

아마가 한쪽 눈으론 벽 쪽의 인선을 보고 다른 눈으론 창밖의 흔들리는 나무를 보는 것에서 '나'는 '두 개의 시야'로 산다는 것의 의미를 생각한다. "두 개의 시야로 살아간다는 건 어떤 건지 나는 알고 싶었다. 저 엇박자 돌림노래 같은 것, 꿈꾸는 동시에 생시를 사는 것 같은 걸까."(p. 114) 두 개의 시야로 산다는 건 이곳과 저곳을, 과거와 현재를, 꿈과 생시를 동시에 사는 것이다. 그것은 여기에 있으면서 '거기 있어 보는 것'이고, 살아 있으면서 죽은 자들과 '함께 겪는' 것이다. 그것은 또한 죽은 자의 눈으로 보고 죽은 자의 목소리로 말하는 것[19]이다.

> 세로쓰기 조판을 따라 내 손과 눈이 움직이는 속도가, 소리 내 읽거나 입속으로 중얼거리는 속도와 흡사하다는 것을 나는 깨닫는다. 희미한 목소리 같은 기척이 활자들에서 새어나온다고 느껴지는 건 그 때문인 것 같다. (p. 257)

학살 희생자들의 유해 발굴에 대한 기사를 읽는 장면이다. "희미한 목소리 같은 기척"이 활자들에서 새어 나온다. 문장에서 들리는 목소리에는 "촛불의 빛을 타고 끈끈하게 흘러나오는 것, 팥죽처럼 엉긴 것, 피비린내나는 것"(p. 276)이 있다. 이 장면에서 '나'의 읽기는 죽은 자들의 말하기와 겹쳐진다. "……누군가 더 있는 것 같을 때가 있어"(p. 208)라는 인선의 말처럼, 인선이 4·3의 참상을 엄마의 기억을 매개로 증언하고 '나'가 그 말을 듣고 자료를 읽는 장면들에서, 죽은 자들의 혼과 목소리가 그들과 함께한다. 또 거꾸로 '나'와 인선의 입장에서 그것은 죽은 자들과 '함께 겪기'의 현장이다. 그 현장은 '나'(의 혼)와 인선

---

18 인선은 그런 아버지가 *"마치 두 세계를 사는 사람 같았어요"*(p. 165)라고 말한다.
19 『소년이 온다』를 쓸 때 "단지 제가 이 사람들(죽은 자들—인용자)의 목소리가 되는 게 제일 중요했"다는 작가의 생각은 이 소설에서 이런 방식으로 관철된다(김연수, 앞의 글, p. 327).

(의 혼)의 목소리, 죽은 자들의 혼의 목소리가 겹쳐져 그들 모두가 참여하는 읽기와 말하기, 듣기가 상연되는 공간이다.

다시 말하면 한강은 제주 4·3에 대한 '쓰기'의 공간을 저 모든 목소리들이 함께하는, 이야기가 구연(口演)되는 공간으로 만들고 있다. 벤야민에 따르면 남들과 공유할 수 없는 개인의 경험을 서술하는 '소설'과 달리 '이야기'는 집합적 기억의 공유를 가능하게 하고 듣는 이가 그 집합적 기억을 자기 것으로 만들 수 있게 하는 형식이다.[20] 말하기와 듣기가 중심이 된 2~3부의 형식은 글쓰기 주체뿐만 아니라 독자까지도 청자(聽者)로 끌어들여 제주 4·3에 대한 집합적 기억을 공유하고 '함께 겪는' 장으로 만든다. 그리고 이것이 4·3에 대한 기억을 눈앞에서 보는 것처럼 더욱 생생한 것으로 살려내고 있다. 고통에 대한 '쓰기'는 고통을 '함께 겪기'의 차원으로 확장되는 셈이다. 이것이 어떻게 쓸 것인가,라는 물음에 대한 한강의 해답이다.

5. 나가며

『작별하지 않는다』의 화자 '나'가 이 소설의 2~3부에서 인선(의 혼)과 함께 만들어가는 무대는 트라우마의 '함께 겪기'와 '함께 쓰기'가 상연되는 공간이다. 그리고 이를 통해 제주 4·3과 학살의 진상, 죽은 오빠의 뼈를 찾아 헤매며 평생을 잊지 않기 위해 싸웠던 한 인간(강정심)의 슬픔과 고통, 작별하지 않겠다는 의지와 사랑의 고투가 생생하게 되살아난다. 그리고 '작별하지 않는다'라는 제목처럼 이 소설은, 죽은

---

20 발터 벤야민, 「이야기꾼: 니콜라이 레스코프의 작품에 대한 고찰」, 『서사(敍事)·기억·비평의 자리』, 최성만 옮김, 도서출판 길, 2012, pp. 418~30 참조.

자들을 잊지 않기 위해 사랑이라는 무서운 고통[21]을 글쓰기를 통해 감당하겠다는 글쓰기의 자의식이 펼쳐지는 공간이기도 하다. 그런 의미에서 한강의 소설에서 고통을 감당하는 고통에 대한 글쓰기는 죽은 자들에 대한 '책임'과 '정의'(데리다)의 다른 이름이다. 특히 이 모든 측면에서 『작별하지 않는다』는 그 자체로 역사적 사건의 트라우마를 다루는 문학의 역할을 사건에 대한 충실한 사실주의적 재현이나 기억의 전승이라는 차원만으로 제한하고 환원하는 기존 평단 일각의 기계적 통념을 문학의 이름으로 기각하는 소설이기도 하다.

『소년이 온다』에서 그랬던 것처럼, 『작별하지 않는다』의 고통의 순례 또한 '나'와 인선이 촛불을 밝히는 것으로 마무리된다. 일종의 애도의 의례인 셈이다. 거기엔 현재의 글쓰기를 통해 과거의 죽은 자를 구원하리라는 작가의 자의식이 투사돼 있다. 그리고 소설에 따르면, 어쩌면 거꾸로 과거가 현재를 구원할 수 있을지도 모른다. 『작별하지 않는다』에서 죽은 자의 혼의 기척이 부드럽고 따스한 온기와 함께 찾아오는 것도, 죽은 자를 뒤덮었던 눈송이가 소설의 마지막에 시간을 거슬러 부드럽게 반짝이는 빛의 이미지로 찾아오는 것도 그와 무관하지 않다. 이 소설이 궁극적으로는 고통받은 과거와 고통스러운 현재의 상호 구원에 대한 소설이라 할 수 있는 것은 이 때문이다.

『작별하지 않는다』의 배면에 있는 것은 이 세계에 만연한 고통을 어떻게 쓸 것인가,라는 글쓰기에 대한 메타적 자의식이다. 한강은 이 소설의 글쓰기를 통해 그 물음에 응답하면서 문학이 할 일과 문학의 '책임'을 다하기 위해 분투한다. 그럼에도 불구하고, 하나는 덧붙여야겠다. 전작인 『소년이 온다』는 "제 자의식을 지우고 최대한 그 목소리들이 되려고만 했"[22]다는 작가의 의도가 성공적으로 실현된 작품이었다.

---

21 인선의 엄마 강정심은 말한다. "그때 알았어. 사랑이 얼마나 무서운 고통인지."(p. 311)

반면 『작별하지 않는다』에서는 거꾸로 자의식이 (희생된 망자들의) "그 목소리들"을 압도한다. 이는 아마도 실제 작가의 분신인 소설가 화자 '나'가 소설 전체를 이끌어가기 때문일 수도 있다. 그 때문인지, 죽은 자들의 고통에 대해 쓰려면 '나'의 자의식을 지우고 '나'를 '나' 바깥에 놓아야 한다는 한강식 쓰기의 대전제는 과도한 자의식에 의해 끊임없이 간섭받는다. 고통에 대한 자의식이 강하면 강할수록 내면성의 권위는 더욱 강해지고 '나' 바깥의 목소리에 자신을 내어줘야 한다는 애초 글쓰기의 원칙은 훼손될 위험에 직면한다. '센티멘털리즘'이 문제가 된다면 아마도 그것은 바로 이 지점에서일 것이다. 그러나 구조상 어느 면 불가피하기도 했던 이 교착이 소설의 성취를 근본적으로 제약하는 것일 수는 없다. 한강은 이 교착을 헤치고 다시 써나갈 것이고, 문학의 책임을 다할 것이다.

---

22 김연수, 앞의 글, p. 326.

죄의식과 고통의 연대
— 권여선의 『토우의 집』과 『레몬』

1. 사건의 흔적들

2014년 4월 16일 이후, 상실의 고통은 오래도록 한국 사회에서 일상과 집단의식을 지배하는 정념이 되었다. 무엇을 상실했는가? 먼저 유가족은, 사랑하는 가족을 잃었다. 그리고 우리는, 국가를 잃었다. 이때 우리가 상실한 국가는 생명과 일상의 근거를 안전하게 보호해주리라는 믿음에 의해 지탱되던 상상의 국가다. 세월호 참사는 우리에게 그런 국가란 애초 존재하지도 않았음을, 그것은 그저 상상 속의 허망한 믿음에 의해서만 존속해왔던 것임을 아프게 일깨웠다. 황종연의 말을 빌리자면, "그것은 커다란 공백이고 검은 구멍이었다."[1] 오히려 참사 이후 국가는 오직 책임을 회피하고 진실을 은폐하는 데에서만 자신의 존재를 과시했다. 그렇게 국가는 오직 자기의 부재를 은폐하기 위해서만 존재했다. 그러니 우리는 애초 존재하지도 않았던 것을 잃었다.

그뿐인가. 우리는 오랫동안 일상을 잃었고 언어를, 언어에 대한 믿음을 잃었다. 참사 직후 소설가 김애란은 이 언어의 상실에 직면한 무력감을 이렇게 고백했다. "안산에서 이제는 말 몇 개가 아닌 문법 자

---

1   황종연, 「국가재난시대의 민주적 상상력」, 『눈먼 자들의 국가』, 문학동네, 2014, p. 129.

체가 파괴됐다는 느낌을 받았다. 어떤 낱말이 가리키는 대상과 그 뜻이 일치하지 못하고 흔들리는 걸, 기의와 기표의 약속이 무참히 깨지는 걸 보았다."[2] 김애란의 저 고백은 참사 이후 나를 포함해 많은 사람들이 빠져들었던 상징적 실어증의 사태를 간명하게 요약한다. 참사 뒤에 남겨진 자들은 그렇게 오래도록 상실을 앓았다.

촛불 정국과 박근혜의 탄핵 이후 등장한 문재인 정부 또한 사태의 해결을 무능력하게 방치했고 진실은 여전히 밝혀지지 않았다. 참사 뒤에 남겨진, 그리고 잊지 않으려는 자들이 앓은 저 상실의 감각은 그렇게 한국 사회의 집단의식에 잠류한 지배적인 정동으로 남았다. 상실의 고통은 여전히 치유되지 않았고 애도는 종결되지 않았다. 세월호 참사 이후 오래도록 종결되지 않는, 도무지 끝날 것 같지 않은 애도 작업을 한국문학은 저 자신의 몫으로 떠안았다. 대표적으로 추모소설집 『우리는 행복할 수 있을까』(예옥, 2015)가 있었고, 떠난 아이들의 말을 시인들이 받아 적은 생일시집 『엄마. 나야.』(난다, 2015), 유가족의 육성을 기록한 416 세월호 참사 시민기록위원회 작가기록단의 『금요일엔 돌아오렴』(창비, 2015) 등이 있었다. 실종자 수습에 몸을 던졌던 잠수사의 시선으로 참사의 현장에 정면으로 육박한 김탁환의 장편소설 『거짓말이다』(북스피어, 2016)도 빼놓을 수 없다.[3]

그 밖에 참사 이후 쏟아져 나온 숱한 문학적 애도 작업의 경과와 산물들을 여기서 일일이 보고할 필요는 없을 것이다. 분명한 것은 세월호 참사 이후 오래도록 한국문학은 저 종결되지 않는 애도와 상실의 감각에 사로잡혀 있었다는 사실이다. 예컨대 황정은의 중편소설 「웃는 남자」(『창작과비평』 2016년 겨울호)에서도 뚜렷하게 드러나듯이, 세월

---

2 김애란, 「기우는 봄, 우리가 본 것」, 같은 책, p. 14.
3 김탁환의 『거짓말이다』에 대한 집중적인 논의는 김영찬, 「문학의 진실과 증언의 목소리—김탁환의 『거짓말이다』를 읽으며」(『문학이 하는 일』, 창비, 2018)를 참조할 것.

호 참사를 직접 거론하지 않더라도 한국문학은 인물의 의식을 지배하는 상실감과 죄의식을 통해 끝나지 않는 애도를 간접화된 방식으로 계속하고 있었다. 이 소설에서 사고로 연인을 잃고 혼자 남은 남자의 우울과 상실감, 고통스러운 죄의식은 그날의 참사 이후 우리 시대 한국문학이 떠안은 정념의 핵심을 가로지른다.

문학은 기억의 장치다. 세월호 참사는 문학의 기억에 지울 수 없는 흔적을 남겼다. 황정은의 「웃는 남자」에서 그려진 상실감과 죄의식으로 가득한 마음의 지옥은 비단 이 소설만의 것은 아니었다. 참사의 충격은 그 후 한국문학의 의식과 무의식을 알게 모르게 지배했고 감정 구조에 드리운 실재의 그림자로 영향력을 행사했다. 상실의 고통과 죄의식의 정념은 여전히 종결되지 않은 저 '사건'[4]을 잊지 않은 문학이라면 감당할 수밖에 없는 불가피한 증상과 같은 것이었다. 권여선의 장편소설 『토우의 집』(자음과모음, 2014)과 『레몬』(창비, 2019)도 이런 맥락 속에 있는 소설이다.

가족이 살해당한다. 『토우의 집』에서는 남편이자 아버지가, 『레몬』에서는 언니가. 『토우의 집』의 아버지는 인혁당 재건위 사건으로 잡혀 들어가 모진 고문을 당한 끝에 죽는다. 『레몬』의 언니는 공원에서 머리가 깨진 채 죽어 있는 모습으로 발견된다. 『토우의 집』과 『레몬』은 이 두 죽음 뒤에 남겨진 사람들의 이야기다. 가족의 참혹한 죽음을 맞닥뜨린 이들은 죽은 자를 떠나보내지 못한다. 사건은 종결되지 않고 애도는 끝없이 지연되고 거부된다. 이 소설들은 이를 통해 이 시대 한국문학이 어떻게 그 스스로 '사건'의 흔적이 되는가를 보여준다. 어떻게? 하나씩 살펴본다.

---

4 김형중은 세월호 참사를 '근거'를 뒤흔들고 무효화하는 바디우적 의미에서의 '사건'으로 의미화할 것을 제안한다. 김형중, 「문학과 증언―세월호 이후의 한국 문학」, 『후르비네크의 혀』, 문학과지성사, 2016 참조.

2. 죄의식의 잔인한 아이러니

권여선의 『토우의 집』에서 상실의 고통을 유발하는 사건은 (실상이 흐릿하게 처리되어 있지만) 1974년에 있었던 인혁당 재건위 사건이다. 아버지인 안덕규는 그에 휘말려 동료들과 함께 체포된 지 얼마 지나지 않아 싸늘한 주검으로 돌아온다. 소설은 가장의 죽음이라는 이 사건을 중심에 놓고 크게 두 부분으로 나뉜다. 전반부는 주로 원과 은철의 시선으로 펼쳐지는 아이들의 놀이의 세계이고, 후반부는 가장의 죽음 이후 남겨진 가족이 겪는 정신적 고통의 이야기다. 아이들의 평화롭고 천진난만한 놀이를 중심으로 전개되는 전반부는 후반부에 비해 압도적인 분량을 차지하는데, 이러한 기우뚱한 구조는 가장의 체포와 죽음으로 갑작스럽게 급습하는 고통의 비극성을 더욱 강조하는 효과를 낳는다. 그렇게 후반부에서 가장의 죽음으로 밀어닥친 고통의 서사는 전반부의 우화적인 놀이의 세계를 거슬러 올라가 그에 소급적으로 어두운 그림자를 드리우고 순식간에 집어삼켜버린다.

그러한 비극성은 아이들의 순진무구한 놀이가 사후적으로 아버지의 죽음과 가족의 운명에 대한 섬뜩한 예고였음이 드러나면서 더욱 극대화된다. 가령 원과 은철의 '스파이놀이'가 그렇다. 다음은 원과 은철의 대화다.

"그럼 이제 우리 목숨을 바치는 스파이가 되도록 하자."
"스파이?"
"스파이가 뭔지 알아?"
"몰라."
은철이 시무룩하게 발로 땅을 찼다.
"스파이는 비밀을 알아내는 간첩이야."

은철의 눈이 휘둥그레졌다.

"간첩? 간첩은 나쁜 사람이야. 신고해야 돼."

"간첩 중에는 나쁜 간첩이 있고 좋은 간첩이 있어. 스파이는 좋은 간첩이야."

"좋은 간첩이 있다고?"

"그래, 그러니까 특별히 스파이라고 하는 거야. 스파이."[5]

원과 은철에게 스파이의 임무는 비밀을 탐지해 "좋은 사람과 나쁜 사람을 가려내"서 "나쁜 사람한테는 복수를"(p. 50) 하는 일이다. 그들은 마을 사람들의 얘기를 엿듣고 다니며 나쁜 사람에게 복수하기 위해 벽돌을 갈아 독약을 만들고 저주의 주문을 외운다. 그러면서 원은 정기적으로 비밀 회합을 갖는 아버지와 그 동료들을 "안바바와 다섯 명의 도둑"(p. 70)으로 부르기도 한다. 아이들은 그렇게 놀이와 우화의 세계에 빠져들고 그들의 머릿속에서 현실은 허구와 구별되지 않은 채 자연스럽게 우화의 세계 속에 융해된다. 그러나 허구와 현실을 구분하지 못하는 무구한 아이들의 놀이는 허구가 그대로 현실이 되어 그들을 덮침으로써 결과적으로는 닥쳐올 잔인한 현실에 대한 예고로 급변한다. 스파이놀이의 과녁은, 원이 '도둑깽이'라 불렀던 아버지가 진짜 '나쁜 사람', 즉 간첩/빨갱이가 됨으로써 현실에서 적중한다.

이것이 원에게 더욱 치명적으로 작용하는 것은 그 놀이가 현실의 예고에서 그치는 것이 아니라 자기파괴적인 죄의식을 안기는 계기가 되기 때문이다. 어느 날 원은 숟가락을 던지고 밥그릇을 엎었다는 이유로 아버지로부터 우물에 묶이는데, 처음엔 그게 무엇을 의미하는지도 모른 채 천진난만한 태도로 벌을 받는다. 하지만 시간이 지날수록 몸

---

5 권여선, 『토우의 집』, 자음과모음, 2014, pp. 27~28. 이후 페이지만 적는다.

이 차갑게 굳어가고 처녀 귀신이 우물 벽을 타고 올라오는 무서운 환영에 시달린다. 추위와 공포에 질린 원은 아버지를 원망한다.

> 원은 이를 딱딱 부딪쳤다. 아버지가 어머니를 못 나가게 붙잡고 있는 거다…… 어머니는 그…… 그…… 그놈 편이다…… 원은 손톱을 바짝 세워 우물 벽을 갈았다. 안덕규 도둑깽이…… 안덕규 도둑깽이…… 그놈에게 독약을 먹일 테다…… 독약을…… 독약을…… 주문이 입 밖으로 새어나가지 않도록 원은 입술을 깨물었다. 어머니가 들려준 이야기 속의 효자 효녀가 몰려와 웅성거렸다. 애는 불효녀로구나…… 애는 아버지를 죽이려고 하는구나…… 삽시간에 우물을 터뜨리고 쏟아져 나온 귀신들이 소리쳤다. 넌 불효녀야! 불효녀는 사지를 찢어야 해! 불효녀는 우물에 빠뜨려 죽여야 해!
> "아아아아아아악!"
> 원은 우물 깊은 곳으로 빨려 들어갔다. 머리와 팔과 다리가 따로따로 캄캄한 어둠 속에 흩어졌다. (p. 242)

어머니가 들려준 효자 효녀 이야기와 자기가 지어낸 우물 속의 처녀 귀신 이야기, 스파이놀이 등에서 뻗어 나온 허구적 상상은 공포와 원망 속에 어지럽게 뒤섞여 원의 의식을 헤집는다. 허구를 현실로 믿은 천진한 무지는 잔인한 처벌로 보상받는다. 특히 아버지에 대한 원망으로 밤새 우물 벽을 갈며 저주의 주문을 외고 또 그 때문에 죄의식의 공포에 휩싸이는 이 대목은 허구에 대한 순진한 믿음이 어떻게 현실의 잔인한 복수로 되돌아오는가를, 그럼으로써 아버지의 죽음이 자기의 저주 때문이라 믿게 되는 죄의식의 온상이 되는가를 섬뜩하게 예고한다.

그런 측면에서, 『토우의 집』에서 가장의 죽음으로 남겨진 식구들이 떠안는 고통은 겹겹이다. 우선 상실의 고통으로 인한 자기파괴적 우울이 있다. 새댁은 남편을 끝내 애도하지 못한다. 새댁은 남편이 시체로 돌아온 후 아슬아슬하게 일상을 버티는 듯 보였지만 틈만 나면 남편의 무덤에 가 밤새 누워 있다 돌아오기를 반복하다가 조금씩 정신을 잃어간다. 더욱이 고문을 못 이겨 자기 손으로 손목을 그은 흔적이 역력했던 죽은 남편의 모습은 새댁을 이글거리는 분노와 끝 모를 고통으로 몰아넣는다. 결국 감당할 수 없는 가혹한 고통은 새댁을 통째로 삼켜버린다. 인용이 필요하다.

> 새댁은 눈을 크게 뜨고 벽을 바라보며 뻣뻣한 목과 어깨를 떨고 있었다. 새댁의 눈은 멍한 쪽이라기보다 사나움으로 가득 찬 쪽이었다. 무엇엔가 마음을 온통 빼앗겨 자기가 어디에 있는지, 옆에 누가 있는지, 어떤 소리가 들리는지 하는 사소한 것에는 한 가닥의 신경조차도 분산할 수 없는 듯 보였다. 그 맹렬한 집중이 새댁의 목구멍에서 그토록 괴상한 소리를 쥐어짜내는 것 같았다.
> "옥. 꼭. 옥. 꺽."
> 〔……〕
> 새댁은 자잘한 분홍 꽃잎과 꽃받침이 어긋난 두 벽지 사이의 틈이 마치 파도가 몰아치는 해협이라도 되는 듯이, 자신을 그 깊고 어두운 곳으로 산산이 내던지고라도 있는 듯이, 그리하여 뼈가 부서지고 살이 으깨지는 고통을 매초 매초 당하고나 있는 듯이, 온몸에 강직과 경련을 반복하면서 섬뜩한 외마디 소리를 단단한 돌처럼 토해내고 있었다.
> "옥. 꼭. 꾸우우. 꺽." (pp. 312~14)

남편을 잃은 새댁이 이렇게 끔찍한 고통 속에 정신을 놓아버렸듯이,

이해할 수 없는 아버지의 죽음을 맞닥뜨린 원의 정신 또한 속절없이 무너져간다. 원을 고통에 짓눌리게 하는 것은 다름 아닌 자기의 저주가 아버지를 죽게 했다는 죄의식이다. 상실의 고통 위에 얹힌 죄의식의 고통이 원의 정신을 겹겹이 무겁게 짓누른다. 원은 죄 없는 자의 순진한 무지가 만들어낸 실체도 근거도 없는 죄의식 때문에 아무도 몰래 혼자 괴로워하고 고통받는다.

> 안 돼요! 하지 마세요! 어머니! 못 하게 하세요! 아버지가 저기! 저기! 안 돼요!
> 그러나 말은 소리가 되어 나오지 않았다. 원은 자기가 우물에 묶여서 내린 저주 때문에 아버지가 산사태에 갇힌 사람처럼 무거운 흙더미 속에 파묻히게 된 거라고 생각했다. 원은 물고기처럼 입만 뻐끔거리다 풀썩 쓰러졌다. 사람들이 원을 나무 그늘로 옮겼다. 잠시 정신을 잃었다 깨어났을 때 원을 안고 있는 사람은 새댁이 아니라 순분이었다. (p. 297)

아버지의 장례를 치른 후 "잘못했어요…… 잘못했어요…… 용서해주세요……"(p. 310)라며 어머니에게 차마 말하지 못할 죄를 고백하던 원은 끝내 끔찍한 죄의식의 고통에 삼켜져버린다. 원은 시간이 흐르면서 점차 말과 눈빛을 잃어가고 표정과 몸짓도 증발된다. 그러면서 원은 자기가 동생이라 부르며 가지고 놀던 인형인 희의 모습과 놀랍도록 닮아간다. 그렇게 원이 "날카로운 고통이 사방에 철창을 두른 작은 방 속에 갇혀버렸다는 것"(p. 329)을 직감한 은철은 이렇게 생각한다. "요괴 인형" 같은 "희는 원까지 삼켜버렸다"(p. 330). 죄의식은 원을 그렇게 끔찍한 고통의 감옥 안에 가둬버린다.

권여선의 『토우의 집』은 이처럼 감당할 수 없는 상실과 죄의식의 고통 때문에 정신을 놓고 자기를 유폐해버리는 무구한 인물들의 비극을 그린다. 후반부에서 가장인 안덕규의 죽음 이후 전개되는 이 숨 막히는 고통의 서사는 비록 전반부에 비해 짧은 분량이지만 앞에서 아이들에 의해 펼쳐지던 평화로운 무구의 세계를 통째로 삼키고 압도해버린다. 순진한 허구와 상상의 세계가 잔인한 현실의 저주와 고통스러운 죄의식에 의해 돌이킬 수 없이 망가지고 무너져 내리는 이 소설의 구도는 고통의 참혹함과 비극성을 더욱 극대화한다. 이 고통이 더욱이나 가혹한 것은 짓지도 않은 죄를 떠안는 원의 죄의식이 다름 아닌 천진난만한 순진과 무구에서 비롯된 것이기 때문이다. 권여선이 이 소설에서 보여주는 것은 가장 죄 없는 자가 가장 큰 죄의식에 시달리고 고통받는 잔인한 아이러니다.

3. 끝나지 않는 우울, 죄의식 속으로

『토우의 집』의 서사의 중심에 상실의 고통과 가혹한 죄의식이 있는 것처럼, 『레몬』 또한 마찬가지다. 『레몬』에서 상실의 고통이 비롯된 사건은 '해언'의 죽음이다. 해언은 한일월드컵의 열기가 계속되던 2002년 학교 인근 공원에서 둔기로 머리를 가격당해 살해된 시신으로 발견된다. 그녀는 "누구나 한번 보면 잊기 힘들 정도로 아름다운 소녀"였고 "내용 없는 텅 빈 형식의 완전함이 주는 황홀 그 자체"[6]였다. 해언과 같은 반이었던 상희에 말에 따르면 그녀는 "충격적인 아름다움"(p. 47)의 소유자였다. 당시 해언의 죽음은 주변의 모든 이들을 충격과 당혹으로 몰아넣었고 진범은 밝혀지지 않은 채 사건은 미제로 남았다.

---

6   권여선, 『레몬』, 창비, 2019, p. 34. 이후 페이지만 적는다.

이 소설은 그 해언의 죽음 뒤에 남겨진 자들이 오래도록 겪는 상실의 후유증을 그린다.

모두를 충격과 당혹 속에 몰아넣은 문제의 살인사건 이후 오랜 시간이 흘렀음에도, 해언의 죽음은 남겨진 자들에게 크든 작든 지워지지 않는 고통의 흔적을 남긴다. 무엇보다 가장 큰 고통은 언니를 잃은 다언의 몫이었지만, 그리고 소설 또한 다언의 고통을 전면에 부각하지만, 주변인들 또한 고통에서 자유로울 수 없었다. 해언의 죽음은 그녀의 가족뿐만 아니라 사건에 연루된 인물들은 물론 그와 무관했던 인물들의 삶조차도 뒤흔들고 파장을 남긴다. 사건 이후, 누구도 다시는 이전의 현실로 돌아갈 수 없다.

신정준과 같이 차를 타고 가는 해언의 마지막 모습을 목격했고 진술이 엇갈린다는 이유로 유력한 용의자로 지목돼 누명을 쓰는 한만우 또한 마찬가지다. 그는 영문도 모른 채 범인으로 몰려 경찰에게 구타당하고 학교에서도 쫓겨난다. 당시 그가 겪은 고통이 짓지도 않은 죄 때문이었던 것처럼, 그 후 그를 덮친 고통 또한 마찬가지다. 살인 누명을 쓰고 학교에서 쫓겨난 그는 군대에 가서 육종에 걸려 다리를 절단했고, 결국은 육종이 폐까지 퍼져 죽는다. 그가 겪는 이 이유 없이 가혹한 고통은 물론 해언의 죽음과 무관한 것이지만, 작가는 납득할 수 없는 "신의 섭리"(p. 186)가 야기한 그의 압도적인 고통을 남겨진 자들의 모든 고통 위에 포개놓는다.

직접적인 고통은 당연히 가족의 몫이다. 『레몬』의 고통의 서사를 이끌어가는 것은 해언의 동생인 다언이 겪는 상실의 고통과 끝나지 않는 우울이다. 다언은 죽은 언니를 떠나보내지 못한다. 납득할 수 없는 사건이 야기한 충격과 당혹은 가족의 일상을 통째로 집어삼킨다. 다언은 언니의 죽음이 안겨준 고통에서 십수 년이 지나도록 헤어 나오지 못했고 상실감은 그녀의 삶을 돌이킬 수 없이 변화시켰다. 언니가 죽은 후 오랫동안 "세상이 점점 멀어지고 흐릿해지다 아예 사라져버리는 일이 생겨났"(p. 72)고 "우물 같은 축축한 어둠 속에 죽은 듯이 엎드려"(p. 73), 희미해진 언니의 기억에 강박적으로 붙들려 있었다. 그렇게 다언의 상실의 고통은 삶 자체를 상실하게 만든다. "누군가 봄을 잃은 줄도 모르고 잃었듯이, 나는 내 삶을 잃은 줄도 모르고 잃었다."(p. 92)

그리고 그 상실감과 무기력한 우울의 밑바닥엔 죄의식이 있었다. 고통에 짓눌린 다언의 삶을 더욱 병리적으로 몰아가는 것은 바로 그 죄의식이다. 아마도 그것은 자기방어에 무심했던, 그래서 항시 위험에 무방비하게 노출될 수밖에 없었던 해언을 지켜주지 못했다는 데서 오는 것이겠다. "아마 엄마도 그랬으리라 짐작한다. 각자의 죄의식은 각자의 몫이었다."(p. 73) 그래서 원래 '혜은'이었던 이름이 '해언'으로 바뀌어 딸이 그렇게 되었다고 생각한 엄마는 이미 죽고 없는 딸의 이름을 '혜은'으로 바꾸는 데 집착하고, 다언은 수술로 자기 얼굴을 언니의 얼굴로 바꾸는 데 집착한다. "엄마가 엄마 스스로를 바꾸지 못해 언니의 이름을 바꾸려 했다면 나는 언니의 그 무엇도 바꾸지 못해 나 스스로를 바꾸기로 했다."(p. 88) 다언은 자신의 얼굴을 언니의 얼굴에 가깝게 만들기 위해 조잡한 조각보처럼 성형을 거듭했고, '미모의 여고생 살인사건'이라 불렸던 그 사건의 정황을 그 뒤 십수 년 동안 끝도 없이 상상하고 곱씹는 데 몰두한다. 다언은 그렇게 스스로를 죄의식 속으로 몰아넣으면서 언니를 차마 애도하지 못한다. 아니, 애도를 거부한다. 그것은 상실의 고통을 잊지 않으려는 것을 넘어 끊임없이 자신을 그 고통 속으로 밀어 넣는 강박적인 의식(儀式)으로 나타난다.

> 나는 '미모의 여고생 살인사건'이라 불렸던 그 사건에 얽힌 세부, 장면, 정황 들을 십육년 넘게 꼼꼼히 생각하고 쓰다듬고 세공해왔다. 그러다보니 머릿속에 각인된 그 상황들을 내가 직접 보거나 겪

었던 것만 같은 고통스러운 착각에 빠져들 때가 종종 있다. 상상도 실제만큼이나 고통스럽다. 아니, 실제보다 더 고통스럽기도 하다. 그것에는 한계도 기한도 없다. (pp. 9~10)

다언은 그렇게 한계도 기한도 없는 고통 속에 자신의 삶을 통째로 반납한다. 그녀는 언니의 죽음에 아무런 책임도 없고 죄를 짓지도 않았지만, 언니를 지켜주지 못했다는 데서 오는 가혹한 죄의식을 떠안고 자기 처벌을 감수한다. 상실 후의 이 죄의식과 자기 처벌이 임상적으로 우울의 증상이라면,[7] 그렇게 다언은 자기를 우울 속에 내던져 끝나지 않는 상실의 고통을 스스로 짊어진다.

권여선은 이를 통해 스스로 죄의식을 떠안음으로써 애도를 거부하는 남겨진 자의 고통을 이야기한다. 그리고 이 소설에서 죄의식은 단지 언니를 잃은 다언과 딸을 잃은 엄마의 것만은 아니다. 사건과 전혀 무관한 이들도 죄의식에서 자유로울 수 없다. 죽은 해언과 같은 반이었고 다언의 문예반 선배였던 상희가 그렇다. 해언의 죽음이 알려졌을 때, 상희는 생각한다. "우리는 모두 똑같은 죄의식에 사로잡혔고 교실은 진공관처럼 조용해졌다. 이상한 우울과 불쾌가 우리의 미간을 둔중하게 때리고 지나갔다."(p. 57) 해언의 죽음은 순식간에 살아 있는 모두를 "나머지 존재로 만들어"(p. 179)버렸고, 남겨진 자로서 이유 모를 죄의식에 사로잡히게 만들었다.

그뿐만 아니다. 죄의식은 가해의 편에 연루된 자의 삶도 잠식한다. 신정준이 해언의 죽음에 책임이 있음을 알면서도 사건의 진실을 묻어두고 그와 결혼한 윤태림을 병적 우울증과 자기기만으로 몰아가는 것도 바로 죄의식이다. 채 돌도 안 된 딸이 유괴된 뒤 망가져가던 윤태림

---

7 지그문트 프로이트, 「자아와 이드」, 『쾌락 원칙을 넘어서』, 박찬부 옮김, 열린책들, 1997, p. 146.

이 자기 치유를 위해 썼다는 시에는 오래도록 그녀를 괴롭혔던 죄의식의 단서가 보이지 않게 숨어 있다.

> 쪼개진 토끼의 두개골
> 고름주머니로 남은 사자의 몸
> 놀라워라, 은혜 은혜 은혜
> 해는 재로 가리우고
> 언 땅을 덮는 검은 천공
> 노래하라, 은혜 은혜 은혜 (p. 164)

이 시에서 "쪼개진 토끼의 두개골"이라는 표현이 머리가 "으깨진 두부처럼 손상"(p. 53)된 채 발견된 해언을 암시한다는 것은 쉽게 짐작된다. 더욱 결정적인 것은 "해는 재로 가리우고/언 땅을 덮는 검은 천공"이라는 4~5행의 첫 음절이 각각 '해'와 '언'이라는 사실이다. '해언'이라는 이름이 숨어 있다.[8] 두 번 반복되는 "은혜 은혜 은혜"라는 표현도 마찬가지다. 반복해 읽으면 '혜은'으로 들린다. 죄의식에 잠식된 ('혜은'이 '해언'의 다른 이름임을 알 리 없는) 윤태림의 무의식은 그렇게 자기도 의식 못 하는 언어적 증상 속에서 '해언=혜은'을 불러들인다.

이렇게 해언의 죽음은 모든 이들에게 죄의식을 남겼다. 그럼에도 가장 고통받는 자는 사랑하는 가족을 잃은 당사자라는 사실은 변치 않는다. 그렇다면 무엇을 할 것인가? 이 물음에 대한 작가의 대답은 도발

---

8 해언에 대한 이러한 암시는 애초 작가의 의도이기도 했다. "시의 경우 발음이 주는 물질성에 주목하잖아요. 그걸 소설 속에 배치하는 걸 즐기는 편입니다. 예를 들면 태림의 시가 그래요. '은혜은혜'나 '언 땅과 해' 부분을 보면 아실 거예요. 그리고 꼭 발음의 물질성이 아니더라도 태림이 죄책감 속에 살아가는 것을 독자들에게 넌지시 비춰주기 위함도 있었고요." 이주현, 「작가와의 만남—우리는 태어난 김에 살아갈 순 없는 걸까?」『레몬』 권여선, 『Book News』, 교보문고, 2019년 5월 10일(http://news.kyobobook.co.kr/people/writerView.ink?sntn_id=14802).

적이다. 그것은 바로 '복수'다. 다언은 복수를 선택한다. 그녀는 언니의 죽음에 연루되어 있지만 혐의를 벗고 빠져나간 진짜 범인으로 짐작되는 신정준과 윤태림의 아이를 유괴한다. 그 후 그녀는 아이에게 엄마가 그토록 개명하려고 집착했던 해언의 원래 이름인 '혜은'이라는 이름을 붙여 엄마와 함께 키운다. "결국 죽은 언니는 혜은이 되어 엄마에게 돌아왔다."(p. 74) 다언은 죽은 언니를 그렇게 되돌려받는다.

『레몬』의 상실과 고통의 서사는 그렇게 유괴한 가해자의 아이를 언니의 대체물로 받아들여 가족으로 키우는 기괴한 복수로 마무리된다. 다언은 말한다.

> 아니다, 나는 살인자가 누구인지도 알고 있다. 그러니 그런 짓을 저질렀던 것이고, 죽을 때까지 내가 그 죄에서 벗어나지 못할 것도 알고 있다.
>
> 엄마가 무어라 어르는 소리, 아이가 까르르 웃는 소리가 들린다. 아이의 웃음소리는 내게 죄를 알리는 종소리 같다. 〔……〕 나는 이런 삶을 원한 적이 없다. 그런데 이렇게 살고 있으니, 이 삶에 과연 무슨 의미가 있겠는가. 하지만, 내가 이 삶을 원한 적은 없지만 그러나, 선택한 적도 없다고 말할 수는 없다. (pp. 34~35)

언니의 죽음 이후 떠안은 다언의 죄의식은 불가피하게 밀어닥친 수동적인 것이었다. 그러나 다언은 이 복수를 통해 죽을 때까지 벗어나지 못할 또 다른 죄의식을 적극적으로 선택한다. 그녀의 복수는 스스로 죄를 짓고 죄의식 속으로 몸을 던지는 행위다. 이것은 언니를 떠나보내지 않겠다는, 사건을 종결시키지 않고 그 끔찍한 무게를 적극적으로 감당하겠다는 의지의 표현이다. 이는 또한 가혹한 현실을 무책임하게 방치하는 "신의 무지"(p. 187)에 대한 자기 방식의 복수이기도 하다. 『레몬』의 다언을 두고 "언니의 시신을 매장하길 거부하는 이 시대의 안티고네"[9]라고 한 지적은 그런 측면에서 썩 맞춤한 비유다.

4. 고통의 미메시스

권여선의 『토우의 집』과 『레몬』은 끝나지 않는 상실의 고통과 죄의식의 서사다. 『토우의 집』과 『레몬』의 비극은 가족의 처참한 죽음에서 시작된다. 죽음은 애도되어야 하지만 남겨진 자들은 애도할 수 없다. 무엇보다 그들이 맞닥뜨린 죽음이 도저히 이해할 수 없는 처참한 것이었기 때문이다. 사랑하는 가족의 죽음은 남겨진 자들에게 가혹한 죄의식을 심어놓는다. 죄의식은 이 소설들이 그리는 비극의 핵심에 있다. 가령 『토우의 집』에서 죄의식이 고통의 직접적인 원인이자 세계 인식의 중요한 매개 수단으로 작동한다면,[10] 『레몬』도 크게 다르지 않다. 『토우의 집』과 『레몬』은 그렇게 남겨진 자들의 죄의식의 서사이며 종결되지 않는 고통스러운 멜랑콜리의 서사다.

이 소설들의 이야기는 죽음 뒤에 남겨진 자들의 우울과 죄의식이 야기하는 고통을 중심에 놓고 펼쳐지지만, 권여선은 그 고통이 가혹한 현실에 연루되는 모든 자들의 고통과 겹쳐지고 공명하는 지점을 열어놓는다. 먼저 『레몬』에서, 다언은 범인으로 의심했던 한만우를 만나면서 고통이 비단 자기만의 것이 아님을, 그녀가 상상치도 못했던 더 가혹한 고통이 그의 삶을 짓누르고 있음을 알게 된다. 다언은 상상한다.

---

9 강지희, 「분노의 정동, 복수의 정치학—세월호와 미투 운동 이후의 문학은 어떻게 만나는가」, 『파토스의 그림자』, 문학동네, 2022, p. 141.

10 권여선·심진경(대담), 「고통의 이야기, 가장 늦지만 가장 오래 지속되는」, 『자음과모음』 2015년 봄호, p. 203.

가난한 집에서 난쟁이 엄마의 아들로 태어나 푼돈을 벌며 학교에 다니다가 살인 누명을 쓴 채 경찰에게 매를 맞고 학교에서 쫓겨났고, 육종에 걸렸으나 제때 치료하지 못해 다리를 절단하고 그 몸으로 세탁공장에서 화상을 견디며 일하다가 육종이 폐까지 전이돼 서른 살에 생을 마감한 한만우의 삶을 덮친 고통의 무게를. 다언은 그런 한만우를 경유해 자기의 고통을 초과하는 세상의 모든 참혹한 고통에 대한, 신조차 외면하는 그 삶의 거대한 무의미에 대한 공감적 상상으로 나아간다. 그리고 다언은 말한다. 현실에서 벌어지는 그 모든 고통의 참상을, 신은 알지 못한다.

믿고 싶은데…… 믿을 수가 없어요. 내가 죽었다 깨어나도 납득할 수 없는 일들이 이 세상 곳곳에서 벌어지고 있는데 어떻게 신을 믿을 수 있어요?

〔……〕 이를테면, 이 지구상 어딘가에 한 여자아이가 태어난다. 아이는 가난한 집에서 태어나 늘 굶주리고 매를 맞고 쓰레기를 뒤지다 질병에 걸리고 눈이 먼다. 열두살 때 아이는 집단으로 강간을 당한 후 칼로 난자되어 살해된다. 그리고 자신이 평생 동안 먹을 것을 찾아 헤매던 바로 그 쓰레기장에 버려진다. 그런데도 신을 믿을 수가 있나?

〔……〕

언니, 이 모두가 신의 섭리다, 망루가 불타고 배가 침몰해도, 이 모두가 신의 섭리다, 그렇게 자신 있게 말할 수 있어야 신을 믿는다고 말할 수 있는 것 아닐까요? 나는 죽었다 깨어나도 그렇게 말할 수 없어요. 섭리가 아니라 무지예요! 이 모두가 신의 무지다, 그렇게 말해야 해요! 모르는 건 신이다, 그렇게…… (pp. 185~87)

신의 무지와 부재에 대한 다언의 비난은 그 모든 현실의 고통에 대한 그녀의 연민과 무력감의 크기에 비례한다. "망루가 불타고 배가 침몰해도"라는 표현에서도 암시되듯이 그녀는 여기에서 아무것도 하지 못하고 무력하게 지켜볼 수밖에 없는 세상의 고통 위에 용산 참사와 세월호 참사의 비극을 포개놓는다. 자기는 아무것도 할 수 없(었)다는, 언니를 지켜주지 못했다는 다언의 무력감과 죄의식이 세상의 모든 고통받는 자들에 대한 공감과 윤리적 죄의식으로까지 확장될 수 있는 가능성이 있다면 그 출발점은 바로 이 지점일 것이다.

이처럼 자기의 고통을 통해 또 다른 고통에 가닿는 고통의 연대를 암시하는 장면은 『토우의 집』에도 있다. 안덕규 가족이 세 들어 사는 우물집 안주인 순분의 아들 은철이 무릎뼈가 산산조각이 나 한쪽 다리를 못 쓰게 된 끔찍한 사고를 당한다. 순분은 정작 자신이 그런 고통을 겪고 나서야 비로소 그동안 남의 고통을 외면하고 무심코 함부로 떠들어댔던 자신의 죄를 깨닫는다. 순분이 원의 가족을 덮친 비극적인 고통에 마음 쓰고 그들을 끝까지 보살피는 데 작용하는 것도 바로 자기만의 고통의 경험에서 우러나온 고통의 공감이다. 우리는 이를 작가의 말을 빌려 '고통의 미메시스'[11]라 할 수 있을 것이다.

그러나 고통의 미메시스는 거기서 그치지 않는다. 그것은 이 소설의 읽기와 쓰기의 차원에서도 수행된다. 이는 소설에서 고통의 파토스가 단지 이야기 안의 차원에 머물러 있지 않고 소설을 읽는 독자들의 마음으로 고스란히 전이되는 듯한 느낌을 주는 것과 관련되어 있다. 인물들의 고통을 문장 하나하나에 눌러 새겨 넣는 작가의 집요하게 잔인한 묘사가 거기에 몫을 보탠다. 그 때문에 실제로 우리는 새댁과 원이 고통받는 장면들을 읽으면서, 거리를 두고 바라보기보다 그들의 마음

---

11 같은 대담, p. 214.

의 지옥 속으로 들어가 마치 함께 겪는 것 같은 고통스러운 경험을 한다. 이런 효과가 실제 이 소설에서 작가가 고통을 마주하고 묘사하는 방식과도 무관하지 않음은 다음 「작가의 말」에서도 짐작된다.

> 처음, 나는 그들의 고통에서 시선을 떼지 못한다. 그것을 어루만져 위로해야 한다고 생각한다. 그러나 이것은, 뭔가를 먹는 것, 이를테면 소비하는 건 아닌가 하는 생각이 든다.
>
> 다음, 갑자기 그들의 고통, 이를테면 어떤 커다란 철근덩어리 같은 고통에서 갈고리가 튀어나와 내 목을 움켜쥐는, 그런 꿈을 오래 꾼다. 그러니 이제 그만 써야 하는 건 아닌가 생각한다.
>
> 마지막, 나는 여전히 그들의 고통에서 시선을 떼지 못한다. 그들의 고통, 이를테면 어떤 커다란 반죽덩어리 같은 고통에서 부드러운 물풀 같은 손이 슬그머니 내 목으로 미끄러져 들어와, 자기와 비슷하지만 자그만 어떤 것, 그러니까 자기의 새끼 비슷한 고통을 살그머니 끄집어낸다.[12]

어루만짐과 위로는 저 자신이 고통과 안전한 거리를 둘 때 가능한 행위다. 하지만 고통과의 그런 식의 안전한 거리 유지는 윤리적이지 않다. 작가는 오히려 고통과의 거리를 무화하고 고통에 자기를 내어준다. 그래서 그는 고통을 재현하는 이 소설의 글쓰기가 인물들이 겪는 육중한 고통이 목을 움켜쥐고 몸 안으로 미끄러져 들어와 자기 안에 또 하나의 고통을 낳는 경험이었음을 고백한다. 우리가 새댁과 원의

---

[12] 권여선, 「작가의 말」, 『토우의 집』, pp. 333~34.

고통을 읽으면서 그 안으로 미끄러져 들어가 그들의 고통을 함께 겪는 듯한 고통스러운 느낌을 갖는 것은 고통을 마주하고 공유하는 작가의 저 글쓰기 방식과 무관하지 않은 셈이다. 『토우의 집』에서 그려진 인물들의 고통은 그렇게 우리 안의 고통과 만난다. 『토우의 집』의 쓰기와 읽기는 그런 고통의 육체적 분유(分有)[13]의 경험이다.

5. 나가며

『토우의 집』의 중심에 있는 것은 박정희 유신체제에 의해 조작된 인혁당 재건위 사건이라는 실제 사건이고, 『레몬』의 서사를 이끌어가는 것은 '미모의 여고생 살인사건'이라 불린 허구적 사건이다. 『토우의 집』은 천진하고 무방비한 아이들의 세계가 이해할 수 없는 거대한 폭력에 의해 산산이 조각나는 이야기이고, 『레몬』은 이해할 수 없는 죽음이 남겨놓은 고통의 흔적에 대한 이야기다. 두 소설은 전혀 다른 이야기를 다루지만, 모두 이해할 수 없는 사건이 남긴 상실의 고통과 죄의식의 문제를 다룬다는 점에서는 맥을 같이한다. 그리고 소설의 중심에 있는 상실의 고통과 죄의식이라는 정념이 세월호 참사 이후 의식적이든 무의식적이든 한국문학에 드리웠던 '사건'의 그림자와 전혀 무관하지 않다는 점에서도 두 소설은 상통한다. 물론 이 소설들이 세월호 참사를 특별히 의식하고 있는 것은 아니다. 그럼에도 불구하고 죄의식의 고통 속에 자기를 유폐시키거나(『토우의 집』) 끝나지 않을 죄의식의 한가운데로 자기를 몰아넣는(『레몬』) 인물들의 고통스러운 운명은 그 자체로 참사 이후 우리를 지배했던 집단적인 정념의 핵심을 건드린다.

---

13 이에 대해서는 다음 글에서 이미 부분적으로 언급한 바 있다. 김영찬, 「오늘의 '장편소설'과 '이야기'의 가능한 미래」, 『문학이 하는 일』, 창비, 2018, pp. 53~55 참조.

고통은 무차별적이지만, 『토우의 집』과 『레몬』이 보여주는 것은 가장 죄 없고 무구한 자가 가장 고통받는다는 사실이다. 그래서 이들의 고통은 이유 없이 가혹하다. 『토우의 집』의 원이 그렇고, 『레몬』의 한만우가 그렇다. 원은 허구와 현실을 구분하지 못하는 순진한 무구 때문에 짓지도 않은 죄로 고통받다 어둠 속에 유폐되고, 한만우는 영악하지 못한 순진함 때문에 영문도 모른 채 고통을 겪다 생을 마감한다. 권여선이 그려놓은 이 납득할 수 없는 고통들은 어쩔 수 없이 최근의 세월호 참사에 이르기까지 끊이지 않고 반복되어온 고통의 역사를 환기한다. 작가 자신은 의식하지 못했을지 모르나 이 소설들은 이를 통해 '사건'의 흔적이자 고통스러운 증상이 된다. 작가는 이 증상들을 통해 암시한다. 저 고통들을 마주하고 생각하는 우리가 무언가를 해야 한다면, 아마도 그 출발점은 『토우의 집』과 『레몬』이 환기하는 고통의 미메시스와 분유, 이를 통한 고통의 연대가 되어야 할 것임을.

실재에 대한 열정
혹은 한국문학의 어떤 희미한/희귀한 흔적들

1

슬라보예 지젝은 1953년 7월 동독 스탈린알레에서 열을 지어 거리를 행진하는 소비에트 탱크를 목격한 브레히트의 일화를 소개한다. 브레히트는 탱크를 향해 손을 흔들었고, 그는 당원이 아니었지만 그 순간 생애 처음으로 공산당에 입당하고 싶다는 충동을 느꼈다. 지젝에 따르면 이때 브레히트에게는 (동독의 봉기를 진압하기 위해 투입된 소비에트 군대가 보여준) 폭력의 난폭함 자체가 일종의 진정성의 표지로 인식되었다는 것이다. 그리고 지젝은 이를 '실재에 대한 열정'의 전형적인 사례로 지목한다.[1]

지젝이 들고 있는 이 사례는 1953년 6월 동독에서 일어난 노동자 봉기에 대한 강경 진압과 소비에트 군대의 개입이라는 정치적 상황을 배경으로 하고 있다. 당시 노동자 봉기는 흔히 동독사회주의통일당과 울브리히트 서기장에 의해 진행된 급진적인 소비에트화가 불러온 노동 착취와 경제적 파탄에 불만을 품은 노동자들의 시위였다고 알려져 있다. 하지만 브레히트는 서방 사회가 공산당에 저항하는 민주화 시위

---

[1] 슬라보예 지젝, 『실재의 사막에 오신 것을 환영합니다—9.11 테러 이후의 세계』, 이현우·김희진 옮김, 자음과모음, 2011, p. 17.

로 선전했던 그 시위의 본질을 정확하게 포착한다. 그해 7월 브레히트는 주르캄프에게 보내는 공개서한에서 이렇게 쓴다. "그러나 저는 6월 16일 밤과 17일 오전에 노동자들의 끔찍했던 시위가 자유를 얻기 위한 시도와는 완전히 다른 어떤 것으로 변질되는 것을 목격했습니다."[2] 브레히트는 노동자 봉기의 배후에 파시스트 잔당들의 선동이 있다고 하면서 시위의 조속한 진압을 주장했다. 그러면서 그는 그 봉기를 '파시스트 폭동'으로 규정하고 소비에트 군대까지 불러들여 강경 진압한 동독 공산당의 입장에 동조했다.

하지만 다른 한편 그는 시위에 가담하는 인민들에게 실망했다는 동독 정부의 입장을 비판하며 이런 시를 남기기도 했다. "그렇다면 차라리/정부가 인민을 해산해버리고/다른 인민을 선출하는 것이/더 간단하지 않을까?"(「해결책」) 지젝은 브레히트의 이 시를 정치적 기회주의 소산이었다고 지적한다.[3] 하지만 그보다는 이중적이었다고 하는 것이 보다 적절할 것이다.[4] 그럼에도 불구하고 어떤 측면에서는 이 시야말로 역설적으로 (브레히트 자신이 의도하지는 않았지만) 실재에 대한 열정을 표출한 보다 적확한 사례라고도 할 수 있다. 알랭 바디우는 실재에 대한 열정이 "이전의 인간을 극복"[5]하고 새로운 인간을 창조하는 실천적 행위의 편에 서는 것이라고 말한다. 이 시는 브레히트의 본래 작의(作意)를 거슬러 이를 역설적으로 실현한다. 차라리 기존의 인

---

2   Bertolt Brecht, *Große kommentierte Berliner und Frankfurter Ausgabe*, hrsg. v. W. Hecht, J. Konpf, W. Mittenzwei, K.-D. Müller, Berlin/ Weimar, 1988. 김길웅, 「브레히트와 동독의 사회주의」, 『독어독문학』 158집, 한국독어독문학회, 2021, p. 41에서 재인용.

3   슬라보예 지젝, 『시차적 관점』, 마티, 2009, pp. 301~302.

4   알랭 바디우는 브레히트의 희곡 『갈릴레이의 삶』을 한 사례로 거론하며 1953년 노동자 봉기를 대하는 브레히트의 이중성을 모호하고 짤막하게 언급하기도 한다. 알랭 바디우, 『세기』, 박정태 옮김, 이학사, 2014, p. 87.

5   알랭 바디우, 위의 책, p. 67.

민을 다른 인민으로 대체하라! 즉 브레히트의 시에서 "인민을 해산"하고 "다른 인민을 선출"하라는 요청은 과거의 체제에 얽매여 파시스트에게 선동당하는 인민을 해체하고 다른 인민, 즉 공산주의적 인민으로 재창조해야 한다는 시대의 의지가 일종의 증상처럼 시인의 애초 의도마저 배반하면서 뚫고 나온 사례로 읽을 수 있을 것이다.

앞에서 본 것처럼 지젝은 노동자 시위를 진압하는 소비에트 탱크에 대한 강한 동질감으로 손을 흔들었던 브레히트의 사례를 진정성의 표지로, 나아가 '실재에 대한 열정'의 전형적인 사례로 들었다. 이때 지젝이 말하는 진정성이란, 폭력적인 위반행위 안에 존재하는 어떤 것이다.[6] 이때 핵심은 모든 옛것과 절대적으로 단절하는 파괴적인 폭력 그 자체다. 그리고 지젝 이전에 이미 알랭 바디우는 이를 '실재에 대한 열정passion du réel'이라고 불렀다. 바디우는 1914년에 발발해 1918년에 끝난 제1차 세계대전, 1917년의 러시아혁명과 더불어 시작되고 소비에트연방의 와해 및 냉전의 종식과 더불어 끝난 (75년에 걸친) 이 시기를 '작은 세기', 혹은 소비에트적 세기라고 부른다. 그에 따르면 이 세기를 특징짓는 것은 전쟁과 혁명이라는 잔인한 폭력의 여정이고 낡은 것의 폭력적인 파괴를 감행한 실천적 사유다. 그리하여 20세기를 지배한 정신은 낡은 것에 얽매인 과거의 인간을 극복한 새로운 인간의 창조였고 20세기의 주체를 매혹시킨 것도 바로 그 새로운 인간의 역사성이었다. 그렇게 "세기 자신의 내부로부터, 세기는 〔실재에 대한 열정을 향한〕 영웅적이며 서사적인 세기로서 체험"[7]되었다. 브레히트가 소비에트 탱크를 반기며 손을 흔든 것도, 낡은 파시스트적 체제에서 벗어나 과거의 인간과 결별하고 새로운 (공산주의적) 인간을 창조하려는

---

6   슬라보예 지젝, 앞의 책, p. 18.

7   알랭 바디우, 앞의 책, p. 69.

그 폭력의 영웅주의에 대한 매혹에서 비롯되었을 것이다.

바디우에 따르면 19세기가 알리고 꿈을 꾸고 약속했다면, 20세기는 바로 세기 그 자신이 그것을 실천했고 또 하고 있음을 선언했다. 그는 말한다. "바로 이것이 내가 실재에 대한 열정으로 부르자고 제안하는 것입니다."[8] 그렇다면 실재란 무엇인가? 이때 바디우가 말하는 실재가 라캉에게서 빌려온 것임은 말할 것도 없다. 라캉에 따르면 실재 the Real란 상징화에 저항하는, 기표의 질서에 동화되지 않는 어떤 불가능한 것이다. 바디우는 그것이 선과 악을 넘어서 있는, 두렵지만 창조적인 것이라고 말한다.

> 실재는 두려움을 주면서도 마음을 들뜨게 하고 치명적이면서도 창조적입니다. 세기의 당사자들 각각은 이것을 압니다. 확실한 것은, 니체가 훌륭하게 말한 것처럼, 실재는 "선과 악을 넘어서" 있다는 점입니다. 새로운 인간의 실재적 도래에 대한 모든 확신은 그것을 위해 지불한 대가에 대한 강한 무관심 속에, 가장 폭력적인 방식들에 대한 합법화 속에 자리잡고 있습니다. 새로운 인간과 관련된 경우라면, 이전의 인간은 이제 재료에 불과할 수 있는 것입니다.[9]

실재는 주어진 사회적 현실과 대립되는 것이며 그 안에 숨어 있는 파괴와 창조의 계기다. 그것은 상징적 질서를 지탱하면서도 그것에서 벗어나고 질서를 위태롭게 하는 (라캉의 표현대로) '알 수 없는 X'다. 그리고 그것은 모든 도덕적 기준을, 즉 선과 악을 넘어서 있는 것이다. 실재에 대한 열정은 위협적이고 치명적이면서도 창조적인 이 실재

---

8 위의 책, p. 68. 강조는 원문.
9 위의 책, 같은 곳.

를 직접 접촉하려는 의지이며 과잉의 에너지로 분출하는 극단적으로 파괴적인 폭력 속에서 현실화되는 실천적 의지다. 달리 말하면 그것은 기만적인 현실의 가상을 벗겨내고 세계의 진짜 실상에 도달하려는 파괴적 파토스다.

하지만 우리 시대에 실재에 대한 열정은 이미 종언을 고했다. 심지어 지젝은 20세기를 지배한 실재에 대한 열정마저도 정작 알고 보면 실재와의 대면을 회피하려는 거짓 열정이었다고까지 주장한다.[10] 그리고 포스트모던한 전 지구적 자본주의의 지배 속에서 실재에 대한 열정은 결국 가상에 대한 열정으로 반전되었다는 것이다. 그렇다면 우리는 실재에 대한 열정을 거부해야 하는가? 지젝은 말한다. "결코 그렇지 않다. 일단 이런 입장을 취하면 우리에게 유일하게 남은 태도는 끝까지 가기를 거부하는 태도, '가상을 유지하자'는 태도뿐이기 때문이다."[11] 가상을 유지하자는 태도가 전 지구적 자본주의의 문화적 대세인 것만은 분명하다. 그런데 끝까지 간다는 것은 무엇인가?

2

한국문학에서 실재에 대한 열정을 확인할 수 있는 사례는 극히 희귀하다. 1980년 광주민주화운동의 현장을 혁명적 영웅주의의 시각으로 다룬 몇몇 소설들, 그리고 체제의 폭력적인 파괴를 향한 열망으로 들끓었던 극히 소수의 예외를 제외하면 그렇다. 물론 이유가 있다. 조금만 돌아가보자.

---

10 슬라보예 지젝, 앞의 책, p. 40 참조.
11 위의 책, 같은 곳.

바디우에 따르면 실재에 대한 열정은 선과 악을 넘어선 것이다. 그리고 그는 『일리아드』를 예로 들면서 우리가 그 작품을 읽을 때 발생하는 것은 "잔인함이라는 객관적 기호에 대한 어떤 무관심"이라고 말한다.

> 『일리아드』를 읽을 때, 사람들은 이 책이 학살의 끊임없는 연속이라는 것을 확인하게 됩니다. 하지만 시와 같은 사물의 운동 속에서 학살의 연속은 야만스런 것으로서가 아니라 영웅적이고 서사적인 것으로서 주어집니다. 일반적으로 [어떤 한 진영에 대해] 다른 진영에서 제기한 야만이겠지만, 세기의 야만스러움이 종종 확인되고 고발되었음에도 불구하고, 세기는 주관적 『일리아드』였습니다. 이러한 사실로부터 잔인함이라는 객관적 기호에 대한 어떤 무관심이 비롯됩니다. 사람들이 『일리아드』를 읽으면서 빠지는 곳이 바로 이와 동일한 무관심입니다. 왜냐하면 실제로 행위의 능력은 도덕적 감상보다 훨씬 더 강렬하기 때문입니다.[12]

바디우는 실재에 대한 열정이 선과 악을 넘어서, 예컨대 학살의 잔인함에 대한 모든 도덕적 고려를 넘어서 있는 것이라고 주장한다. 그런 측면에서 실재에 대한 열정은 파괴와 학살을 '야만성'으로 해석하는 "온건한 도덕주의"[13]를 기각한다. 그보다 그것은 학살을 영웅적이고 서사적인 것으로 받아들인다. 그런 맥락에서 바디우는 "도덕적 감상"을 물리치고 혁명과 전쟁 과정의 학살과 처형을 실재에 대한 열정 속에 있는 영웅적인 운명의 계기로 그렸던 사례로 T. E. 로런스의 『지혜의 일곱 기둥』(1921)과 앙드레 말로의 『희망』(1937)을 꼽는다.

---

12 알랭 바디우, 앞의 책, p. 69.
13 위의 책, p. 68.

다시 돌아와서, 한국문학에서 실재에 대한 열정의 사례가 희소한 것은 바디우가 비판하는 '온건한 도덕주의'가 다름 아닌 한국문학의 주류였기 때문이다. 이는 한국문학의 이념이 대체로 휴머니즘을 바탕으로 하고 있었던 것과도 무관하지 않다. 휴머니즘은 오래도록 근대에 대한 부정과 인간 가치의 옹호라는 한국문학의 지향을 지탱하는 이념적 거점이었지만, 선과 악의 경계를 가르고 폭력과 야만에 '도덕적 감상'으로 반응하는 '온건한 도덕주의'의 온상이기도 했다. 그리하여 한국문학에서 선과 악을 넘어선 "행위의 능력"은 대개 외면되었고 관습적 윤리 감각에 포박되었다. 그렇지 않으면 그것은 문학의 제도적 관습과 이념의 도식에 의해 비난받았다. 가령 살인과 방화, 파괴를 폭력적으로 전시하는 1920년대 신경향파 소설에 가해졌던 당대의 비판과 후세의 문학사적 평가가 그렇다.

물론 그럼에도 불구하고 한국문학의 대세를 거스르는 희귀한 돌연변이도 없지 않았다. 예컨대 백민석의 『목화밭 엽기전』(문학동네, 2000)이나 김사과의 『02』(창비, 2010)가 대표적이다. 백민석은 『목화밭 엽기전』의 서사 전체에 걸쳐 비인간적이고 야만적인 살인과 폭력, 파괴의 스펙터클을 전시하면서 휴머니즘적 가치체계를 폭력적으로 전복한다. 이를 두고 황종연은 이 소설의 서사를 "'초과excess'에 대한 열광"[14]으로 설명했다. 우리의 관점에서 이 '초과에 대한 열광'은 '실재에 대한 열정'으로 고쳐 부를 수도 있을 것이다. 물론 실재 사물Real Thing에 침투하려는 백민석의 초과의 의지가 결국은 '스펙터클한 실재의 효과라는 순수한 가상'(지젝)으로 귀결되는 것인지 아닌지는 다시 한번 꼼꼼히 따져봐야 할 문제이겠지만 말이다.

피비린내 나는 폭력으로 흥건한 김사과의 『02』 또한 과잉의 에너지

---

14 황종연, 「소설의 악몽」, 『목화밭 엽기전』 해설, 문학동네, 2000, p. 286.

로 넘쳐나는 소설집이다. 『02』의 인물들은 이유 없이 무서운 살인자로 돌변해 주변 사람들을 닥치는 대로 칼로 난자하고, 아버지의 머리를 텔레비전에 처박고 맥주병으로 아이의 머리를 터트리며, 주변의 모두를 다양한 방법으로 살해한다. 충동과 분노가 어지럽게 춤추는 이 처절한 폭력의 세계 속에서, 억압적인 시스템에 대한 방향 잃은 분노는 분열증적으로 폭발한다. 김사과의 소설에서, 소설의 질서마저 찢어버릴 정도로 과잉으로 넘쳐나는 이 방향도 목적도 없는 파괴 또한 실재 사물에 침투하려는 열정의 또 다른 표현이다.

그러나 한국문학에서 그들은 그야말로 희귀한 돌연변이일 뿐, 제도적 규범의 견지에서는 그리 환영받지 못한 듯하다. 물론 아마도 여기에는 독자까지를 아우르는 한국문학의 제도적 장이 공유하는 '온건한 도덕주의'가 작용했을 것이다. 백민석의 『목화밭 엽기전』에 얽힌 일화는 이를 입증이라도 하는 듯한 비근한 사례. 2021년 KBS와 한국문학평론가협회가 기획하고 매주 일요일 밤 〈KBS 뉴스 9〉에서 방영됐던 '우리 시대의 소설' 시리즈는 해방 후 한국소설 가운데 명작 50편을 정선해 소개했다. 와중에 백민석의 『목화밭 엽기전』이 선정돼 추천되었으나, 이 소설은 KBS 측에 의해 거절당했다. 너무 폭력적이고 비윤리적이라는 이유에서였다. 우리 사회의 공적 장에서 '온건한 도덕주의'가 너무도 당연하게 문학에 대한 보편적인 평가 기준으로 작용하고 있음을 보여주는 사례다.

백민석과 김사과의 소설은 실재에 대한 열정이 소멸된 시대에 그나마 그 흔적을 간직하고 있는 희미한 잔존물이다. 그보다 지금 한국문학의 대세를 형성하고 있는 것은 많은 부분 '가상에 대한 열정'이다. 김기태의 소설이 그리고 있는 것처럼[15] 마르크스의 『자본론』이 입시생

---

15 김기태, 『두 사람의 인터내셔널』, 문학동네, 2024.

의 입시 스펙을 쌓는 데 유용한 교양 텍스트로 소비되는 사태(「보편 교양」), 그리고 만국 노동자의 투쟁과 단결을 선언하는 「인터내셔널가」가 인터넷 짤과 밈으로 소비되는 세태(「두 사람의 인터내셔널」)는 우리 사회의 정신이 '가상에 대한 열정'에 의해 지배되고 있음을 더없이 적확하게 보여준다.

  어느덧 한국문학의 대세가 되어가고 있는 '무해한' 소설은 가상에 대한 열정이 문학적 취향과 정치적 지향까지도 지배하고 있음을 보여주는 사례다. 최은영의 『내게 무해한 사람』(문학동네, 2018)이 그 제목을 통해 암시하는 것처럼, 불가능한 것 혹은 불쾌하거나 외상적인 것을 회피하는 '착한 소설'이 최근 한국문학의 주도적인 경향이 되어가고 있다. 이는 선과 악의 고정된 기준을 넘어서지 않는 '온건한 도덕주의'가, 그리고 '실재 사물'을 회피하고 타자의 타자성을 삭제하는 '가상에 대한 열정'이 한국문학의 지배정신이 되고 있다는 방증이다. 예컨대 심지어 세계의 파국과 절멸 속에서도 그로부터 안전한 친밀한 우정과 사랑의 폐쇄된 '온실'을 꿈꾸는 김초엽의 소설 『지구 끝의 온실』(자이언트북스, 2021)처럼, 최근 한국문학이 꿈꾸는 관계와 세계는 그런 공해 없는 안전한 '온실'인 것 같다. 그리고 그것이야말로 지젝이 예로 드는 (원래의 해로운 속성을 제거한) 지방을 뺀 크림, 카페인 없는 커피 같은 것들의 선호로 나타나는[16] '가상에 대한 열정'의 한국문학적 버전이다. 근자의 여성소설에서 주로 발견되는바 내부의 차이와 대상의 실체성을 삭제한 "폐쇄적인 자기만족적 게토로서의 여성 공동체에 대한 상상"[17] 또한 이런 맥락 속에서 볼 수 있을 것이다. 온건한 도덕주의는 여전히 힘이 세다.

---

16 슬라보예 지젝, 앞의 책, p. 23
17 심진경, 「새로운 페미니즘 서사의 정치학을 위하여」, 『더러운 페미니즘』, 민음사, 2023, p. 32.

3

 진실을 말하자면 한국문학사 전체에 걸쳐 실재에 대한 열정은 회피되었다고도 할 수 있다. 아니 그 이전에 먼저 실재 사물을, 치명적이면서도 창조적인 파괴의 에너지를, 상징질서를 찢어버리는 어떤 불가능한 것을 목격하고 낱낱이 기록하는 소설 자체가 한국문학의 역사에는 매우 드물다. 하지만 예외도 있다. 오래전 박태순의 소설 「무너진 극장」(1968)이 바로 그것이다. 박태순은 이승만 독재에 항거해 분연히 일어섰던 4·19혁명의 어느 하루를 이렇게 기록한다.

 사람들은 불을 보면서 함성을 내지르고 있었고 닥치는 대로 부수고 있는 중이었다. 극장의 관람석으로 들어가는 출입구가 우선 요란한 굉음을 내면서 부서지고 있었다. 장의자가 넘어가고, 테이블이 나뒹굴고 있었다. 유리창이란 유리창은 몽땅그리 깨어지고 있는 중이었다. 〔……〕
 관람석은 갖가지 음향으로 꽉 차 있었다. 아래층 이층이고 가릴 것 없이 기괴한, 삭막한 음향이 뒤엉겨 붙었다. 그것은 이 세상이 파괴되는 음향이었다. 음향은 일찍이 사람들이 몰려들어 구경을 하던 극장 안을 온통 삼켜버리고 말았다. 그리하여 사람들의 집회 장소였던 이곳의 질서의 음향을 깨뜨려버리는 것이었다. 음향은 파괴될 필요가 있었는지도 모른다. 저 위선과 기만의 음성들. 레코드판처럼 똑같이 반복되었던 찬양의 소리, 속삭임 소리, 신음 소리, 불평과 불만의 소리는 일차 깨뜨려질 까닭이 있었을 것이었다. 사람들은 동물이나 내는 기괴한 탄성을 지르고 있었다. 그들은 눈앞에 닥친 무질서에 환장해 버려서, 마치 사회와 인습과 생활 규범을 몽땅 망각한 것 같았다. 그들은 기괴한 소리를 뱉으며 물건들을 부수고 있는 것이었다. 극장 안에 이루어져 있었던 여러 형상물(形像物)들은 점점 망가져서 쓰레기 더미로 화하였다. 말하자면 추상물이 되어가고 있었다. 〔……〕 사람들은 관람석을 분해시켜 그곳의 효용 가치를 파괴시키는 무질서에의 작업을 열렬한 흥분 속에서 감행하고 있었다.[18]

질서와 규범을 찢어버리는 파괴적이고 치명적인 불가능성이 폭발적으로 분출하는 장면이다. 혁명이 최고조에 이른 4월 26일 밤, '나'는 "평화극장을 때려 부숴라"(p. 412)라고 외치면서 짐승처럼 으르렁거리는 한 무리의 성난 군중들과 함께 거리를 내달려 임화수의 평화극장으로 진입한다. 군중들은 열렬한 흥분에 휩싸여 그들 스스로가 저지르고 있는 "무질서에 환장"해 극장 안의 모든 것을 닥치는 대로 때려 부순다. 모든 것이 군중들이 내지르는 동물 같은 "기괴한 탄성"과 함께 산산이 부서져버린다. "사회와 인습과 생활 규범"은 망각과 파괴의 대상으로 전락해 해체되고, 억눌렸던 자아는 열렬한 도취와 흥분 속에서 해방된다. 그리하여 "물건 부수어지는 소리와 고함 소리는 한데 휩싸여 아비규환의 절정을 이루고 있었다"(p. 414). 박태순이 여기서 그리고 있는 것은 흥분과 도취와 공포에 휩싸여 모든 것을 붕괴시키고 과거와 단절하는 절대적인 파괴와 혁명적 아비규환의 무대다.

박태순이 그려놓은 이 장면은 원시와 본능, 공포와 광기로 가득한 비이성적이고 잔혹한 파괴의 현장이다. 그리고 여기에는 이 이전의 한국소설에서는 일찍이 볼 수 없었던 무정부주의적인 초과의 에너지가 흘러넘치고 폭발한다. 그리고 이를 그리는 작가의 문장은 흥분과 공포로 생동한다. 작가에 따르면 도취와 흥분으로 넘쳐나는 바로 그 무질

18 박태순, 「무너진 극장」, 『월간중앙』 1968년 8월호, pp. 413~14. 이후 이 소설을 인용할 때는 페이지만 표시한다.

실재에 대한 열정 혹은 한국문학의 어떤 희미한/희귀한 흔적들

서한 폭력의 에너지야말로 "오류에 빠진 질서를 파괴하여, 인간을 속박시키던 것들을 풀어버리"(p. 415)는 힘이다. 즉 그가 목격한 것은 선과 악을 넘어 "두려움을 주면서도 마음을 들뜨게 하고 치명적이면서도 창조적"(바디우)인, 잔혹한 파괴와 창조의 계기로서의 실재였다. 그리고 혁명의 현장에서 폭발했던 이 폭력적인 광기와 무질서를 그 순간 해방의 힘으로 긍정했던 박태순의 가슴속에 지식인으로서의 자기의식과 교양의 억압을 뚫고 피어올랐던 그것이 바로 실재에 대한 열정이 아닌가.

하지만 이 소설이 발표된 후 그 당시 어느 누구도 박태순이 본 것이 무엇이었는지를 주목하지 않았다. 그와 4·19세대로서의 의식과 감각을 공유했던 4·19세대 비평가들도, 백낙청을 비롯한 창비 진영 비평가들도 그가 무엇을 보았는지를 말하지 않았고 심지어 이 소설에 대해 진지하게 언급하지도 않았다. 아마도 '온건한 도덕주의'를 신뢰했던 그들 교양적 지식인은 질서와 치안을 일거에 무력화하는 군중들의 야만적인 파괴와 폭력의 과잉에 거부감과 불편함을 느꼈을 것이다. 그러나 지젝의 말처럼 혁명에서 그 과잉을 제거하고자 하는 경건한 욕망은 그저 혁명 없는 혁명을 바라는 욕망일 뿐이다.[19] 그처럼 아마도 그들 비평가의 무관심 뒤에 있었던 것은 혁명 없는 혁명을 바라는, 이를테면 '가상을 유지하자'는 태도가 아니었을까.

그리고 당시 「무너진 극장」에 대한 김병익의 다음 평가는 당대의 그 무관심이 다름 아닌 기존의 의식과 질서를 초과하는 실재에 대한 거부와 무관심의 다른 표현임을 우회적으로 보여준다. "그는 4·19데모에 참석한 대학생의, 집단행동에 뒤따르는 의식의 공허감을 절감시키는 「무너진 극장」에서 자기인식 없는 사회행동이 얼마나 무모하고 무의미

---

19 슬라보예 지젝, 앞의 책, p. 45.

한 것인가를 깊이 느끼고 있다. 그럼으로써 자기의 내성(內省)과 의지가 포함되지 않은 행위에 피할 수 없는 회의를 독백하고 있다."[20]

그리고 박태순 또한 자기가 도달한 지점에서 더 나아가지 않고 멈춘다. 그는 이 모든 것을 목격하고도, 소설의 결말에서 그가 경험한 이 잔혹한 파괴의 현장이, 그리고 모든 과거와 절대적인 단절을 선언하는 혁명적인 폭력의 에너지가 고작 "한순간의 흥분"에 불과했을지도 모른다는 회의를 고백한다.

> 그러나 우리는 나이를 먹어갔으며, 어떤 철학자의 말처럼 「한 순간의 흥분을 너무 과대평가하여 기억하는 것의 무의미함」을 어느덧 배우기 시작하였으며 그리하여 우리가 힘들게 끌어올렸던 그 무질서의 위대한 형식이 역사성 속의 미아처럼 다만 한 순간의 고립에 불과하고 말았음을 깨달았을 때에는 어느덧 저 기성의 제복을 걸쳐 입고 있음을 보았다. 그것은 마치 그날 밤에 우리가 저질렀던 그 놀라운 긴장감의 파괴가 시시한 것이지나 않았는가 하는 부당한 생각조차 가져다 줄 때가 많은데, 물론 거기에 대해서는 나의 사적인 느낌으로 완강히 부인해 두는 수밖에 없을 것이었다. 마치 진실을 엿본 듯한 느낌으로…… (p. 419)

혁명의 가능성이 박정희 체제의 근대화 드라이브에 잠식되어가면서 한순간 피어올랐던 실재에 대한 열정도 식어버린다. 세월이 흘러 박태순은 이 결말 부분을 진보적인 시각에서 수정하지만, 그것이 보여주는 것 또한 실재에 대한 열정의 회피이긴 마찬가지였다. 「무너진 극장」의 저 혁명적 파괴의 현장을 바디우적 의미에서 '사건'으로 명명했던 김형

---

20 김병익, 「광기와 야성」, 『대화』 1970년 12월호, p. 24.

중은, 박태순이 그 '사건'에 대한 '충실성'을 끝까지 견지하지 못했다고 말한다. 그리고 이후에 수정된 결말이 "목적론적 도식에 의한 '사건의 의견화'"에 불과한 것이었다고 비판한다.

> 유사하게 "저질렀던" 파괴가, "이룩하였던" 파괴로 가치 상승하고(그러나 사건이란 이룩하는 게 아니라 저지르는 것이 아닌가! 그러니까 주체가 통제할 수 없는 방식으로 절대적 외부처럼 도래하는 것이 아니던가!), 그날 개시되었던 "진실"(바디우라면 사건에 의해 개시되는 '진리'라고 불렀을!)은 이제 구체적으로 (실은 목적론적으로!) "인생과 사회와 역사에 대한 진실"로 고정되고 전미래시제의 자격을 부여받는다. 급기야 2007년의 책세상판에서는 사건이 주는 불안과 공포, 인식적 충격 상태를 묘사한 모든 어휘는 사라지고 "결코 속아넘어가지 않"겠다는 단호한 의지와 "인생과 사회와 역사에 대한 우리의 시련이" 바로 그때부터 시작되었다는 선조적 역사의식이 견고하고 차가운 문장의 옷을 입고 (사건성이 삭제된 채로) 그 자리를 차지한다.[21]

이에 따르면, 박태순은 수정을 통해 주체가 통제할 수 없는 절대적으로 외부적인 것으로서의 사건에 대한 충실성을 끝까지 유지하는 데 실패했다. 수정을 통해 사건의 사건성이 삭제되었다는 얘기다. 그리고 그것을 초래한 것은 진보 서사의 목적론적인 이념적 도식이다. 박태순이 이후에 가지게 된 "선조적 역사의식"이 그가 목격한 불가능한 것으로서의 실재를, 그리고 그 치명적인 가능성을 삭제해버리는 데 일조했다고도 할 수 있다. 그런 측면에서 진리에 충실하는 데(다른 말로 실재

---

21 김형중, 「문학, 사건, 혁명: 4·19와 한국문학—백낙청과 김현의 초기 비평을 중심으로」, 『살아있는 시체들의 밤』, 문학과지성사, 2013, pp. 90~91.

에 대한 열정을 견지하는 데) 민중·민족문학의 진보 서사는 그다지 도움이 되었다고 할 순 없을 것 같다. 그것이 불러온 것은 오히려 실재에 대한 열정의 회피였다.

4

그렇다면 지금 실재에 대한 열정의 가능성이 사라진 시대에는 무엇이 남아 있는가? 아니면 무엇을 할 수 있는가? 김홍중은 15년 전 어딘가에서, 그래도 무언가를 할 수 있다고 말했다. 그에 따르면 중요한 것은 '진정한' 실재에 대한 열정을 '비진정한' 20세기의 실재에 대한 열정으로부터 추출해 현재화하는 것이다. 그것은 실재에 대한 열정이 소멸한 시대에 사라졌다고 생각하는 진정한 가치를 새로운 방식으로 갱신하고자 하는 의지이며, 실재에 대한 열정이 아직 유효하다는 것을 끊임없이 확인하고자 하는 의지다. 그리고 그는 이를 "실재에의 열정에 대한 열정"이라고 명명한다. 그것은 실재 그 자체를 열망하는 것이 아니라 '실재에 대한 열정'을 열망하는 것이다. 그에 따르면 실재에의 열정에 대한 열정은 실재를 폐기하지도 않고 순진하게 '열망'하지도 않으면서 "실재와의 '가능한' 그리고 '잠재적인' 관계를 모색하는 파토스"[22]다.

김홍중은 이 실재에의 열정에 대한 열정을 2000년대 미래파 시에 대한 비평에서 발견한다. 그에 따르면 미래파의 시는 '진정성'의 시대정신이 해체된 시대, 실재에 대한 열정이 불가능한 시대의 시다. 미래파 시인들은 시의 사회적, 정치적, 역사적, 문화적 책무에 무관심하고 그 대신 자폐적인 오타쿠적 특성을 공유하는, '시의 동물화'를 가감 없

---

22 김홍중, 「실재에의 열정에 대한 열정―미래파의 시와 시학」, 『마음의 사회학』, 문학동네, 2009, p. 420.

이 보여준다. 미래파 시가 보여주는 그런 지향을 우리는 '가상에 대한 열정'이라고 다시 고쳐 부를 수도 있을 것이다. 반면 비평은 미래파 시에서 "여전히 '실재'에 대한 진지하고 강렬한 열정, 주체와 타자와 상처를 시화(詩化)하는 힘을 읽어낸다."[23] 즉 비평은 실재 없는 미래파 시에서 "실재를 탐구하기 위해서 현실의 의미망을 넘어서려는 욕망, 의지, 열정"을, 달리 말해 '실재에 대한 열정'을 끊임없이 확인하고자 한다.[24] 이런 김홍중의 주장을 그대로 따른다면, 2000년대의 비평은 미래파 시의 '가상에 대한 열정'에서 '실재에 대한 열정'을 구출해내려는 시도였다고도 할 수 있다.

김홍중은 실재에 대한 열정이 불가능한 이 시대에 어떻게 그 가능성을 또 다른 방식으로 붙잡을 수 있을지를 미래파 시에 대한 2000년대의 비평을 통해 이야기한다. 그것은 바로 실재에의 열정에 대한 열정을 어떻게든 지속하는 것이다. 그리고 진정성의 가치가 종언을 고한 2000년대에 그래도 진정성이 존재했다면 그것은 작가와 작품에 있었던 것이 아니라 그렇게 존재하지 않는 그것을 애써 찾아내려고 하는 비평가의 비평적 태도 속에 있었다는 얘기다. 그의 말이 틀리지 않다면, 어쩌면 오래된 '비평의 우울'도 거기에서 비롯되었을 것이다.

그런데 실재에의 열정에 대한 열정은 2000년대의 비평에만 존재했던 것은 아니다. 그보다 오래전, 소설에도 존재했다. 다시 박태순이다. 「무너진 극장」에서 그가 목격한 실재에 대한 충실성을 끝내 놓아버리고 멈춰버렸던 박태순은, 혁명의 열기가 차갑게 식어버린 시점에서 진정성의 가치를 새로운 방식으로 갱신하는 방향으로 나아갔다. 실재에 대한 열정이 질식되고 전 사회가 근대화라는 지상명령에 들려 달려가

---

23 위의 책, p. 419.

24 위의 책, pp. 415~20 참조.

던 시절, 그는 「단씨의 형제들」(1970)이라는 소설을 썼다. 타락과 비참 속에 자기를 몰아넣으며 객지를 떠도는 방랑자 단기호의 방황과 고민이 소설의 중심이다. 1970년대의 벽두에 박태순이 이 소설을 통해 보여준 것은, 허구적으로 유지되는 가상의 삶 바깥으로 달아나 진짜 삶의 실상과 접촉하려는 열망이다. 달리 말하면, 그가 보여준 것은 실재에의 열정에 대한 또 다른 방식의 열정이다.

단기호는 서울을 떠돌던 중 근대화된 서울의 삶이 형식적인 허구에 의해 지탱되는 가상의 삶임을 깨닫는다. 그 삶은 "거짓을 꾸미고 사는"[25] 삶이었다. 즉 그가 본 서울의 삶은 '진짜 삶'의 핵(核)이 제거된 텅 빈 의례의 형식으로만 지탱되는 삶이었다. 지젝에 따르면 자본주의적이고 공리주의적이며 정신성이 제거된 세계의 궁극적 진실은 '실제 삶' 그 자체의 물질성이 박탈된다는 것이다.[26] 박태순이 1960년대 서울의 삶에서 본 삶의 실상은 사실 지젝이 효과적으로 요약하는 우리 시대 삶의 모습과도 크게 다르지 않다.

그러던 그는 시골 장날의 장바닥에서 무언가를 발견한다. 그가 본 것은 다름 아닌 긍정의 활력으로 삶의 비참을 견디며 살아가는 밑바닥 민중의 삶이었다. 그는 거기에서 "산다는 것의 가장 구체적인 표정과 그 실감"(p. 359)을, 즉 생생한 삶의 물질성이 약동하는 '진짜 삶'을 목격한다. 그리고 이를 계기로 그는 '진짜 삶'의 실상을 극성스럽게 파헤치는 것을 단호한 "자기 태도"(p. 358)로서 정립한다. 단기호는 말한다.

> 삶이라는 것이 얼마나 비참한 것이며 모순과 비리(非理)에 가득 차 있는 것인가를 알게 된다면(또한 무의미한 삶에 어떤 의미를 붙

---

25 박태순, 「단씨의 형제들」, 『정든 땅 언덕 위』, 민음사, 1973, p. 388. 이후 이 소설을 인용할 때는 페이지만 표시한다.

26 슬라보예 지젝, 앞의 책, p. 27.

이는 일을 해낼 수 없다 할지라도), 어쨌든 그 삶이라는 것을 좀 팽팽하게 긴장시켜놓아 광폭하고 야만스럽고 도전적인 태도를 갖게 해야 한다…… 〔……〕 한 가닥 남은 염원은 자기 개인이나마 털을 곤추세운 사나운 짐승이 되어 야성(野性)을 찾아야 하지 않는가…… 대개 이런 따위의 생각을 하고 있네. 피를 뜨겁게 해가지고 괴상하게 시달리고 있는 사람들의 세계를 극성스럽게 파고들어가 보는 것이네…… (p. 392)

뜨거운 피로 밑바닥 민중의 삶 한복판을 파고들어가 '진짜 삶'의 핵심으로 육박하겠다는 의지, 그러기 위해 가져야 할 "털을 곤추세운 사나운 짐승"의 광폭하고 야만스럽고 도전적인 태도. 이것이야말로 박태순이 나름의 방식으로 되새긴 실재에의 열정에 대한 열정이었다.

이후 박태순이 실제로 밑바닥 민중들의 '진짜 삶'의 한복판으로 글쓰기의 무대를 옮겼음은 주지하는 사실이다. 그는 아무도 돌아보지 않는 '진짜 삶'을 파헤치기 위해 기존 소설의 "세련되고 매끈한 허구"(p. 391)를 거부하고 한편으론 '외촌동 연작'을 쓰면서 다른 한편으론 기존 장르와 제도의 틀에 얽매이지 않고 전태일 분신과 광주대단지 문제 등을 다룬 르포르타주와 국토기행문(『한국탐험』『국토기행』) 같은 비소설 장르로까지 발을 넓혔다. 이는 모두 '가상을 유지하자'는 태도에 대한 자신만의 강렬한 저항이었다. 그리고 실재에의 열정에 대한 열정은 바로 그런 그의 글쓰기를 지탱한 핵심이었다.

5

너무 멀리 돌아왔다. 부득이 세월을 멀리 거슬러 올라가 박태순의 사례를 하나의 스터디케이스로 불러왔지만, 50년이 넘은 오래된 희귀한 사례가 지금 우리에겐 손에 잡히는 실감으로 다가오지 않을 수도 있다. 그리고 박태순과 같은 방식의 문학적 실천은 우리 시대에는 이제 가능하지도 않고 또 필요하지도 않다. 그렇다면, ……다시 지금 이곳으로 돌아온다. 그런데 이제 정말 실재에 대한 열정은 가상의 스펙터클로만 존재하거나 사라져버린 진정성을 애타게 붙잡으려는 시대착오적인 비평의 의지 속에만 잔존하는, 말 그대로 불가능한 것이 되어버렸을까? 그런 것이 진정 어디에도 없다면, '끝까지 가보자'는 의지는 어떻게 어떤 모습으로 지속되어야 할까? 아니, 그것이 도대체 필요하기나 할까?

어찌 됐든 실재에 대한 열정이 소멸해버리고 가상에 대한 열정이 거스를 수 없는 대세가 되어버린 이 시대에, 한국문학은 어떻게 살아갈 것인가? 이것은 한국문학이 이제 부정할 수 없이 분명해진 근대문학의 죽음 이후에 어떻게 차이를 생산할 수 있는가의 문제와도 무관하지 않다. 그리고 이는 또 다른 긴 시간을 요구하는 문제다. 이야기는 계속될 것이다. 한국문학이 계속되는 것처럼.

비평의 '전이'가 말해주는 것

1

비평에서 '동료'의 존재가 갖는 의미에 대해 '경험적 통찰'을 담은 글을 써달라는 청탁을 받았다. 가능할 것 같지 않은 '통찰'이라는 말이 먼저 가슴을 짓누른다. 비평적 동료의 존재를 '동질성이나 연대의 (불)가능성'이라는 문제와 관련시켜 얘기해보라는 주문이다. 어찌 됐든 주문 생산자의 역할을 충실히 수행하기로 결심한 나는, 뒤늦게 '비평'과 '동료'라는 낯선 조합에 대해 생각하기 시작한다. 하지만 평소 진지하게 고민해본 적 없는 문제라 난감해하며 시간만 흘려보낸다. 그러다 이런저런 생각에 잠이 든 어느 날 밤, 꿈을 꾸었다. 짧고 모호하지만 무언가 의미가 있는 것처럼 느껴지는 꿈. 프로이트에 따르면 꿈은 깨어 있을 때의 암시에 영향을 받을 뿐만 아니라, 바로 그 꿈의 내용 자체가 현실에 대한 하나의 암시가 되기도 한다. 나는 곧 이 꿈이 청탁 주제에 대해 생각을 거듭했던 각성 시 정신 활동의 암시를 받은 것임을 깨달았다. 그리고 비평이라는 골칫거리에 대한 어떤 은밀한 암시를 숨기고 있다는 것도.

2

이런 이유로 나는 이 글을 꿈의 분석에서 시작한다. 그렇게 시작해놓고 보면, 통찰은 모르겠고 비평에서의 동료라는 문제와 무관하지 않은 개인적 경험에 대해 몇 마디는 보탤 수 있을 것이다. 하여튼 꿈의 내용은 대략 이렇다.

황량한 벌판에 홀로 서 있다. 계속 걷다 보니 멀리 묘지가 보인다. 무덤 앞에서 절을 한다. 순간 장면이 바뀌고 언제 왔는지 식당에 앉아 있다. 중앙 홀과 멀리 떨어진 방이다. 그런데 언제부터였는지 내 앞자리엔 작고한 소설가 최인훈 선생이 앉아 있다. 생전에 마지막으로 뵈었던 모습 그대로다. 웬일인지 나도 선생도 아무 말이 없다. 조금 기다리니 먹음직스러운 육전이 나온다. 육전을 하나씩 집어 먹고 있는데, 앞에 앉은 최인훈 선생이 계속 신경 쓰인다. 맹렬한 속도로 드시고 계셨기 때문이다. 육전은 빠르게 없어지고 있었다. 뭐라고 말은 못 하고 속으로만 소심하게 비난한다. '너무 빨리 드시는 거 아닌가?' 그런데 옆자리에 언제 왔는지 비평가 백낙청 선생이 TV를 보며 앉아 있다. 그러다가 우리를 돌아보고 느닷없이 이상한 사람들이라고, 왜 물을 먼저 먹지 않느냐고 말한다. 역시 비난하는 어투다. 나는 못 들은 척 계속 먹는다.

별다른 의미가 없어 보이는 혼란스러운 내용이다. 최인훈과 백낙청 선생이 등장하는 것도 뜬금없다. 하지만 겉으론 모호하고 부조리한 꿈이지만 의외로 복잡한 꿈 왜곡이 개입하지 않은 간단한 꿈일 수 있음을 깨달았다. 어찌 됐든 나는 이 꿈의 의미를 프로이트에게 문의해보기로 했다. 라캉도 이렇게 말하지 않았나. 이 문제에 관한 한 "우리가 문의할 수 있는 이가 있다면, 그것은 오직 한 사람뿐이라 말할 수 있습니다. '오직 한 사람', 그는 바로 생전의 프로이트입니다."[1]

프로이트에 따르면 꿈은 심리적 형성물들의 집합체다.[2] 그런 만큼 이 꿈엔 나의 심리적 활동의 파편들이 어지럽게 흩뿌려져 있다. 문제는 이 꿈을 '해석'하기로 했다는 데 있다. 그럴 경우 해석 과정에서 나의 사사로운 경험과 심리적 활동의 내밀한 내용들이 불가피하게 노출될 수밖에 없다. 프로이트가 『꿈의 해석』에서 자기 꿈을 해석할 때 부담스러워했던 것도 바로 이 지점이었다. 그는 말한다. "정신 생활의 내밀(內密)한 부분을 많이 드러내는 것은 당연히 망설여지는 일이며, 동시에 다른 사람들의 오해에서 안전할 것이라는 보장을 받은 것도 아니다."[3] 프로이트는 꿈의 어두운 비밀에 빛을 밝힌다는 학문적 사명감으로 이 부담감을 기꺼이 무릅쓰겠다고 말하고 또 실제 그렇게 했지만, 나는 그만큼 솔직할 자신은 없다. 그래서 이 꿈의 내용에서 비평의 문제를 어떤 식으로든 암시하는 것만을 취하되, 사사로운 경험과 속사정은 필요한 만큼만 기술하기로 한다. 프로이트가 받았던 오해처럼 어떤 이는 이 꿈이 주작이 아니냐고 의심할 수도 있겠지만, 굳이 주작을 하면서까지 내밀한 내면을 공개적으로 드러내는 것은 불필요한 일이다.

3

꿈은 "*황량한 벌판*"을 걷는 장면에서 시작한다. 처음부터 쉽지 않

---

1 자크 라캉, 『자크 라캉 세미나 11—정신분석의 네 가지 근본 개념』, 자크-알랭 밀레 엮음, 맹정현·이수련 옮김, 새물결, 2008, p. 352.
2 지그문트 프로이트, 『꿈의 해석』 상권, 김인순 옮김, 열린책들, 1997, p. 156.
3 같은 책, p. 157.

다. 막연히 최근의 심리 상태와 관련이 있는 게 아닌가 싶지만 분명하지 않다. 꿈에는 다분히 이렇게 해석에 저항하는 요소들이 부지기수라고 프로이트는 말했다. 여하튼 우리의 주제와 큰 연관은 없는 것 같으니 건너뛴다. 이 꿈에는 그보다는 좀더 인상적인 몇 가지 요소들이 파편적으로 배치돼 있는데, 그중 꿈의 중심에 있는 것에서부터 풀어나가는 게 좋겠다. 내가 이 꿈의 의미가 비교적 단순하다는 걸 알아차리게 된 것도 바로 이 요소 때문이다. 그건 바로 '육전'이다. 꿈의 모든 요소들이 육전을 중심으로 얼기설기 결합되어 있고, 이 꿈이 말하는 의미의 실마리도 거기서부터 풀려나간다. 그렇다면 왜 육전일까?

프로이트에 따르면 꿈은 과거의 인상적인 체험을 재생한다. 육전은 이와 관련된다. 대략 7, 8년 전쯤이었을 것이다. 무슨 일 때문이었는지는 기억에 없지만, 비평가 김형중을 광주에서 만나 둘이서 육전을 안주로 술을 마신 적이 있다. 육전 맛의 강렬함이 앞서 무슨 대화를 했는지도 잘 기억나지 않는다. 아무튼 이 술자리는 경탄과 우정과 미안함과 자책이 복잡하게 뒤섞인 매우 인상적인 기억으로 남아 있다. 왜냐하면 육전이 경탄할 정도로 너무 맛이 있었고(지금도 생각난다!), 그래서 참 많이도 먹었고, 기분 좋게 취해 그에게 더 시키자고 했고, 돈을 그가 지불했고, 식당을 나온 다음에야 그 육전이 그렇게 많이 먹기엔 매우 비싼 것이었음을 알게 됐기 때문이다. 그러고 보면 꿈에 육전이 나온 까닭은 어렵지 않게 알 수 있다. 프로이트에 따르면 모든 꿈은 전날의 체험이나 의식과 관련이 있다.[4] 나는 잠들기 전에 비평의 동료라는 주제를 생각하면서 자연스럽게 비평가 김형중을 떠올렸던 것이다.

이때 육전은 인물과 결합된 연상작용을 통해 과거의 인상적인 기억에서 불려 나온 요소다. 그리고 이 육전은 꿈속에 단편적으로 흩뿌려

4   같은 책, p. 233.

져 있는 다양한 꿈 사고들이 마주치는 교차점이다. 그것은 그 밖의 대부분의 꿈 사고와 어떤 식으로든 연결될 수 있는 가능성을 지니기 때문에 꿈 내용의 중심에 받아들여졌을 것이다. 다른 요소들(예컨대 황량한 벌판, 최인훈, 백낙청, TV 등)은 육전과 전혀 무관한 배후 사고 Hintergedanken에서 비롯된 것들인데, 이것들이 꿈속에서는 육전이라는 교차점을 중심으로 연상의 흐름을 타고 결합되어 있다.

꿈속에서는 최인훈 선생이 육전을 "*맹렬한 속도로*" 해치우시고, 그에 대해 나는 "*너무 빨리 드시는 거 아닌가?*"라고 생각하며 초조해한다. 그리고 "*뭐라고 말은 못하고 속으로만 소심하게 비난한다.*" 그렇다면 왜 하필 최인훈 선생일까? 이는 이즈음 내가 최인훈 소설의 정신분석을 주제로 논문을 쓰고 있었던 사실과 관련이 있음이 쉽게 파악된다. 이에 더해 새 비평집 원고를 출판사에 넘기기 전에 지난 원고를 손보면서, 선생의 작고 직후에 쓴 추모 비평을 다시 교정 보고 있었던 일도 영향을 끼쳤을 것이다. 최인훈 선생이 꿈에서 인상적인 재료로 활용된 건 그런 각성 시의 체험 때문일 것이라 짐작된다. 꿈에 육전과 직접 관련된 인물인 비평가 김형중이 나타나지 않고 그 대신 전혀 다른 인물인 소설가 최인훈으로 전치된 배경은 이렇게 이해할 수 있다. 이런 식의 전치가 꿈의 일반적인 특징이라는 것은 두말할 필요가 없다.

그리고 여기에 또 다른 꿈 왜곡이 더해지는데, 과거 사실과는 달리 육전을 너무 빨리 먹어치우는 쪽은 상대편이고 이를 책망하는 쪽은 나다. 현실을 그대로 재생했다면 반대가 되어야 했을 텐데 꿈 내용은 그렇지 않았다. 프로이트에 따르면 꿈은 전적으로 이기적이다.[5] 그래서 (프로이트의 '이르마의 주사' 꿈이 그랬던 것처럼) 꿈은 보통 나의 책임을 회피하려는 의도로 구성된다. 과거에 비싼 육전을 눈치 없이 너무

---

5   같은 책, p. 416.

많이 먹어버린 나에 대한 비난과 자책을 상대편에 대한 비난으로 돌리는 꿈의 내용은 그렇게 이해할 수 있다. 마음의 빚을 탕감하려는 꿍꿍이다. 꿈에 따르면 너무 빨리, 많이 먹는 쪽은 김형중이다!

여기까지 쓰다 보니 분석이 너무 쓸데없이 길어지지 않을까 우려된다. 게다가 이런 사소한 일화가 대체 무슨 의미가 있단 말인가? 너무 사적인 내용처럼 보이는 데다 그나마 자의적인 해석으로 비치지 않을까 하는 걱정도 생긴다. 하지만 어찌 됐든 이 꿈이 암시하는 내용의 실마리를 차근히 좇아가다 보면 우리가 이야기하려는 이 글의 주제에 자연스럽게 도달할 수 있으리라 믿는다. 계속해본다.

4

꿈속에서 꿈 내용의 개별 요소들은 여러 꿈 사고들에 의해 중복적으로 결정될 뿐만 아니라 각기의 꿈 사고 역시 하나가 아닌 여러 요소들에 의해 표현된다. 프로이트가 과잉결정overdetermination이라고 부른 이런 꿈의 특징[6]이 내가 꾼 꿈에도 마찬가지로 나타나고 있음을 쉽게 알아차릴 수 있었다. 다른 장면도 마찬가지지만 특히 백낙청 선생이 등장하는 장면이 그렇다. 우선 TV를 보고 있던 백낙청 선생의 모습은 꿈을 꾸기 며칠 전 '백낙청TV'가 유튜브 피드에 우연히 떠서 보게 된 경험에서 비롯되었을 것이다. '백낙청TV'가 두 개의 요소로 분리되어 "*비평가 백낙청 선생이 TV를 보며 앉아 있다*"라는 디테일로 변형된 것이다. 꿈 내용의 재료는 대개 가까운 과거의 사소한 체험에서 오는 경우가 많은데 이 경우도 그렇다.

---

6   같은 책, p. 372 참조. 번역은 수정.

하지만 곰곰이 생각해보니 여기엔 또 다른 꿈 사고가 겹쳐 있다. 이때 백낙청이라는 인물은 여러 개의 꿈 사고가 한데 모이고 중복적으로 결정되는 일종의 교차점이다. 그런데 왜 백낙청일까? 우선 "*비평가 백낙청 선생*"의 등장은 이 꿈이 비평에 대한 글쓰기를 생각하는 와중에 꾼 꿈이라는 데서 그 배후가 쉽게 짐작된다. 백낙청은 아주 오래전 대학 신입생 시절부터 내게는 양가감정이 교차하는 비평의 이마고Imago였다. (그러고 보니 꿈에서 백낙청은 비난하는 초자아의 기능을 수행하고 있다.) 그는 말없이 육전을 먹는 우리를 보고 느닷없이 "*이상한 사람들이라고, 왜 물을 먼저 먹지 않느냐고 말한다*". 순조롭던 해석은 여기에서 잠시 막혔다. 백낙청 선생은 우리에게 왜 물을 먼저 먹지 않느냐고 비난하는 것일까?……

여기까지 쓰다가 중단한 채 바쁜 일 때문에 또 마감을 훌쩍 넘기고 며칠을 흘려보냈다. 그러면서 해석을 미뤄뒀던 꿈을 생각하던 중, 문득 오래전의 일화 하나가 망각을 뚫고 기억의 표면에 떠올랐다. 거의 십수 년 전쯤의 일이다. 서울 종로 어느 식당에서 비평가 심진경과 점심을 먹고 있었다. 그런데 우연히 옆자리에 지금은 작고하신 비평가 황광수 선생이 들어와 앉았다. 당시 그와 우리는 얼굴 정도만 겨우 익힌 사이였다. 어색하게 인사를 하고 나서 밥을 먹는데 조금 뒤 선생이 우리에게 말한다. 왜 둘이 한마디도 하지 않고 밥만 먹느냐고. 이상하다고.

실마리는 풀렸다. 백낙청 선생이 우리를 비난하는 장면의 원재료는 여기에서 온 것이었다! 전후 맥락과 상황이 바뀌고 등장인물과 대화의 내용이 변형되었을 뿐, 기본적인 세팅은 이 과거 기억 속의 한 장면을 그대로 재생하고 있었다. 이 장면은 그 사소한 과거의 일화를 원재료로 삼아 연상을 통해 심리적으로 중요한 체험과 결합시켜 변형, 가

공한 꿈 작업의 결과임을 알 수 있다. 아마도 며칠 전 글을 하나 찾기 위해 황광수 선생의 책을 펼치면서 내가 좋아했던 그분 생전의 모습을 떠올렸던 게 그런 꿈의 내용을 만들어낸 하나의 심리적 자극으로 작용했던 것 같다. 이 장면에서처럼 여러 인물의 특징이 한 인물로 압축되거나 한 인물이 다른 인물로 대체되는 것은 꿈에서는 흔한 일이다. 바로 앞 장면에서 비평가 김형중이 소설가 최인훈으로 대체된 것도 그렇다. 그리고 꿈속에서 어떤 것이 대화의 방식으로 나타난다면 그것은 각성 시의 대화에서 유래한다.[7] "*이상한 사람들이라고, 왜 물을 먼저 먹지 않느냐고*" 하는 비난도 그렇다. 이것은 오래전 황광수 선생의 물음에서 유래한 것임을 알 수 있다.

문제는 왜 말을 하지 않느냐는 물음이 "*왜 물을 먼저 먹지 않느냐*"는 비난으로 변형돼 나타난 것이다. 게다가 호기심 섞인 물음의 형식이 비난으로 바뀌기까지 했다. 단순하지만 매우 부조리한 이 비난의 의미를 해석하기 위해서는 역시 각성 시의 체험을 돌아보는 것이 도움이 된다. 앞에서 백낙청 선생이 등장한 것이 이 꿈을 꾸게 된 동기와 관련이 있다고 했지만, 그 밖에 다양한 꿈 사고가 그 위에 얹혀 과잉결정 되어 있음을 알 수 있다. 나는 그 배후의 꿈 사고 중 하나가 최근에 쓴 백낙청의 『외딴방』론에 대한 논문과 관련이 있을지 모른다고 짐작하기에 이르렀다.

이 글에서 얘기하기엔 꺼려지는 일이지만 그래도 충실한 해석을 위해선 불가피하므로, 짐작되는 꿈 사고의 원천을 간단하게만 적기로 한다. 최근 해당 논문을 학술지에 투고한 나는, 내용에 대한 언급은 한마디도 없이 논문이 아카데미의 제도적 형식과 격식을 충실히 따르지 않았다는 요지의 고압적인 초자아적 비난이 담긴 심사평을 읽고 복잡한

---

7 같은 책, p. 254.

심경에 잠겨 있었다(얼마 뒤에 학계 자기 분야의 최고 권위자인 선배 연구자 두 분이 삼십 평생 받은 논문 게재 불가 통보를 올해 몰아서 다 받았다는 고백을 듣고 이상하게 위로가 되긴 했지만). 아무튼 더 자세한 얘기는 이 글의 주제와 무관한 데다 조금 복잡한 주제이기도 하니 여기선 하지 않는다. 어찌 됐든 "*왜 물을 먼저 먹지 않느냐*"는 비난은 이 심사평들에서 유래한 것임이 틀림없다. 아마도 논문과 관련해 겪은 심리적 여진이 꿈속으로까지 전이된 것일 테다.

심리적으로 중요한 가치가 있는 것은 꿈에서는 대개 위장된 형태로 나타난다. 그런 맥락에서, 꿈속에 묘사된 대화의 문장성분에서 눈에 띄는 명사나 동사보다는 그 뒤에 숨어 있는 부사가 더 중요한 가치를 지니는 경우가 많다. 이를 고려할 때, "*왜 물을 먼저 먹지 않느냐*"는 비난에서 해석의 가치가 있는 것은 "물"이 아니라 "*먼저*"라는 부사다. 물을 "*먼저*" 먹어야 한다는 것은 음식을 먹을 때, 이를테면 엄격한 제도적 형식을 제대로 지켜야 한다는 요구로 해석할 수 있다. 내가 통보받은 심사평의 요지가 심한 변형과 왜곡을 거쳐 동강 난 채 요약돼 있는 셈이다. 논문 주제의 대상인 백낙청 선생이 거꾸로 나를 비난한다는 것도 흥미롭다. 꿈에서 이런 식의 전도(轉倒)는 흔한 일이다. 꿈속에서 그가 나를 비난하게 만듦으로써, 백낙청 선생의 글을 논문에서 매우 비판적으로 다뤘던 데서 혹 느꼈을지도 모를 일종의 부담감(?)을 경감시켜주려는 꿈의 계략이 아닌가 짐작할 뿐이다. 그렇게 해석하고 보면 꿈속의 장소가 "*중앙 홀과 멀리 떨어진 방*"이라는 것도 예사롭지 않다. 신경숙의 소설 『외딴방』의 제목에서 비롯된 연상작용의 산물일 가능성이 높지만, 더 이상 나가지는 않는다. 자의적이라는 오해를 살 우려가 있기 때문이다.

5

꿈 해석이 너무 길어졌다. 어쨌든 해석을 대략 마쳤다. 의외로 어렵지 않았던 건 복잡한 꿈 왜곡이 개입되지 않은 간단하고 솔직한 꿈이었기 때문이다. 등장인물이 혼합 인물의 성격을 띠긴 하지만 위장하지 않고 현실 모습 그대로 출연하는 것도 그렇고, 별다른 심리적 검열이 없었는지 꿈 사고의 재료가 큰 변형 없이 묘사된다는 점도 도움이 되었다. 뜬금없이 묘지를 찾아 무덤에 절을 하는 장면같이 아직 해석하지 않은 몇 가지 요소들이 남아 있지만, 이에 대해서는 뒤에서 마저 얘기할 것이다. 무엇보다 이 꿈을 분석하기로 한 건, 내가 쓰기로 한 '비평에서의 동료'가 갖는 의미에 대해 꿈이 중요한 암시를 던져준다고 생각했기 때문이다. 그리고 그 암시는 일차적으로 꿈의 명시적인 '내용'보다는 '형식'에 감춰져 있다. 비밀은 형식 속에 있다. 그렇다면 이 꿈의 '형식'이 암시하는 것은 무엇인가?

그것은 바로 '전이tansference'다. 전이는 잘 알려져 있다시피 프로이트-라캉 정신분석 치료의 핵심적인 개념이다. 분석가에 대한 피분석가의 감정적 집착과 반복의 형태로 나타나는 전이는 처음엔 치료를 가로막는 위협으로 보였지만, 프로이트는 이후 그것이 분석 치료의 핵심적인 수단이 될 수 있음을 인정한다. 이때 전이는 분석가와 피분석가의 역동적인 상호작용이 일어나는 상징적 공간이며, 과거의 내러티브가 상연되고 그에 대한 해석과 반박, 재구성이 이루어지는 창조적 대화의 장소다. 그것은 대화와 투쟁, 협력과 경합의 장이다. 그런 측면에서 전이는 비평적 글쓰기에서 일어나는 일이기도 하다. 일찍이 정신분석 치료와 문학비평의 유사성에 주목한 피터 브룩스Peter Brooks는 이렇게 말한다. "텍스트에 대해 문학비평가는 이처럼 (해석과 관련해서는) 정신분석가의 자리를 맡는 동시에 (전이와 관련해서는) 환자의 자리를 맡

는다." 그렇게 비평가는 분석가와 피분석가 사이를 "불안정한 역동성 속에서 왕복"한다.[8]

이에 덧붙이자면, 비평가는 분석가의 자리에 있을 때나 피분석가의 자리에 있을 때나 모두 전이 관계 속으로 들어간다. 라캉은 말한다. "안다고 가정된 주체sujet supposé savoir가 어딘가에 존재하는 순간부터 전이가 존재합니다."[9] '안다고 가정된 주체'(분석가)는 그가 현존하는 것만으로도 자연스럽게 전이의 공간을 만들어낸다. 가령 비평가가 분석해야 할 텍스트 앞에 앉았을 때, 텍스트는 그에게 말을 걸기 시작한다. 텍스트의 목소리를 듣고 그에 개입하는 비평가는 그 순간부터 '안다고 가정된 주체'의 자리를 떠맡는다. 반면 그가 비평적 글쓰기를 통해 잠재적 독자를 향해 발화하는 순간부터, 그 독자는 그를 전이 관계 속으로 보이지 않게 끌어들이는 '안다고 가정된 주체'로 기능하기 시작한다. 비평을 둘러싸고 텍스트와 비평가, 독자 사이의 전이적 삼각관계가 구축되는 셈이다. 비평적 글쓰기는 처음부터 이런 전이적 관계의 긴장 속에 놓여 있다. 비평가는 그 속에서 대화하고, 경쟁하고, 싸우고, 협력한다. 어떻게 보면 전이 자체가 바로 그런 대화, 경쟁, 싸움, 협력의 다른 이름이다.

앞의 꿈이 나타내는 외양은 그런 측면에서 그 자체가 전이의 현장을 무대화하고 있는 것으로 보인다. 최인훈 선생과 마주 앉아 육전을 먹고 있는 나는 선생이 육전을 드시는 모습을 보고 속으로 코멘트(해석)와 평가를 하고 있다. 비평가는 소설가의 증상을 자기의 언어로 번역한다("*너무 빨리 드시는 거 아닌가?*"). 그렇게 소설가와 비평가의 (말 없는) 대화적 관계가 재연된다. 옆에서 물 먼저 마시라며 초자아적 훈수

---

8 피터 브룩스, 『정신분석과 이야기 행위』, 박인성 옮김, 문학과지성사, 2017, p. 92.
9 자크 라캉, 앞의 책, pp. 351~52. 번역은 일부 수정.

를 두는 백낙청 선생은 안다고 가정된 주체(분석가)의 역할을 충실히 수행한다. 그는 음식을 먹을 때의 격식을 알고 있는 주체다. 여기엔 아마도 평소 선생에게 느끼던 엄격한 초자아적 분석가의 이미지가 어느 정도 무의식적으로 반영되었을 것이다.

 육전을 먹을 때도 끊임없이 그의 시선을 의식할 수밖에 없게 된 나는 백낙청 선생과의 전이적 관계 속에 들어와 있다. 라캉의 말처럼, 그가 옆자리에 앉는 순간부터 이미 전이는 시작됐다. 여기서 비평가와 또 다른 비평가의 대화적 관계가 발생한다. 이때 비평가인 나는 먹는(쓰는) 주체(피분석가)이고, 또 다른 비평가인 그는 훈수 두는(읽고 해석하고 평가하는) 잠재적 독자(분석가)다. 현실에서 비평을 쓸 때, 대부분 이 독자/분석가는 나/비평가의 상상 속에 존재한다. 그런데 나는 왜 물을 먼저 먹지 않느냐는 그의 비난에 아랑곳 않고 계속 육전만 집어 먹는다("*나는 못 들은 척 계속 먹는다*"). 이를테면 일종의 무언의 저항이다. 프로이트의 지적처럼 전이는 처음엔 치료에 대한 가장 강력한 저항의 형태로 나타난다.[10] 선생의 비난에도 들은 척도 하지 않고 기어이 물을 마시지 않는 나는 흥미롭게도 전이적 저항을 실연하고 있는 것처럼 보인다. 이렇게 해석하고 보면, 이 무대의 세팅 자체가 그야말로 비평적 글쓰기가 놓인 전이적 삼각관계를 그대로 재연하는 셈이다.

 다소 개략적이지만 결국 이 꿈의 미장센이 알려주는 것은 '비평에서의 동료'라는 문제의 핵심이 다름 아닌 전이에 있다는 사실이다. 그런데 왜 전이인가?

---

10 지그문트 프로이트, 「전이의 역동에 대하여」, 『끝낼 수 있는 분석과 끝낼 수 없는 분석』, 이덕하 옮김, 도서출판b, 2004, p. 32.

6

프로이트는 전이에서 필수적으로 이루어지는 분석가와 피분석가 사이의 협력과 투쟁 과정에서 분석가의 특권적 지위를 의문시해야 한다고 주장했다.[11] 이는 분석 치료 도중 자신이 강요한 일방적 해석에 반발해 환자가 치료 현장을 박차고 떠나버린 '도라 케이스'의 쓰라린 실패를 겪으며 그가 얻은 교훈이었다. 분석가는 피분석가의 반응에서 자유로운 초월적 해석자가 아니다. 전이 과정에서 그의 해석에는 피분석가와의 상호작용의 결과가 어떤 방식으로든 필연적으로 새겨진다. 그리고 이는 비평에서도 마찬가지다. 여기선 일단 비평가(분석가)와 텍스트 사이의 전이 관계는 논외로 하자. 이 글의 주제를 고려하면 우리의 우선적인 관심은 비평장에 존재하는 잠재적 독자인 또 다른 비평가와의 전이 관계다. 이 또 다른 비평가란 누구인가?

비평가는 비평을 쓰기 시작하면서 비평계라는 상징질서 속으로 편입된다. 이 상징질서는 비평적 글쓰기가 끊임없이 의식할 수밖에 없는 거대한 비평적 타자의 담론이다. 역사적으로 무수한 비평가들이 쌓아 올린 비평의 언어와 질서와 배치. 이것은 보이진 않지만 그 자체가 선험적으로 존재하는 '안다고 가정된 주체'이며 지금 이곳 비평적 글쓰기의 내포적 독자다. 따라서 비평가는 비평가로 존재하는 순간부터 이미 이 타자의 담론과의 전이 관계 속에 있다. 예술가 못지않게 비평가 또한 자유롭지 않은 '영향에 대한 불안'[12]이야말로 바로 이 전이가 작동하고 있다는 증거다. 비평적 글쓰기는 바로 그 타자의 담론과의 대화이자 경쟁이고 투쟁이다.

---

11 피터 브룩스, 앞의 책, p. 91 참조.
12 해럴드 블룸, 『영향에 대한 불안』, 양석원 옮김, 문학과지성사, 2012.

비평의 전이가 일어나는 장소는 또 다른 곳에도 있다. 그리고 사실 비평가에게는 이것이 가장 실효적이고 의미 있는 전이다. 비평가의 상상 속에서, 지금 이곳에서 나와 함께 글을 쓰는 다른 비평가들 또한 유력한 내포적 독자다. 그들은 전이 관계 속에 들어와 (자기도 몰래) 안다고 가정된 주체의 기능을 수행한다. 비평가는 그들과 경쟁하고 협력하면서 그들에게 목소리를 건넨다. 비평가는 그들이 나의 내러티브를 읽어주기를, 나의 말이 정확히 전달되고 나의 증상이 제대로 번역되기를 욕망한다. 그리고 그 전이의 흔적은 부지불식간에 비평에 새겨진다. 그리고 다른 비평가가 나의 목소리를 내게로 다시 되돌려줄 때, 더 나아가 나의 비평적 내러티브의 공백과 왜곡과 무지를 사후적으로 깨닫게 할 때, 비평적 전이의 상호작용은 완성된다.

비평적 전이의 과정에서 비평가는 그렇게 분석가와 피분석가의 역할을 번갈아 떠맡는다. 비평가에게 이 전이가 왜 그렇게 중요하고 또 필요한가? 왜냐하면 그렇지 않으면 독아론(獨我論)의 위험에 빠질 수 있기 때문이다. 독아론에 사로잡힌 비평가는 스스로를 특권적이고 초월적인 분석가로 상상한다. 그는 피분석가의 자리를 떠맡을 생각이 없다. 그는 타자의 담론을 의식하지 않고 골똘하게 자기의 일방적인 해석을 고집한다. 그는 대화가 아닌 독백에, 타자의 목소리가 아닌 거울 속의 자기 이미지에 몰두한다. 그런 측면에서, 독아론은 전이의 적이다. 물론 그 역도 마찬가지다.

7

여기까지 쓰고 나서, 내가 경험한 독아론의 지옥을 한참 생각하다가, '비평의 동료'와 관련된 '개인적 경험'을 써달라는 주문을 잠깐 망각할 뻔했다. 이에 비평의 전이와 연관된 몇 가지 경험적 사례를 적는다.

사례 ①

이 사례는 앞에서 분석한 꿈의 내용과 밀접한 관련이 있다. 꿈은 육전이라는 매개를 통해 비평가 김형중을 지시하고 있었다. 그래서 앞서 해석을 뒤로 미뤄둔 "*묘지*"와 "*무덤 앞에서 절을 한다*" 같은 꿈 내용의 요소들도 그와 무관하지 않다는 것을 쉽게 알 수 있었다. 그 의미는 이중적이다. 우선 이 둘 모두에서 연상되는 장소는 광주 5·18민주묘지다. 육전을 먹었던 곳이 광주였다는 데서 그런 식의 연상이 자연스럽게 형성되었을 것이다. 그리고 이 지점에서 그 요소들이 암시하는 것이 또 하나 있다. 5·18민주묘지에 묻힌 사람들, 바로 민주투사다. 이 꿈은 그런 복잡한 연상작용을 동원해 김형중이 쓴 비평 「민주투사 박민규」[13]라는 글에 대한 단서를 암시한다. 이 부분에서 해석이 어쩐지 좀 자의적으로 흐르는 것처럼 느껴지는데, 어쩌면 그 글에 대해 말을 해야겠다는 생각이 꿈을 억지로 이런 식으로 해석하게 만드는지도 모르겠다.

김형중은 「민주투사 박민규」에서 박민규가 기존 문학의 견고한 식별체계를 교란하면서 문학의 민주주의를 실천하는 (말 그대로) '민주투사'라고 주장한다. '감성적인 것의 재분할'이라는 관점에서 그렇다는 얘기다. 이 글의 곳곳에서 그는 예전에 내가 쓴 박민규론을 소환하며 "그러니까…… **내 말이 그 말이다!**"[14]로 요약되는 관대하고 유머스러운 전이적 우정을 실천하고 있었다. 와중에 그는 이렇게 말한다. '편집증적 서사'라는 말 뒤에 소심하게 괄호 안에 숨어 있는 이런 문장. "(쳇,

---

13 김형중, 「민주투사 박민규―박민규 론」, 『작가세계』 2010년 겨울호.
14 같은 글, p. 74. 강조는 원문.

또, 김영찬! 그런데 혹시라도 오해가 있을까 하여 밝혀두거니와 2000년대 소설에서 징후적으로 나타나는 망상과 편집증에 관한 한 어쩌면, 혹시, 그러니까 아마도, 내가 먼저……)"[15] 당연한 말을 뭐 그렇게 소심하게…… 그의 말이 맞다! 내가 박민규 소설의 편집증적 서사를 이야기한 글[16]과 같은 시기에 발표한 비평에서 그는 2000년대 소설의 보편적인 징후로서 망상과 편집증의 편재를 지적하고 있었다.[17] 우리가 2000년대 소설을 앞에 놓고 경쟁과 협력의 전이 관계 속에 있었다는 증거겠다.

그런데 더 중요한 것은, 그의 박민규론에서 그가 이제는 일면 낡아버린 나의 해석의 공백을 사후적으로 드러내면서 내가 보지 못한 박민규 소설에 대한 해석의 내러티브를 새롭게 재구성하고 있었다는 사실이다. 그의 글에서 나는 구멍 뚫린 나의 목소리를 되돌려받고, 누락을 야기한 나의 의식적, 무의식적 불성실[18]을 발견한다.

사례 ②

강동호의 이청준론인 「전이의 소설학, 권력의 한 연구」는 라캉 정신분석의 전이 개념을 중심으로 권력에 대항하는 소설이라는 언어 형식의 가능성을 추적한 글이다.[19] 이청준 소설의 언어적 형식은 권력 바깥으로 상상적인 도피를 감행하는 것이 아니라 권력 내부에 잠재한 권력의 해체적 기미를 포착해 증폭한다는 것이 대략의 요지다. 공교롭게

---

15 같은 글, p. 69.

16 김영찬, 「개복치 우주(소설)론과 일인용 너구리 소설 사용법」, 『문학동네』 2005년 봄호.

17 김형중, 「소설의 제국주의, 혹은 '미친, 새로운' 소설들에 대한 사례 보고」, 『문예중앙』 2005년 봄호.

18 지그문트 프로이트, 「도라의 히스테리 분석」, 『꼬마 한스와 도라』, 김재혁·권세훈 옮김, 열린책들, 1997, p. 203.

19 강동호, 「전이의 소설학, 권력의 한 연구―『씌어질 수 없는 자서전』과 『소문의 벽』에 대한 정신분석학적 독해를 바탕으로」, 『현대문학의 연구』, 한국문학연구학회, 2016.

도 이 글의 중심에 있는 것 역시 전이 개념이다. 여기서 강동호는 정신분석적 전이가 소설적 형식의 비밀을 밝히는 훌륭한 분석의 도구 또한 될 수 있음을 흥미롭게 증명한다.

그는 이 글에서 오래전 내가 쓴 이청준론[20]을 비판적으로 인용하면서 그것을 넘어 이청준 격자소설이 갖는 형식의 비밀에 한 걸음 더 다가간다. (더 자세한 얘기는 여기선 생략한다.) 여하튼 그의 글에서 내가 돌려받은 것은 권력과 개인의 통상적 이분법이 야기하는 맹목과 고집스러운 확신에 빠져 있던 나의 목소리다. 그리고 그것이 텍스트의 목소리를 더 주의 깊게 듣지 않은 불성실의 결과라는 것도. 그리고 그 뒤에는 텍스트의 정치적 의미를 하나로 일원화해 단정해버리는 데 만족하는 초월적 심판자의 이데올로기적 맹목이 있었다는 것도.

그의 몇몇 비평도 그렇지만, 내게 이 글은 나/환자가 진술하는 내러티브의 고집스러운 결함을 반박하고 공백을 하나씩 메우면서 함께 치료를 향해 치달아가는 분석가의 목소리로 들렸다. 이럴 때면 나는, 플라톤의 『향연』에서 소크라테스가 가진 지혜의 덕을 보기 위해 그에게 자기 옆자리에 앉아달라 청했던 시인 아가톤의 심경이 된다.

사례 ③

2016년에 발표된 오혜진의 「퇴행의 시대와 'K문학/비평'의 종말」은 '개저씨 문학론'으로 소개되면서 문학장에 큰 반향을 일으켰다.[21] 여성혐오, 약자 및 소수자 혐오, 세계 시장 진출과 세계 문학상에 집착하는 후진국 콤플렉스, 가족·모성애 같은 전통 질서 수호에 골몰하는 폐쇄적 보수성, 무차별적 민족주의와 애국주의, 교조주의적 '꼰대질', 오락

20　김영찬, 「이청준 격자소설의 정치적 (무)의식」, 『한국근대문학연구』, 제6권 제2호, 한국근대문학회, 2005.

21　오혜진, 「퇴행의 시대와 'K문학/비평'의 종말」, 『문화과학』 2016년 봄호.

성의 현저한 결여……[22] 오혜진이 '586세대' 중심의 한국문학이 만들어낸 폐해들로 지목한 것들이다. 아주 틀리지 않은 지적들이지만, 글을 읽던 당시 앞섰던 것은 공감보다는 외려 이 글이 드러내는 거친 기계적 환원론에 대한 심정적 반감이었다. 하지만 기계적 환원론이 설사 맞는다고 하더라도, 이 반감은 그 자체로 증상적이다. 달리 말하면 그것은 일종의 저항이다.

프로이트에 따르면 저항은 전이의 강렬함을 나타내는 지표다. 이때 환자는 "과거라는 무기고에서 무기를 꺼내서 치료의 진전으로부터 자신을 보호한다".[23] 나의 과거의 무기고는 아마도 오랜 제도교육과 일상적 삶의 경험을 통해 자연적인 것으로 육체화된, 그래서 어쩔 수 없이 떨쳐버리지 못한 남성중심주의와 문학주의의 아비투스habitus였을 것이다. 전이의 강렬함은 그렇게 나의 증상을 드러낸다.

8

이제 다 왔다. 결론을 내려보자. 나에게 비평의 동료란 누구인가? 독아론의 유혹으로부터 나를 건져내 주는 사람. 서로가 서로에게 집요한 분석가가 되어주는 사람. 전이의 불안과 역동의 한가운데로 기꺼이 함께 뛰어드는 사람. 그가 비평의 동료다.

---

22 일목요연하게 잘 정리된 최재봉 기자의 요약을 그대로 가져왔다. 최재봉, 「'개저씨' 문학론」, 『한겨레』, 2016년 3월 24일자(https://www.hani.co.kr/arti/opinion/column/736699.html).

23 지그문트 프로이트, 「기억하기, 되풀이하기, 그리고 훈습하기」, 『끝낼 수 있는 분석과 끝낼 수 없는 분석』, p. 112.

2부
분열의 기억

분열의 얼룩, 불쌍한 녀석 백민석

1. 진정성의 세계에서, 얼룩 하나

90년대 문학은 거대담론과 연계되어 있었던 80년대 문학과 결별하고 개인의 가치를 중심으로 문학의 위상과 의미를 새롭게 조정했다고 평가된다. 일상, 욕망, 고백, 환상, 내면 등은 그런 90년대 문학의 새로움을 부각하기 위해 동원된 키워드였다. 물론 당시 많은 소설에서 그런 특징이 중요한 문학적 자질로 드러났던 것은 사실이다. 그러나 그런 식의 규정은 다른 한편으로 90년대 문학의 새로움을 80년대 문학에 대한 반작용으로서 정의하려는 시도의 산물이었다. 거기엔 개인, 일상, 욕망, 내면 등의 가치가 80년대의 과잉정치적, 집단적 분위기 속에서 억압되거나 사소한 것으로 치부되었다는 판단이 있었다. 90년대는 그 억압된 것들이 비로소 질곡에서 풀려나와 창조적 가능성을 개화한 시대이고, 90년대 문학은 그런 시대적 변화의 산물이라는 얘기다.

그런데 그런 정의에는 어떤 강렬한 단절의 욕망이 개입되어 있었다. 그것은 80년대를 싸잡아 집단적, 정치적, 억압적인 것으로 치부하면서 90년대 문학을 그와 분리, 차별화하려는 욕망이다. 그렇게 단절의 대상으로 지목된 '80년대 문학'은 어쩌면 단일한 실체라기보다 바로 그 단절의 욕망에 의해 사후적으로 규정되고 구성된 하나의 관념이거나 가상(假象)과 같은 것이었는지도 모른다. 그 점은 그에 대한 대타항으로 내세워진 90년대 문학 또한 다를 바 없다. 개인의 내면과 소소한 일상 등의 가치를 강조한 90년대 문학에 대한 그런 식의 규정에는 그 시대를 살았던 주체들의 욕망과 상상이 불가피하게 기입되어 있다. 그리고 지금 와 돌아보면, 90년대 문학은 그런 방식으로 구성되어갔다.

그중에서도 90년대 문학을 규정한 가장 강력한 수사는 바로 '진정성의 문학'이다. 90년대 문학은 전체성의 폭정에 짓눌렸던 개인의 진실에 출구를 열어준 문학이며 개인의 의식과 경험을 중심으로 세계와 모든 삶의 관계들을 재고하려는 시도로 설명되었다. '진정성'은 한마디로 "개인 주체의 귀환"[1]이라 부를 수 있는 그 90년대의 다양한 서사들을 포괄하는 핵심적인 가치로 부상했다. 황종연에 따르면 90년대 문학은 진정성의 파토스가 지배한 문학이다.

> 90년대 문학에 어떤 우세한 모델이 있다면 그것은 관습적 정체성들에 순종하지 않는 것, 개인 자신에게 진실해지는 것이다. 간단히 말해 '진정성authenticity'의 모델이 그것이다. 진정성에 대한 지지는 90년대 소설의 서사적 권역—변혁의 희망이 기만이었음을 시인하는 환멸의 이야기들, 여성성의 규범과 갈등하는 자신을 긍정하고자 하는 여성들의 이야기들, 도덕에 대한 조롱 혹은 금기의 위반에 매혹된 이야기들, '신세대적' 체험을 보란듯이 내세우는 이야기들—속에서 어렵지 않게 감지된다.[2]

이에 따르면 관습적 정체성들에 순응하지 않고 개인 자신에게 진실

---

1 황종연, 「개인 주체의 귀환」, 『비루한 것의 카니발』, 문학동네, 2001, p. 218.
2 황종연, 「내향적 인간의 진실」, 같은 책, p. 128.

해지는 것으로 요약되는 진정성은 90년대 문학 전체를 관통한 모럴이다. 진정성의 추구는 도덕적 관습과 가치체계, 억압적 기율과 통제에 대항해 자아의 내면에 의미와 가치의 성소(聖所)를 구축하는 길로 나아간다. 그리고 보면 90년대 문학은 그 다양한 외형에도 불구하고 근본적으로는 모두 진정한 '나'(와 '나'의 진실)를 추구하는 '나'의 서사였다고 할 수 있겠다.

물론 이때 진정성은 이미 완결된 모습으로 존재하는 어떤 상태는 아닐 것이다. 진정성은 오히려 그것을 추구하는 정신의 운동 속에서만, 스스로에게 충실하려는 어떤 태도 속에서만 비로소 실현되는 마음의 지향성이라고도 할 수 있다. 문제는 자기 자신의 진실에 충실하고자 하는 그런 정신운동의 배후에서 작동하는 분리와 단절의 욕망이다. 이때 분리와 단절의 대상은 물론 개인을 구속하는 일체의 관습적 도덕과 외부적 기율일 테지만, 90년대 문학에서 그것은 흔히 '80년대적인 것'과 동일시되었다. 역사, 이념, 공동체 등으로 요약되는 이른바 '80년대적인' 가치는 개인의 진실을 억압하며 전체성의 요구를 강제하는 외부의 억압적인 도덕으로 손쉽게 환원되곤 했다.

그러나 '80년대적인 것'으로 통칭되는 역사, 이념, 공동체의 요구는 억압적인 것으로만 환원될 수 없다. 그것은 오히려 진정성의 중요한 내적 계기다. 김홍중에 따르면, 애초 진정성이란 자기 자신과의 관계에 기초한 내적이고 사적인 '윤리'의 계기(윤리적 진정성)와 사회와의 관계에 기초한 참여적이고 공적인 '도덕'의 계기(도덕적 진정성)로 구성된 불안정한 것이다.[3] 그 둘은 언제든 분열될 가능성을 품고 있고, 실제로 90년대 문학에서 진정성은 80년대와의 단절을 선언하는 가운데 80년대의 도덕적 진정성과 결별하면서 그 자신의 영역을 넓혀왔다. 80년대

---

3   김홍중, 「진정성의 기원과 구조」, 『마음의 사회학』, 문학동네, 2009, p. 36.

의 도덕적 진정성은 비록 개인을 통제하는 규범과 당위로 작용하는 억압성을 드러내기도 했지만, 다른 한편으로 공적·역사적 지평에 대한 개인의 책임 및 헌신의 태도와 결합된 것이기도 했다. 90년대 진정성의 문학은 '80년대적인 것'을 부정하면서 동시에 그와 결합되어 있던 도덕적 진정성의 계기를 부정하고 말소한다. 그리하여 90년대는 이제 오로지 외부 세계 혹은 공적 지평과 고립된 '나'의 내면이라는 배타적인 사사(私事)의 영역에서만 작동하는 진정성의 문학을 성립시켰다.

'나'가 모든 의미와 가치의 중심이 되는 문학은 그렇게 도래했다. 그것은 서영채의 표현을 빌리면 "사회성으로부터 유리되어 홀로 남은 진정성"[4]의 문학이다. 그런데 이때 홀로 남은 진정성의 주체로서 90년대 문학의 그 '나'란 무엇인가?

90년대 문학의 대표 주자인 윤대녕, 신경숙, 은희경, 김영하, 김연수, 배수아 등의 소설에서 '나'가 나르시시즘적 자아라는 점은 누누이 지적된 바 있다. 그러나 그 '나'의 정신운동이 80년대적인 것의 억압과 지적 수용, 그와의 갈등과 화해, 분열과 봉합의 심리적 사건이 복잡하게 얽혀 있는 내적 드라마라는 점은 충분히 이야기되지 않은 것 같다. 80년대적인 것은 억압되고 부정되지만, 억압된 것은 어떤 방식으로든 흔적을 남긴다. 90년대 문학의 '나'에는 그 불가피한 흔적이 새겨져 있다. 한편에선 그 흔적을 '나'를 구성하는 불가결한 계기로 의식화했고(은희경, 신경숙, 김영하, 김연수 등), 한편에선 모른 척 부인했다(배수아, 윤대녕, 성석제 등). 그러면서 그들은 90년대적 진정성의 이상 속에서 자신의 문학세계를 구축해갔다. 90년대 문학은 내면에서 조용히 들끓는 그 억압과 갈등과 봉합의 드라마였다.[5]

---

4   서영채, 「왜 문학인가: 문학주의를 위한 변명」, 『문학의 윤리』, 문학동네, 2005, p. 98.

5   그런 의미에서 90년대 문학의 내면은 80년대(적 진정성)에 대한 억압과 수용, 갈등과 봉합의 드라마가 펼쳐지던 타협의 장소였다. 진정성의 문제와 관련해 이에 대한 상세한 이론적 논의는

그런데 이 드라마와 전혀 다른 자리에서 색다르게 펼쳐지던 기이한 내면의 풍경이 하나 있었다. 그것은 90년대 문학의 일원이면서도 90년대 문학의 저 갈등과 타협과 봉합의 드라마를 알지 못했다. 90년대는 그것이 실로 무엇인지를 알지 못했거나 모른 척했고, (어쩌면) 그 자신도 자기가 누군지 알지 못했다. 그것은 저 모든 사정에도 끝내 봉합되지 않는, 봉합되기를 거절한 분열의 얼룩이었다. 그 분열의 얼룩은 무엇인가?

2. 누가 쓰는가

그것은 백민석의 소설이다. 『헤이, 우리 소풍 간다』 『내가 사랑한 캔디』 『16믿거나말거나박물지』 『불쌍한 꼬마 한스』 『목화밭 엽기전』 『장원의 심부름꾼 소년』 『죽은 올빼미 농장』으로 이어지는 백민석의 소설[6]은 한국문학의 전통에서 사뭇 이질적인 것이었다. 그의 소설에는 펑크와 데스메탈 같은 비주류 언더그라운드 문화의 감성에 기댄 막무가내의 질주와 난장(亂場)이 있었고, 욕설과 엽기와 폭력, 패륜과 살인과 포르노가 아무렇지 않게 전시되고 있었다. 그것은 차라리 "소설의 악몽"[7]이었다.

김영찬, 「'90년대'는 없다—하나의 시론(試論), 1990년대를 읽는 코드」, 『문학이 하는 일』, 창비, 2018 참조.

[6] 이 글에서 다루는 백민석의 작품은 다음과 같다. 『헤이, 우리 소풍 간다』, 문학과지성사, 1995; 『내가 사랑한 캔디』, 김영사, 1996; 『16믿거나말거나박물지』, 문학과지성사, 1997; 『불쌍한 꼬마 한스』, 현대문학, 1998; 『목화밭 엽기전』, 문학동네, 2000; 『장원의 심부름꾼 소년』, 문학동네, 2001; 『죽은 올빼미 농장』, 작가정신, 2003. 이하 작품 인용은 본문에 제목과 페이지만 밝힌다.

[7] 황종연, 「소설의 악몽—백민석의 『목화밭 엽기전』」, 같은 책.

그뿐인가. 그의 소설에선 산 자와 죽은 자의 경계가 모호해지고 현실과 환상의 경계가 흐려질 뿐만 아니라 상식과 비상식, 도덕과 비도덕의 경계 또한 속절없이 무너지고 있었다. 그리고 그 소설의 으스스한 "장원"엔 아직도 자기가 누구인지 모르는 "불쌍한 꼬마 한스"들이 "믿거나말거나" 고백을 늘어놓고 "우리, 불쌍한"이라고 읊조리며 목적 없이 유령처럼 배회하고 있었다. 그들은 밑도 끝도 없는 망상 속에 잠겨 살아가거나 그 망상의 심연에 자기를 내던지고 있었다.

백민석의 소설은 한마디로 말하면 기이한 별종이었다. 그래서 평론가 김형중은 말한다. "백민석의 소설을 동시대 다른 젊은 작가들의 소설들과 동렬에 두는 것은 명백히 오류이다." 무엇보다 인물들부터가 그렇다. 그들은 이상한 녀석들이다. "어떤 금기나 법도 그들은 체득하지 못했다. 그들은 거세공포도 모르고, 상징계의 질서도 무시하고, 이데올로기에 의해 호출당하지도 않는다."[8] 그러나 90년대 문학비평은 김형중의 충고를 새겨듣지 않았다. 백민석의 소설은 흔히 손쉽게 90년대 신세대문학의 전형적인 흐름 가운데 하나로 설명되었고 그 특징은 하위문화, 대중문화, 포스트모더니즘, 엽기, 위반과 전복 등의 코드로 환원되었다. 그렇지 않으면 오랜 서구 고딕Gothic 문화의 역사적 전통 속으로 해소되어버렸다.

물론 겉으로만 보면 그렇게 설명할 수도 있겠다. 그러나 그런 코드들은 백민석 문학의 낯설고 강렬한 잠재성을 익숙한 문화적 코드 속에서 삭제해버린다. 그것은 이해할 수 없는 것을 이해 가능한 것으로 치환하는 과정과 같은 것이었다. 그런 과정을 거쳐서야 백민석의 이상한 소설은 이해 가능한 것이 되었고 90년대 신세대문학의 일원으로 성공적으로(?) 편입될 수 있었다. 그런데 생각해보면 이는 어느 면 불가피

---

8 김형중, 「녀석들에게 무슨 일이 일어났던가?―백민석론」, 『켄타우로스의 비평』, 문학동네, 2004, pp. 18, 22.

한 것이기도 했다. 왜냐하면 거기엔 90년대의 문화적 상황과 90년대 문학이라는 제한된 지평이 이해의 조건으로 가로놓여 있었기 때문이다. 백민석의 소설은 그렇게 특정한 방식으로 구성되어간 90년대 문학의 거울을 통해 상상된 이미지에 머물고 있었다. 그러나 백민석의 소설은 그때도 이미 평론가 '형'들에게 이렇게 항변하고 있었다.

"내가 말했잖아요! 형이 이해할 수 없다 해도 어쩔 수 없어요. 어차피 우리를 둘러싼 이 세상도 이해 못 할 곳인데 어째서 우리만 이해할 수 있는 존재가 되어야 하나요?"
"우리에게 왜 그걸 요구하나요? 우린 왜 하나의 불가사의한 괴물 같은 존재가 되어선 안 되나요?"(「음악인 협동조합 1」, 『16믿거나 말거나박물지』, p. 185)

"어째서 우리만 이해할 수 있는 존재가 되어야 하나요?"라는 소설 속 치킨헤드족 사내애의 반문은 그대로 우리를 향한 백민석 소설의 반문으로 받아들여도 좋다. 대개의 소설들이 그런 것과 달리 그의 소설은 이해할 수 없는 세상을 이해하기 위한, 그것을 통해 자기를 이해하고 증명하기 위한 서사적 노력이 아니다. 『헤이, 우리 소풍 간다』(이하 『소풍』)에서 특히 전형적으로 드러나는 것처럼, 백민석의 소설은 '이해할 수 없는 세상'이 낳은, 그래서 이해할 수 없는 "불가사의한 괴물 같은 존재"로 스스로를 전시한다. 그리고 그 '이해할 수 없음'의 심연을 가차 없이 파고들어 무대에 올린다. 그의 소설에 넘쳐나는 망상과 악몽, 절망과 권태, 방향 잃은 분노와 목적 없는 반항의 파토스가 찢어놓는 파편적 서사는 그 무대를 더욱 미궁으로 몰아넣는다.

이쯤 되면 백민석의 소설이 90년대 문학의 지배적인 흐름과 얼마나 멀리 있는 것인지 분명해질 것이다. 90년대 문학의 대개가 진정성의 이상을 추구하는 '나'의 서사라는 점은 앞에서 얘기했다. 이때 '나'의 서사는 관습적 가치체계를 거부하고 '나' 바깥의 다른 것이 아닌 자기 자신에게 충실하고자 하는 정신의 운동이며 '나'의 내면은 모든 의미와 가치의 중심으로 상상된다. 그러나 백민석 소설의 '나'는 자기 자신을 의미와 가치의 중심으로 상상하기는커녕 무엇보다 그 의미와 가치 자체를 알지 못한다. 아니, 차라리 무관심하다. 그 대신 그들은 말한다. "왜 이렇듯 혼란이고 엉망이고 역겹고, 지겹고⋯⋯ 왜 우리들은 처음부터 이미 죽어 있었어야만 했을까?"(『소풍』, p. 302) 그들의 머릿속에 부정해야 할 관습적 가치체계 따위는 존재하지 않는다. 아예 모든 것이 엉망이고 역겹고 지겨운 혼란일 뿐이다. 백민석 소설의 '나'는 그 역겨운 혼란 속을 떠도는, 처음부터 "*이미 죽어 있는 아이들*"(『소풍』, p. 305)이다. 이를테면 그들은, 살아 있는 죽음undead이다. 그들은 살아 있지만, 내면은 끊임없이 죽음충동에 의해 잠식되고 끊임없이 자기 안의 불가해한 사물에 직면한다.

  이것은 단지『목화밭 엽기전』의 엽기적 살인마 한창림이나『소풍』의 *박스바니*를 비롯한 고아 친구들, 그 외 단편들에 출몰하는 패륜적 인물들에 대한 이야기만은 아니다. 흥미로운 것은 백민석의 많은 소설에서 그 '나'는 실제 작가 자신의 경험적 자아의 흔적이 짙게 묻어 있는, 글을 쓰고 있는 '작가'라는 점이다.『소풍』의 K는 희곡 작가이고, 「장원의 심부름꾼 소년」(『장원의 심부름꾼 소년』)의 '나'는 소설가이며,『내가 사랑한 캔디』의 '나'는 문예창작과를 다니는 작가 지망생이다. 그리고『불쌍한 꼬마 한스』의 '나'는 할머니의 영안실에서 "내 세번째 책이자 첫 작품집인『16믿거나말거나박물지』를 받아" 들고 "지금 쓰고 있는 이 글이 내 네번째 책이 될 것이다"(pp. 5, 7)라고 말하는 작가 자신이다. 이로써 짐작할 수 있는 것은, 백민석의 소설 대부분이 현재 소설을 쓰고 있는 자기 자신에 대한 응시와 자기분석을 향해 있다는 점이다. 그런 측면에서 겉으로 보기에 백민석의 소설은 '자기를 알기 위해 길을 나서는 영혼의 이야기'[9]라는 소설의 고전적 정의를 액면 그대로 실천하는 소설이다. 그리고 이때 '자기'란 글쓰기의 주체이기도 한 까닭에, 그의 소설은 그 자체로 자기 자신의 글쓰기에 대한 물음의 형식이기도 하다.

그러나 백민석의 소설은 자기를 성찰하는 자기분석으로서 고전적 소설의 형식을 따르는 척하면서 그 관습을 내부에서 균열시키고 전복한다. 소설의 주체부터가 그렇다. 모든 것이 역겹고 지겨운 주체가 그들의 선배들처럼 세계를 이해하기 위해 애쓸 리 없고 자기를 알기 위해 길을 떠날 리도 없다. 그는 진정성을 추구하는 90년대 소설의 주체들처럼 자기 내면의 목소리를 듣는 투명한 주체도 아니고 자기 자신의 이상에 충실한 주체도 아니다. 오히려 백민석 소설의 '나'는 자기 자신에게 진실해지기는커녕 "우리는, 우리를 끊임없이 속임으로써 살아남는다, 뭐 어때!"(「그들은 운명적으로 자질구레함을 타고났다」, 『16믿거나 말거나박물지』, p. 84)라고 말해버리는 주체이고, 진정성을 추구하기는커녕 소설엔 단지 "총알 *하나만큼의 무게*만 있으면"(『내가 사랑한 캔디』, p. 95) 된다고 생각하는 주체다.

그쯤에서 머물지 않는다. 백민석 소설의 '나'는 걸핏하면 욕조에서 잠이 드는(죽음충동의 상징이다) 주체고, 자기 내면에서 자신의 목소리가 아닌 알 수 없는 "죽음과 공포"의 목소리를 듣는 주체다(『소풍』『죽은 올빼미 농장』). 그 '나'는 또 환각과 망상에 지배되는 주체고(『불쌍한 꼬마 한스』『죽은 올빼미 농장』), 죽은 자의 목소리로 쓰고 말하는 "영혼이 텅 빈" 주체다(「장원의 심부름꾼 소년」). 그럼에도 '나'는 글을 쓰는 주체인데, 그런데, 누가 쓰는가?

---

9 게오르크 루카치, 『소설의 이론』, 김경식 옮김, 문예출판사, 2007, p. 103.

> 뭘까, 무엇이 내 워드프로세서에 저 글을 찍어놓고 갔을까? K는 물끄러미, 제 손가락들을 내려다본다. 열 손가락 끝마다 어떤, 감당할 수 없을 만치 육중한 무엇들이 매달려 있는 듯하다. 지겨워…… K는 중얼거린다, 지긋지긋해…… (『소풍』, p. 12)

> 무엇이 저걸 내 모니터 위에 찍어놓고 가버렸을까…… (같은 책, p. 41)

'나'가 알 수 없는 그 무엇이 '나' 대신 글을 쓴다. 글쓰기는 '나'의 의식에서 나오는 것이 아니라 '나'가 모르는 '나' 안의 불가해한 '그것the Thing'에게서 나오는 것이다. 그렇지 않으면, 그것은 죽은 자의 망령이 '나' 대신 쓰는 것이다. 「장원의 심부름꾼 소년」에서 '나'는 어릴 적 일했던 장원을 찾아가 장원의 도련님 aw가 죽기 전 쓴 일기장과 소설을 가지고 나와 여자친구인 xp에게 보여주는데, xp는 이렇게 말하는 것이다. "이건 네 일기장이잖아. 그리고 이건 네가 작년에 쓴 책이고."(p. 50) '나'의 영혼은 죽은 자의 언어로 채워지는 "텅 빈 자루"(p. 51)이고 '나'의 글쓰기는 '나'도 몰래 죽은 자의 언어를 베껴 쓰는 것일 뿐이다. '나'는 곧 죽은 자의 유령 작가다.

'나'-글쓰기 주체를 이성이 아닌 비이성으로, 의식적, 자율적, 통합적 영혼이 아닌 분열증적 영혼으로 전시하는 이러한 상상은 한국소설의 전통이 익히 알지 못한 것이다. 백민석의 소설이 비록 90년대 문학을 가득 채웠던 탈현실적 허구의 실천(김영하)이나 위반과 전복, 해체와 파괴의 퍼포먼스(장정일) 등과 언뜻 맥을 같이하는 것처럼 보이지만 결코 그와 동렬에 놓을 수 없는 이유는 바로 여기에 있다. 무엇보다 "나는 나를 파괴할 권리가 있다"[10]는 김영하의 선언은 말 그대로 허구를 주재하는 주권적 자아의 선언이며, 장정일의 자기 모독을 동반한 해체와 파괴 또한 마찬가지로 자아의 "절대적 동일성"에 대한 욕망[11]에 닿아 있다. 그런 측면에서 그들의 '나'는 자기 자신을 의미와 가치의 중심으로 상상하는 나르시시즘적 자아의 테두리 안에 있다. 그러나 백민석의 분열증적 '나'는 애초에 그들과 종자를 달리한다. 그리고 그 '나'의 백민석식 자기분석은 한국소설이 알지 못하던 전혀 다른 영혼의 시나리오를 창조했다. 그것은 한국소설의 파괴적인 돌연변이다. 그렇다면 그 시나리오는 대체 무엇인가?

궁금한가? 다음 장으로 넘어간다.

3. 무엇을 쓰는가

먼저 물어보자. 백민석 소설의 '나'는 누구인가? 김형중은 "그들에게 무슨 일이 일어났던가?"[12]라고 물었지만 실은 그보다 더 중요한 건 "그들은 누구인가?"라는 물음이다. 앞에서 슬쩍 흘린 힌트를 놓치지 않은 예민한 독자라면 이미 그가 누구인지, 아니 '무엇'인지를 대략 눈치챘을 것이다. 백민석 소설의 원형이라 할 수 있는 장편소설 『소풍』은 '나'가 누구인지, 그리고 그 '나'를 삼켜버리는 환각과 망상의 근원이 어디에 있는지를 분명하게 암시하는 소설이다.

주인공 K는 무차별한 폭력의 환각과 죽음의 망상에 시달리는 스물일곱 살의 극작가다. 그는 모든 것을 찢고 죽이고 파괴하는 폭력의 화

---

10   김영하, 『나는 나를 파괴할 권리가 있다』, 문학동네, 1996.
11   신수정, 「탈주의 변증법」, 『푸줏간에 걸린 고기』, 문학동네, 2003, p. 91.
12   김형중, 같은 글, p. 17.

신인 *딱따구리*의 환각에 사로잡힌다. "왔어, 그 빌어먹을 놈들이."(p. 54) 그것은 자기의 일상과 평온을 파괴하는 악몽이다. 그리고 K는 그 악몽의 한가운데로 홀린 듯 걸어 들어간다. 그는 어린 시절 무허가 판자촌의 가난과 폭력을 함께 겪은 고아 친구들을 하나둘 불러 모은다. 만화영화 주인공의 이름을 딴 요술공주새리, 일곱난쟁이, 뽀빠이, 집없는소년, 손오공 등이 그 친구들이다. 그들은 망각 속에 묻혀 있던 옛 장소들을 찾아다니며 안선생님의 지도로 함께 불렀던 *"고아들의 노래"* 를 기억해내고 만화영화 주인공들의 대장 *박스바니*와 얽힌 끔찍한 기억을 떠올린다. 끔찍한 사건이 벌어졌던 "빌어먹을 일곱난쟁이들의 갱(坑)"(p. 277)을 찾아가는 그들의 여행은 과거로의 여행이자 악몽으로의 귀환이며 죽음으로의 투신(그들은 모두 죽는다)이다. 이러한 서사의 얼개가 '나'에 대해 알려주는 진실은 무엇인가?

그 진실에 한 발짝 다가가기 위해선 우리는 무엇보다 이것을 하나의 전복적 패러디로 읽을 필요가 있다. 즉 『소풍』의 서사는 잃어버린 시간을 찾아가는 자아의 여정이라는 고전적인 기억의 서사의 패러디다. 잃어버린 시간을 찾아가는 그 기억의 서사엔 대개 상실된 경험을 자아의 일부로 통합함으로써 파편화된 동일성을 회복하려는 주체의 노력이 새겨져 있다. 가령 야우스H. R. Jauß가 『잃어버린 시간을 찾아서』의 작가 프루스트의 작업을, 주체의 파묻힌 경험을 재구축함으로써 잃어버린 정체성을 되찾으려는 시도[13]라고 했던 것도 같은 맥락이다. 그러나 『소풍』에서 주체가 찾아가는 파묻힌 경험은 모두가 끔찍한 것들뿐이다. 행복의 냄새가 감도는 프루스트의 '마들렌' 따위는 거기에 존재하지 않는다. '나'가 살던 1980년과 1981년 무허가 판자촌의 기억은 오히려 "*불안과 스트레스의 아우라가 클라이맥스에 달해 곧 폭발할 듯*

---

13 한스 로베르트 야우스, 『미적 현대와 그 이후』, 김경식 옮김, 문학동네, 1999, p. 126.

어지럽던"(p. 156) 기억이고, 그 기억의 중심에 아이들의 대장이자 폭력의 화신 *박스바니*와 그와 얽힌 끔찍하고 공포스러운 트라우마(스포일러다!)가 있다. 그래서 '나'는 말한다. "왜, 내 그리워하는 것들의 얼굴은 다들, 끔찍한 것일까?"(p. 148) 과거를 떠올린다는 것은 가까스로 불안하게 지탱되고 있는 자기의 정체성을 갈가리 찢어놓고 심지어 자기를 죽음으로 몰아넣는 일이다. 그리고 '나'는 그러고 싶지 않음에도 그렇게 한다. 아니 '그것'이 나를, 그렇게 몰아간다.

　이제 답을 말해보자. '그것'은 무엇인가? 소설의 시작부터 '나'는 파괴와 살육의 향연을 즐기는 *딱따구리*의 환영 속에 빠져들었다. *딱따구리*는 무엇인가? 새리가 말한다. "내가 *새리*였던 것처럼 〔……〕 너도 무언가 있었지?" "넌 아마도…… 딱따구리, 였지?" K가 답한다. "그래……"(p. 83) 만화영화 주인공들과 동일시했던 다른 아이들처럼, K가 동일시한 것은 딱따구리였다. 디즈니의 '딱따구리'는 끔찍한 현실의 폭력을 먹고 흡수해 K도 모르게 살육과 폭력을 향유하는 '*딱따구리*'로 변태했다. 그것은 K의 일상과 의식을 뚫고 나와 폭력적인 살육과 파괴를 반복한다. 이때 *딱따구리*는 단순한 이미지나 환각이 아니다. 그것은 말 그대로 실재한다. 어린 시절 안선생님도 이렇게 말하고 있었다.

> *얘야, 그건 반드시 텔레비전 브라운관 속의 장난꾸러기 새만은 아니란다…… 그건 가짜가 아니란다. 얘야, 그건,*
> *실제 있는 실제 악몽의 또 다른 그림자란다……* (p. 211)

　그것은 "이 세상 끝까지 쫓아다닐 어떤 악몽"(같은 곳)이다. *딱따구리*는 K의 의식을 잠식한 K 안의 K다. *딱따구리*는 멈추지 않는다. 그리고 즐긴다. 그처럼 주체 안에서 향유하는, 주체가 결코 피하거나 멈출 수 없는 어떤 파괴적인 힘, 이를테면 백민석의 *딱따구리*를, 라캉은 '충동'이라고 불렀다. *딱따구리*는 충동의 다른 이름이다. 충동은 끝없는 자기 폐쇄적 원환을 순환하면서 스스로를 끊임없이 반복하며, 그래서 결코 망각될 수 없는 치명적인 그 무엇이다.[14] 그리고 K도 그것을 알고 있었다. "알겠어? 우리, 딱따구리들에겐," K는 말한다. "영원 변주의 끝없는 순환 노선만이 존재한다는 사실을."(p. 272)

K는 처음부터 예감하고 있었다. 자기의 주인은 자기가 아닌 *딱따구리*-충동이고 그것이 자기를 죽음과 공포의 한가운데로 몰아갈 것임을. K는 말한다. "난 알아, 난/그 무언가를 향해 치닫게 될 거야. 그 눈빛이 핥던 그 뭔가를 향해."(p. 29) 프로이트는 충동은 언제나 죽음충동이라고 말했다. 자기를 잠식한 파괴적인 충동에 저도 모르게 떠밀려 기억 속에 깊이 묻힌 죽음과 공포와 파멸의 장소로 기어이 스스로를 몰아가는 『소풍』의 서사는 액면 그대로 죽음충동의 서사다. 이 소설의 서사가 파편적이고 조각조각 찢겨 있을 수밖에 없는 것도 그러고 보면 필연적인 것이다. 라캉의 가르침에 따르면 충동은 그 자체가 일관된 내러티브 혹은 상징화에 저항하는 파괴적인 힘이기 때문이다.

백민석 소설의 주체는 그 자신을 그렇게 충동의 층위에 옮겨놓는다. '나'의 진정한 주인은 의식 혹은 욕망이 아니라 충동이다. 달리 말하면, '나'는 분열증적 주체다. 『죽은 올빼미 농장』의 '나'와 함께 사는 인형도 그래서 "내가 정신이 이상해져가고 있는 걸까" 중얼거리는 '나'를 위로한다. "걱정 마, 내가 네 대신 미쳐가고 있잖아."(p. 87) 백민석 소설의 글쓰기 주체는 그렇게 그 자신을 분열증적 충동의 주체로 연출한다. 이성이 아닌 비이성이, 죽은 자의 망령이 '나' 대신 글을 쓴다(고 상상한다). 그런데 그게 어떤 의미를 갖는다는 것인가? 이 질문에 『죽은 올빼미 농장』의 인형이 "야릇한 미소를 흘리며" 답한다. "미치광이들은

---

14 레나타 살레츨, 『사랑과 증오의 도착들』, 이성민 옮김, 도서출판b, 2003, p. 105 참조.

원래 꿈을 꾸지 않지."(p. 86) 그렇다. 충동은 목적을 알지 못한다. 그것은 백민석 소설의 주체가 욕망을 알지 못한다는 얘기와 같다. 그들은 차라리 욕망과는 무관한 존재들이거나 욕망하기를 포기한 존재들이다. 백민석의 많은 소설을 지배하는 강렬한 파괴 충동과 정확히 역설적인 짝을 이루는 특유의 권태와 무위(無爲)와 무기력은 바로 그것을 보여주는 증상이다.

결국 백민석의 소설이 보여주는 것은 무엇인가? 그것은 '충동의 시나리오'다. 그 시나리오가 가장 강렬하게 펼쳐진 소설이 바로 『소풍』과 『목화밭 엽기전』이지만, 다른 소설도 예외는 아니다. 하늘을 떠다니는 "거대한 생선 가시"를 목격하고 가끔 "여기서 저기로 3, 4cm쯤 살짝 옮겨지는 현상"을 경험하는 『불쌍한 꼬마 한스』의 소설가 '나'[15]의 이야기도 결국은 충동에 잠식된 분열증의 시나리오다. 인형과 대화를 나누고 핏빛 죽음으로 얼룩진 과거의 망령에 삼켜지는 대중음악 작사가 '나'의 분열을 응시하는 『죽은 올빼미 농장』의 이야기도 그렇고, 선망하던 장원의 도련님의 영혼을 자기의 "텅 빈 영혼"에 채워 넣은 망령의 유령 작가로서 자기를 발견하는 「장원의 심부름꾼 소년」의 이야기도 그렇다. 그렇게 보면 『16믿거나말거나박물지』의 '영원한 지옥'에서 반복되는 소모와 탕진의 절망적인 난장도 그 자체로 나른한 충동의 유희로 읽을 수 있는 여지는 충분하다.

백민석의 소설을 한국소설의 돌연변이로 만드는 것은 바로 그 충동의 시나리오다. 왜냐하면 이광수 이후 한국 근대소설의 주체는 예외 없이 욕망의 주체였고, 소설은 의식적 주체의 욕망의 시나리오였기 때문이다. 사실 따져보면 소설이라는 것 자체가 욕망의 시나리오다. 세계와 삶의 의미를 찾아 길을 떠나는 소설의 모든 주인공들을 움직여가는

---

15 '나'는 자기를 치료해보겠다는 정신과 의사에게 말한다. 그것은 환각이 아니다. "그건 실제로 일어나는 것입니다."(p. 144)

것은 자기 영혼의 가치를 증명하기 위한 욕망이다.[16] 소설의 내러티브를 움직여가는 동력은 다름 아닌 욕망이고,[17] 소설은 모방적 욕망의 현상학이다.[18] 당연하게도 90년대 진정성의 문학 또한 이에서 벗어나지 않는다. 외부의 모든 부정적 가치에 저항하거나 삶의 모든 양상을 내면으로 수렴하는 진정성의 문학 역시 마찬가지로 의미와 가치의 중심으로서 자아를 구축하고 실현하려는 주체의 욕망을 상연하는 것이기 때문이다.

그런데 욕망이란 무엇인가? 라캉에 따르면, 그것은 충동에 대한 방어다.[19] 가령 김승옥의 소설 「무진기행」에서 주인공 윤희중은 하인숙으로 대표되는 충동의 유혹으로부터 자신을 방어함으로써 "그 자신의 내적 균열을 극복하고 통합된 남성 주체로 재탄생"하는데,[20] 그것은 자기를 실현하려는 주체의 욕망이 그 자신에게 들러붙는 충동의 향유를 회피하고 방어함으로써만 가능함을 보여주는 한국소설사 최적의 사례다. 욕망의 주체는 상징적 질서 속에서 자기를 지탱해줄 수 있는 동일화의 대상을 찾는 주체이며, 자기 정체성을 비춰볼 수 있는 거울로서 어떤 이상을 추구하는 주체다. 그 욕망의 주체는 자기 자신의 실현을 위해 (사실은 자기가 모르는 자기 안의 '그것'인) 충동이라는 걸림돌을 회피하고 제거한다. 자기 내면의 목소리에 귀 기울이는 진정성의 주체의 투명한 자기 현전과 자기의식은 그럼으로써만 가능해진다.

그러나 백민석 소설의 주체는 방어하지 않는다. 그는 오히려 충동에

16 게오르크 루카치, 같은 책.
17 피터 브룩스, 『플롯 찾아 읽기』, 박혜란 옮김, 도서출판 강, 2011.
18 르네 지라르, 『낭만적 거짓과 소설적 진실』, 김치수·송의경 옮김, 한길사, 2001.
19 "충동과 관련하여 욕망은 역설적이게도 방어의 역할을 한다." 레나타 살레츨, 같은 책, p. 85.
20 이에 대해서는 신형철의 정확하고 유려한 분석을 참조할 수 있다. 신형철, 「수음하는 오디세우스, 노래하는 세이렌—「무진기행」의 한 읽기」, 『몰락의 에티카』, 문학동네, 2008.

그 자신을 열어놓고 저주받은 충동의 반복회로 속에 자신을 방기한다. 그래서 그는 어떤 이상을 추구하지도 않고 자기 영혼의 가치를 증명하기 위한 어떤 노력도 하지 않으며 상징적 질서 속에서 자기 자리를 애써 찾아 헤매지도 않는다. 그가 자기 자신에게 충실하기 위해 선택한 것은 차라리 저 '걸림돌'에 귀 기울이는 것이다. 즉 끊임없이 '나'에게로 되돌아오는 저주받은 충동의 목소리에 자기를 내맡기는 것이다. 아무런 기대도 희망도 없이.

모든 것은 거기에서 비롯된다. 그렇게 백민석의 소설은 한국소설이 일찍이 알지 못했던 충동의 시나리오를 상연한다. 그런데? 그래서 어쨌단 말인가? 그게 백민석 소설이 90년대 문학사의 한가운데서 갖는 특별한 의미와 어떤 관계가 있다는 것인가?

4. 이토록 가혹한, 충동의 목소리

정신분석의 가르침에 따르면, 충동은 주체에게 들러붙어 주체를 속박하는 사물the Thing이며 주체에게서 결코 제거할 수 없는 어떤 차원의 지표다. 그것은 지금 이곳에 있지 말아야 할 어떤 불가능한 것이며 주체가 상징질서 속에서 자기를 찾고 그 속에 안착하는 것을 끊임없이 방해하는 파괴적인 힘이다. 그리하여 충동은 고통 속에서 방황하는 끝없는 반복적 순환에 붙잡혀 있는 끔찍한 운명의 다른 이름이다. 충동의 주체는 자기를 '그것'과 동일시하면서 영원히 자기에게 되돌아오는 그 끔찍한 고통의 운명을 그 자신의 것으로 떠맡는 주체다.[21]

『소풍』의 K가 그런 것처럼, 백민석 소설의 주체가 바로 그렇다. 백

---

21 충동에 대한 이러한 설명은 슬라보예 지젝, 『까다로운 주체』(이성민 옮김, 도서출판 b, 2005) pp. 470~500을 참조했다.

민석의 '나'는 충동에게 자기의 주인으로서의 자리를 물려주는 주체다. K에게 *딱따구리*-충동은 "이 세상 끝까지 쫓아다닐 어떤 악몽"이다. K는 그 악몽을 다름 아닌 자기 자신과 동일시한다. "우리는, 각자, 자기 자신에 대해 딱따구리인 거야"(p. 271). 백민석의 소설에서 일어나고 있는 것은 이를테면 충동의 주체화다. 충동의 주체화란 무엇인가? 그것은 바로 "저 밖에 있는 괴물은 바로 나 자신이다"라는 깨달음이다.[22]

그런데 왜 충동인가? 백민석의 소설에서 충동의 목소리는 과거로부터 들려온다는 것이 중요하다. 과거로부터 귀환하는 끔찍한 기억은 오늘의 '나'의 영혼을 잠식한다. 과거에 무슨 일이 일어났다는 것인가? 과거에는 "*잘못된 태생을 가지고 태어난*"(『소풍』, p. 133) 가난한 고아의 계급적 박탈감과 뼈저린 절망과 소외라는 작가의 원체험[23]이 있었지만, 단지 그것만은 아니다. '나'가 기억하는 과거엔 거대한 폭력과 죽음과 공포가 있다. "기억나니, 그때? 우리가 공상할 수 있는 것보다 훨씬 더 끔찍한 일들이 벌어지곤 하던"(『소풍』, p. 260). '나'가 기억하는 과거란 "다 그렇게 참혹하고, 추악하고, 끔찍한 것들"(『소풍』, p. 263)뿐이다. '나'의 과거는 "거의 모든 게 저 황혼처럼 핏빛"(『죽은 올빼미 농장』, p. 13)이었고, 거기엔 불길한 죽음의 그림자가 예외 없이 드리워져 있다. 백민석의 소설에서 '나'가 동일시하는 *딱따구리*는 과거로부터 귀환하는 악몽이고, 죽음의 망령도 그렇다. *딱따구리*가 과거의 "죽음과 공포의 아우라의 현대적 현현(顯現)"(『소풍』, p. 204)인 것처럼, 충동은 과거의 일그러진 폭력과 죽음과 공포의 다른 이름이다. 그러면, 다시 한번 물어보자. 과거에 무슨 일이 일어났다는 것인가?

『소풍』에 단서가 있다. 그때는 "80년이었고, 무언가 세상이 잘못 돌

22　슬라보예 지젝, 같은 책, p. 499.

23　이는 「이 친구를 보라」(『장원의 심부름꾼 소년』)와 「장원의 심부름꾼 소년」, 그리고 『불쌍한 꼬마 한스』『소풍』 등에서 여러 각도로 암시된다.

아가고 있다는 것"(p. 127)이 여러 곳에서 암시된다. 1980년 5월의 학살과 삼청교육대, 무허가 판자촌의 폭력 철거 등의 사건이 거기에 있었고, 덕분에 "광기(狂氣)와 폭력(暴力)으로 일그러"(p. 155)진 시대의 분위기가 거기에 있었다. 그러나 백민석에게 80년대의 그 광기와 폭력을 왜 '구체적'으로 '재현'하지 않았냐고 물어서는 안 된다. 스스로를 "*자기 자신의 언어를 못 가지고 태어난 아이들*"이고 그래서 "*언어적 고아*"(p. 316)라고 말하는 소외된 주체에겐 그만의 방식이 있기 때문이다. 계급적 박탈감과 소외와 가난 속에 방치된 판자촌의 고아들, 전염병 같은 시대의 폭력과 광기에 저도 모르게 감염되고 그것을 내면화해 스스로를 끔찍한 폭력의 한가운데로 몰아가는 아이들, 어른이 되어서도 매 순간 귀환하는 죽음과 공포의 망령에 사로잡히는 그들, 그리고 그 과거의 망령을 불러들여 기어이 그 속에 자기를 내맡기고 분열증적 주체로 배회하는 '나'. 이것이 백민석이 80년대를 (말하지 않으면서) 말하는 그만의 방식이다. 충동의 주체화는 여기에서 작동한다. 그것은 억압했지만 끊임없이 현재로 되돌아오는 지난 시대의 폭력과 광기를 향해 "저 밖에 있는 괴물이 바로 나 자신이다"라고 선언하는 것이다. 이것이 '진정성의 윤리'와는 전혀 다른 의미에서 '윤리적'이라는 것은 따로 설명이 필요치 않다.

   백민석의 소설은 90년대를 그런 방식으로 살고 있었다. 백민석의 충동의 시나리오는 지난 시대의 죄와 고통을 자기 자신의 몫으로 떠안는 그만의 방법이었다. 그렇게 그의 소설은 가혹한 충동의 목소리를 홀로 외롭게 견디고 있었다. 그리고 『소풍』에서 『장원의 심부름꾼 소년』을 거쳐 『죽은 올빼미 농장』으로 이어지는 그의 일련의 소설들은 그 견딤과 자기 응시의 소설이었다. 그의 소설 특유의 폭력적인 위반과 반항의 제스처는 역겨운 이 세계는 어차피 지옥이라는 치명적인 절망을 동반한 것이었다. 분열과 도착으로 불길하게 찢겨 있는 그의 서사는 그 모든 것의 형식적 증상이었다. 백민석의 소설은 그렇게 폭력과 소외와 광기로 얼룩진 과거의 상처를, 아직도 청산되지 못한 그 상처를 자기 자신의 몸으로 앓고 있었다. 이것이 80년대와 단절하고 가벼운 몸으로 90년대의 한가운데를 통과해간 나르시시즘적 자아의 자기실현으로서 90년대 문학의 지배적인 경향과 얼마나 멀리 떨어져 있는 것인지는 사뭇 분명하다. 우리가 알다시피 90년대 문학의 흐름은 점차 댄디즘과 교양주의, 농담과 유머와 환상을 등에 업은 정체성의 정치로 기울어져 갔다. 백민석의 소설은 그 흐름과는 너무도 이질적인 분열의 얼룩이었다.

백민석의 소설은, 너무 일찍 도래한 소설이었다. 해서 그의 소설은 불가피하게 90년대 문학의 제반 경향들과 함께 묶여 이야기되면서 그것이 지닌 독특한 새로움과 강렬한 잠재성이 섣불리 오해되거나 경시되었다. 아니, 어쩌면 (서두에서 지적한 것처럼) 특정한 방식으로 구성되어간 '90년대 문학'이라는 흐름 속에 그의 소설이 놓여야 할 정확한 자리는 제대로 마련되어 있지 않았는지도 모른다. 그리고 어느 순간 백민석은 그의 소설이 지탱하던 팽팽하고 가혹한 긴장을 놓아버리고 기나긴 침묵에 빠져들었다. 그 후 백민석이 한동안 침묵하는 사이, 뒤를 이은 2000년대 이후의 한국소설은 백민석 소설의 분열증적 광기와 상상력을 매끄럽게 순화하거나 어떤 부분들을 떼어내고 순치시켜 조각조각 사이좋게 나눠 가졌다. 편혜영과 김중혁, 박민규와 박형서와 김사과, 그리고 또…… (이에 대해선 따로 긴 글을 요한다.) 그러니 너무 일찍 와 불행했던 그의 소설을, 그리고 그를, (작가에겐 미안하지만) 이렇게 불러보면 어떨까.

"불쌍한 녀석…… 백민석."

나르시시즘적 문학주의와 진정성의 심리구조
― 장정일의 「아담이 눈뜰 때」 다시 읽기

1. 90년대적 글쓰기의 원점

장정일의 소설은 흔히 유희와 탈주, 파괴와 해체 등으로 수식되며 1990년대 이전 한국소설에서는 쉽게 보기 힘들었던 과격한 문학적 실험의 산물로 평가된다.『아담이 눈뜰 때』(1990),『너에게 나를 보낸다』(1992),『너희가 재즈를 믿느냐』(1994),『내게 거짓말을 해봐』(1996),『보트하우스』(1999)로 이어지는 장정일의 소설은 그만큼 실험적이고 논쟁적이었다. 그것은 한편으로는 표피적이고 경박한 포스트모더니즘의 산물로 비판받기도 했지만, 또 다른 한편으로는 위반과 전복의 상상력이라는 관점에서 긍정적으로 평가되기도 했다. 특히 위반과 전복을 통한 문학적 갱신과 반성적 실천을 강조하는 입장에서 보면, 그의 문학세계는 "90년대 문학의 매우 뚜렷한 가능성의 하나"[1]로 평가될 수 있는 자질을 충분히 지니고 있었다. 실로 장정일의 소설은 1980년대 문학과의 단절을 통해 새로운 감수성과 문학적 정체성을 형성해간 1990년대 문학의 아방가르드였다.

중편소설 「아담이 눈뜰 때」는 그런 장정일 소설의 출발점이다. 그런

---

1 서영채,「떠도는 알레고리―장정일을 이해하기 위하여」,『소설의 운명』, 문학동네, 1995, p. 431.

데 특이한 것은 이 소설은 외견상으로는 이후 발표되는 장정일의 소설들을 수식하는 유희와 탈주, 파괴와 해체 등의 특성과 거리가 먼 것처럼 보인다는 점이다. 오히려 이 소설은 기존의 서사 문법을 크게 벗어나지 않는 고전적인 성장소설의 형식을 취하고 있다. 등장인물의 파괴적인 성적 일탈과 방황이 작품에 중심에 놓여 있긴 하지만, 그 또한 고전적인 성장 서사의 틀에 수렴되는 수준을 넘어서지 않는다. 사실을 말하자면, 「아담이 눈뜰 때」는 오히려 어느 면에선 클리셰cliché로 가득한 매우 상투적이면서도 치기 어린 소설이다. 그럼에도 불구하고 중요한 것은, 이 소설이 바로 그런 특성을 통해 1990년대 장정일의 문학세계를 움직여간 동기와 정신세계의 원형질을 매우 투명하고 직설적으로 노출하고 있다는 사실이다.

또한 「아담이 눈뜰 때」는 장정일 소설의 출발점일 뿐만 아니라 1990년대 문학의 출발점이기도 하다. 무엇보다 이 소설은 1990년대 문학의 시작을 알린 작품이다. 어떤 측면에서 그런가? 단순하게 보면 일단 이 소설이 1990년대의 첫머리에 출간되었다는 사실이 그 점을 상징적으로 시사한다. 하지만 중요한 것은 그런 연대기적 사실만이 아니다. 우리가 더 주목해야 하는 것은, 이 소설이 87년 체제의 성립과 더불어 시작된 정치적 환멸의 정서를 배음으로 깔고 있다는 점이다.[2]

1987년에 고3이었던 화자인 '나'는 6월 항쟁의 결실로 치러진 대통령선거에서 후보 단일화를 하지 않고 각개 출마한 두 야당 지도자를 향해 "짐승들"이라고 욕한다. 그러면서 '나'는 "더러운 정치모리배들에 의해 진실이 뒤집힌 것을 목격한 우리 세대는, 앞으로 몇 년 뒤에 엄청난 숫자의 정치 무관심자들을 양산할 것이었다"[3]라고 단언한다. 소설

---

[2] 87년에 대한 환멸이 장정일 문학의 출발점이라는 데 대해서는 이미 한영인의 지적이 있었다. 한영인, 「장정일 초기 소설의 문제성—'90년대'에 대한 비판을 중심으로」, 『한국학논집』 59집, 계명대 한국학연구원, 2015, p. 92 참조.

에서 "아무도 믿을 수가 없다"(p. 23)는 말이 강박적으로 반복되는 것은 87년 대선 결과에서 비롯된 트라우마와 정치적 환멸이 그만큼 강렬한 것이었음을 방증한다. 고3인 '나'와 은선이 대학 입시를 치르고 어른이 되고 나서 쓴 최초의 시가 "이 달에 끝난 대통령선거에 대한 우리의 논평"(p. 20)을 담고 있는 것도 그런 맥락에서 보면 의미심장한 설정이다. 1990년대를 1987년 대통령선거에서의 패배로부터 출발한 환멸의 시대라 할 수 있다면, 「아담이 눈뜰 때」는 이러한 작중 인물의 글쓰기 행위를 통해 정치적 환멸에서 시작된 1990년대 문학의 출발 지점 중 하나를 선명하게 예시하는 셈이다.

그러나 1990년대는 단지 환멸의 시대였던 것만은 아니다. 1990년대는 1988년 서울올림픽을 전후로 삼저(三低) 현상에 힘입은 경제 호황과 소비자본주의의 팽창이 불러온 소비문화 및 대중문화의 폭발적 확산이 이루어지던 시기이기도 했다. 억압되었던 쾌락과 욕망이 폭발적으로 분출되기 시작한 것도 이 시기였다. 1980년대 후반부터 대중문화를 자양분으로 삼는 새로운 문학적 감수성은 이를 배경으로 출현하기 시작했으며 이후 그것은 1990년대 소설의 중요한 흐름으로 자리잡았다. 「아담이 눈뜰 때」는 김영하, 백민석 등의 소설로 대표되는 그러한 문학적 경향을 앞질러 보여주는 소설이다. 소설의 곳곳에서 등장하는 수다한 대중문화 기표들(특히 미국 대중음악)이 단순히 분위기를 조성하는 등의 부수적인 역할에 그치지 않고 이야기의 중심에서 등장인물의 욕망과 정체성을 투사하고 지탱하는 중요한 매개가 되고 있다는 점에서 특히 그렇다.

「아담이 눈뜰 때」가 1990년대 문학의 시작을 알렸다는 것은 그런 의미에서다. 이 소설의 시간적 배경이 그런 측면에서 1987년 대통령

---

3   장정일, 「아담이 눈뜰 때」, 미학사, 1990, p. 23. 이후 소설을 인용할 경우 페이지만 적는다.

선거가 야당의 패배로 끝난 뒤부터 1988년 서울올림픽이 치러진 직후까지에 걸쳐 있다는 것은 상징적이다. 소설에서 중요한 배경이 되는 그 두 사건은 각각 1990년대 문학의 중요한 키워드였던 '환멸'과 '욕망'의 확산을 낳은 역사적 계기였기 때문이다. 실제 소설에서 대학 입시에 실패한 화자 '나'는 환멸과 욕망 사이를 오가며 방황을 거듭하다 결국 대학 입학을 포기하는 대신 작가가 되기로 결심한다. 이 소설은 그렇게 '나'가 글쓰기의 주체로 자기 자신을 주체화하는 과정에서 자기 방기와 타락의 방식으로 치러야 했던 통과의례에 대한 이야기다. 소설에서 '나'의 방황은 어둠과 부패로 썩어가고 있는 세상의 외적 규율과 제도에 구속되는 삶을 거부하고 글쓰기를 통해 내적 자유를 추구하는 삶을 살기로 결심하면서 마무리된다. 그런 측면에서 이 소설은 결국 진실의 실현을 가로막는 세상에 맞서 자신을 그에 반항하는 글쓰기 주체로 선언하는 소설이라고 할 수 있다. 즉 「아담이 눈뜰 때」는 환멸과 욕망의 시대를 가로지르며 등장한 새로운 문학적 주체의 탄생에 대한 자기 서술이다.

그렇다면 「아담이 눈뜰 때」에서 글쓰기 주체로 자신을 선언하는 그는 어떤 주체인가? 그리고 그것은 1990년대 문학사의 맥락에서 어떤 의미를 갖는가? 흔히 「아담이 눈뜰 때」는 "'90년대적인 것'의 뜨거운 징후"라고 일컬어진다. 그것은 80년대적인 이념의 강박과 무거움으로부터 벗어나 정치적 환멸과 개인적 욕망의 지형을 대중 문화상품의 기호와 이미지 등을 통해 실어 나르는 이 소설의 특징에서 비롯된다. 하지만 이 소설이 '90년대적인 것의 뜨거운 징후'[4]라고 할 수 있는 이유는 단지 거기에만 있지 않다. 이 글에서는 장정일의 글쓰기 의식을 중심으로 「아담이 눈뜰 때」와 '90년대적인 것'의 접점을 살펴보면서 이

---

4 심진경, 「미성년의 인공 낙원」, 『명작은 시대다』, 심진경·김영찬, 난다, 2023, p. 168.

소설이 1990년대 문학사에서 갖는 의미를 새롭게 읽어보고자 한다.

2. 자기애의 환상 시나리오

「아담이 눈뜰 때」는 자기애와 열등의식, 자기과시와 자기모멸, 수치심과 죄의식 등의 모순적인 의식과 감정이 혼란스럽게 뒤섞여 있는 소설이다. 얼핏 그 혼란은 화자가 아직 채 스물이 되지 않은, 정신적으로 미성숙한 존재이기 때문에 그런 것으로 생각할 수도 있다. 그러나 이 소설에서 이야기를 이끌어가는 화자 '나'의 시선과 작가의 시선 사이에는 별다른 거리가 존재하지 않는다. 즉 열아홉 살의 조숙한 화자 '나'의 시선을 작가 자신의 시선으로 보아도 큰 무리가 없다. 따라서 이 소설을 가득 채우는 모순된 의식과 감정 들은 화자인 '나'의 것이기도 하지만 동시에 거기에 자기 자신의 의식을 직접적으로 투사하는 작가 장정일의 것이기도 하다. 이 소설을 작가 자신의 의식을 반사하는 자기반영적 서사로 읽을 수 있는 것도 그 때문이다.

「아담이 눈뜰 때」는 열아홉 살의 재수생인 '나'가 타락한 세계에서 타락한 방법으로 뭉크화집과 턴테이블을 손에 넣는 과정에서 치르게 되는, 그리고 결국 타자기로 상징되는 글쓰기의 길로 나서게 되기까지 겪는 성숙과 성장의 이야기다. 그리고 그 이야기 속에는 혼란스러운 의식과 감정 들이 서로 충돌하고 경합하면서 모순적으로 뒤얽혀 있다. 소설의 서두를 여는 다음 구절은, 그 모순적인 의식과 감정의 중심에 있는 것이 무엇인지를 투명하게 보여준다. 그것은 바로 자기애다.

내 나이 열아홉 살, 그때 내가 가장 가지고 싶었던 것은 타자기와 뭉크화집과 카세트 라디오에 연결하여 레코드를 들을 수 있게 하는 턴테이블이었다. 단지, 그것들만이 열아홉 살 때 내가 이 세상으로부터 얻고자 원하는, 전부의 것이었다. (p. 9)

이때 타자기와 뭉크화집과 턴테이블은 각각 문학과 미술, 음악을 환유하는 것일 수도 있지만, 그보다는 자신을 남과 구별할 수 있게 하는 문화적 상징 가치를 의미하는 것으로 볼 수 있다. '나'는 그것들이 너무나 "사소한 것"(p. 10)이어서 그것들을 얻고자 하는 소망은 서울대학교에 입학하거나 대통령이 되는 것보다 더 "어렵게만 느껴졌다"(p. 9)고 말한다. 즉 뭉크화집과 턴테이블과 타자기를 손에 넣는 것은 세속적 성공보다 더 가치 있고 어려운 일이다. 이는 세상의 기준에서 너무도 사소해 보이는 문화자본에 대한 욕망을 통해 자기가 남들과는 다른 존재임을 천명하는 나르시시즘적 선언인 셈이다.

이후 '나'는 자신의 육체를 대가로 제공하고 뭉크화집과 턴테이블을 손에 넣는다. 흥미로운 것은 자기가 소망했던 바로 그 자기애의 상징들을 얻는 과정 자체가 아이러니하게도 '나'의 자기애가 결정적으로 훼손되는 과정이라는 사실이다. '나'는 그 물건들을 손에 넣지만 '나'의 자기애는 상처받는다. 누드모델이 되어준 대가로 중년의 여성 화가에게서 받은 뭉크화집에는 가장 좋아하는 그림인 「사춘기」의 페이지가 찢겨나가 있었고, 그래서 '나'는 "사춘기를 도둑 맞은 것같이 가슴이 아팠다"(p. 65)고 말한다. 그에 더해 턴테이블을 얻기 위해 오디오 가게 사장의 섹스 상대가 돼주고 나서 '나'는 수치심까지 경험한다.[5]

---

5 오디오 가게 사장과의 섹스가 끝난 후 '나'가 꾸는 꿈의 내용은 그 수치심이 어머니에 대한 죄의식과 연결되어 있음을 암시한다. "그날 잠 속에서 나는 많은 꿈을 꾸었는데 그 꿈의 대부분은 화장실과 관련된 것이었다. 정화조의 줄을 아무리 잡아당겨도 물이 나오지 않는다거나, 줄이 잡아당겨지지 않았다. 변기에서 뽀글뽀글 부풀어 올라온 오물이 내 발목까지 쌓이고 있었다. 화장실 문이 덜컥 열리고, 하늘색 제복과 위생모를 쓴 여자 청소원이 바께쓰의 물을 변기에 들이부었다. 아, 어머니⋯."(p. 100)

그 자기애의 종말은 오디오 가게 사장과 있었던 일을 자기와 같이 자던 고3 여자아이 '현재'에게 아무렇지 않게 발설해 상처를 준 이후에 그런 자신에 대한 모멸과 처벌로 완성된다. '나'가 "나는 내가 가장 싫어하는 이기주의자다"라고 생각하면서 "나는 개다. 똥을 주어 먹는다"(p. 106)라는 말을 반복적으로 중얼거리는 것은, 그런 자신에 대한 자기모멸이자 자기 처벌의 제스처다. 이런 과정을 거치면서 자기과시적인 지식과 교양으로 포장했던 '나'의 자기애는 수치심과 모멸감과 죄의식으로 더럽혀진다. 이 일이 있은 후 '나'는 현재가 자살했다는 소식을 접하고 자기가 실은 "가짜 낙원에서 잘못 눈을 뜬 아담"이었음을 뼈저리게 자각한다.

> 나는 비로소 마음을 놓고 큰소리로 엉엉 울기 시작했다. 가짜 낙원에서 잘못 눈을 뜬 아담처럼. 내 이브는 창녀였으며, 내 방은 항상 어둡고 습기가 차 있다. 어쩌다 책이 썩는 냄새를 없애려고 창문을 열면, 네온의 십자가 아래서 세상은 내 방보다 더 큰 어둠과 부패로 썩어지고 있다. 나는 내가 눈 뜬 가짜 낙원이 너무 무서워서 소리내어 울었다. (p. 109)

「아담이 눈뜰 때」가 성숙을 향한 통과의례를 그리는 소설이라면, 그 성숙은 세상에서 자유롭다고 생각했던 자기가 실은 '가짜 낙원'에 갇혀 배회하는 아무것도 아닌 존재에 불과했다는 사실을 자각함으로써 온다. 소설에서 '나'는 그 후 공부에 전념해 대학에 합격하지만 등록을 포기하고 작가가 되기로 결심한다. 그렇다면 이것은 기만적인 자기애의 허영과 그 훼손을 극복하고 참된 자기를 찾는 내러티브인가? 겉으로만 보기엔 그렇다. 그리고 또 그것이 이 소설이 펼치는 성장 서사의 내적 논리이기도 하다. 그러나 이 외적인 내러티브 이면에 숨겨진, '나'가 말하지 않는 것이 있다. 그것은 무엇인가?

'나'는 작가가 되기로 결심하면서 그것을 "내 온몸으로 이 세계의 가속도에 브레이크를 거는 일"(p. 122)이라고 주장한다. 하지만 이는 의도된 명분이자 그래서 또 하나의 클리셰일 뿐, 사실 그 이면에는 '나'/작가가 의식하지도 말하지도 않은 근본적인 심리적 동기가 숨어 있다. 그 심리적 동기란 바로 상처 입은 자기애를 봉합하려는 욕망이다. '나'가 서울의 대학에 합격하고도 입학을 포기하는 심리의 근원에 숨어 있는 것도 바로 그것이다. 서울은 바로 그 욕망을 가로막는다. '나'가 서울의 빌딩 숲에서 보는 탬버린 치는 미친 남자의 환상은 '나'가 대도시 서울에서 감지하는 자기 망실의 공포를 선명하게 보여준다. 서울은 '나'의 자기애를 만족시키기는커녕 자기동일성을 위협하는 곳이다.

서울에서 사정이 되지 않는다는 설정도 마찬가지다. '나'는 대학에 등록하러 서울로 올라가 여관방에서 돈으로 성을 사는데, "그러나, 내 자신은 점점 또렷해져 왔고, 서울은 자꾸자꾸 커졌다. 사정이 되지 않았다"(p. 120). 나는 외친다. "서울에서 사정이 되지 않는다니!"(같은 곳) 이러한 성 불능의 모티프가 결정적으로 환기하는 것은 무엇인가. 흔히 성 불능은 주체의 상실이나 무력함의 상징으로 활용되었다. (이 또한 클리셰지만 여하튼) 이를 감안하고 보면, 이런 설정이 말하는 것은 곧 서울에서 '나'는 무력하고 '나'의 자아는 상실될 것이라는 (숨겨진) 주장이다. 글쓰기를 결심하는 행위가 서울을 버리고 고향으로 내려가는 행위와 맞물리는 것은 이 때문이다. 남들처럼 대학에 입학해서 정상적인 코스를 밟아 이 세계에 적응한다면 필연적으로 자기(애)의 훼손과 상실을 대가로 치르게 되리라는 예감. '나'의 입장에서 그것은 훼손된 자기애의 상처를 더욱 덧나게 하는 일이다.

'나'가 결심하는 글쓰기의 길은 바로 그 공포를 잠재우고 훼손된 자기애를 봉합하는 길이다. 중요한 것은 이것이 자기애의 '반성'이 아니라 '봉합'이라는 점이다. 즉 그것은 자기애의 환상을 정직하게 들여다보고 반성하기보다 수치심과 모멸감과 죄의식으로 인해 균열되는 자기에 대한 나르시시즘적 환상을 유지하는 길이다. 이때 글쓰기는 그 자기애의 환상을 유지하기 위한 수단이 된다. 결국 가짜 낙원에서 잘못 눈떴음을 깨닫는 '나'의 자기애의 균열과 훼손을 봉합하는 수단은 다름 아닌 바로 그 자기애의 리비도를 글쓰기 행위로 승화하는 일이었던 셈이다. 이렇게 볼 때, 「아담이 눈뜰 때」의 서사는 자기애의 훼손과 균열을 자기애로 치유하는 '자기애의 변증법'을 상연하는 환상 시나리오라고 할 수 있다.

앞에서 나는 「아담이 눈뜰 때」에는 자기애와 열등의식, 자기과시와 자기모멸, 수치심과 죄의식 등의 모순적인 의식과 감정이 혼란스럽게 뒤섞여 있다고 말했다. 그 부정적인 정념들은 '나'의 자기애를 침범하고 훼손하지만, 거꾸로 그럴수록 더욱 자기애를 부추기는 원인이 되는 것이기도 하다. 즉 수치심과 죄의식과 열등감이 클수록 자기애는 더욱 강화된다. 어찌 보면 장정일의 소설에서 그러한 정념들은 바로 그 자체가 자기애가 존재할 수 있는 토대가 된다고도 할 수 있다. 적어도 「아담이 눈뜰 때」의 작가 장정일에게, 수치심과 죄의식은 자기애를 지탱하는 지울 수 없는 얼룩이다. 「아담이 눈뜰 때」의 이면에서 펼쳐지는 숨은 내러티브는 바로 이러한 자기애의 시나리오다. 「아담이 눈뜰 때」가 자기애를 중심으로 휘몰아치는 모순적인 의식과 감정 들로 분열되어 있다고 할 수 있다면,[6] 그 숨은 원인은 바로 이것이다.

---

[6] 장정일의 소설 속 알게 모르게 숨어 있는 '분열'은 사실 이에만 한정되지 않는다. 예컨대 도덕적 책무감과 자기 방기, 키치적 의장의 과잉과 생활의 공포 등의 모순적 공존을 지적하는 최근의 논의도 조금은 다른 맥락과 관점에서 장정일 소설의 분열을 포착한다. 정주아, 「후위(後衛)의 공포와 전위(前衛)의 환상: 1990년대 장정일의 소설과 포르노그래피의 형식」, 『현대문학의 연구』 68집, 한국문학연구학회, 2019.

3. 모던이냐 포스트모던이냐

앞에서 「아담이 눈뜰 때」의 화자 '나'의 의식과 감정을 지배하는 모순과 분열을 지적했지만, 그것이 전부는 아니다. 이 소설은 그 외에도 내러티브를 포함한 많은 부분이 그와 유사한 모순과 분열로 가득 차 있다. 소설에서 '나'의 자기 방기는 자기애적 포즈와 결합되어 있고, '나'의 자기과시적인 조숙함에서는 거꾸로 그렇기 때문에 더욱 두드러지는 치기와 미성숙함이 노출된다. '나'는 자신을 방기하고 방황하는 것처럼 보이지만 다른 한편으론 그렇다고 하기엔 너무 이성적으로 생각하고, 고3 여고생 현재의 섹스가 다른 사람을 생각하지 않는 이기적인 것이라고 비판하고 거리를 두면서도 정작 스스로는 그녀와의 섹스에 지나치게 탐닉한다. 현재와의 섹스는 물론이고 중년의 여성 화가와의 섹스 장면에서 드러나는 향유와 기이한 온기도 같은 맥락이다. 또 '나'는 "사랑은 썩어가는 세상에 방부제가 될 수 있을 거"(p. 58)라고 강변하면서도 실제론 사랑 없는 섹스에 탐닉하는 자기모순에 대한 반성적 자의식도 갖지 못하는 것처럼 보인다.

이런 모순은 다른 곳에서도 반복된다. '나'는 가족을 버리고 미국으로 떠나버린 형을 비난하면서도 형의 정신적 영향에서 벗어나지 못하는 것처럼,[7] 기성세대를 거부하는 것처럼 보이지만 다른 한편으론 기성세대의 논리에 의존해 세계에 대한 자신의 논리를 구축한다. 예컨대 '나'는 그림의 모델이 되어준 대가로 뭉크의 화집을 준 중년의 여성 화가에게서 "가속도의 세계"(p. 51)에 대한 설명을 듣고 난 후 이를 지금의 사회에 대한 자신의 설명 모델로 내면화한다. 또한 턴테이블을 받기로 하고 같이 자게 되는 오디오 가게 사장이 늘어놓는 "뮤직 러버

---

7 이는 다음 구절에서도 암시적으로 드러난다. "서울에서 부쳐보낸 형의 책무더기는 내 다락방 한구석에 도사린 채 나를 감시하는 듯 보였다."(p. 73)

Music Lover와 일렉트로닉 리스너Electronic Listener"(p. 95)의 차이에 대한 설명을 '오디오족'과 '스피드족'에 대한 자신의 논리에 그대로 대입한다. "내 머리 속은 뮤직 러버를 오디오족에 일렉트로닉 리스너를 스피드족에 연결시키고 있었다."(p. 95)

어떤 측면에서 이는 주어진 세계를 거부하지만 그렇다고 그 세계를 벗어난 자기만의 지성을 구축하지 못하는 과도기의 아이들이 겪는 혼란을 반영한 것이라 볼 수도 있다. '나'가 뭉크화집 속의 그림「사춘기」에서 보는 것이 "청순한 세계에 대한 동경과 불안이 혼합되어"(p. 34) 있는 모순의 상태인 것처럼, 아직 성숙하지 못한 열아홉 살의 청춘에게는 그런 모순이 어쩌면 당연한 것일 수도 있기 때문이다. 그러나 중요한 것은 이런 모순이 단지 화자의 심리나 행동에만 존재하는 것이 아니라는 점이다. 모순은 소설의 문법에도 존재한다. 가령 이 소설이 얼핏 세계와의 화해와 기성 제도로의 편입을 거부하는 반(反)성장소설처럼 보이지만 (글쓰기를 매개로) 교양과 성숙의 가치를 받아들인다는 점에서 고전적 성장 서사의 문법을 벗어나지 않는다는 점이 그렇다.

그 점은 문학과 예술에 대한 입장이나 작가의 포지셔닝의 문제와 관련해서도 마찬가지다. 그런 모순과 분열은 특히 포스트모더니즘의 문제와 관련해 가장 극명하게 표출된다.「아담이 눈뜰 때」는 겉으로 보기에 포스트모더니즘의 세례를 받고 거기에 경도되어 있는 작품으로 보인다. 소설에 대중문화에 대한 정보들이 넘쳐나고 문화 텍스트의 기표들이 곳곳에 산재한다는 점에서 그렇다. 도어스, 애니멀스, 테드 뉴전트, 블루 오이스터 컬트, 에드거 윈터 그룹, CCR, 고든 라이트풋 등 수많은 미국 팝과 록 음악의 가수들에 대한 언급이 수시로 등장하고, 팝 아트를 비롯한 현대예술에 대한 묘사와 (표피적인) 논평도 쉽게 볼 수 있다. '성스러운 3J'(지미 헨드릭스, 재니스 조플린, 짐 모리슨)로 대표되는 '록 스피릿'에 대한 숭배처럼 고급 예술보다 대중문화 혹은 하위문화에 대한 취향을 공공연히 전시하는 것도 마찬가지다. 고급 예술과 대중문화의 경계를 허물면서 반(反)문화나 저항 음악의 가치를 부각하는 것이 포스트모더니즘의 특징적인 경향 중 하나임을 상기해보면, 이 소설과 포스트모더니즘의 접점은 어렵지 않게 확인된다.

이뿐만 아니라 작가는 스스로 포스트모더니즘을 의식하고 있음을 소설의 곳곳에서 눈에 띄게 드러낸다. 일례로 '나'는 문학 강연회에서 "내가 좋아하는 문학평론가"(p. 77)의 강연을 듣는데, 그러면서 포스트모더니즘에 대한 평론가의 강연 내용을 무려 세 페이지에 걸쳐 나열한다. 중년의 여성 화가와 밤을 같이 보내고 나서 돌아오는 길에 현대 미술과 키치kitsch에 대한 '나'의 논평이 길게 이어지는 것도 마찬가지 맥락이다. 심지어 '나'가 포스트모더니즘 소설가로 알려진 리처드 브라우티건의 소설을 자기 멋대로 각색해 그 여성 화가에게 들려주는 장면도 등장한다.[8] 그렇게 직접적이진 않아도 다음 대목 역시 작가가 포스트모더니즘을 포함한 포스트 담론의 유행을 민감하게 의식하고 있음을 은연중 드러내는 사례 중 하나다. "모든 상황에 포스트란 접두어가 붙는 것은 유행이 되었다. 불행하게도 은선이와 나의 관계는 오래전부터 후기에 접어 들어 있었다."(p. 80)

---

8   "나는 내가 하고 있는 이야기들이 언젠가 읽었었던 리처드 브라우티건의 〈아침에 옷을 입을 때의 여자들〉이란 반 페이지짜리 소설과 비슷하다는 걸 알았다. 〔……〕 하지만 내가 더듬거리는 건, 그녀의 등을 껴안은 채 다른 사람이 쓴 소설을 각색해 들려주고 있다는 미안감 때문만은 아니었다."(p. 60) 이 장면은 흥미롭게도 작가 스스로 포스트모더니즘의 기법 중 하나인 패스티시pastiche를 자신의 소설 속에서 연출하는 것처럼 보이기도 한다. 장정일은 이후 표절로 비판받은 이인화의 소설 『내가 누구인지 말할 수 있는 자는 누구인가』(1992)에 나타나는 패스티시를 단순한 표절이 아닌 '방법적 베끼기'임을 주장하기도 하는데, 그런 방법적 베끼기의 맥락에서 자신의 소설 「아담이 눈뜰 때」가 강석경의 「숲속의 방」의 고쳐 쓰기라고 밝힌 바 있다. 그러면서 장정일은 「아담이 눈뜰 때」가 세간에서 평하는 것처럼 하루키의 영향을 받은 것이 아니라고 주장하지만, 실제로 이 소설에서 하루키의 흔적은 부정할 수 없다. 이런 측면에서도 「아담이 눈뜰 때」는 포스트모더니즘의 영향 속에 있는 소설이라고 할 수 있다. 장정일, 「'베끼기'의 세 가지 층위」, 『문학정신』 1992년 7·8 합병호 참조.

무엇보다 「아담이 눈뜰 때」의 구조 자체가 포스트모더니즘 소설을 의식한 모방의 흔적이 뚜렷하다. 장정일은 '나'가 작가가 되기로 결심하는 소설의 마지막을 이렇게 맺는다.

> 대구에 내려온 나는, 등록금의 매우 적은 일부를 덜어 중고의 사벌식 타자기를 한 대 샀다. 나는 늘 타자기가 필요하다고 생각해 왔고, 스무 살이 되어서야 그것을 갖게 되었다. 나는 이것으로 무엇을 쓸 수 있을 것이다. 편지나, 일기, 아니 어쩌면 진짜 창작을 말이다. 그리고 만약, 내가 소설을 쓰게 된다면 제일 먼저, 이렇게 시작되는 내 열아홉 살의 초상을 그릴 것이었다.
>
> 내 나이 열아홉 살, 그때 내가 가장 가지고 싶었던 것은 타자기와 뭉크화집과 카세트 라디오에 연결하여 레코드를 들을 수 있게 하는 턴테이블이었다. 단지, 그것들만이 열아홉 살 때 내가 이 세상으로부터 얻고자 하는 전부의 것이었다. (p. 122~23)

소설의 인공성과 자기반영성을 두드러지게 부각하는 포스트모던 메타픽션의 전형적인 결말이다. 이처럼 장정일은 포스트모더니즘에 전형적인 메타픽션의 형식을 차용하면서 자신의 글쓰기에 대한 자의식을 드러낸다. 이런 방식으로 「아담이 눈뜰 때」의 글쓰기는 작가 자신이 (비록 표피적이지만) 상당 부분 포스트모더니즘에 경도되어 있음을 보여준다. 그리고 이것이 당시 신세대적 감수성에 대한 논의와 결합해 새로운 글쓰기로 평가되며 화제를 낳은 배경이기도 했다.

흥미로운 것은 그럼에도 불구하고 정작 이 소설의 결말에서 드러나는 글쓰기에 대한 의식은 포스트모더니즘과 전혀 어울리지 않아 보인다는 점이다. 오히려 그것은 거꾸로 매우 고답적이다. 대학 등록을 포기하고 대신 작가가 되기로 결심하면서 '나'는 이렇게 생각한다.

> 문장을 쓰는 일에서 나는 내가 그토록 원했던 '창조의 아픔'을 누릴 수 있을 것이다. 그 고통은 가짜 낙원을 단호히 내뿌리치고 잃었던 낙원, 실재, 진리를 되찾는 데 쓰이는 아픔이다. 가짜 낙원에서 잃어버린 실재를 되찾기 위해서는 두 가지 노력이 필요하다. 먼저 나는 내 오성의 능력을 과신하지 말아야 하며, 자유를 자제해야 한다. 거기에 필요한 것이 겸손이다. 그리고 좋은 세계는 쉽게 만들어지는 것이 아닐 것이므로, 단시일에 명확히 잡히지 않는다고 해서 포기해서는 안 된다. 그러기에 인내가 필요하다. 겸손과 인내는 문장을 쓰고자 하는 나뿐 아니라, 가속도의 낙원에 살면서 좀 더 나은 세계를 꿈꾸는 모든 사람들에게 요구되는 덕목이다. (p. 122)

여기서 '나'는 글쓰기의 의미를 "가짜 낙원에서 잃어버린 실재"를 되찾는 것으로 규정한다. 글쓰기는 곧 "좀더 나은 세계를 꿈꾸는" 행위다. 그리고 '나'는 거기에는 "창조의 아픔"이 수반된다고 말한다. 이때 장정일이 발화하는 잃어버린 낙원이나 실재와 진리, 창조의 고통 등의 언어는 실상 오래된 낭만주의적 문학 이데올로기의 언어다. 그에 더해 장정일은 심지어 여기에 "겸손과 인내"라는 교양주의의 고전적 덕목까지 추가한다. 장정일이 "아방가르드의 정신적 후예"[9]라는 평가에 걸맞게 기성의 문학적 질서에 저항하고 모든 권위를 부정하는 문학적 행보를 보였음을 떠올려보면, 기성의 근대적 문학주의와 별다르지 않아 보이는 인식을 반복하는 이러한 문학 관념의 표출은 의외로 다가온다. 여기엔 문학에 대한 낭만주의적 신비화까지 개입되어 있기에 더욱이나 그렇다.

---

9 서영채, 「냉소주의, 죽음, 마조히즘: 1990년대 소설에 대한 한 성찰」, 『문학의 윤리』, 문학동네, 2005, p. 128.

문학에 대한 이런 식의 낭만주의적 신비화가 (장정일의 소설을 흔히 수식하는) 포스트모더니즘과 얼마나 거리가 먼 것인지는 두말할 필요가 없다. 어떤 측면에서 이는 오래된 낡은 것에 대한 절대적 믿음이라는 의미에서 미학적 보수주의와 연결되어 있다. 특히 진짜와 가짜의 낭만주의적 이분법은 진짜와 가짜의 경계를 무화하고 흐려버리는 통상의 포스트모더니즘적 사유와도 거리가 있다. 그렇게 볼 때 「아담이 눈뜰 때」의 작가는 겉으로는 포스트모더니즘의 세례를 받은 듯 보이지만 오히려 거꾸로 포스트모더니즘의 비판자라고 하는 것이 옳을 것이다. 그 단서는 작품의 곳곳에 산재하지만, 다음 대목은 결정적이다.

> 더욱더 많은 자유에 대한 끝없는 갈구는, 인간으로 하여금 실재에 대한 감각을 상실하게 한다. 자신의 오성과 자신이 몸담은 세계를 뛰어넘어 인간의 자유를 무한하게 확장하려는 시도는 실재 혹은 진리, 낙원이라고 바꾸어 부를 수 있는 것들의 상실을 가져온다. 예술에서 그것은 키취kitsch로 드러난다. 실재를 상실한 세계에서 예술이 더 이상 실재 세계를 드러내 줄 수 없게 되자, 주어진 대로의 세계는 유희의 대상이 된다. (p. 63)

뒤샹의 레디메이드부터 다다, 앗상블라쥬, 팝 아트, 하이퍼 리얼리즘, 플럭서스 등등의 모든 현대 회화는 키취로서만 설명될 수 있는 것들이다. 질서도 진리도 없는 가짜 낙원에서 유희만이 우리의 의무가 되며, 무한대의 자유를 얻고자 갈망했던 인간은 유희 속에서 더욱더 많은 자유를 얻는다. 실재가 상실된 가짜의 낙원에서는 키취만이 가능한 예술이 될 수 있다고 믿는 많은 현대 예술가들처럼, 그녀 또한 키취의 유혹으로부터 멀리 벗어나지 못하였다. 그리고 그런 시도에 걸맞게 그녀는, 사랑이 가능하지 않은 세계에서 섹

스는 사랑의 유일한 대안이 될 수 있다고 믿었던 것이다. (p. 64)

이것은 '나'가 여성 화가와 밤을 같이 보내고 돌아오는 길에 팝아트의 일종인 그녀의 그림을 떠올리며 하는 생각이다. 이에 따르면, (예컨대 팝아트처럼) 주어진 세계를 초월해 세계를 유희의 대상으로 삼는 예술은 실재에 대한 감각과 진리를 상실하게 한다. 그런 예술은 정보화 사회로 진입하면서 더욱 가팔라진 가속도의 세계에 영합하는 것이며 실재가 상실된 '가짜 낙원'을 강화하는 것이다. 사실 여기서 장정일은 키치의 범위를 뒤샹부터 플럭서스에 이르기까지 아방가르드를 포함한 거의 모든 현대예술 일반으로 방만하게 확장한다. 하지만 그보다 더 중요하게 보아야 하는 것은 따로 있다. 그것은 바로 이러한 비판이 많은 부분 실재와 진리를 강조하는 근대주의자의 포스트모더니즘 비판으로 읽힌다는 점이다. 그런 측면에서 이 대목에서 언급되는 '키치'는 포스트모더니즘으로 고쳐 읽어도 무방하다. 무엇보다 그 여성 화가가 팝아트 경향의 그림을 그리는 포스트모더니스트로 설정돼 있다는 점도 이를 지지한다.

'나'에 따르면 오성의 능력을 뛰어넘어 자유를 무한히 확장하려는 시도는 실재와 진리를 되찾기를 포기하고 끝없는 유희 속에 빠져들게 된다. 포스트모더니즘적 유희가 바로 그런 것이다. 소설의 결말 부분에서 작가가 되기로 결심한 '나'는 "가짜 낙원에서 잃어버린 실재를 되찾기 위해서는 〔……〕 먼저 나는 내 오성의 능력을 과신하지 말아야 하며, 자유를 자제해야 한다"(p. 122)고 말하면서 '겸손'의 미덕을 강조하는 고전적 교양주의자의 포즈를 취하는데, 이 또한 같은 맥락이다. 이때 오성의 능력을 과신하지 말고 자유를 자제해야 한다는 다짐은 그렇게 보면 글쓰기의 포스트모더니즘적 유희에 대한 경계로 읽힐 여지가 충분하다.

앞에서 나는 이 작품이 모순과 분열로 가득한 텍스트라고 말했지만, 그 모순과 분열은 여기서는 전통적인 것(글쓰기 의식)과 새로운 것(포스트모더니즘적 외양)의 모순적 동거(同居)로 표출되는 셈이다. 비유컨대 이것은 포스트모던의 얼굴을 한 낡은 모던이다. 달리 말하면 이것은 새로움의 포즈와 문학적 보수주의의 모순적 공존이다.[10] 그렇다면 이것이 의미하는 것은 과연 무엇인가?

4. 장정일의 글쓰기와 진정성의 심리구조

다시 낭만주의적 문학 관념으로 돌아가보자. 사실 「아담이 눈뜰 때」를 일관되게 관통하는 논리를 살펴보면 글쓰기에 대한 그러한 낭만주의적 의식과 문학 관념은 어떤 측면에선 자연스러운 귀결이다. 왜냐하면 이 소설 전체를 이끌어가는 것 또한 주체와 세계의 모든 것을 진실/허위, 진짜/가짜로 분별하고 판단하는 낭만주의적 이분법이기 때문이다. 실제로 「아담이 눈뜰 때」에는 예컨대 스피드족과 오디오족, 뮤직 러버와 일렉트로닉 리스너 같은 이분법적 구분이 넘쳐난다. 전자는 "앞으로 내달리는 것만을 최고의 가치로 삼는"(p. 84) "가속도의 세계"(p. 51)에 속하는 것이고, 후자는 "자신의 내면을 찾아 창조적 고독 속에 묻히는"(p. 96) 내면적인 세계에 속하는 것이다. 전자가 비주체적인 것이라면 후자는 주체적인 것이고, 전자가 '가짜'라면 후자는 '진짜'다. 그런 이분법은 음악에도 적용되는데, '정신'이 존재하지 않는 요즘

---

10 사실 이러한 모순적 공존은 『아담이 눈뜰 때』에 실린 소설들 사이에서도 발견된다. 중편 「아담이 눈뜰 때」가 상대적으로 미학적 보수주의 편에 서 있는 소설이라면, 그 외의 단편들은 그에 비하면 훨씬 더 형식 파괴적인 실험을 보여주고 있는 텍스트다. 게다가 그 단편들은 낡은 문학적 관념과 관습에 대한 비판까지도 담고 있어 여러모로 「아담이 눈뜰 때」와는 대척점에 서 있는 것으로 보이기도 한다.

의 "쓰레기 같은 음악"(p. 114)이 전자에, '록 스피릿'이 있는 음악이나 "올디스 벗 구디스"(p. 50)가 후자에 해당한다. 이런 가짜와 진짜의 이분법은 작품 곳곳에서 여러 형태로 변주된다. 가짜 쇼와 "진짜 쇼"(p. 53)의 구분이 그렇고, 소설에서 여러 번 언급되는 "가짜 낙원"(p. 109)도 그런 이분법 속에서 나온다. 그리고 이 이분법은 자아에 대해서도 마찬가지로 적용된다. 대학 문학서클에서 집체시 창작에 참여해 이름을 빌려줬다가 북한을 고무 찬양하는 시를 썼다는 혐의로 구속되었다 풀려난 은선은 이렇게 말한다.

> 나는 이름만 빌려주고 투사가 됐어. 선배가 말했지. 이번 일을 너의 부르주아 근성을 뽑아낼 전향의 기회로 삼으라고. 그 뒤는 신문에서 봤을 거야. 사회면 한구석에 여간첩처럼 음침하게 내 사진이 실리게 됐지. 하지만 기껏 이름만 빌려줘 놓고선 어떻게 부르주아 근성을 뽑아낼 수 있고 투사가 될 수 있었겠니. 나는 없는데 말이야. 주체적으로 사고하고 반성해야 할 나는 그들이 강요하는 데마고기 속에 해체되어 버렸는데? 그들은 주체가 없는 이름과 명분만의 가속운동을 계속했어. 아담, **진짜 나는 어디에 있지?** (p. 117. 강조는 인용자.)

이 대목은 충분히 1980년대 민중문학에 대한 비판으로 읽을 수 있다. 요점은 민중문학이 "이름과 명분만의 가속운동"을 계속하면서 "주체적으로 사고하고 반성"할 수 있는 "진짜 나"의 상실을 불러왔다는 것이다. 여기서도 역시 진짜와 가짜의 구분법은 여지없이 작동하는 셈이다.

이런 '가짜'와 '진짜'의 낭만주의적 이분법에서 '진짜'와 의미론적으로 연결되는 것이 바로 진리, 진실, 실재와 같은 개념이다. "질서도 진리도 없는 가짜 낙원"이나 "실재가 상실된 가짜의 낙원"이라는 표현에서도 드러나듯이, '진짜'란 그와 반대로 실재와 진리(혹은 진실)의 편에 서는 것을 뜻한다. 「아담이 눈뜰 때」의 '나'가 문학을 하기로 결심하면서 창조의 고통이 "가짜 낙원을 단호히 내뿌리치고 잃었던 낙원, 실재, 진리를 되찾는 데 쓰이는 아픔"이라고 생각하는 것은 작품 전체를 지탱하는 이런 낭만주의적 이분법의 연장선상에 있다.

사실 「아담이 눈뜰 때」를 관통하는 진실/거짓, 진짜/가짜의 이분법, 그리고 그 위에 구축되는 글쓰기 주체라는 이런 도식은 이미 한국문학사에서 오랜 시간에 걸쳐 반복된 낡은 도식이다. 그럼에도 불구하고 그것이 '90년대적인 것'이 될 수 있었던 것은 (앞에서도 언급했듯이) '환멸'과 '욕망'의 확산을 낳았던 87년체제 초입의 시대적 분위기를 거치며 탄생한 신세대문학의 반항적인 자기 선언과 결합해 있었기 때문이다. 이 소설이 취하고 있는 포스트모더니즘의 외양이 거기에 몫을 보태기도 했음은 물론이다. 이런 요인들이 「아담이 눈뜰 때」의 낭만주의적 도식과 글쓰기 의식을 다름 아닌 '90년대적인 것'이라는 토대 위에 올려놓는다. 따라서 요점은 이런 낭만주의적 이분법과 그에 따른 (글쓰기가 찾아가야 할) 실재와 진실에 대한 강조가 이미 낡은 것이라거나 고루한 문학성의 신화를 반복하고 있다는 사실이 아니다. 오히려 그보다 더 중요한 것은, 그것이 (조금은 거칠고 미숙한 방식으로) 윤대녕과 신경숙으로 대표되는 (아직 본격적으로 도래하지 않은) 1990년대 진정성의 문학과 미리 접점을 형성하게 된다는 사실이다.

특히 그는 글쓰기의 창조적 고통을 통해서만 진리를 되찾을 수 있다는 익숙한 '문학주의적' 믿음을 보여주는데, 바로 이 지점이야말로 장정일의 글쓰기가 1990년대 진정성의 문학과 그리 멀리 있지 않음을 방증한다. 「아담이 눈뜰 때」에서 '나'와 은선이 함께 쓴 시의 내용은 직접적이진 않지만 그 문학주의의 정신적 구조와 도식을 유치하게나마 투명하게 보여준다.

>아무도 믿을 수 없어
>아무도
>아무도
>아무도!
>
>나는 일찍 죽은 자들만 믿을 뿐이야
>나는 마약을 먹고 미친 자들만 믿을 뿐이야
>이를테면
>나는 'J'로 이름을 시작하는 자들만 믿을 뿐이야
>지미 헨드릭스, 재니스 조플린, 짐 모리슨 같은
>무시무시한 가수들만을
>
>[……]
>그것만이 진실한 거야
>그것만이 (pp. 20~21)

　세상의 모든 것은 믿을 수 없다. 왜냐하면 진실이 결여되어 있기 때문이다. 그런 세상은 환멸의 대상일 뿐이다. 믿을 수 있는 것은 오직 '성스러운 3J'밖에 없다. 이들 가수는 이를테면 어떤 '정신'의 화신이고 '진실'을 표상하는 존재다.[11] 이 '성스러운 3J'의 자리에 문학을 그대로 옮겨놓으면 이 소설의 문학주의 논리가 그대로 드러난다. 이때 문학은 '성스러운 3J'가 그런 것처럼 진정한 자유와 진실의 표상이다. 그리고

11　"라디오를 틀면 온통 중성적인 음악, 달짝지근한 목소리로 가득 차 있었다. 구역질나는 음악들이다. 거기엔 정신이 없다. 예전엔, '록 스피릿'이라고 불리던 저항과 인간애가."(p. 37)

그런 문학은 다름 아닌 강고한 '믿음'의 대상이다. 아무도 믿을 수 없는 세상에서 유일하게 믿을 수 있는 것은 오직 문학뿐이다. 사실 위 인용문에서 '성스러운 3J'만을 믿을 수 있다는 말은, 고쳐 말하면 그들을 믿는 자기 자신만은 믿을 수 있다는 뜻이다. 「아담이 눈뜰 때」에서 암시되는 문학에 대한 믿음이 자기 자신에 대한 믿음, 자기 자신의 내면적 진실에 대한 믿음과 다르지 않은 것은 이런 맥락에서다.

이때 문학에 대한 '나'/장정일의 믿음은 곧 상상적 자아에 대한 믿음이다. 모든 믿음이나 환상이 무너진 환멸의 공간에서 '나'가 유일하게 믿을 수 있는 것은 상상적 자아뿐이고, 문학에 대한 믿음도 거기에 근거한다. 그리고 이것이 바로 문학을 내면의 성소(聖所)로서 절대화하는 문학주의가 진정성의 이상과 결합할 수 있는 근거다. 진정성의 이상이란 무엇보다 자기 자신의 내면이 절대적으로 진실하다는 믿음에 기초해 성립하는 것이기 때문이다. 장정일의 「아담이 눈뜰 때」는 이런 방식으로 1990년대에 본격적으로 전개된 진정성의 문학, 그리고 이를 통해 확고해진 90년대적 문학주의를 예고한다.

한마디로 말하면, 「아담이 눈뜰 때」의 글쓰기 의식의 핵심에 있는 것은 다름 아닌 '진정성authenticity'의 이상이다.[12] 사실 겉으로 보기에 장정일의 소설과 진정성이라는 가치는 왠지 어울리지 않아 보인다. 유희적인 위반과 일탈을 특징으로 하는 그의 소설은 '진정성'이라는 개념에서 연상되는 진지함과는 거리가 있는 것처럼 보이기 때문이다. 장정일의 시를 중심으로 그의 문학정신의 핵심이 진정성임을 밝힌 최근의 논의도 그 외견상의 부조화를 환기하면서 그것을 아이러니라 지적한

---

12   이때 '진정성'은 간단히 말하면 외부의 규범을 따르기보다 개인 자신에게 진실해지려는 태도, 자기의 내적 자유에 따라 자기 자신을 정의하고 표현하려는 의지로 요약될 수 있는 것으로, 황종연은 이를 '90년대 문학의 모럴'로 규정한다. 황종연, 「내향적 인간의 진실」, 『비루한 것의 카니발』, 문학동네, 2001, pp. 113~37 참조.

다.[13]

  그런데 사실 장정일 문학세계의 중심에 진정성의 이상이 있다는 점은 일찍이 황종연을 비롯한 많은 논자들이 지적했던 바다. 그런데 이 논의들의 대부분은 각기 표현과 강조점은 다르지만 주로 「아담이 눈뜰 때」 이후의 소설들에 초점을 맞춰 장정일 소설의 진정성이 '미학적 부정성'의 형태로 드러나고 있음을 지적한다.[14] 장정일 문학의 진정성이 세상의 모든 진정성을 파괴하면서 진정성이 자리할 공간을 열어젖히는 진정성 너머의 진정성에 대한 성찰이라는 지적[15]이 그렇고, "부단히 스스로를 갱신하는 과정 그 자체, 이전의 자기 자신에 대한 반성 self-reflection과 부정negation을 끊임없이 가동하는 일종의 영속적인 운동 상태에 보다 근접한 무엇"[16]이라는 지적이 그렇다. 장정일의 글쓰기가 문학적 진정성이라는 억압적인 '환영'과 싸우는 수행적 실천이라는 지적[17] 또한 마찬가지로 크게 보면 (억압적 환영으로서의 진정성이 아닌) 미학적 부정성으로서의 진정성을 강조하는 맥락이다.

  그러나 「아담이 눈뜰 때」의 글쓰기 의식의 핵심에 있는 진정성은 그

---

13 김예리, 「부정의 윤리와 진정성 너머의 문학―종교로서의 자본주의를 향한 장정일의 시적 대응」, 『한국현대문학연구』 56, 한국현대문학회, 2018, pp. 653~54.

14 장정일 소설을 관통하는 정신 혹은 방법을 그렇게 진정성의 맥락에서 파악하는 논의는 다음의 글을 참고할 수 있다. 황종연, 「비루한 것의 카니발」, 앞의 책; 장세진, 「진정성의 알리바이―장정일 소설에 나타난 예술의 의미를 중심으로」, 『현대문학의연구』 18, 한국문학연구학회, 2002; 한영인, 앞의 글.

15 김예리, 앞의 글, pp. 656~57.

16 장세진, 앞의 글, p. 11.

17 배하은, 「만들어진 내면성―김영현과 장정일의 소설을 통해 본 1990년대 초 문학의 내면성 구성과 전복 양상」, 『한국현대문학연구』 50, 한국현대문학회, 2016, p. 578. 이 글에서 배하은은 장정일의 초기 소설이 1990년대 문학의 억압적인 진정성 담론에 대한 비판으로 작용했음을 논증하는데, 이는 이 글의 논지와 크게 다르지만 그와는 다른 맥락에서 토론의 가치가 있는 흥미로운 주장이다.

런 의미에서의 진정성과는 거리가 있다. 그것은 미학적 부정성보다는 차라리 말 그대로 자기 자신과의 접촉을 통해 자기 내면의 진실과 자유를 추구하는 윤리적 이상에 더 가깝다. 「아담이 눈뜰 때」가 윤대녕과 신경숙으로 대표되는 1990년대 진정성의 문학과 미리 접점을 형성한다는 말은 정확히 그런 뜻이다.

그런 맥락에서, 이 소설에서 '가속도의 세계'에 맞서 (문학을 통해) 자신의 내적 자유를 실현하겠다는 '나'의 다짐은 그 자체로 자신을 진정성의 주체로 선언하는 장면이다. 소설에는 "진짜 나", "내 존재의 의미를 끊임없이 반추해 되새"(p. 122)기는 자기, "자신의 내부를 응시"하는 "진정한 자신"(p. 85) 등의 표현이 지속적으로 등장한다. 그리고 이는 모두 마지막에 이르러 그런 식으로 자신을 진정성의 글쓰기 주체로 선언하는 성찰적 자아의 기획에 수렴된다. 가짜 낙원에서 상실한 진실과 망각한 '진짜 나'를 글쓰기를 통해 찾아가겠다는 저 선언은 '진실과 거짓의 대립항'을 중심으로 구축되는 진정성의 이상[18]을 가장 직설적인 형태로 노출한다. 사실 「아담이 눈뜰 때」의 작품 논리를 지탱하는 낭만주의적 이분법은, 참된 자아의 실현을 가로막는 외부 세계에 대항해 진실한 자아의 목소리에 귀 기울이는 진정성의 이상의 근저에 가로놓인 바로 그 논리이기도 하다.

그리고 우리는 앞에서 이 주체 선언에 어느 면 자기과시적인 나르시시즘의 기미가 적지 않게 묻어 있음을 확인한 바 있다. 그런 측면에서 「아담이 눈뜰 때」의 내러티브는 자기애의 환상 시나리오로 읽힌다. 그 점에서 이 소설의 진정성의 주체는 '자기'에게로 귀환하는 1990년대 내향성 문학의 주체의 성격을 가장 원초적인 형태 그대로 미리 보여주는 것이기도 하다. 왜냐하면 자아의 폐쇄적인 견고함에 갇힌 상상

---

18 서영채, 「왜 문학인가: 문학주의를 위한 변명」, 앞의 책, p. 97 참조.

적 주체의 나르시시즘의 시나리오야말로 1990년대 진정성의 문학이 갖는 특징 중 하나이기 때문이다.[19] 즉 「아담이 눈뜰 때」는 1990년대 진정성의 문학이 보여주었던 상상적 주체의 자기애의 시나리오를 치기 어리지만 더욱 강렬한 방식으로 미리 앞서 보여주는 텍스트다. 특히 이 소설에서 자기애를 균열시키는 수치심과 죄의식 같은 부정적 정념을 글쓰기와 결합된 자기애를 통해 봉합하는 장정일의 기획은 1990년대 문학주의의 심리적 구조를 단순하지만 정확하게 예시한다. 반항과 유희, 파괴와 전복의 상상력으로 평가되는 장정일의 문학이 따지고 보면 이처럼 1990년대를 대표하는 내면성의 작가라 할 수 있는 윤대녕과 신경숙 소설의 (덜 세련된) 또 다른 동종(同種)의 버전이라 할 수 있는 근거는 바로 거기에 있다.

5. 나가며

「아담이 눈뜰 때」는 낡은 미학적 보수주의와 새로움의 포즈가 공존하는 텍스트다. 그 둘은 텍스트 안에서 갈등하고 충돌하면서 모순적으로 결합되어 있다. 그리고 이 소설이 표출하는 젊음의 반항과 새로움의 포즈는 글쓰기 의식을 지배하는 미학적 보수주의를 은폐한다. 그러면서 이 소설은 상상적 주체의 자기애의 시나리오를 통해 자기가 진정성의 주체임을 선언한다. 「아담이 눈뜰 때」는 그런 측면에서 아직 오지 않은(앞으로 도래할) 1990년대 진정성의 문학의 등장을 미리 예고하고 선취한 소설이다. 물론 이는 장정일 자신도 의식하지 못한 것이고, 이후 전개되는 1990년대 진정성의 문학도 미처 알아차리지 못한 것이다.

---

19 이에 대해서는 김영찬, 「1990년대 문학의 종언, 그리고 그후」, 『비평극장의 유령들』, 창비, 2006 참조.

「아담이 눈뜰 때」가 1990년대 문학의 출발점이라는 것은 그런 의미에서다.

　어쨌든 그와는 별개로, 이후 장정일은 「아담이 눈뜰 때」의 세계를 뒤로하고 자기 안의 견고한 미학적 보수주의를 갱신하는 부단한 실험을 거듭한 끝에 포르노그래피라는 반(反)문학의 극단으로 달려나간다. 짐작건대 「아담이 눈뜰 때」는 어쩌면 그렇게 지속된 장정일의 아방가르드적 실천이 생각만큼 그다지 급진적인 것은 아닐지도 모른다는 의심에 일말의 단서를 제공해주는 텍스트가 될 수도 있을 것이다.

무라카미 하루키,
사라지는 매개자와 1990년대 한국문학

1. 무라카미 하루키라는 문제

1989년 국내에 번역 소개된 무라카미 하루키(村上春樹)의 『상실의 시대』(원제: 『노르웨이의 숲ノルウェイの森』, 1987)는 출간된 지 몇 년 되지 않아 30만 부가 넘게 팔리면서 한국의 독서 시장을 뒤흔들었다. 『상실의 시대』가 발간된 후 수백만 부가 팔려나가고 '무라카미 하루키 현상'이라는 말까지 낳았던 일본의 상황이 한국에서도 그대로 재연된 셈이다. 당시 하루키 소설[1]에 대한 열광은 전 세계적인 현상이었지만, 한국의 경우는 조금 더 특별했다. 특히 『상실의 시대』가 한국에 번역된 시점이 현실 사회주의의 몰락이 결정적으로 가시화되던 1989년이라는 사실은 징후적이다. 대략 이 시기를 기점으로 1980년대 변혁운동의 중심이었던 학생운동의 정치적 에너지는 마지막 불꽃을 장렬하게 태운 뒤 서서히 소진되기 시작했고 집단적 이념과 거대담론에 대한 회의와 환멸이 뒤를 이었다. 혁명의 기대와 열기는 가뭇없이 스러져갔고 허무와 상실감이 그 자리를 빠르게 대체했다. 1990년대는 그렇게 도래했다. 현실 사회주의가 몰락하고 문민정부의 수립으로 군

---

[1] 원칙에 따르자면 '무라카미'로 표기하는 것이 옳지만, 국내에서 통용되는 일반적인 관행을 감안해 이 글에서는 '무라카미 하루키'를 약칭할 경우 '하루키'로 표기한다.

사정권이 종식된 이 시기에, 한편으로 오랜 권위주의와 집단주의에 의해 억눌려왔던 개인의 욕망은 출구를 찾아 분출하기 시작했다. 그리고 대량 소비사회로의 진입으로 인한 물질적 풍요와 소비주의의 확산이 그러한 욕망의 분출을 근저에서 뒷받침했다. 시대의 분위기와 관심의 초점은 역사에서 일상으로, 집단에서 개인으로, 이념에서 욕망으로, 금욕에서 쾌락으로, 엄숙함에서 가벼움으로 옮아갔다.

1990년대 무라카미 하루키 소설에 대한 대중의 열광은 당시 이런 한국적 상황을 배경으로 하고 있었다. 개인주의 및 소비주의의 확산과 그에 조응하는 대중적 감수성의 변화가 가시화되던 당시 상황에서 하루키의 소설은 그런 변화에 맞춤한 매력적인 문화상품으로서 호소력을 발휘했다. 중요한 것은 하루키 소설의 지배적인 정조가 당시 한국 사회에서 지식인을 중심으로 확산되어가던 집단적 정서 및 분위기와 절묘한 접점을 형성하고 있었다는 사실이다. 그 접점이란 무엇인가. 『상실의 시대』의 한국어판 서문에서, 하루키는 이렇게 쓴다.

> 지금 이 시대에 서서 그 당시를 생각하면 저는 매우 이상한 기분에 잠기게 됩니다. 그 격렬한 시대를 탄생시킨 변화의 에너지는 도대체 지금 이 시대에 무엇을 가져온 것인가, 하고.
> 그 당시에 아주 대단한 큰일로 생각했던 것은 도대체 어디로 사라져버린 것인가, 하고.[2]

지금은 사라진 과거의 이상과 혁명의 열기에 대한 쓸쓸한 반추다. 이러한 하루키의 진술은 알다시피 1960~70년대 일본 학생운동의 격렬한 투쟁과 패배라는 역사를 배경으로 하고 있다. 그리고 이 진술은

---

2 무라카미 하루키, 「한국어판에 부치는 저자의 서문」, 『상실의 시대』, 유유정 옮김, 문학사상, 1989, p. 7.

국경과 시대를 뛰어넘어 혁명의 열기가 스러져가던 한국 사회의 시대적 분위기와 정확히 오버랩되었다. 딱히 작가의 그런 사후적인 진술이 아니더라도, 하루키 소설의 저변에 흐르는 상실감은 이미 한국 사회에서 지난 연대를 가득 채웠던 거대한 기대와 열정에 대한 환멸과 상실감을 환기하는 효과를 충분히 지니고 있었다. 더욱이 '노르웨이의 숲'이라는 원제 대신 한국어판에 붙인 '상실의 시대'라는 제목은 그런 효과를 더욱 강화했다. 이 시기에 무라카미 하루키는 그렇게 "나쓰메 소세키 이후 아쿠타가와를 거쳐 다자이 오사무나 미시마 유키오, 아베 고보, 나카가미 겐지 등, 기라성 같은 여러 일본작가들도 달성하지 못한 한반도 상륙을 성공리에 마친 거의 유일한 작가"[3]가 되었다.

이는 당시 국내에서 하루키 문학이 가졌던 의미가 단지 일본 문학의 수용이라는 차원에 그치는 것이 아니었음을 보여준다. 실제로 하루키의 소설은 독서 시장은 물론이고 한국문학의 장 안에서도 커다란 반향을 불러일으켰다. 그 반향은 일차적으로는 표절의 형태로 나타났다. 박일문의 『살아남은 자의 슬픔』(1992), 이인화의 『내가 누구인지 말할 수 있는 자는 누구인가』(1992), 장석주의 『낯선 별에서의 청춘』(1991) 등의 소설은 하루키 소설을 표절한 것으로 의심받았으며, 또 실제로도 그러했다.[4] 그런 표절을 둘러싼 논란은 일시적인 해프닝이라기보다 하루키의 소설이 1990년대 한국 문단에 가한 충격과 영향력을 방증하는 일종의 증상이었다. 장정일의 「아담이 눈뜰 때」(1990)나 구효서의 『깡통따개가 없는 마을』(1995) 같은 소설의 경우에도 표절이라 할 순

---

3   남진우, 「슬픈 외국어에 담긴 뜻」, 『하루키 문학수첩』, 문학사상사 자료조사연구실, 문학사상사, 1996, pp. 457~58.

4   이에 대해서는 이성욱, 「'심약한' 지식인에 어울리는 파멸—이인화의 『내가 누구인지 말할 수 있는 자는 누구인가』 표절 시비에 대해』, 『한길문학』 1992년 여름호; 남진우, 「오르페우스의 귀환—무라카미 하루키, 댄디즘과 오컬티즘 사이에서 방황하는 청춘」, 『문학동네』 1997년 여름호 참조.

없어도 그 설정이나 문체에서 하루키 소설을 모방한 흔적이 뚜렷하다. 표절과 모방은 어느 면 외국 문화의 초기 수용 과정에서 나타나는 보편적인 현상이라고 할 수 있지만, 중요한 것은 하루키의 영향력이 단순히 표절과 모방의 차원에 그치지 않았다는 사실이다.

하루키의 영향력은 단순히 몇몇 작가의 표절과 모방을 낳은 수준을 넘어 이 시기 이루어진 한국소설 전반의 형질 변화와 관련되어 있다. 이는 하루키 소설의 문체와 방법이 이전 시대와 구별되는 1990년대 한국문학의 '새로움'을 촉발한 중요한 계기로 작용했음을 의미한다. 그리고 이 점은 일찍이 다른 논자에 의해서도 조심스럽게 지적된 바 있다.

> 1990년대 들어 '새로움'으로 한국문단에 충격을 주고 있는 작가들의 작품을 논의할 때 그들의 새로움을 한국 안의 자생적인 흐름으로 간주할 것인가, 외적 영향에 의한 것으로 간주할 것인가는 매우 미묘한 문제이다. 왜냐하면 1980년대 말부터 시작된 정치·사회적 변화와 함께 문단의 흐름도 변화했다는 내적 계기가 있음은 자명한 사실이지만, 문학적 형상화의 측면에서 볼 때 이런 내적 계기를 충족시킬 만한 방법을 외부에서 들여왔을 가능성을 무시할 수만은 없기 때문이다. 그 외적 영향의 실체가 바로 일본작가 무라카미 하루키(村上春樹)라는 가능성 또한 무시할 수 없다. 우리 문학의 새로운 흐름이 하루키 수용과 더불어 시작했다는 시기적 일치는 물론이고, 실제로 작품 안에 하루키적 분위기, 하루키의 문장이 그대로 담겨 있는 경우가 상당히 많기 때문이다.[5]

---

5   곽승미, 「무라카미 하루키 수용 양상—구효서의 경우」, 『비교문학』 22호, 한국비교문학회, 1997, pp. 213~14.

"우리 문학의 새로운 흐름이 하루키 수용과 더불어 시작되었다"는 말은 부정하기 쉽지 않다. 실제로 1990년대의 많은 한국소설은 하루키의 영향 속에서 글쓰기의 정체성을 형성해갔다. 황종연 또한 한 세대 이상의 작가들이 하루키의 문학적 영향하에 성장했으며 1990년대와 그 이후의 한국소설에서 하루키 소설의 스타일인 미적 대중주의가 두드러지게 나타나는 것도 그 때문임을 지적한다.[6]

이러한 현상이 단순히 '수용'이나 '영향'의 차원에 머물렀던 것이 아니었음은 다시 한번 강조할 필요가 있다. 이는 한국소설의 형질 변화는 물론이고 크게는 근대문학의 운명과도 관련된 보다 복잡한 맥락을 함축하고 있다. 따라서 하루키의 소설이 1990년대 한국문학에 미친 파장의 의미를 정확하게 이해하기 위해서는 단지 문학적 방법이나 패턴, 문학적 태도와 스타일 등의 직간접적 영향 관계를 따지는 것만으론 부족하다. 왜냐하면 이 주제는 그런 부분적인 차원의 문제를 뛰어넘는 보다 큰 문학사적 구도와 관련되기 때문이다. 그런 관점에서 이 글은 하루키의 소설을 근대문학과 근대문학 이후를 아우르는 거시적인 문학사적 구도 속에 놓고, 일본 비평가들의 논의를 경유해 일본 문학사에서 하루키 소설이 갖는 위치와 그 맥락의 큰 줄기를 우리의 입장에서 대략적으로 정리하는 작업을 중심에 놓고 시작한다. 일본 근대문학의 종언이라는 사태 속에서 하루키 소설이 차지하는 위치는 1990년대 한국문학에서 그의 소설이 담당했던 기능과 전혀 무관하지 않은 까닭이다. 아니, 오히려 그 둘은 매우 긴밀히 연동되어 있다.

이 글의 문제의식이 비롯하는 지점은 바로 그곳이다. 이는 거시적인 문학사적 구도 속에서 1990년대 한국문학과 하루키의 관계가 갖는 맥락을 보다 정확히 이해하는 데서 더 나아가, 1990년대를 기점으로 해

---

6   황종연, 「『늪을 건너는 법』 혹은 포스트모던 로만스—소설의 탄생—한국문학의 1990년대를 보는 한 관점」, 『문학동네』 2016년 겨울호(pp. 364~87).

서 끝을 향해 달려가기 시작한 한국 근대문학 전체의 운명을 정산해보기 위한 작업의 작은 출발점이 될 것이다.

2. 하루키와 일본 근대문학의 종언

일본 문학에서 하루키 소설의 문학적 새로움은 통상 포스트모더니즘의 등장이라는 맥락에서 설명된다. 큰 것보다 작은 것을, 역사와 현실보다 문화적 일상을, 집단보다 개인을, 엄숙함과 진지함보다 가벼움을 전면화하는 하루키의 소설은 분명 그 자체로 포스트모더니즘 문학의 특징을 예시하고 있었다. 『바람의 노래를 들어라』(1979), 『1973년의 핀볼』(1980), 『양을 둘러싼 모험』(1982), 『세계의 끝과 하드보일드 원더랜드』(1985) 등을 연이어 발표하며 하루키는 무라카미 류(村上龍) 등과 함께 1980년대부터 본격화되는 일본 포스트모더니즘 문학의 선두주자로 부각됐다. 하루키의 소설이 갖는 포스트모더니즘적 특징은 이후 그의 소설이 일본을 넘어 지금에 이르기까지 전 세계 독자 대중의 인기를 모으는 데 일조했다. 포스트모더니즘이 세계 곳곳의 삶의 패턴과 문화적 감수성을 하나로 이어주는 세계화 시대의 문화 논리임을 감안해보면, 하루키의 소설은 그 자체가 그런 문화 논리의 문학적 체현으로 보이기도 한다. 특히 네이션에 집착하지 않는 무국적적 추상성과 미적 대중주의를 바탕으로 고도자본주의의 현실 속을 부유하는 고독한 개인의 도시적 취향과 감수성을 세련된 문체로 그려내는 하루키의 소설은 그야말로 세계화 시대의 문화적 소비 상품으로서 맞춤한 것이었다.[7]

---

7   그런 맥락에서 다음 진술이 시사하는 것도 바로 세계화 시대의 문화적 소비 상품으로서 하루키 소설이 갖는 의미와 기능이다. "무라카미 하루키는 숨돌릴 사이도 없이 밀려드는 재미를, 현대

일본에서 그런 하루키 소설의 등장은 일종의 문학사적 단절의 표징으로 받아들여졌다. 하루키는 이른바 제1차 안보세대로 일컬어지는 이전 세대의 현실 인식 및 감수성과 단절하고 새로운 세대의 문학을 열어나간 작가로 평가된다. 하루키의 소설이 그렇게 단절의 표징으로 등장하게 된 배경에는 1970년대 고도성장기를 겪으며 소비자본주의가 전면화되는 일본 사회의 변화가 자리하고 있다. 하루키의 포스트모더니즘은 그런 변화에 민감하게 반응한 작가의 세계관과 현실 인식, 문학적 태도와 감수성을 담아내는 적절한 문학적 장치였다. 그것은 실로 단절이라고 일컬을 수 있을 정도의 변화였다. 일례로 하루키의 『바람의 노래를 들어라』를 1980년대 일본 포스트모더니즘의 선구라고 본 다카하시 도시오(高橋敏夫)는 예의 그 소설이 '거대 담론'이 받아들여지던 시대와 '거대 담론'이 실효를 다한 시대 사이의 단절의 지점에 위치한다고 지적한다.[8] 이후 1980년대에 들어서면 거대 담론에 대한 회의가 전면화되고 소설의 성격 및 기능의 변화도 본격화되는데, 하루키의 소설은 그러한 문학사적 단절의 출발점에 서 있었던 셈이다.

하루키의 소설이 일본에서 1980년대부터 본격화된 일종의 문학적 단절을 대표하는 상징성을 갖는다는 점은, 일본 비평계에서 통상적으로 언급되는 '오에 겐자부로(大江健三郎) vs. 무라카미 하루키'라는 익숙한 이항 구도에서도 뚜렷하게 부각된다. 사회성의 결여와 역사의 소거

의 재료를 쓰면서 현대를 그려낸다. 그 현대라는 것이 서양의 많은 독자들을 놀라게 하는 것이지만, 그것은 일본의 현대인 동시에 미국이나 유럽의 현대이기도 하다. 그런 무라카미 하루키의 뛰어난 보편성이야말로 많은 사람들이 무라카미 문학 주크박스에 서슴지 않고 동전을 넣어 자신이 즐기는 곡이라는 것을 확신하면서 다음 곡을 초조하게 고대하게 하는 것이다." 문학사상사 자료조사연구실, 「세계 무대에 오른 '무라카미 하루키 문학'」, 『하루키 문학수첩』, 문학사상사, 1996, p. 51.

8   高橋敏夫, 「死と終わりと距離と―風の歌を聴け」, 『國文學 解釋と敎材の硏究』 43-3臨增, 學灯社, 1998, pp. 56~57. 김영옥, 「'탈'전후'와 '현대'의 경계」, 『비교문학』 36호, 한국비교문학회, 2005, pp. 161~62의 인용 참고.

(消去), 개인주의와 무국적적 스타일, 미국 팝문화와 소비문화의 문학적 수용 등 하루키의 소설이 보여주는 여러 특징은 문학의 사회적·지적 책임과 역할을 중시하는 기존의 문학 관념을 고수하는 입장에서는 분명 불편한 것일 수밖에 없었다. 1979년 군조(郡像) 신인문학상 수상작인 『바람의 노래를 들어라』에 대해 일본의 많은 비평가들이 부정적인 반응을 보인 것도 근원을 따져보면 그런 까닭에서일 테다. 가라타니 고진(柄谷行人)이나 하스미 시게히코(蓮實重彦) 등의 비평가가 하루키의 소설에 대해 가했던 비판[9]은 그런 측면에서 그들이 생각하는 문학의 규범과 하루키의 소설이 얼마나 멀리 떨어져 있었는지를 방증하는 의미 있는 하나의 사례라고 할 수 있다. 하스미에게 하루키의 소설이 '소설적 상상력'의 쇠퇴를 보여주는 뚜렷한 증거로 받아들여졌음을 떠올려보면 특히 그렇다.[10]

무라카미 하루키에서 시작된, '소설적 상상력'의 쇠퇴로 특징지어지는 그 문학적 '단절'을 다르게 고쳐 말하면 그것은 다름 아닌 '근대문학의 종언'이다. 하스미 시게히코는 1989년에 "근대가 그 상상력의 대부분을 소진해버린 작금의 포스트모던 시대"에 "소설의 시대는 바야흐로 종말을 고하고 있으며, 현대문학에 새로운 서사(物語)나 제재를 창출할 힘은 남아 있지 않다"[11]고 쓴다. 하스미는 그 대신 하루키 이후 1980년대 일본 소설이 하나같이 동일한 뼈대의 진부한 이야기 구조 혹은

---

9 가라타니 고진의 하루키론인 「무라카미 하루키의 '풍경'」과 하스미 시게히코의 『소설에서 멀리 떨어져서(小説から遠く離れて)』가 대표적이다.

10 하스미는 '소설적 상상력'이 쇠퇴하고 공동체의 균질화에 복무하는 '서사의 보편성'(획일적·일반적 '구조')만이 넘쳐나는 1980년대 일본 소설계의 동향에서 '소설의 종언'을 읽고 있다. 이에 대해서는 안천, 「'소설의 종언' 이후의 일본소설론」, 『문학과사회』 2011년 봄호, pp. 281~84 참조.

11 蓮實重彦, 『小説から遠く離れて』, 日本文芸社, 1989, pp. 278~81. 안천, 위의 글, pp. 281~82에서 재인용.

서사 시스템에 의해 지탱되고 있음을 지적한다. 하스미의 어법으로 말하자면 그것은 이른바 '서사의 보편성'에 '소설적 상상력'이 침식되어간 사태다. 공동체 내부의 적대와 균열을 문제화하고 사회와 불화하는 것이 근대소설이었다면 그에 동력을 제공했던 상상력은 이미 소진돼버렸다. 공동체의 균질화와 통합을 지향하는 서사의 보편성이 '소설적 상상력'을 대체했으며, 그러한 사태가 다름 아닌 '소설'이 종언을 고했음을 보여준다는 것이다. 이때 하스미가 '소설의 종언'이라 이른 것의 함의란 근대문학의 종언 이외에 다른 것이 아니다.

하스미 시게히코와 달리 하루키의 소설을 옹호하는 가토 노리히로(加藤典洋)도 하루키의 소설이 기존의 근대문학과 완전히 다른 종류의 소설이라는 점에 대해서는 비슷한 맥락에서 하스미와 시각을 같이한다. 예컨대, 하루키의 데뷔작인 『바람의 노래를 들어라』가 일본의 전후 문학사에서 '긍정적인 것을 긍정하는' 최초의 자각적인 작품이라는 가토의 지적이 바로 그렇다. 긍정적인 것을 긍정한다는 것은, 뒤집어 말하면 부정적인 것을 부정한다는 것이다.

> 부정성이란 무엇인가? 그것은 국가를 부정하고, 부자를 부정하고, 현재의 사회를 구성하는 불합리함을 부정하고, 세상의 불합리성을 정당화하는 권위와 권력을 부정하는 것이다. 즉 이 부정성이 신분제를 타파했으며 근대 사회를 실현했고 보다 민주적인 사회로 나아갈 수 있게 했다. 이는 곧 근대 움직임의 원동력이었다.
> 근대 문학은 이 부정성을 낭만주의적인 이상과 연관 지어 사람들을 매료했고, 나아가 집의 권위, 가부장인 '아버지'에 대한 반역이라는 틀을 만들었다. 독일, 이탈리아, 러시아, 일본, 중국, 한국 등 뒤늦게 출발한 근대 국가들의 문학을 움직인 것도 근대적인 이상을 주지로 하는 현실 부정이 지닌 힘이었다. 〔……〕 긍정적인 것

을 긍정한다는 것은 지금까지 이 부정성에 의존하던 문학에서 벗어난다는 것을 뜻한다.[12]

이에 따르면, 부정성은 근대문학의 원동력이다. 이때 부정성이란 그런 의미에서 하스미 시게히코가 '소설적 상상력'이라 부르고 가라타니 고진이 '내면성'이라고 칭했던 것과 방불한 것이다. 하루키의 소설『바람의 노래를 들어라』는 근대문학의 원동력인 바로 그 부정성을 부정하는 문학의 시작점에 놓인다. 이러한 논리를 연장해보면, 하루키 문학세계의 시작은 그 자체가 곧 근대문학의 종언의 출발점이었다고 할 수 있다.

하루키의 소설이 근대문학 종언의 출발점이라는 데 대해서는 가라타니 고진도 하스미 시게히코나 가토 노리히로의 지적과 대략 의견을 같이하는 것으로 보인다. 가라타니는 1970년대 후반에 일본 근대문학의 종언이 시작되었다고 말한다.[13] 이 시기는 무라카미 류가『한없이 투명에 가까운 블루』(1976)를 발표하고 하루키가『바람의 노래를 들어라』(1979)로 데뷔한 시기와 정확히 겹쳐진다. 흥미로운 것은 그럼에도 불구하고 가라타니는 초기 하루키의 소설에서 곧바로 근대문학의 종언을 읽지는 않았다. 오히려 그는 하루키의 소설에서 '다른 문학'의 가능성을 보았다고 고백한다.

> 어떤 사물의 기원이 보이기 시작하는 것은 그것이 끝날 때이다. 30년 전『일본근대문학의 기원』을 썼을 때, 나는 일본근대문학의 종언을 느끼고 있었다. 그러나 그것은 문학의 종언은 아니었다. 그

---

12 가토 노리히로,『무라카미 하루키는 어렵다』, 김난주 옮김, 책담, 2017, pp. 38~39.
13 가라타니 고진·세키이 미쓰오 대담,「아이러니 없는 종언」,『근대문학의 종언』, 조영일 옮김, 도서출판b, 2006, p. 180.

것은 다른 문학의 가능성을 품은 것이었다. 실제 근대문학의 지배적 형태에서 배제된 것처럼 보이는 형식의 소설이 많이 씌어졌다. 이름을 들자면, 나카가미 겐지, 쓰시마 유코, 무라카미 류, 무라카미 하루키, 다카하시 겐이치로 등이 등장한 것이었다. 그들은 포스트모던이라고 불렸다. 그러나 나에게는 그것들은 어떤 의미에서 소세키가 근거를 부여하려고 했던 타입의 문학 재생(르네상스)으로 보였던 것이다. 그것은 문자 그대로 르네상스적 문학을 회복하는 것이었다.[14]

　가라타니는 일본 근대문학에서 비주류였던 나쓰메 소세키(夏目漱石)의 사생문(寫生文)의 전통 속에 하루키의 소설을 위치시킨다. 이에 따르면 하루키의 소설은 일본 근대문학의 전통에서 떨어져 나온, '다른 문학'의 가능성을 품고 있는 것이었다. 그것이 소세키의 문학과 마찬가지로 르네상스적 다원성을 품고 협의의 근대적 내면성을 물리치는 문학이었다는 측면에서 그렇다. 이를 뒤집어 말하면, 하루키의 소설은 분명 근대문학의 지배적 형태와 거리가 있지만 그 대신 소세키가 근거를 부여하려 했던 문학의 형태로 근대문학과의 접점을 유지한 문학이었다고 할 수 있다. 그렇게 보면 가라타니는 어떤 측면에서 하루키의 소설을 근대문학과 근대문학 이후의 사이에 위치시키는 셈이다. 가라타니가 암시했던 하루키 소설의 이러한 위치는 우리의 관점에서 볼 때 매우 시사적이다. 왜냐하면 그것은 일본 문학사의 흐름 속에서 작동했던 하루키 소설의 숨겨진 기능과 관련되기 때문이다. 그렇다면 그 숨겨진 기능이란 무엇인가?

14　가라타니 고진, 「문학의 쇠퇴―소세키의 『문학론』」, 같은 책, pp. 39~40.

3. 하루키, 사라지는 매개자

이를 밝히기 이전에, 하루키의 소설을 긍정적인 것을 긍정한다는 의미에서 근대문학 종언의 출발점에 놓았던 가토 노리히로 또한 하루키 소설의 위치에 대해서만큼은 (물론 맥락과 내용은 전혀 다르지만) 가라타니의 견해와 흥미로운 접점을 형성하고 있음을 지적할 필요가 있다. 가토에 따르면, 하루키가 보여주는 새로운 긍정성은 몰락하는 부정성에 여전히 연대감을 잃지 않고 스스로의 한계에 대한 자각도 놓지 않으면서 이를 비애의 감정으로 배웅한다.[15] 이러한 하루키 소설의 특징은 "자각 없이 부정성을 부정하는 그저 긍정적인 기분"[16]이 지배한 1970년대 후반 일본 사회의 현상을 추수하는 엔터테인먼트 소설과 뚜렷이 구별되는 지점이다. 다시 말하면 하루키의 소설은 긍정적인 것을 긍정하면서도 그에 대한 자각과 함께 고갈되어가는 부정성에 대한 애도의 감정을 품고 있었던 반면, 그 이후의 소설은 그저 긍정적인 것에 자각 없이 매몰되고 그것을 추수하는 경향으로 나아간다는 것이다. 그런 방식으로 "1979년 《바람의 노래를 들어라》가 예고했던 것이 2, 3년 지나자 누구도 부정할 수 없는 변화의 바람으로 모습을 나타낸 것이다."[17] 그렇게 본다면 하루키의 소설은 근대문학이 끝나가는 지점에서 근대문학과 접점을 형성하면서 근대문학 이후의 문학을 선취한 문학으로 자리매김되는 셈이다.

가라타니 고진은 가토와는 전혀 다른 관점에서 하루키의 소설이 갖는 그런 독특한 위치와 그 의미의 맥락을 풍경의 발견과 자명화라는

---

15 가토 노리히로, 앞의 책, p. 51.
16 같은 책, p. 39.
17 같은 책, p. 93.

키워드를 통해 접근한다. 하루키는 그의 소설 『1973년의 핀볼』에서 이렇게 쓴다. "내가 여기에 써 보일 수 있는 것은 단지 리스트이다. 소설도 문학도 아니며 예술도 아니다."[18] 이는 하루키 자신의 소설이 기존의 전통적인 문학과 구별되는 새로운 형태의 문학임을 선언하는 자기 지칭적 진술이다. 하루키가 자신의 소설이 소설도 문학도 예술도 아닌 단지 '리스트'라고 선언했을 때, 가라타니는 하루키의 그 '리스트'를 일컫는 다른 말이 바로 '풍경'임을 주장한다. 이때 하루키의 풍경이란 메이지 31년(1898년) 일본 근대문학 초기에 구니키다 돗포(国木田独歩)가 발견했던 풍경과 정확히 같은 의미를 갖는 것이다.

> 이것은 결코 외적인 풍경이 아니다. 즉 세상이 포스트공업 자본주의적인 소비사회의 양태를 보여주기 시작했기 때문에, 무라카미가 그것을 재빨리 파악했다는 말이 아니다. 이런 '풍경'은 구니키다 돗포의 풍경이 그러한 것처럼 어떤 에크리튀르에 의해서만, 그리고 어떤 내적 '전도'에 의해서만 출현한 것이다. 〔……〕 그러나 무라카미의 어떤 '새로움'이 '풍경'을 발견하는 어떤 구조에 있다는 것을 인정해야 한다. 말할 것도 없이 그것은 무의미한 것을 유의미한 것 위에 놓는 가치전도이다.[19]

그런 가치전도는 "유의미한 것을 폄하하고, 무의미한 것에 진지하게 몰두해 보이는"[20] 하루키 소설 주체의 태도에서 단적으로 드러난다. 하루키의 작품에 별 의미 없는 숫자가 범람하고 '1973년 9월' '1969년

---

18 무라카미 하루키, 『바람의 노래를 들어라/1973년의 핀볼』, 윤성원 옮김, 문학사상사, 1996, p. 13.
19 가라타니 고진, 『역사와 반복』, 조영일 옮김, 도서출판b, 2008, p. 147.
20 같은 책, p. 152.

우리의 해'와 같이 곳곳에서 특정 날짜가 남용되는 것 또한 그런 가치 전도를 보여주는 사례다. 하루키 소설의 '풍경'은 소비자본주의의 삶의 양태를 예민하게 포착함으로써 드러나게 되는 외적인 것이 아니라 거꾸로 그런 전도에 의해 '발견'된 것이다. 가라타니에 따르면 하루키의 새로움은 그 풍경을 발견하는 어떤 구조의 새로움에 있다.

중요한 것은 하루키의 소설이 겉으론 근대문학의 '내면'이나 '풍경'을 부정한 것처럼 보이지만 사실 그것은 이미 근대문학 계열에 존재했던 것의 반복이라는 게 가라타니의 주장이다. 그에 따르면 하루키의 풍경의 발견에는 어떤 '전도의 의지'가 작동하고 있는데, 그 근원에 있는 것은 다름 아닌 근대적 형태의 '낭만적 아이러니'다. 이 아이러니에 의해 외부의 모든 피한정성을 넘어서고 냉정하게 통제하는 (칸트적 의미에서) '초월론적 자기'가 확보된다. 그 초월론적 자기(의식)의 확대를 통해 현실과 역사를 임의성으로 해소하고 초월해버리는 하루키의 소설은 (예컨대 구니키다 돗포에게서 발견되는) 근대 낭만적 아이러니의 작동방식을 정확히 반복하고 있다는 것이다.

가라타니는 하루키의 영향력은 그 풍경의 자명화에 있다고 말한다. "구니키다 돗포를 애독하는 독자가 그 광경에 숨어있는 초월론적 자기의식의 악의를 보지 않은 것처럼, 무라카미 하루키의 애독자는 여기에서 그저 당대의 세련된 풍경을 받아들인다. 그뿐만 아니라 새로운 '풍경'소설의 천진난만한 필자들이 계속 등장한다."[21] 하루키 소설의 세계는 구니키다 돗포식의 초월론적 자기의 '악의'가 만들어낸 '내면'과 '풍경'의 새로운 반복이었지만, 그런 독아론적(獨我論的) 세계가 이제 일본의 젊은 작가들에게는 자명한 베이스base가 되었다는 것이다. 애초의 전도의 의지(악의)는 보이지 않게 되고 그것이 만들어낸 풍경만이

21 같은 책, p. 146.

자명한 것으로 남게 된다. 그리고 일찍이 하루키가 그렇게 가치전도에 의해 발견한 풍경이 자명한 것으로 받아들여지게 되는 시점은 일본의 근대문학을 존립시켜온 원동력이 소멸해갔던 1980년대와 정확히 일치한다.

그런데 그런 풍경의 자명화는 하루키 이후의 작가들뿐만 아니라 하루키 자신에게서도 동시에 발생한 현상이기도 했음을 지적할 필요가 있다. 가라타니에 따르면 하루키 소설의 아이러니는 역사를 회피하고 타자성으로부터 도망치기 위해 고안된 것이다. 그러나 1980년대 중반 일본 경제가 세계를 제패하면서 고노에(近衛) 내각의 '신체제'(1940)가 계획한 '근대의 초극'이라는 슬로건이 상징적으로 현실화되었을 때, 하루키는 아이러니를 통해 회피해왔던 세계로부터 해방된다. 그렇게 회피해야 할 세계가 종언을 고하고 역사로부터 해방되었을 때 아이러니는 이제 불필요한 것이 되고 의미를 낳지도 않게 되었다는 것이다. 가라타니가 "『노르웨이의 숲』에서 무라카미는 그저 로맨스(love story)를 쓴 것이다"[22]라고 말하는 것은 이런 맥락에서다. 초월론적 자기의식을 통해 초월해야 할 타자성이 소멸해버린 까닭에, 하루키에게 이제 전도의 의지는 불필요해졌고 풍경은 말 그대로 자명한 것이 되었다.

이를 통해 우리는 일본 근대문학의 연속과 단절이라는 맥락에서 초기 하루키의 소설[23]이 흥미로운 지점에 놓여 있음을 알 수 있다. 하루키 이후의 작가들이 '긍정성'에 대한 '자각' 없이 그것을 추수하는 경향으로 나아갔다거나(가토 노리히로), 하루키가 발견한 '풍경'을 자명한 것으로 받아들였다는(가라타니 고진) 지적은 모두 하루키를 기점으로

---

22 같은 책, p. 178.
23 여기서 이야기하는 '초기 하루키 소설'은 엄밀히 말하면 『바람의 노래를 들어라』(1979)와 『1973년의 핀볼』(1980)이라고 할 수 있지만, 편의상 『노르웨이의 숲』(『상실의 시대』) 이전까지로 느슨하게 넓혀 잡아도 무방할 것이다.

발생한 '근대문학의 종언'이라는 문학적 단절을 암시한다. 그럼에도 정작 하루키 자신은 '부정성'에 대한 애도의 형식으로, 그리고 소세키적 전통이나 낭만적 아이러니의 형식으로 근대문학과의 접점을 유지하고 있었다. 그렇게 보면 우리는 초기 하루키의 소설을 근대문학의 연속이자 동시에 그와의 단절의 시작점이라 할 수 있을 것이다.

나아가 하루키의 소설 『바람의 노래를 들어라』가 "'거대담론'이 받아들여지던 시대와 '거대담론'이 무효화한 후의 시대를 절단이라는 형태로 연결"[24]하고 있다는 다카하시 도시오의 지적도 이런 맥락에서 다시 읽을 수 있다. 달리 말해보자면, 초기 하루키의 소설은 근대소설과 '근대문학의 종언' 이후 소설의 단락(短絡) 지점에 존재했다. 즉 초기 하루키의 소설은 근대문학의 연속이자 반복이면서도, 다름 아닌 바로 그 반복을 통해 근대문학의 종언이라는 사태의 출발점으로 기능하기 시작했던 것이다.

가라타니 고진은 그가 1980년대 중반 『일본근대문학의 기원』을 쓸 당시 하루키의 소설을 '다른 문학의 가능성'을 품은 소설로 보았지만 1990년대에 이르면 그러한 문학도 급격히 쇠퇴하고 사회적 지적 임팩트를 잃어버리기 시작했다고 적고 있다.[25] 가라타니가 보기에 이 시기 하루키의 소설은 초기와 달리 더 이상 다른 가능성을 찾을 수 없는, 근대문학의 종언을 증거하는 작품들 중 하나일 뿐이다. 하루키는 근대적 형태의 낭만적 아이러니를 통해 풍경을 발견했으나, 뒤를 이은 일본의 젊은 작가들은 물론 그 자신에게서조차 그 기원은 삭제되고 풍경은 자명한 것이 되어버린다. 그들의 문학은 이제 "'주체'나 '의미'를 조소하고, 형식적인 언어적 유희에 몰두"[26]한다. 그것이 바로 포스트모던 문

---

24 高橋敏夫, 앞의 글, p. 56. 김영옥, 앞의 글, p. 161에서 재인용.
25 가라타니 고진, 「문학의 쇠퇴—소세키의 『문학론』」, 앞의 책, p. 40.

학(가라타니의 표현을 빌리면 '오락문학')이다. 『상실의 시대』를 기점으로 하루키의 소설에서 전도의 의지가 불필요하게 되고 아이러니의 산물인 풍경이 그 자체로 자립하게 되었을 때, 모던과 포스트모던 사이의 하루키는 이후 포스트모던 문학 속으로 해소되어버린다.

이를 종합해 생각해보면, 일본 문학사의 흐름 속에서 작동했던 하루키 소설의 숨겨진 기능이 무엇인지가 분명해진다. 잘라 말하면, 초기 하루키의 소설은 일종의 '사라지는 매개자vanishing mediator'[27]로 기능했다. '사라지는 매개자'는 한 항(項)에서 그와 이질적인 다른 항으로의 이행을 촉진하는 촉매로 작용하고 그 자신은 임무를 다한 후 그 과정 속에서 해소되는 어떤 것이다. 하루키의 소설이 바로 그러했다. 초기 하루키 소설은 근대문학에서 근대문학 이후로의 이행을 매개한 사라지는 매개자였다. 하루키의 『바람의 노래를 들어라』는 '긍정적인 것을 긍정하는' 최초의 '자각적인' 작품(가토 노리히로)이었고 『1973년의 핀볼』은 새로운 '내면'과 '풍경'을 발견한(가라타니 고진) 작품이었다. 그것은 하루키 이후 일본의 젊은 작가들이 긍정적인 것을 아무런 비애와 자각 없이 긍정하고 아이러니의 의지가 발견한 '풍경'을 자명한 것으로 받아들이는 데 길을 열어주었다. 하루키의 소설은 그렇게 근대문학 이후의 문학(혹은 포스트모던 문학)이 출현해 스스로를 정당화할 수 있는 문학적 베이스base를 창출하고, 이후 그 자신이 바로 그 포스트모던 문

---

26 가라타니 고진, 「근대문학의 종언」, 같은 책, p. 73.

27 '사라지는 매개자'는 서로 배타적인 두 항들 사이의 교환을 가능하게 하는 촉매 동인(動因)으로, 그 효능을 다하면 해체되어 사라지는 사다리와 같은 것이다. 프레드릭 제임슨에 따르면, 역사적으로 프로테스탄티즘이 그런 것이었다. 노동의 윤리를 종교의 체계 속에 끌어들인 프로테스탄티즘은 자본주의가 출현할 수 있는 조건을 창출한다. 그러나 자본주의가 본격화되었을 때 정작 프로테스탄티즘은 그 효능을 다하고 쇠퇴한다. 프로테스탄티즘은 그런 의미에서 봉건제에서 자본주의로의 이행을 촉발한 사라지는 매개자였다. Fredric Jameson, "The Vanishing Mediator: Narrative Structure in Max Weber", *The Ideologies of Theory: The syntax of history*, Vol. 2, University of Minnesota Press, 1988 참조.

학의 일원으로 해소되어 근대문학이 끝났음을 증거하는 사례 자체가 되었다.

4. 하루키와 1990년대 한국문학

그렇다면 1990년대 한국문학에서 하루키는 무엇이었는가? 문제를 보다 선명하게 드러내기 위해서는 역으로 하루키 소설에 대한 극단적인 비판(차라리 저주) 하나를 짚고 가는 것이 어느 면 유익할 수도 있겠다. 2006년에 발표한 「문학의 전락—무라카미 현상에 부쳐」라는 글에서 유종호는 요즘의 '골빈 대학생들'이 하루키의 소설을 좋아한다고 개탄한다. 그에 따르면 하루키의 소설은 "작가가 이미 사회의 엘리트라는 자부심을 상실했거나 예술적 포부를 가질 수가 없는 시대의 언어상품이다. 그것은 문학의 죽음을 재촉하는 자기파괴적 허드레문학이다." 하루키의 소설은 "고전이 보여주는 문학적 위엄"을 상실한, "우리가 가지고 있는 문학의 이상에서 너무나 동떨어진 하급문학"이며 그의 『상실의 시대』 또한 아무런 가치 없는 음담패설집일 뿐이다. 그리고 이러한 평가의 근저에 있는 것은 하루키의 소설이 "사회의 계몽이나 진보에 기여하려든다는 자임에서부터 새문학 건설이나 혁신에 기여하려든는 예술적 포부"[28]를 배제하고 있다는 판단이다. 고급문학/대중문학, 엘리트/대중 등의 낡은 이분법에 기초한 유종호의 이러한 하루키 비판은 물론 그 자체로 시대착오적인 심각한 문제를 안고 있다. 하지만 중요한 것은 여기엔 당대에 씌어지던 한국소설에 대한 불만도 적지 않게 작용하고 있었다는 사실이다. '문학의 이상에서 너무나 동떨어진' 하급

---

28 유종호, 「문학의 전락—무라카미 현상에 부쳐」, 『과거라는 이름의 외국』, 현대문학, 2011, pp. 118~19.

의 대중적 문화상품이라는 비판은 비단 하루키뿐만 아니라 은연중 그의 문학을 추수하는 듯 보였던 1990년대 이후 한국소설을 겨냥한 것이기도 하다.

이를 뒤집어 생각하면 역으로 확인되는 것이 있다. 그것은 바로 1990년대 한국소설이 교양과 인문주의를 바탕으로 한 '문학적 위엄'이라는 (유종호가 생각하는) 고전적 근대문학의 이상과는 거리가 먼, 전혀 '다른 문학'이었다는 사실이다. 그리고 또 하나는 그런 문학적 경향이 어떤 식으로든 하루키의 소설, 그리고 그것의 인기를 가능하게 한 시대적 변화와 독서 대중의 변화, 그에 따른 문학 관념의 변화와 관계를 맺고 있었다는 사실이다. 1990년대 문학은 분명 고전적 교양과 인문주의, 계몽이나 진보를 바탕으로 한 전통적인 문학성의 규범과는 다른 문학성을 구성해가고 있었다. 그리고 1990년대 초반, 하루키는 한국의 작가가 글쓰기를 통해 이전과는 다른 새로운 문학성을 사유하고 구성해가는 데 중요한 참조항으로 작용했다. 한국문학에 끼친 하루키의 영향을 이야기하는 다음 지적은 이와 관련해 분명 시사적인 데가 있다.

> 거대담론에서 개인으로 회귀하고 자유롭고 싶다고 희구하던 한국의 젊은 작가들에게 하루키 소설은 정치 사회소설이 아니라도 그때까지 배제해온 연애소설이라도 문학일 수 있다는 인식을 갖게 해준 것입니다.[29]

'연애소설'이라는 일면 모호하고 부정확한 표현만 제쳐두면, 이 지적은 대략이나마 진실의 한 국면을 포착한다. 그 진실이란 바로 하루키

---

29 김춘미, 「한국에서의 무라카미 하루키(村上春樹)—그 외연과 내포」, 『비평』 17호, 생각의나무, 2007, p. 35.

의 소설이 다름 아닌 문학에 대한 관념을 새롭게 구축하는 데 결정적인 영향을 끼쳤다는 사실이다. 다시 말하면, 하루키의 소설은 이념이나 집단적 이상이 아닌 개인의 가치를 중심으로 문학의 위상과 의미를 새롭게 조정하는 데 중요한 참조점으로 기능했다. '나'가 모든 의미와 가치의 중심이 되는 1990년대 소설의 문학적 스탠스는 그런 방식으로 스스로의 정당화 기제를 확보해갔다. 그런 측면에서 보면 공적 지평 혹은 타자성과 분리된 채 '나'를 중심으로 한 배타적인 사사(私事)의 영역에서 작동하는 1990년대 문학의 '진정성'의 이상 또한 어느 면으로는 하루키 소설의 핵심에 있는 독아론(獨我論)의 한국적 버전이라고도 할 수 있을 것이다.

초월론적 주관을 통해 역사를 공무화(空無化)하고 타자성으로부터 도망치는 것이 또 다른 문학적 가능성으로 이어질 수 있음을 보여준 것이 바로 하루키의 소설이었다. 그 연장선상에서 예컨대 은희경의 장편소설 『새의 선물』(1995)의 핵심적인 설정인 '바라보는 나'와 '보여지는 나'의 분열은 어떤 측면에서는 어지럽게 흐트러진 경험적인 '나'를 부정하고 냉정하게 주시하는 하루키의 초월론적 자기[30]의 은희경식 변형으로 보이기도 하는 것이다.

1990년대 문학이 개인의 가치를 중심에 놓는 글쓰기의 실천을 통해 이전 시대와 구별되는 새로운 차원의 '문학성'의 재구성으로 나아간 것이 사실이라면, 거기에 알게 모르게 작용했을 하루키 소설의 영향력을 미루어 짐작하긴 어렵지 않다. 일례로 하루키 소설에 대한 남진우의 독해는 1990년대 문학이 하루키 소설을 전유하는 특징적인 방식 하나를 보여준다.

---

30 이에 대해서는 가라타니 고진, 『역사와 반복』, 조영일 옮김, 도서출판b, 2008, p. 143 참조.

오직 글쓰기만이 시간의 마모와 부식을 넘어 그 대상을 지금 이 자리로 소환할 수 있다. 〔……〕 글쓰기만이, 불완전을 감수할 수밖에 없는 글쓰기만이 우리에게 남겨진 유일한 구원 가능성이다. 일상에서 신비를 발견해내고 사회적 존재에게 신화적 차원을 부여하는 하루키의 독특한 글쓰기는 바로 거기서 진정성을 획득한다.[31]

일찍이 남진우는 신경숙의 『외딴방』에 붙인 해설에서, 부재하는 대상을 소환하는 글쓰기의 역능과 "글쓰기의 진정성에 대한 근본적 반성"을 강조한 바 있다.[32] 하루키적 글쓰기의 의미와 그것이 갖는 진정성을 설명하는 이 대목은 신경숙의 『외딴방』의 글쓰기에 대한 의미 부여와 정확히 오버랩된다. 남진우는 그렇게 글쓰기를 통해 진실의 심층에 접근하고 자기 구원에 이를 수 있다는 관념과 발상을 매개로 (물론 의도하진 않았겠지만 결과적으로) 하루키와 신경숙을 하나로 이어놓는다. 이는 물론 신경숙의 글쓰기가 단순히 그 발상과 방식에서 하루키의 글쓰기와 유사하다는 의미가 아니다. 오히려 중요한 것은 하루키의 글쓰기에 대한 남진우의 이런 방식의 독해 자체가, 1990년대 문학이 하루키적 글쓰기의 태도와 스타일을 어떤 방식으로 전유하고 또 어떤 지점에서 자신의 정당화 기제를 구했는지를 사후적으로 보여주는 하나의 증상이라는 점이다.

1990년대 문학은 1980년대의 거대 담론과 단절하고 개인, 일상, 내면, 욕망, 사소함 등의 가치를 주장했다. 그것은 집단이나 이념, 이상이나 대의보다 개인의 욕망과 취향을 문학의 중심에 놓으려는 움직임이

---

31 남진우, 「오르페우스의 귀환—무라카미 하루키, 댄디즘과 오컬티즘 사이에서 방황하는 청춘」, 『문학동네』 1997년 여름호, p. 380.

32 남진우, 「우물의 어둠에서 백로의 숲까지—신경숙의 『외딴방』에 대한 몇 개의 단상」, 신경숙 『외딴방』 해설, 문학동네, 1995. 특히 p. 290과 p. 300 참조.

었다. 그런 문학은 어떤 모습이 되어야 할 것인가? 1990년대 한국의 작가들이 하루키에게서 발견한 것은 이러한 물음에 대한 답변이자 구체화된 문학적 실체였다.

앞에서 나는 하루키의 소설이 일본의 근대문학과 1980년대 이후의 포스트모던 문학의 이행을 매개한 '사라지는 매개자'로 기능했다고 지적했다. 이 지점에서 우리가 확인할 수 있는 것은 하루키의 소설이 1990년대 한국에서도 그 같은 사라지는 매개자로서의 역할을 똑같이 반복했다는 사실이다. 하루키의 소설은 1990년대 한국문학이 이전 시대의 문학과 단절하면서 자신의 가치와 정체성을 형성해나가는 과정에서 유력한 참조항을 제공했다. 다시 말해 하루키의 소설은 근본적인 차원에서 한국소설의 형질 변화는 물론이고 더 나아가 '문학'과 '문학성'의 관념을 재조정하고 새롭게 구성하는 데 중요한 매개로 작용했다. 이를 가능하게 한 것은 일차적으로는 1990년대 등단한 신세대 작가들이 광범위하게 공유한 하루키 소설의 독서 경험, 그리고 알게 모르게 적극적으로 이루어진 하루키의 문학적 인식과 스타일에 대한 수용과 추수, 직간접적 모방과 참조다. 물론 여기엔 민주화 이후 한국 사회의 변화와 독서 대중의 취향 및 문학적 인식의 변화가 중요한 배경의 하나로 자리한다. 그리하여 그렇게 매개자로서의 기능을 다했을 때, 하루키는 이후 특별히 인기를 누리는 외국 작가들 중의 하나로 해소된다.

그런 측면에서 조금 과격하게 말하자면, 일본 작가 하루키는 1990년대 한국문학의 은폐된 기원이다. 이는 1990년대 한국문학 전체가 전적으로 하루키 소설의 영향 아래 성립되었다는 말로 오해되어선 안 된다. 또한 이때 은폐된 기원이라는 말은 단순히 1990년대 문학에 미친 하루키의 영향이 그동안 은폐되어왔다는 단순한 의미가 아니다. 그것은 1990년대 문학이 시작되면서 만들어진 가치와 정체성이 자명한 것으로 인식되면서 이를 매개하고 촉발한 중요한 외부의 원인 중 하나가 자연스럽게 망각되었다는 뜻이다. 가라타니 고진에 따르면 어떤 사물의 기원이 보이기 시작하는 것은 그것이 끝날 때이다. 1990년대 문학이 끝나고 그것의 연장으로서 2000년대 문학도 끝났을 때, 다시 말해 근대문학이 종언에 이르렀을 때, 비로소 그 기원이 보이기 시작한다. 무엇이 보인다는 것인가? 1990년대 한국문학 속에서 작동했던 하루키 소설의 진정한 기능, 즉 사라지는 매개자로서의 역할이 바로 그것이다. 더 나아가, 하루키가 일본 근대문학의 종언을 앞질러 보여주는 징후였다면 (당시엔 알지 못했으나) 한국의 경우에도 그것은 마찬가지였다. 지금의 시점에서 돌아보면 1990년대 한국문학은 근대문학의 끝을 향해 치달아가기 시작하는 출발점이었다. 그 과정의 앞자리에 놓여 있었던 것이 바로 외부에서 도래한 사라지는 매개자로서 하루키의 소설이다.

 물론 이는 아직 조금은 거친 하나의 가설에 지나지 않을지도 모른다. 이를 명확히 밝히고 증명하기 위해서는 1990년대 문학 전체를 아우르는 전반적인 검토와 함께 구체적인 개별 사례들에 대한 연구를 두껍게 쌓아가는 일이 필히 요구될 것이다. 그러나 그러기엔 주어진 지면이 넉넉지 않다. 하여 결코 쉽지 않을 그 작업은 이 글 이후의 또 다른 숙제로 남겨놓는다.

기차를 타고, 기어라, 비평!
— 김형중의 『제복과 수갑』과 비평의 유물론

1

"기차 한 대가 철로 위를 달려갑니다." 프랑스 철학자 알튀세르는 마치 미국 서부영화의 주인공처럼 그 '달리는 기차'에 올라타는 사람에 대해 이야기한다.

이 사람은 그 기차를 그냥 지나가도록 놓아둘 수도 있습니다. 그러면 그와 기차 사이에 아무 일도 생기지 않습니다. 그러지 않고 기차에 뛰어 올라탈 수도 있지요. 이 철학자는 **기원**도, **제1원리**도, 목적지도 알지 못합니다. 달리는 기차에 올라타서 비어 있는 자리에 걸터앉거나, 여기저기 찻간들을 걸어다니기도 하고, 다른 여행객과 수다를 떨기도 합니다. 예기치 않게 **우발적인** 방식으로 일어나는 모든 일들에, 그것들을 예견하지 못한 채 끼어들고, 기차에 관해 그리고 여객들과 창 밖에 펼쳐지는 풍경에 관해 무한한 정보와 관찰을 모읍니다. 요컨대 **일련의 우발적인 마주침**들을 기록하지요.[1]

---

1 루이 알튀세르, 『철학에 대하여』, 서관모·백승욱 옮김, 동문선, 1997, pp. 73~74. 강조는 원문.

그는 기차의 출발역(기원)도, 종점(목적)도 알지 못한다. 즉 그는 역사의 기원과 운명(섭리)을 믿지 않는다. 그저 기차가 달리는 도중에 올라타 찻간들을 듬성듬성 건너다니면서 맞닥뜨리는 우연한 마주침들을 기록할 뿐이다. 그는 누구인가? 알튀세르는 그가 바로 유물론 철학자라고 말한다.

그리고 여기, 한 비평가가 있다. 그는 지금 윤흥길의 『아홉 켤레의 구두로 남은 사내』를 읽는 중이다.[2] 이 자리에서 그는 "소시민 계급에서 민중(노동자)으로의 '계급적 존재 이전'"(p. 138)이라는, 이 연작에 대한 기존 문학사의 '목적론적' 역사관을 문제 삼는다. 그리고 이곳저곳에서 김승옥, 김정한, 남정현, 박태순, 최인호 등의 소설을 듬성듬성 건너뛰며 이들 소설의 해석에서 관철되는 그런 식의 "선조적(線條的)이고 목적론적인 문학사 서술의 관습"(p. 32)을 적발하고 교정한다. 그는 목적론을 정말 싫어하는 것 같다. 그럴 때 그는, 달리는 기차에 올라타는 저 여행객을 얼마간 닮아 있다. 어찌 됐든, 기원도 목적도 믿지 않는다는 얘기다.

2

비평가 김형중은, 과연 '믿지 않는 자'다. 대체로 문학과 결부돼온 어떤 거창한 의도나 목적, 관념이나 기대 같은 것을, 그는 믿지 않는다. 대문자 문학(의 권위와 숭고함?!)도 마찬가지다. 그는 당연히 믿지 않는다. 마침 그는 '왜 쓰는가?'라는 물음에 답하는 자리에서 이렇게 적는다.

---

[2] 김형중, 『제복과 수갑─긴급조치 시대의 한국 소설』, 문학과지성사, 2023. 이하 『제복과 수갑』으로 표기하고, 본문 인용 시 괄호 안에 쪽수만 밝힘.

가령 크리스테바의 주장을 따라 문학적 언어가 결국에는 세계를 개조할 수 있으리라는 기대하에, 혹은 상징주의 시인들이 그랬던 것처럼 내(가 읽어낸) 글이 상징으로 된 성벽 너머의 절대를 지시할 (하다못해 '환기'할) 수 있을지도 모른다는 기대하에, 혹은 블랑쇼나 낭시를 따라 아직도 '무위의 공동체'나 '문학의 공산주의'가 어쩌면 가능할 것이라는 기대하에, '글을 쓴다'라고 나는 말하기 힘들다. 최소한 '당당하게' 말하기는 힘들다. 막연히 그런 기대가 없는 것은 아니지만, 좌편의 뇌가 그것들을 내 글쓰기의 목적이라고 '이해'할 때, 우편의 뇌는 자꾸 그 이해를 비웃고 조롱한다. 믿지 않는 자가 행하는 설교처럼, 저 거창한 명제들을 발화할 때 나는 분명히 어딘가 깊은 곳이 아프고 부끄럽다.[3]

글쓰기에 그럴듯한 '의도'와 '목적'이 아예 없는 건 아니겠지만, 당당하게 말하지는 못한다. '굳게' 믿지 않기 때문이다. 어쩐지. 겉으로 '윤리'와 '정치'를 말하던 그의 언어에서 때때로 희미하게 느껴지던 속절없는 우울의 정체를 그는 꽤 명료한 언어로 실토한다. "믿지 않는 자가 행하는 설교"라고.

비평가의 '좌뇌'는 '목적'을 말하지만 '우뇌'는 그것을 비웃고 조롱한다. '거창한' 목적을 '믿는 척'하는 자기를 바라보는 '우뇌'의 초월론적 시선은 어딘지 냉소적이고 또 발본적이다. 이 흥미로운 비평적 '뇌 분열'은 바깥에서 주어진 '의도'와 '목적'(달리 말하면 '관념' 혹은 '이데올로기')을 상대화하는 동시에 비평 언어에 비평가 자신의 누추한 물질적 좌표를 기입한다. 이 자기 분열은 그의 비평이 충분히 유물론적임을

---

[3] 김형중, 「안광은 '항상' 지배를 철한다—도대체 왜 쓰는가」, 『후르비네크의 혀』, 문학과지성사, 2016, p. 6.

보여주는 증거다.

나는 지금 그가 갈데없는 유물론 비평가라고 말하고 있다. 증거는 얼마든지 있다. 이를테면 김형중, 하면 자연스레 떠오르는 저 유명한 "기어라, 비평!"이라는 선언.[4] 그것은 이 암울한 시대에 선험적인 지침이나 관념에 의지하지 않고 분주한 작품들의 은하계에 맨몸으로 뛰어들어 더듬고 구르고 기면서 여하튼 길을 찾아나가자는 주장이었다. 하지만 저 포복 선언에 숨은 유물론적 함의를 보지 못하고 악의적으로 곡해한 많은 이에 의해 그는 오래도록 굴종적인 '주례사 비평'의 사도(!)라는 오명에 시달려야 했다(많이 억울했겠다. 그래선지 그 때문에 그가 받은 상처의 흔적은 찾아보면 여기저기 여러 곳에 기록으로 남아 있다).[5]

김형중이 왜 탁월한 유물론 비평가인지 그래도 잘 모르겠다고? 그런 이들에게 나는 『제복과 수갑』을 다시 한번 권한다.

3

『제복과 수갑』은 한국소설사를 '생명권력' 혹은 '생명정치'의 프리즘으로 다시 쓰려는 시도다. 그런 시각에서 김형중은 1960~70년대에 주목한다. 그에 따르면 그 시기는 정치적인 삶('bios')이 아닌 벌거벗은 삶('zoe')이 정치의 무대를 장악한 시대이며, '항상적 예외상태'(아감벤)를 통해 생명권력의 지배가 철저하게 관철된 시대다. 그러면서 그는

---

4 김형중, 「기어라, 비평!—2000년대 소설 담론에 대한 단상들」, 『단 한 권의 책』, 문학과지성사, 2008.

5 대표적으로 황호덕·김영찬·소영현·김형중·강동호의 좌담(「표절 사태 이후의 한국 문학」, 『문학과사회』 2015년 가을호, p. 427)이 있다.

이 시기를 설명했던 산업화나 개발독재라는 말 대신 '생명정치'라는 개념을 쓰자고 제안한다. 그리하여 이를테면 독재는 "상시적 예외상태의 창출을 통한 주권권력의 초법적 행사"(p. 15)로 재정의된다. 하지만 그에 따르면 이 시기는 동시에 한마디로 '생명정치'로만 환원할 수 없는, (푸코가 말하는) 주권권력, 규율권력, 생명권력이 모호하게 한데 뒤섞여 작동했던 시기이기도 했다. 그런 관점에서 보면 1960~70년대의 개발독재는,

> 세 가지 권력의 테크놀로지를 비동시적인 것들의 동시성 원리에 따라 착종시킨다. 무소불위의 권력을 가진 독재자가 사법메커니즘에 따라 통치하되(주권권력), 각종 규율 장치를 동원해 사회 전체를 병영화한다(규율권력). 동시에 효율적인 비용 계산과 통계를 통해 생물학적 인구 전체에 대해 안전메커니즘이라는 이름으로 개입한다(생명권력). 말하자면 3중의 착종인 셈이다. (p. 100)

(알튀세르라면 아마도 '과잉결정'이라고 불렀을) 권력 테크놀로지의 이러한 3중 착종은, 그에 따르면 소설에도 낙인처럼 흔적을 남긴다. 즉 권력의 구조와 소설의 형식 사이에는 '구조적 상동성'(골드만)이 있고, 시대의 변화에 따른 권력 테크놀로지의 변화는 소설의 형식에 각기 다른 형태의 흔적으로 각인된다. 김형중은 『제복과 수갑』에서, 다종다기한 '증상'으로 발현되는 그 소설 속 흔적들의 정보를 꼼꼼하게 수집하고, 보고하고, 기록한다.

이때 '생명정치'라는 새로운 이론적 개념은 목적론적 문학사 서술의 폐해에서 벗어날 수 있게 해주는 중요한 도구가 된다. 그 개념 자체가 애초에 그렇다기보다, 비평가가 그것을 가능하게 만든다. 무엇보다 그것은, 보이지 않던 것을 보이게 만든다. 그는 오랫동안 한국문학의 목

적론적 서사로 인해 해석의 시야에서 사라졌던 것, 분명 존재하지만 우리가 보면서도 보지 않았던 것을 극적으로 드러내 보여준다. 윤흥길의 「구두」 연작에서 계급적 존재 이전 서사의 바깥에서 권력에 대한 전혀 다른 질문을 던졌던 이질적인 인물 민도식의 행방, 그리고 그가 목격하고 경험하는 촘촘한 규율권력의 그물망이 예컨대 그런 것이다. 그럼으로써 1960~70년대 박정희식 생명권력의 작동이 양산해낸 수많은 병자와 난민 들의 문학적 진실이 그가 파헤치는 남정현, 윤흥길, 박태순, 신상웅, 최인호 등의 소설에서 새롭게 드러난다.

요컨대 김형중의 『제복과 수갑』은 한국의 문학사를 '생명정치'라는 새로운 좌표 속에 옮겨놓는 작업이다. 그럼으로써 그것은 생명권력이 생산하는 '비식별역'의 존재를 드러내고, 비가시적인(이었던) 것을 가시화한다. 그가 그렇게 '다른 문학사'의 표면에 떠올린 그들은 누구인가? 그들은 '벌거벗은 생명'(호모 사케르)이다.

> 그렇다면 이제 그 누구도 '나는 벌거벗은 생명이 아니오'라고 말할 수 없을 만큼 생명정치가 완성되어가는 지금 시점에, 만약 문학사 같은 것이 쓰일 수 있고 쓰여야 한다면, 그것은 바로 저들로부터 시작되어야 하지 않을까? 선조적이고 목적론적인 역사가 '해석적 배제'로 인해 놓친 것들, 가령 규율권력에 유난히 민감했던 (윤흥길의 「구두」 연작 중 하나인) 「날개 또는 수갑」의 민도식, 「창백한 중년」의 타임 레코더와 노동자 건강검진, 이른바 '중간소설'의 단골손님들이었던 부랑아나 화류계 여성들, '위생 이데올로기'와 '인위적 피임 도구'를 그토록 싫어했던 남정현의 주인공들…… 말하자면 나체들, 난민들, 벌거벗은 생명들의 역사 같은 것 말이다. (pp. 178~79)

비평가는 말한다. 바야흐로 생명정치가 촘촘하게 완성되어가는 지금, 우리 모두는 하나같이 수용소에 갇힌 벌거벗은 생명이다. 그러니 지금 만약 문학사 같은 것이 씌어진다면, 그것은 바로 저 벌거벗은 생명들의 역사에서부터 시작되어야 하지 않겠는가. 『제복과 수갑』에서 김형중은 이렇게 벌거벗은 나체들과 난민들이 써나가는 '다른 문학사'에 대한 흥미로운 아이디어와 꽤 대담하고 상세한 초안 하나를 그려놓았다. 그리고 여기엔 비평가 자신이 서 있는 현재적 좌표에 대한 정확한 생체적 인식이 자기 반영의 형식으로 각인돼 있다.

아감벤의 지적처럼 우리가 모두 항시적 예외상태를 살고 있다는 것이 어김없이 사실이라면, 이 작업은 그 자체로 한 비평가가 오래도록 내내 유지해온 ('현재에 대한 비판'이라는 푸코적 의미에서) 집요한 '현대성'의 산물이다. 그리고 어쩌면 이를 지탱하고 있는 것은 (짐작건대) 우리에게 앞으로도 영영 수용소 바깥은 없을지도 모른다는 쓸쓸한 정치적 감각일 수도 있겠다. 혹 이것을 유물론적 우울이라 할 수 있을까.

4

『제복과 수갑』의 서사를 관통하는 이론적 마스터플롯이 푸코와 아감벤에 빚지고 있다면, 비평가의 또 다른 이론적 무기는 다름 아닌 프로이트-라캉 정신분석이다. 그에 따르면, 소설은 시대의 증상이다. 그리고 그는 정신분석 이론에 대한 소개가 폭과 깊이를 갖추게 된 "2023년 현재, 이제 한국의 문학장은 지난 문학사를 '증상'들의 교체사로 해석해볼 수 있는 '질병분류법'을 갖춘 셈"(p. 248)이라고 단언한다. 그 분류법에 따르자면,

거칠게 말해 한국 소설사에서는 1950년대 전후 스트레스 장애, 1960~70년대의 노이로제(아마도 지금의 분류법으로는 강박과 불안), 1980년대의 '구세주/박해/이데올로기 편집증', 1990년대의 우울증, 2000년대의 망상과 조증, 2010년대의 PTSD가 각각 생태학적 틈새의 변화에 따른 '시대적 정신질환(transient mental illness)'의 자리를 차지하고 있었다고 말할 수도 있겠다. (p. 252)

그리고 이에 더해 스키조schizo와 통제할 수 없는 분노의 증상으로 나타나는 돌출적인 변이종인 ICD(충동조절장애), 2020년대의 심기증(心氣症, hypochondria)이 있다. 질병 분류법에 무척이나 능숙한 비평가가 『제복과 수갑』에서 간략하게 요약한 시대적 증상의 분류와 (질병)문학사에 대한 핵심 정리는 그 자체로 매력적이다. 정곡에 가깝기 때문이다. 그러고 보면 한국문학사는 온통 시대적 질환을 앓는 병자들의 신음으로 가득 찼던 셈이다.

1960년대부터 2020년대까지를 아우르는 『제복과 수갑』의 이 야심 찬 문학사의 초안에는 두 개의 기둥이 있다. 하나는 '벌거벗은 생명들'의 문학사이고, 다른 하나는 '증상들'의 문학사이다. 이 두 기둥은 각기 그 자체로 (그가 고안하는) '유물론적 문학사'의 뼈대가 되기에 충분하지만, 이 둘이 단순한 절충과 타협을 넘어 어떻게 매끄럽게 모순 없이 결합되고 통합될 수 있을지는 아직 미지수다. 하지만 의심할 필요는 없다. 당연히 그는 푸코와 아감벤, 프로이트와 라캉이 함께 써나가는 이 쉽지 않은 문학사의 그림을 머지않아 완성해낼 것이다. ('믿지 않는 비평가'인) 그 자신이 믿지 않아도 어쩔 수 없다.

5

그때까지,
"기어라, 비평!"

3부
이야기의 경이

Dream Trip, 아니면 Bad Trip
── 최제훈의 『블러디메리가 없는 세상』과 김사과의 『하이라이프』

1. 약, 중독

이야기는 약에서 시작된다. 최제훈의 소설에서 꿈을 이어서 꾸고 싶었던 주인공은 보라색 알약을 삼키고 이 꿈에서 저 꿈으로 건너뛰며 어디에도 없는 진짜 '나'를 찾아 꿈속을 여행한다. 그런가 하면, 코카인이라 부르는 하얀 가루약도 있다. 김사과의 소설에서 주인공은 하얀 가루약을 흡입한 채 거리를 배회하고 자기 몸을 여럿으로 분리해 호텔과 백화점과 미술관을 동시에 드나들며 배회한다. 두 작가의 소설 속 주인공은 꿈에 중독된 자(최제훈)가 아니면 소비도시의 현기증 나는 쾌락에 중독된 자(김사과)다. 최제훈의 인물들은 여전히 "완성되는 순간 사라지고, 사라지는 순간 다시 시작되는 영원한 이야기"[1]의 미로 같은 사슬 속에서 살아가고 있고, 김사과의 인물들은 여전히 무정부주의적인 파괴와 혐오와 환멸의 세계를 살아가고 있다.

그렇게 독특한 개성으로 꾸준히 고유한 자기 세계를 구축해온 이 두 작가는 신작 소설집에서 그들의 세계를 나름의 방식으로 연장, 확장하고 있다. 최제훈의 『블러디메리가 없는 세상』(문학과지성사, 2024)과

---

[1] 최제훈, 『일곱 개의 고양이 눈』, 자음과모음, 2011, p. 258.

김사과의 『하이라이프』(창비, 2024)를 함께 읽는다.[2]

2. 무모하고 무상한, 메타픽션의 미로

데카르트는 1641년에 출간된 『성찰』에서, 모든 외적 현실이 교활하고 사악한 악령이 자기의 마음을 함정에 빠뜨리기 위해 마련한 '꿈이라는 속임수'가 아닐까 의심한다. 그는 의심에 의심을 거듭해보지만, 꿈은 그저 허황된 허구라고 치부해버리기엔 너무나 현실적이고 또 매혹적이다. 그래서 데카르트는 심지어 자기가 어쩌면 '꿈의 포로'일지도 모른다고 생각할 지경이다. 그는 이렇게 쓴다.

> 나는 포로와 다르지 않다. 꿈속에서 상상의 자유를 만끽하고 있다가, 나중에는 내가 꿈을 꾸는 것은 아닐까 의심하고는 이내 깨어나기를 두려워하며 그 매혹적인 환상을 좇아 서서히 눈이 멀어가는 포로처럼, 나는 홀로 옛 생각에 돌아들어 잠에서 깨어나기를 두려워한다.[3]

물론 데카르트에게 이것은 '생각하는 나Cogito'의 확실성을 찾아 나서는 도정에서 만나는 감각의 오류에 불과한 것으로 밝혀진다. 하지만 다름 아닌 바로 그 오류 속에 진짜 '나'의 진실이 있다면? 최제훈의 소설집 『블러디메리가 없는 세상』을 관통하는 것은 바로 그런 아이디어다.

---

2 이하 이 두 책을 인용할 경우에는 페이지만 적는다.
3 르네 데카르트, 『성찰』, 책세상, 양진호 옮김, 2011, p. 41.

무엇보다 이 소설집의 이야기가 데카르트가 『성찰』에서 열어놓은 문제와 매우 긴밀하게 연결되어 있다는 것은, '교활하고 사악한 악령'에 의해 조종당하는 '나'의 의식과 감각, 꿈, 환상, 기만적인 기억 같은 모티프가 중심에 자리 잡고 있다는 데서 분명하게 드러난다. 그중에서도 꿈은 이 소설집 전체를 꿰뚫는 핵심 모티프다. 데카르트가 한때 그랬듯이, 최제훈의 소설에서 인물들은 모두 꿈의 포로들이다. 그들은 관리자가 설계한 꿈속으로 강제로 내던져지거나(「토피아」 「추출 혹은 작곡」), 아니면 사회가 금지한 꿈꾸기를 감시망을 피해 남몰래 시도한다(「애프터서비스」). 그들은 꿈속에서 또 다른 꿈을 꾸기도 하고, 문득 자기가 있는 곳이 현실이 아닌 꿈속임을 깨닫기도 한다(「토피아」「, 고로 존재한다」). 연속극처럼 이어지는 꿈을 꾸기를 갈망하면서 미로처럼 얽힌 꿈의 연쇄 속을 헤매는 남자도 있고(「, 고로 존재한다」), 어떻게도 바꿀 수 없는 자신들의 삭막한 미래를 VR 시뮬레이션이 만들어낸 꿈속에서 엿보는 연인도 있다(「스포일러」).

최제훈은 이 꿈의 포로들의 이야기를 모든 것이 고도로 계산되고 통제된 미래 사회를 배경으로 한 SF적 설정을 통해 풀어나간다. 그의 소설이 그리는 미래 사회는 과학기술의 발전이 기억이나 꿈 같은 인간적 영역을 기계적인 통제와 조작의 대상으로 조정할 수 있게 된 관리사회다. 그곳은 압축된 맞춤형 기억이 심긴 버추얼 배우가 진짜 배우를 대체해버린 곳(「사라진 배우들」)이고, 유전자 샘플을 활용하는 VR 시뮬레이션을 통해 주입된 미래를 기억하거나(「스포일러」), 수감된 범죄자의 기억을 포맷해 조작된 꿈-홀로그램 속 가상의 삶을 살아가게 하는 곳(「토피아」)이다. 그곳은 또한 TME Total Memory Extraction를 통해 범죄자의 기억을 추출해 3D 영상 이미지로 리플레이하는 수사 기법이 존재하는 곳(「추출 혹은 작곡」)이고, 꿈을 에너지로 변환시키기 위해 '드림캐처'라는 기계를 집집마다 설치해 꿈을 통제하는 곳(「애프터서비스」)이다.

　최제훈의 소설은 AI, BCI(뇌-컴퓨터 인터페이스), 유전자공학 등의 발전이 인간 삶의 형태를 획기적으로 바꾸어놓은 미래의 풍경을 그려놓는다. 그곳은 과학기술을 독점한 전 지구적 자본주의가 인간의 영혼과 기억, 꿈까지도 식민화한 세계다. 그의 소설에서 모든 인간적인 것을 조작하고 식민화하는 관리사회의 조종자는 이를테면 '나'의 배후에 숨어 '나'를 꿈이라는 속임수에 빠뜨리고 기만하는 데카르트의 '교활하고 사악한 악령'의 SF적 버전이다. 이는 모두, 예컨대「토탈 리콜」(1990)이나「블레이드 러너」(1982) 같은 SF 장르를 통해 이미 익숙해진 설정이지만, 최제훈의 소설은 거기서 멈추지 않는다. 무엇보다 그의 소설의 초점은 본격 SF가 그런 것처럼 과학기술이 지배하는 미래의 삭막한 디스토피아적 세계상이나 휴머니티 등에 대한 본격적인 탐구가 아니다. 그런 만큼 SF 장르의 관습에 집착하거나 SF적 상상력의 가능성을 끝까지 밀어붙이지도 않는다. 그보다 최제훈이 SF적 설정을 빌려 펼쳐놓는 것은 꿈과 현실의 경계를 모호하게 흐리고 뒤집는 이야기의 반전과 서로를 반사하며 증식하고 순환하는 이야기의 실험이다. 예컨대「추출 혹은 작곡」에서 범행 현장을 3D 이미지로 리플레이한 후 형사와 용의자가 나누는 대화처럼, 최제훈 소설의 주된 동기는 "꿈인지 사이코드라마인지, 그 우연한 장면 하나에 온갖 상상을 끼얹은"(p. 283), "대놓고 연출과 각색이 들어간 픽션"(p. 284)의 실험이라고도 할 수 있겠다.

　그렇게 최제훈의 소설에서 꿈과 현실은 돌연 상호 반전되고, 인물들은 자기가 지금 있는 곳이 현실인지 꿈(환상)인지를 수시로 의심한다. 가령「추출 혹은 작곡」에서는 현실이었던 것이 순간 기억과 무의식적 공상이 뒤섞인 사이코드라마였음이 밝혀지면서 처음에 심문하던 형사가 실은 용의자였다는 극적인 반전이 일어나는 식이다.「토피아」에서는 기억을 포맷해 이상적인 유토피아의 주민으로 살아가던 '나'의 삶이 소설의 끝에서 3-999번 캡슐에 수감된 범죄자의 뇌신경 영상으로 밝혀지고, 머릿속에 떠오른 똑같은 토마토의 이미지를 매개로 현실의 교도관과 꿈속에 갇힌 죄수인 '나'의 정체성이 찰나의 순간 하나로 겹쳐진다. 이런 식으로 최제훈의 소설에는 꿈속의 또 다른 꿈, 그리고 꿈과 현실이 서로의 꼬리를 물며 뒤집히고 순환하거나 서로를 거울처럼 되비추는 미장아빔Mise en abyme의 유희가 곳곳에 뿌려져 있다. 그의 소설에는 그것이 주는 반전과 혼란을 맛보며 작가가 설계한 이야기의 미궁 속에서 속고 헤매는 즐거움이 있다.

「, 고로 존재한다」는 순환하고 반전하는 이러한 이야기의 묘미가 가장 흥미롭게 발휘되는 메타픽션이다. 이 소설은 연속극처럼 꿈을 이어서 꾸고 싶다는 욕망으로 드림캐처라는 알약을 삼킨 후, "진짜 존재하는 나"(p. 215)를 찾아 의심과 회의를 거듭하며 혼란스러운 꿈속의 미로를 헤매는 남자의 이야기다. 제목에서도 암시되듯이 이 소설에서 작가는 아예 대놓고 '나'의 확실성을 찾아가는 데카르트의 '방법론적 회의'의 추론 과정을 의식적으로 뒤집고 패러디한다.

> 일단은…… 생각을 하자. 차분히. 존재하기 위해선 생각을 해야 한다니까. 〔……〕 그렇게 이야기 열차를 엮어나가다 보면 갈피가 잡히겠지. 진짜 내가 어느 칸에 타고 있는지.
> 코기토Cogito. 나를 찾는 초석이 될 수 있는 장면이 무엇일까? 더 이상 의심할 수 없는, 선두의 기관차가 되어 열차를 끌고 갈 동력이 있는…… 그래, 그거야. 이름이 '한마음'인가 '참마음'인가 하는 정신 건강 의학과에 방문한 일. 그것만은 현실이 틀림없어. 거기서부터 이 난잡한 미로가 시작되었으니까. (p. 211)

진짜 '나'를 찾아가는 '나'는 꿈과 현실이, 꿈과 꿈속의 꿈이 혼란스럽게 흐려지고 맞물리고 뒤섞인 미로 속을 헤맨다. 데카르트는 꿈에 속지 않았지만 최제훈의 인물은 기꺼이 속아 넘어간다. 데카르트가 꿈이라는 속임수를 벗어난 곳에서 '나'의 확실성을 찾은 것과는 정반대로, 소설 속의 '나'는 확실한 진짜 '나'를 찾지 못한다. 대신 '나'는 현실까지 빨려 들어가는 꿈속의 "무모하고 무상한 스토리" 속에 자신을 내려놓는다. 그렇게 "시작도 끝도 없는 이야기가 굴러가고, 무한대를 향해 수렴하는 불가능한 순례길이 열리는"(p. 243) 끝없는 이야기의 연쇄를 살아가는 것. 그리고 누군가 "열심히 일하는" 자기 마음속 이야기 공장 속을 양파 껍질을 벗기듯 "매일 밤 한 겹씩 파고들어 가보는"(p. 248) 것. 최제훈에 따르면 바로 그것이 소설의 제목인 ", 고로 존재한다"의 쉼표 앞에 들어갈 말이겠다.

이것이 자기 소설의 존재 이유에 대한 자기 반영적인 메타적 진술이라면, 최제훈이 이 소설집에서 꿈과 기억의 관리와 통제를 슬쩍 벗어나는 무용한 일탈과 오류가 갖는 인간적 의미를 곳곳에서 환기하는 것도 비슷한 맥락이다. 라이프 디자이너와 감독의 디렉팅을 거스르는 이스터 에그(「사라진 배우들」), 유전자의 목적 지향적인 명령 체계를 벗어나는 "무용하기에 자유롭고 고결한 영역"(「스포일러」, p. 57), 영혼의 유일한 가치일지도 모를 모호함(「닥터 블랙의 영혼 추출기」), 시스템을 오염시키는 낭만적인 불순물(「추출 혹은 작곡」) 같은 것이 예컨대 그런 것들이다. 시스템의 오류나 오점을 가리키는 이 모든 것들은 결국 문학이란 무엇인가,라는 메타픽션적인 물음과 분리되는 것이 아닐 테다.

하지만 나는 최제훈이 인간적 진실을 함축하는 저 익숙한 메타포에 너무 빨리 정착하지 않고, 무모하고 무상한 이야기의 난잡한 미로 속을 조금 더 끝도 없이 헤매줬으면, 어디에도 기대지 않고 그의 마음속 이야기 공장에서 더 쉴 새 없이 일해줬으면 좋겠다. 라캉이라면 아마도 나의 바람을 담아 (물론 긍정의 의미로) 최제훈에게 이렇게 말했을 것이다. "계속 일하라. 일이 멈추지 않도록."(『세미나 7권: 정신분석의 윤리』)

3. 미친 여행의 분열증적 기록

김사과도 일하기를 멈추지 않는 작가다. 첫 소설집인 『02』(창비, 2010)에서 보여준 체제에 대한 파괴적인 분노의 에너지는 다소간의 변화를 겪긴 했어도 여전히 김사과 소설을 움직이는 보이지 않는 동력이다. 어디에도 얌전히 고정되길 거부하는 문체와 형식의 무정부주의도 마찬가지다. 김사과가 신작 소설집 『하이라이프』에서 포착하는 것은 현란한 소비사회의 공허와 망상과 광기, 썩고 중독된 영혼들로 가득 찬 도시의 세태다.

첫머리에 놓인 「서문: 비행기와 택시를 위한 문학」은 이 소설집을 일관하는 관점과 스타일을 압축해 보여준다. '귀신-쥐'의 탄생을 선언하는 일종의 분열증적 독백이라 할 수 있는 이 짧은 소설은 소비주의 도시와 그 속에 갇힌 인간들에 대한 혐오를 과격하고 파편적으로 표출한다. 그에 따르면, 도시는 "인간을 비료 삼아 쥐를 키우는", "모자란 쥐새끼들로 꽉 찬 실험실"(p. 8)이며, "쾌락으로 가득한" "고통스러운 철창"(p. 9)이다. 그리고 "이 현란한 도시들의 세계 속에 우리는 완벽하게 갇혔다"(p. 12). 그러면서 '나'는 자기 또한 그 도시가 안겨주는 고통스러운 쾌락에 완전히 중독된 "쥐새끼"임을, 태어나기도 전에 이미 죽어버려 "쥐에서 다시금 귀신으로 변모"(p. 14)했음을 자백한다. 이런 '나'의 망상적 선언은 거꾸로 보면 영혼마저 잃게 만드는 도시의 광기를 분열증으로 함께 겪고 대면하겠다는 문학적 선언으로 읽히기도 한다.

'나'에 따르면 도시는 "움직이고, 뒤바뀌고, 순환하는 이 미친 세계"이며, "그 세계의 이야기는 이동 중인 비행기와 택시에서 진행된다"(p. 10). '나'는 말한다.

> 창밖, 망가져 신음하는 세계의 소름 돋는 비명이 완벽하게 차단되는 가운데, 맥락 없이 지나가는 풍경에 시선을 고정한 사이, 느—려지고 가늘게 찢겨져나가는 풍경. 바쁘게 움직이는 동안, 당신은 영혼을 조금씩 잃어간다. 그것이 바로 교환이다. 당신과 도시를 위한 원원게임이다. 당신은 현기증을 느낀다. 당신은 땅과 흙의 세계를 떠나 구름과 먼지의 세계로 진입한다. 환영한다. 당신은 현실감을 잃는다. 당신은 점차 당신이 어디에 있는지 모른다. (당신은 아주 기분이 좋다.) 당신은 당신이 어디에 있는지 관심이 없다. 이제 당신은 현실에서 완전히 튕겨져나온다! 척추를 타고 흐르는 짜릿한 느낌. (이것이 바로 마법이다. 도시가 행하는 주술이다.) 전기고문을 당하는 듯, 온몸의 혈관과 세포가 타들어가는 듯, (pp. 10~11)

이동 중 창밖에서 움직이는 도시는 영혼을 앗아가고 그 대신 현실감 없는 현기증 나는 쾌락을, "척추를 타고 흐르는 짜릿한 느낌"을 선사한다. 말 그대로 등가교환이다. 영혼과 살과 뼈가 녹아버린 인간들의 현기증 나는 이 미친 도시 여행은 말 그대로 '배드트립'이다. 약에 취해 하루 종일 도시를 배회하며 "미친 걸까, 나는?"(p. 75)이라고 되묻는 「하이라이프」의 '그'도 말한다. "이건 그냥 배드트립일 뿐이야."(p. 76) 배드트립은 마약에 취한 환각 체험을 일컫는 말이지만, 그 자체로 도시라는 미친 세계의 경험을 스케치하는 이 소설집의 핵심을 정확하게 요약하는 말이기도 하다.

이때 '배드트립'은 고통스러운 쾌락에 중독된 도시적 삶의 경험을 지시하는 망상적 환각 체험의 메타포다. 그리고 이를 우리는 이 미친 세계를 가로지르는 분열증적 망상의 글쓰기 전략을 암시하는 메타포로 읽어도 좋을 것이다. 김사과의 소설은 그렇게 미친 세계를 가로지르는 미친 여행의 기록이다. 그것을 통해 작가는 "도시를 둘러싼 꿈과 야망, 정신 나간 광기와 환상의 논리"(p. 10)를 집요하게 파헤친다.

표제작인 「하이라이프」도 마찬가지다. 「하이라이프」의 '그'는 "소비자본주의 시대의 진정한 일꾼은 나와 같은 소비자이지, 노동자가 아니라!"(p. 61)라고 주장하는 남자다. 그리고 '그'는 약에 취한 산책자다. '그'는 불쑥불쑥 최인훈 소설 「광장」의 "나 딸을 낳아요"(p. 62)라는 뜬금없는 대사를 중얼거리며 하는 일 없이 코카인에 취해 부지런히 많은 돈을 소모하며 거리를 쏘다닌다. 환각에 취해 몇 개의 자아로 분열되어 끊임없이 덕수궁 국립현대미술관을, 명동 신세계백화점을, 시청 앞 프라자호텔을 동시에 들어갔다가 빠져나오기를 반복하던 '그'는, "이제 자신이 미친 환상 속에 있다는 사실을 완전히 인정했다"(p. 76). '그'의 분열적인 도시 산책은 그렇게 소설의 제목 그대로 고급스러운 high 삶, 더 나아가 화려한 소비도시의 삶이 마약이 가져다주는 고양된 환각의 high 삶과 정확히 같은 말임을 암시한다.

「하이라이프」가 도시적 소비 주체의 혼란스러운 분열증적 의식의 기록이라면, 도시적 분열증은 「귀신들」에서 한층 극단적으로 그려진다. 「귀신들」은 '귀신-쥐'의 탄생을 선언하는 「서문: 비행기와 택시를 위한 문학」의 모티프에 바로 이어지는 소설이다. 여기서 김사과는 귀신과 흡혈귀가 출몰하는 도시 괴담에 가까운 편집증적 망상의 세계를 그려놓는다. 「귀신들」의 '나'가 목격한 이 세계의 진실은 인간들이 "산 채로 귀신이 된다는 것"(p. 21)이다. 엄마와 아빠도 귀신이지만 사람인

척 행세했고 그걸 믿는 척하던 사람들 또한 똑같은 귀신에 불과했다. 인간이 아닌 귀신들의 세상 속에서 살고 있음을 깨달은 '나'는 귀신이 되지 않기 위해 성장을 멈추기로 한다. "나는 귀신으로 자라나는 대신 열셋에 멈췄다."(p. 26) 이것은 은희경의 소설 『새의 선물』(문학동네, 1995)에서 열두 살 이후 성장을 멈춘 주인공 진희가 내놓은 당돌한 반(反)성장 선언의 분열증적 버전이다. 그리고 여기에 레퍼런스가 되고 있는 루쉰의 소설 「광인일기」(1918)의 편집증적 식인(食人) 망상이 '나'의 내면에서 똑같이 펼쳐진다.

'나'에 따르면, 인간들이 인간들을 잡아먹고 있다. 아버지도 인간을 잡아먹는 괴물이었고 "친애하는 랭보"(p. 25)도 귀신이 되어 인간들을 잡아먹다가 배탈이 나서 죽어버렸다. '나'는 주장한다. 그렇게 "눈앞에서 인간들이 인간들을 산 채로 집어삼키는데, 매일매일, 도대체 무슨 깡으로 성숙함과 지혜를 유지할 수 있단 말인가?"(p. 20) 그러니 '나'는 그저 "홀로그램 뱀파이어가 되기를"(p. 42) 기도할 뿐이다. 김사과는 '나'가 주장하는 이 망상의 병인(病因)이 체제에 대한, 그리고 도시적 삶에 대한 공포와 혐오임을 암시한다. "귀신들을 햄버거처럼 찍어내는 도시라는 악마"(p. 25)에 대한 공포. 그래서 '나'는 아빠에게 묻는다. "왜 인간들은 도시를 만들었나요?"(p. 24)

그런데 김사과의 소설에서 공포와 혐오의 대상은 단지 도시만이 아니다. 예컨대 「하이라이프」의 한 구절. "삶을 살아가면서 늘어나는 것은 〔……〕 인간에 대한 공포, 편견뿐이라고 그는 생각했다. 나의 존재 또한 그에 일조하는 것이겠다만."(p. 60) 인간에 대한 그런 공포와 혐오는 비단 '그'만의 것이 아니다. 오히려 그것은 김사과 소설의 기저에 알게 모르게 깔려 있는 배음이다. 「소유의 종말」의 인물도 마찬가지다. 그에 따르면 인간은 "이기적이며, 사악하고, 폭력적인"(p. 202), 그리고 최대치의 욕망을 향해 스스로의 광기와 야만성을 극대화하는 멍청

한 존재들이다. 그뿐인가. 「서문: 비행기와 택시를 위한 문학」의 '나'는 인간을 도시에 중독된 "모자란 쥐새끼들"(p. 8)이라고 비하하고, 「귀신들」의 '나'도 말한다. "정말이지 인간들에게 진절머리가 난다."(p. 25) 인간들은 서로가 서로를 잡아먹는 자들이고, 그래서 "진정 무서운 것은 모조리 인간들이다"(p. 19). 인간을 혐오하는 건 인간뿐만이 아니다. 귀신들도 그렇다. "귀신들은 하나같이 인간을 끔찍이도 싫어한다." '나'는 말한다. "그야 물론 귀신들이 인간혐오자이기 때문이지."(p. 23)

소설의 인물들이 곳곳에서 노골적으로 표출하는 이 인간 혐오는 어쩌면 다름 아닌 작가 자신의 것일 수도 있겠다. 그리고 체제에 대한 분노와 짝을 이룬 이 도저한 염인주의(厭人主義)에서 발산되는 환멸과 부정과 파괴의 에너지가 김사과 소설의 매력을 지탱하는 자본이자 동력일지도 모른다. 즉 그것이야말로 김사과 소설의 힘이다. 그리고 더 나쁜 쪽으로 치달아가는 세상을 파괴적으로 해부하는 김사과 소설의 저돌적이고 돌발적인 형식과 스타일 또한 그와 무관하지 않을 것이다. 『02』의 과격함에 비하면 그 파괴성과 충격의 강도가 조금은 옅어지고 극적 장면화도 그만큼 충분친 않아도, 특히 『하이라이프』의 전반부에 실린 소설들에는 여전히 김사과 소설의 일탈적인 매력이 생생하게 살아 있다.

그런가 하면, 예컨대 전반부의 소설들과 느슨하게 테마를 공유하는 「예술가와 그의 보헤미안 친구」와 「두 정원 이야기」는 김사과의 장기가 단지 거기에만 있지 않음을 증명하는 소설이다. 「예술가와 그의 보헤미안 친구」는 자신이(나아가 예술이) '보헤미안과 예술가'라는 커플링을 통해 상류계급 친구의 어지럽고 자유분방한 라이프스타일을 세탁하고 보완해주는 장식 템에 불과했음을 깨닫고 절망과 분노를 터뜨리는 시인의 이야기를 그린다. 반면 「두 정원 이야기」에서 그려지는 것은 절약과 과시적 라이프스타일을 모두 놓치지 않으려는 소비사회 중

산층의 허영과 욕망의 판타지다. 이 두 소설은 주제를 향해 이야기를 펼치고 축조해가는 클래시컬한 스타일도 김사과 소설에서 놓칠 수 없는 또 하나의 영역임을 보여준다.

하지만 김사과 소설의 진짜 매력이 어디에서 오는지를 감안하면 이것은 다소 얌전하고 표준적이라는 생각이다. 그보다는, 더 나쁜 쪽을 향해 가는 세상에 분열증적 언어를 토해놓는 「귀신들」의 '나'의 말처럼, "그런 식으로밖에 설명할 수 없는 이야기가 있다"(p. 45). 그러지 않아도 아마 김사과는, "그런 식으로밖에" 쓸 수 없는 소설을 '그런 식으로' 계속 써나갈 것이다. 그래서 나는, 작가에겐 미안하지만, 김사과가 좀 더 오래 미쳐 있었으면 좋겠다.

이야기는 힘이 세다
— 엄우흠의 『마리의 돼지의 낙타』

침묵 뒤에 오는 것

우리는 엄우흠을 『감색 운동화 한 켤레』(실천문학사, 1991)의 작가로 기억한다. 『감색 운동화 한 켤레』는 당시 고작 스물두 살의 대학생이 쓴 노동소설로 화제를 모았고, 그 시기 노동소설의 경직성과 도식성을 한 단계 뛰어넘은 문제작으로 평가되며 주목받았다. 이 소설은 한 노동자 부부의 관계를 중심에 놓고 계급투쟁의 격랑에 뛰어든 조선소 노동자들의 각성과 투쟁의 현장을 섬세하게 따라간다. 이념적 열정에 충만하면서도 냉철한 이성과 섬세한 감성이 조화를 이룬 이 소설은 돌아보면 당대 노동소설이 도달한 최량의 성과 중 하나라고 할 수 있었다.

데뷔작에서 보여준 엄우흠의 이야기꾼으로서의 재능과 신선한 감수성은 오랜 침묵 뒤에 발표한 두번째 장편소설인 『푸른 광장에서 놀다』(실천문학사, 1999)에서도 유감없이 발휘된다. 『푸른 광장에서 놀다』는 작가의 자전적 경험이 투영된 성장소설이다. 이 소설에서 작가는 꿈과 현실, 관념과 환상 등을 자유롭게 넘나들며, 희망 없는 세상을 헤쳐가는 한 지식 부랑자의 유년 시절부터 서른 살까지의 성장과 방황과 좌절의 기록을 엮어간다. 노동운동의 이념에 충실하면서도 삶의 디테일을 놓치지 않았던 소설 『감색 운동화 한 켤레』의 스타일은 이 소설에서도 다른 방식으로 여일히 관철되고 있었다.『푸른 광장에서 놀다』에서 그것은 삶과 이념의 본질을 집요하게 파고드는 관념적 성찰과 변두리 인생에 대한 애정 어린 생생한 묘사의 결합으로 나타난다. 그런 측면에서 보면『푸른 광장에서 놀다』의 세계는 비유컨대 최인훈적 세계와 김소진적 세계의 독특한 결합이라 할 만한 것이었다.

『푸른 광장에서 놀다』는 성장소설이자 일종의 후일담 소설이지만 당시 씌어졌던 후일담 소설들의 전형적인 관습과 패턴을 배반하는 소설이었다. 그리고 소설가로서 엄우흠의 고유한 미덕은 바로 그 지점에 응축돼 있었다. 그는 1990년대 후일담 소설에서 유행처럼 번졌던 환멸의 포즈, 그리고 그와 맞물려 있던 경박한 청산주의와 나르시시즘을 멀리한다. 대신 거기엔 배반의 시절에도 여전히 꿈을 버리지 못하는 청춘의 실패와 망집과 정체(停滯)를 끝까지 끌어안고 삶을 견뎌나가겠다는 긍정의 의지가 있었다. 소설에서 '나'는 "1987년 이후 한 살도 더 먹지 않"았고 앞으로도 내내 그럴 것이라고 고백한다. 이 고백은 1987년으로 상징되는 꿈과 이상의 시절에 대한 회고적 고착에서 오지 않는다. 오히려 우리가 거기에서 읽을 수 있었던 것은 비록 좌절하고 체념하더라도 기대와 희망으로 지탱되는 '젊음'의 정신을 잊지 않고 기억하겠다는 의지이고, 그리하여 꿈을 버리지 않는 자의 지루한 고통을 기꺼이 감수하겠다는 다짐이다.

그리고 이후, 그는 침묵했다.『푸른 광장에서 놀다』를 쓰고 나서 20년 가까이 지속된 엄우흠의 오랜 침묵 뒤에 무엇이 있었는지 우리는 알지 못한다. 그러나『푸른 광장에서 놀다』에서 불가피한 실패와 부패를 견디면서 앞으로 나아가겠다던 그의 다짐을 일찍이 보았던 나로서는, 그의 긴 부재와 침묵의 시간도 한낱 의미 없는 공백의 시간만은 아니었으리라 미루어 짐작해볼 뿐이다. 아마도 그는 차라리 말하지 않음으로써 위선과 기만과 허위와 자기합리화로 가득한 길고 긴 배반과 변절의 세태에 저항하고 있었는지도 모른다. 또 어쩌면 그것이 스스로 선택한 지루한 고통을 견디는 엄우흠 나름의 선택이었으리라 헤아려 볼 수도 있겠다. 그런데 이제 그는 오랜 침묵을 깨트리고 세상 밖으로 걸어 나오기로 한 듯하다. 그가 새롭게 들고 나타난 장편소설 『마리의 돼지의 낙타』(자음과모음, 2019)는 길고 긴 침묵의 세월을 견디고 드디어 열린 말문의 시작이다.

우연은 우연을 낳고

 엄우흠의 전작인 『푸른 광장에서 놀다』가 한편으로 관념적, 독백적 성격이 강한 소설이었다면, 새 장편소설 『마리의 돼지의 낙타』는 어느 면에서 그와는 상반된 지점에 있다. 이 소설은 관념과 독백보다는 다양한 캐릭터와 그들의 욕망, 또 그것이 만들어내는 우여곡절과 인생유전의 이야기가 중심이 되는 소설이기 때문이다. 그러면서 이 소설에서는 전작에서 볼 수 있었던 작가의 이야기꾼으로서의 성향과 지향이 조금은 다른 스타일로 한층 활성화되고 있다. 말〔言〕과 캐릭터의 활력이 이야기를 앞으로 진전시키고 부풀려간다는 점에서 그렇다.
 전작인 『푸른 광장에서 놀다』에서 엄우흠은 에밀 쿠스트리차의 영화 「언더그라운드」(1995)의 마지막 장면을 작품의 중요한 모티프로 삼은 바 있다. 그것은 신화와 환상과 마법이 현실과의 경계를 지우고 함께 어우러지는, 유머와 유희로 가득한 카니발적 순간에 대한 이 작가의 애착을 드러내는 지점이었다. 거기엔 어둡고 비루한 현실에 대한 강렬한 초월의 열망이 숨어 있었지만, 그와 동시에 작가는 그것만으로는 결코 넘어설 수 없는 현실의 무게에 대한 진중한 감각도 당연히 잃지 않았다. 『마리의 돼지의 낙타』에서도 그런 경향의 흔적을 어렵지 않게 발견할 수 있다. 마치 마르케스의 소설『백년의 고독』의 무대인 '마콘도'가 그러했던 것처럼, 이 소설에서 엄우흠은 비록 그만큼 전면적이진 않지만 비현실적인 것이 아무렇지 않게 현실과 뒤섞여 살아가는 가상의 공간을 창조해낸다. 그곳이 바로 '무동'이다. 무동은 이를테면, 엄우흠의 마콘도다.

무동은 어떤 곳인가? 소설에서 무동은 어느 위성도시의 변두리에 자리한 근교농업 지구로 재개발 철거민과 실직자를 비롯해 도시에서 밀려난 주변부 인생들이 하나둘 모여들어 정착해 살아가는 마을로 설정되어 있다. 그곳은 주인공인 경수의 아버지가 온갖 자영업을 전전하다 실패하고 마지막으로 숨어든 피난처이며, 어린 경수가 마을 친구들과 이런저런 사건을 함께 겪으며 성장하는 곳이다. 무동은 또한 그린벨트 해제와 개발을 둘러싼 다양한 인물들의 흑심과 욕망이 가로지르는 곳이며, 예기치 않은 우연과 맞물리는 흥망과 성쇠와 파국의 사건이 펼쳐지는 장소다.

흥미로운 것은 그처럼 무동에서 펼쳐지는 현실적인 사연들 사이사이에 과장과 유머를 통해 빚어진 비현실적인 인물과 사건 들이 끼어들어 이야기를 부풀린다는 점이다. 예컨대 록 가수 지망생인 '로큰롤 고'와 결혼해 낳은 열두 명의 아들을 초등학교만 공부시키고 중동으로 보내 벌어들인 돈으로 부자가 된다는 '토마토 문'의 과장 섞인 사연이 그렇고, 이혼을 한 '로큰롤 고'가 중동으로 건너가 아들들과 함께 그토록 소원하던 록밴드를 결성해 성공한다는 믿지 못할 이야기가 또 그렇다. 게다가 원래 집시 출신으로 지구 반대편 유럽 남동부에 살다가 계속 동쪽으로 걸으며 이사를 거듭한 끝에 무동에 들어와 정착했다는 민구네 식구들은 낙타와 함께 살고 있고, 그 낙타는 전에 기르던 돼지가 오랜 가뭄으로 고생하다가 자기 자식은 오랫동안 물을 안 먹고도 견딜 수 있는 몸으로 태어나길 소망한 끝에 임신한 지 열두 달 만에 낳았다는 식이다. 이 소설이 현실에서 벌어지는 사건들을 그리면서도 마치 유머러스한 알레고리처럼 읽히게 만드는 것은 이런 설정 때문이기도 하다.

소설에서 다양한 인물들의 곡절과 사연은 그렇게 무동을 중심으로 펼쳐지고 또 그 바깥으로 퍼져나간다. 그중에서도 중심은 경수 가족의 사연이다. 한때 경찰이었던 경수 아버지는 커피집에서 분식집으로, 문방구에서 통닭집으로 전전하며 실패를 거듭한 끝에 사채 빚에 몰려 도망자 신세가 되고, 경수는 엄마와 함께 무동의 낡은 집에 들어와 살게 된다. 경수 아버지는 그를 쫓던 사채업자가 살해당하자 가족이 있는 무동에 들어와 살며 동네 아이들을 위한 공부방도 운영하게 되지만, 어느 날 우연히 알게 된 방화 음모를 민구의 누나인 마리에게 알리려다 성폭행을 하려는 것으로 오해하고 저항하던 마리의 칼에 찔려 죽는다. 경수의 엄마는 남편이 성폭행 미수범의 누명을 벗은 날 교통사고로 죽고, 홀로 남은 경수는 소년원을 들락거리다 공사판에서 작업반장(그는 경수가 어릴 때 경수 엄마를 유혹하던 감자탕집 주인이다)을 밀쳐 상해를 입히고 교도소에서 3년을 갇혀 지낸 후 출소한다. 그렇게 연이은 실패와 예기치 않은 행운이 엇갈리고 또 그 행운이 돌연 어이없는 파국과 죽음으로 이어지는 경수 가족의 요동치는 운명은 소설의 서사를 끌고 가는 큰 줄기다.

그러나 『마리의 돼지의 낙타』의 서사 전체를 지탱하는 것은 경수 가족의 이야기만이 아니다. 경수 가족의 사연이 중심이 되면서도 그를 둘러싼 다양한 주변 인물들의 이야기가 또 각기 다른 방향으로 가지를 뻗어간다. 작가는 그렇게 무동에서 살아가는 다양한 이력과 개성을 가진 인물들의 이야기를 경수의 가족사와 똑같은 비중으로 나란히 펼쳐놓는다.

어린 아들들을 중동의 직업전선에 내몰면서까지 탐욕스럽게 부를 축적하는 토마토 문, 뒤늦게 중동에 간 아들들과 함께 밴드를 결성해 그토록 소망하던 음악가로 성공하는 로큰롤 고, 흑심을 품은 마을 남자들 때문에 엉겁결에 살인자가 되고 집까지 불타 가족과 기르던 돼지를 모두 잃게 되는 마리, 간신히 살아남아 떠돌다 로큰롤 고의 밴드에 합류해 아코디언을 연주하는 민구, 개발 이익을 노리고 무동에 들어왔으나 뜻을 이루지 못하고 쇠락해가는 인호 아버지, 목욕탕 때밀이 양성 학원에서 만나 사귀게 되는 인호와 감자탕집 딸 수지 등등. 다양한 곡절과 사연을 펼쳐가는 이들의 인생 유전은 경수의 가족사와 어우러져 서사의 줄기를 여러 갈래로 분산시키며 소설에 다성적인 활기를 부여한다. 그렇게 보면 이 소설은 예측할 수 없는 인생사에 휘말리는 이들 주변부 인생들의 집단적 연대기라고도 할 수 있을 것이다.

흥미로운 것은 무동이라는 장소 말고는 서로 아무런 연관이 없어 보이던 그 다양한 인물들의 인생사가 경수의 가족사와 어떤 식으로든 연결되어 있었고 또 그 과거의 인연이 현재에도 영향을 미치는 것으로 그려진다는 사실이다. 열거하자면 끝도 없지만, 예를 들어 이런 식이다. 무동에서 공부방을 열었던 청년 한성재는 과거 경수네가 분식집을 할 때 '분식집 아저씨는 변태'라는 낙서를 하고 다니며 분식집을 접게 하는 데 결정적인 역할을 한 인물로 밝혀진다. 알고 보니 그는 경수 아버지가 전처와의 사이에서 낳은 아들이었고 그의 낙서는 어린 여자(훗날 경수 엄마가 된다)와 바람이 나 자기를 버린 아버지에 대한 소심한 복수였으며 그것이 결국 경수 아버지의 인생을 꼬이게 만든다. 그런가 하면, 무동에서 슈퍼를 운영하는 인호 아버지는 과거 분식집 사장인 경수 아버지를 진짜 변태로 오해하던 중국집 사장이었고, 경수 아버지를 쫓던 사채업자를 죽인 범인은 과거 학생이었을 때 경수 부모와 모종의 인연이 있었던 남자였음이 밝혀진다. 경수가 자기가 폭행한 작업반장이 어릴 적 엄마를 유혹하던 감자탕집 사장이었음을 알게 된다거나, 출소 후 우연히 엄마가 만들어주었던 것과 똑같은 맛을 내는 김치

볶음의 주인공인 수지(그는 인호와 사귄다)가 그 감자탕집 사장의 딸이었음을 알게 된다는 것도 같은 맥락이다.

　그렇게 경수 가족을 중심으로 서로가 서로에게 닿아 있는 인연의 사슬은 인물들의 예기치 않은 운명의 어느 한 지점에서 모습을 드러낸다. 과거의 인연은 숨어 있다가 현재에 돌연 얼굴을 드러내거나 몰래 숨어 작동하며 현재를 움직인다. 인연은 또 다른 인연을 낳고 어느 순간엔 도무지 알 수 없는 인생사의 향방을 결정한다. 그런 측면에서 이 소설은 무동 사람들의 집단적 운명의 연대기이면서 동시에 그 운명의 흐름 뒤에 촘촘히 숨어 있는 인연들의 작동기다.

부풀어 오르는 아이러니

　『마리의 돼지의 낙타』는 그렇게 인연과 인연으로 연결된 무동 사람들이 자기도 예측할 수 없는 인생사에 속수무책 휩쓸리는 이야기다. 정확하게 말하면 이 소설은 우연이 만들어내는 기막힌 인과관계에 대한 이야기다. 돌이켜보면 애초 분식집을 접고 온갖 자영업을 전전하다 결국 어이없는 죽음을 맞는 경수 아버지의 운명은 "영혼이 없는 떡볶이"라는 여중생 손님들의 말 한마디와 '경수 아버지는 변태'라는 사소한 낙서에서부터 시작되었다. 성재도 이를 깨닫는다. "사소한 낙서가 나비효과처럼 아버지를 죽음으로 몰고 갔을지도 모른다."[1] 경수 아버지의 운명은 사소한 우연에 의해 이리저리 흔들리고 결국 파국으로 귀결된다. 그가 빚에서 벗어나 가족과 재회한 것도 사채업자의 우연한 죽음 때문이고, 그가 죽는 것도 따지고 보면 마리네 집 방화 음모를 우

---

1 엄우흠, 『마리의 돼지의 낙타』, 자음과모음, 2019, 544. 이하 이 책을 인용할 경우 페이지만 적는다.

연히 엿듣게 된 때문이다. 우연은 돌고 돌아 행운을 낳고 그 행운은 다시 파국으로 역전된다. 세상사는 그렇게 우연이 조종하는 알 수 없는 인과관계에 의해 움직인다. 원인이 있으면 결과가 있다는 얘기지만, 원인과 결과 모두 우연이 만들어낸 것이기에 이들이 어떻게 해볼 수 있는 것은 아니다.

무동의 인물들을 하나로 엮어주는 인연의 그물망도 그렇다. 그 인연이란 결국 우연이 만들어낸 알 수 없는 인과관계의 다른 이름이다. 그래서 목욕탕 때밀이 양성 학원에서 수지를 만나게 되는 인호도 이렇게 말한다. "세상일이란 알 수가 없어. 때밀이 일 때문에 여친까지 생기고."(p. 547) 세상일을 알 수 없다는 것은 달리 말하면 자기 힘으로 통제할 수 없다는 말이다. 이들은 자기의 의지로 자기의 운명을 통제할 수 없고 그저 속수무책 휩쓸려갈 뿐이다. 사채업자의 죽음으로 경수 아버지(동환)와 다시 살게 돼 좋아하던 경수 엄마도 이렇게 생각한다.

> 그녀는 스스로가 만든 서늘한 공포에 사로잡히곤 했다. 세상에 공짜는 없어. 누군가의 죽음으로부터 뜻밖의 이익을 보았다면 언젠가 그 대가를 치러야 할지도 몰라. (p. 284)

알 수 없이 흘러가는 세상사의 인과관계에 대한, 거기에 휘둘릴 수밖에 없는 나약한 인간의 운명에 대한 불길한 예감이겠다. 그리고 소설은 이 예감이 틀리지 않았음을 보여준다. "세상일이라는 게 참 이상하게 돌아갔다. 만약에 상국이 동환에게 은혜를 갚지 않았더라면 동환은 그렇게 갑작스러운 죽음을 맞지 않았을지도 모른다."(p. 535) 경수 엄마도 마찬가지다. 경수 아버지의 누명이 벗겨지지 않았더라면 그녀도 갑작스러운 사고에 희생되지 않았을 것이다(경수 엄마는 경수 아버지의 강간 미수 누명이 벗겨진 날 기뻐서 울다 달려오는 차를 보지 못하고 교통사고로 죽는다). 모두가 이런 식이다. 소설에서 벌어지는 가장 큰 사건인 (마리네 집) 화재 사건과 (마리에 대한 경수 아버지의) 성폭행 미수 사건, (마리가 경수 아버지를 죽인) 살인사건도 그렇다. 그 사건들도 모두 순간의 음심(淫心)과 사소한 오해가 뒤엉켜 만들어낸 어이없는 결과가 아닌가. 무동의 사람들은 이렇게 자기의 의지로 통제할 수 없는 세상사의 기막힌 인과관계를 자기의 운명으로 증명하는 사람들이다.

작가는 이렇게 예측할 수 없는 세상사의 아이러니에 요동치는 무동 사람들의 사연을 느슨하게 풀어놓는다. 죽음과 파국이라는 비극적인 결과조차도 여기서는 알 수 없는 세상사의 아이러니를 보여주는 에피소드의 하나로 의외로 심각하지 않게 처리된다. 인간의 운명과 세태를 진지하고 무겁게 다루기보다 짐짓 가볍게 부풀려 띄워 올리는 수법이 여기에 가세한다. 이 소설이 운명의 드라마가 아닌 아이러니의 소극(笑劇)이라 할 수 있는 것은 이 때문이다.

소설의 곳곳에 끼어드는 과장과 유머는 그런 특성을 더욱 강화한다. 작가는 알 수 없는 인과관계에 의해 뒤바뀌는 인간의 운명에 심각한 관념적 의미를 부여하는 대신 가벼운 유머로 대처한다. 성재가 아버지의 어이없는 죽음이 '분식집 아저씨는 변태'라는 낙서가 불러온 나비효과일지 모른다고 생각하는 것부터가 그렇다. 어린 경수의 병증에 대해 내린 돌팔이 의사의 처방이 경수 집안의 운명을 계속 따라다니는 것도 마찬가지다. "앞으로는 물을 조심하고 돼지와 흰색을 멀리하도록. 이사를 갈 일이 있으면 동쪽이나 남쪽으로 가고. 명심해. 이것만 지키면 아무 문제 없을 거야."(p. 58) 자기에게 일어난 일의 원인을 "출소하던 날 수지를 거쳐, 그리고 광장의 노인을 거쳐 경수에게 배달된 엄마의 김치볶음"(p. 554) 덕분으로 돌리는 경수의 생각도 운명에 대처하는 그런 유머의 연장선상에 있다.

너무 가볍고 안일한 대처가 아니냐고? 그렇지 않다. 오히려 엄우흠의 소설에서 인생사의 아이러니에 대처하는 이런 식의 유머는 인생사의 '알 수 없음' 자체에 대한 역설적 긍정을 보여준다. 달리 말하면, 겉으로 가벼워 보이는 그 유머에 보이지 않게 숨어 있는 것은 주어진 삶의 운명적인 '알 수 없음'의 무게를 있는 그대로 감당하겠다는 태도다. 그런 측면에서 이 소설을 관통하는 엄우흠식 유머는 세계에 자기만의 관념을 덧씌우기보다 있는 그대로의 세계를 허심하게 바라보고 겸허하게 긍정하는 데서 출발하겠다는, 그렇게 현재에 충실하겠다는 이 작가의 조용한 선언처럼 읽힌다.

이야기는 힘이 세다

어쩌면 보기에 따라서는 이 소설의 서사가 산만하다고 느낄 수도 있겠다. 그도 그럴 것이, 이 소설의 이야기 방식은 통상의 소설들이 그런 것처럼 중앙 집중적이기보다 분산적이고 일탈적이다. 한번 시작된 이야기는 종종 자기의 원래 의도를 잊어버리기나 한 것처럼 엉뚱한 방향으로 흘러가거나 천방지축 사소한 곁가지로 건너뛴다. 이는 인물들의 대화도 마찬가지다. 가령 이 소설에는 "입에서 생각지도 않은 엉뚱한 말이 튀어나"와 대화가 "점점 더 이상한 방향으로 흘러"(p. 190)가는 상황이 부지기수다. 소설의 표현을 따르자면, "말은 재즈보다 더 즉흥적으로 흘러간다"(p. 98). 그렇게 소설의 곳곳에서 인물들이 내뱉은 말이 점점 자기 통제를 벗어나 스스로 생명력을 얻은 것처럼 예기치 않은 방향으로 흘러간다. 그리고 그런 대화의 양상이 이 소설의 분산적·일탈적 이야기 방식과 정확히 조응하는 것임은 말할 것도 없다.

이 소설에서 이야기의 흐름은 그런 식으로 통제를 벗어나 스스로 생명력을 얻어 이리저리로 뻗어가고 몸을 부풀린다. 작가는 스스로 증식해가는 그 이야기의 흐름을 의식적으로 제어하거나 어느 한곳에 비끄러매기보다 오히려 자유롭게 풀어놓는다. 앞에서 우리는 우연과 우연의 연속으로 이어지는 알 수 없는 세상사의 아이러니에 대한 작가의 시선을 확인했다. 우연은 자기 힘으로 통제할 수 없고 아이러니도 그렇다. 집중하기보다 분산하고, 통제하기보다 풀어놓는 이 소설의 이야기 방식은 어떤 측면에서 작가의 그런 관점을 스토리텔링의 차원에서 구현하는 것처럼 보인다. 작가는 의식적인 조작과 통제에 의해 만들어진 이야기의 매끈함보다 이리저리 미끄러지면서 스스로를 부풀리고 뻗어나가는 이야기 자체의 생명력을 믿어보기로 한 듯하다.

오랜 침묵의 고통을 통과한 뒤에 엄우흠이 세상에 내놓은 첫 목소리가 이런 식의 '이야기'라는 것은 의미심장하다. 물론 『마리의 돼지의 낙타』는 말할 것도 없이 '소설'이지만, 통상적인 근대소설의 규범을 벗어나 '이야기'의 속성과 문법에 더 충실한 소설이다. 소설은 고독한 개인의 독백이지만 이야기는 귀 기울여 듣는 공동체를 전제하는 말하기다. 즉 고전적인 의미에서 근대소설이 고독과 침묵의 장르라면 '이야기'는 '말하고 듣기'라는 구연(口演)과 대화의 상황이 그 자체로 활성화되는 형식이다. 게다가 『마리의 돼지의 낙타』가 그리는 이야기는 고독한 개인의 운명에 대한 이야기가 아니라 우연과 인연의 관계 속에서 연결되어 있는, 그러면서 서로의 삶과 보이지 않게 영향을 주고받는 공동체의 집단적 운명에 대한 이야기가 아닌가.

『마리의 돼지의 낙타』는 그런 방식으로 작가로서 그가 있어야 할 자리가 어디인지를 암시한다. '말하기'와 '귀 기울여 듣기'에 의해 지탱되는 소통의 공동체가 바로 그곳이다. 그리고 엄우흠이 이야기의 생명력을 믿듯이, 우리도 그의 이야기가 더 크고 넓게 부풀어갈 것임을 예감한다. 이 소설 『마리의 돼지의 낙타』가 바로 그 첫걸음이다.

21세기 노동가족 생존기
— 이수경의 『자연사박물관』

1

　이수경의 첫 소설집 『자연사박물관』(강, 2020)[1]은 21세기 한국을 살아가는 한 노동자 가족의 불안한 생존의 연대기다. 남편은 정규직과 비정규직을 오가며 노조 설립과 파업, 해고와 투쟁, 재취업을 반복하는 공장 노동자이자 노동운동가로 활동하고 있고, 아내는 노동단체 상근자를 거쳐 비정규직 상담직원으로 일하며 생계를 꾸려간다. 어릴 적 대학 운동권 조직에서 만나 "『러시아혁명사』니, 『제3세계 민중의 운명』이니, 『노동자여 단결하라』 따위의 책들"(「고흐의 빛」, p. 130)을 읽으며 노동자 혁명을 꿈꿨던 이들은, 만난 지 10년 만에 결혼을 해 현장에 발을 디뎠지만 거대한 현실의 장벽 앞에서 어쩌지 못하고 주저앉아 있다. 노조를 만들고 파업을 하고 고소 고발을 당하기도 하면서 어떻게든 현실에 저항해보지만, 이들 부부에게 남은 것은 고작 충직한 노예로서의 삶이고 막막한 생계의 불안이다. 현실의 삶은 나아질 희망도 없이 척박하고 미래는 보이지 않는다.
　『자연사박물관』은 오랜 기간에 걸친 이들 부부의 고단한 삶의 사연

1　이 글에서 이 책을 인용할 때는 제목과 페이지만 적는다.

들을 일곱 편의 단편에 촘촘히 그려놓았다(마지막에 실린 단편 「카티클란—온 마을이 빛으로 연결된」은 인물도 설정도 앞의 단편들과 비교해 조금 이질적이지만, 전체적으로 화자의 시선과 목소리를 공유한다고 보아도 무방할 듯하다). 이 소설집의 소설들은 각기 독립적인 단편이지만 모두 이 노동자 부부의 인생사와 사연이 초점화자를 바꿔 이곳저곳에서 변주되면서 하나의 사슬처럼 서로 연결되어 있다. 예컨대 「자연사박물관」에서 해고된 '그'-남편이 공장 굴뚝에 오르기 전 온 가족이 '자연사박물관'을 찾는 이야기는 「크라운 공장 노동자 가족」에서 5년 전에 있었던 일로 언급되고, '그'의 노조 설립과 해고, 투쟁에 얽힌 사연들도 여러 소설의 곳곳에서 반복적으로 등장하면서 이야기를 이끌어가는 단서로 작용한다. 이뿐만 아니라, 「인생 이야기」에서는 시간을 거슬러 올라가 '나'-아내가 어릴 적에 겪은 아버지의 가정 폭력과 그 때문에 자살한 어머니의 사연이 소개되면서 이야기의 폭은 가난을 대물림한 노동자 가족의 연대기 차원으로 확장된다. 「노블카운티」에서는 더 나아가 어릴 적 집을 나간 엄마 때문에 상처를 안고 살아야 했던 아버지의 사연이 전사(前史)로 소개되는 한편, '나'/노동자 부부의 지난 사연이 그와 함께 교직된다. 그럼으로써 이 소설집은 말 그대로 삼대를 아우르는 노동자 가족의 연대기로 완성되는 셈이다.

    그런 만큼 이 소설집은 다양한 내용의 결을 지니고 있다. 여기엔 대학 졸업 후 노동 현장에 투신한 운동권 학생의 후일담이 있고, 여전히 척박한 노동자의 현실을 개선하기 위해 싸우는 노동운동가의 투쟁이 있으며, 마음으로 남편을 지지하면서도 가족의 안위와 생존을 걱정하며 막막한 생계를 꾸려가야 하는 노동자 아내의 불안이 있다. 『자연사박물관』은 지금 한국 사회를 살아가는 노동자 가족의 척박한 현실과 흔들리는 불안을 비춰주는 노동가족 생존기다.

2

　이렇게 소설집의 대강을 그려놓고 보면, 『자연사박물관』이 노동자 가족의 삶을 주제로 각각의 단편들이 서로 느슨하게 연결돼 있는 일종의 연작소설집임이 한눈에 드러난다. 그리고 한국문학사에서 우리는 이와 방불한 방식의 연작소설집을 일찍이 가진 적이 있다. 조세희의 『난장이가 쏘아올린 작은 공』(이하『난쏘공』)이 바로 그것이다. 한 노동자 가족이 맞닥뜨린 노동 현실과 생존의 싸움을 중심으로 연작의 사슬을 구축해가는 『자연사박물관』의 세계는, 큰 틀에서 보면 그 내용과 형식의 조합에서 『난쏘공』을 연상시킨다. 물론 둘 사이에 놓인 무려 40여 년의 격차만큼 그 차이는 작지 않다. 그러나 이 소설집이 앞서 지적한 측면에서 가난한 노동자 가족의 고단한 삶과 싸움의 현실을 초점화자를 옮겨가는 연작 형식을 통해 다양한 각도에서 조망했던 『난쏘공』의 문학적 전통의 맥을 잇고 있다는 것만큼은 틀림없다.

　이 소설집에서 그려지는 노동자 가족의 세계는 과연 『난쏘공』의 난쟁이 가족들이 살았던 세계의 21세기형 버전이라 할 만하다. 물론 세계는 진화했고 삶의 조건도 크게 변했다. 그럼에도 가난은 여전히 대물림되고 있고 공장 노동자가 떠안아야 하는 가혹함도 크게 달라지지 않았다. 폐자재 공장에서 일하던 외국인 노동자 아불은 분쇄기에 손이 '분쇄'돼 보상도 받지 못하고 해고된 후 분쇄기에 목을 매달았고(「고흐의 빛」), 그에 자극받아 노조를 만들고 파업을 감행한 공장 노동자들은 회사에서 고용한 용역업체 직원들의 폭력에 짓밟힌다. '그'-남편은 거액의 손해배상 청구와 함께 고소, 고발까지 당한 채 해고되어 내몰린 끝에 공장 굴뚝을 오른다(「고흐의 빛」「크라운 공장 노동자 가족」). "공장은 누구의 것인가"를 끊임없이 되물으면서도 충실한 "공장의 노예"(「재이(在以)」)로 살아가야 하는 삶, 승산 없는 싸움과 추락을 반복하면서 "삶이 너무 잔혹해"(「자연사박물관」)라고 탄식할 수밖에 없는 삶. 그래서 자기를 "어둠에 갇힌 생쥐"(「자연사박물관」)와 동일시하게 되는 삶. 그것이 『자연사박물관』의 노동자가 처한 참담한 현실이다. 그 아내는 또 어떤가. 엄마를 자살로 내몰았던 아버지가 죽음으로써 겨우 지옥을 벗어난 '나'-아내(「인생 이야기」)를 기다리고 있던 것은 지긋지긋한 가난과 생존에 대한 불안이라는 또 다른 지옥이었다. 종내 그녀는 말한다. "희망도 없고 기쁨도 사라졌어."(「고흐의 빛」, p. 132) 이런 측면에서 오래전 『난쏘공』의 유명한 다음 진술은 어쩌면 『자연사박물관』의 인물들에게 정확히 해당하는 말일 수도 있겠다.

> 천국에 사는 사람들은 지옥을 생각할 필요가 없다. 그러나 우리 다섯 식구는 지옥에 살면서 천국을 생각했다. 단 하루라도 천국을 생각하지 않은 날이 없다. 하루하루의 생활이 지겨웠기 때문이다.
> (조세희, 『난장이가 쏘아올린 작은 공』, 문학과지성사, 1978, p. 83)

그러나 『자연사박물관』의 '나'-아내는 천국을 생각할 여유도 없다. '나'는 말한다. "천국을 상상할 수 없다는 건 천국이 없기 때문일지도 몰라요."(「인생 이야기」, p. 69) 『난쏘공』의 인물들이 유토피아를 꿈꿨던 것은 그만큼 현실이 절망적이었음을 반증하는 것이지만, 『자연사박물관』의 세계는 이미 그 꿈과 유토피아에 대한 열망조차 상실돼버린 세계다. 오히려 어느 쪽인가 하면, 비록 잠깐이지만, 꿈꿨던 것을 후회한다.

> 엽서 옆에는 『러시아혁명사』니, 『제3세계 민중의 운명』이니, 『노동자여 단결하라』 따위의 책들이 꽂혀 있었다. 재이아빠와 내가 대학 시절에 읽던 것들이었는데, 그러니까 저 책들을 읽고 기억하지 않았더라면, 그리하여 민중의 운명이니, 단결하는 노동자 따위의

꿈을 꾸지 않았더라면……(「고흐의 빛」, p. 130)

그랬더라면, 이 가혹한 현실은 달라질 수 있었을까? '나'의 이 진술은 뼈아프다. 무엇보다 '나'가 대학 시절 시위 현장에서 만난 남자와 함께 운동을 하고 오랜 연애 끝에 결혼해 노동해방을 꿈꾸며 현장에 투신했던 인물이었기에 더욱이나 그렇다. 노동운동가인 '그'-남편은 공장의 노예로 충실히 살아가는 한편 끊임없이 노조를 만들어 싸우려 하지만 추락에 추락을 거듭하고, 덕분에 양육과 생계를 홀로 떠안은 '나'-아내는 생존의 위협과 불안에 시달린다.

이 소설집의 특별함은 이처럼 대학 시절 운동가로 성장해 노동현장에 투신했던 노동운동가 가족이 지금 현재 겪고 있는 잔혹한 삶의 속살을 가차 없이 파헤친다는 데 있다. 작가는 강철 같은 신념도, 미래에 대한 희망도 어느새 잃어버린 채 그저 하루하루를 힘겹게 버텨가는 이 노동자/노동운동가 부부의 실상을 어떠한 장식이나 자기합리화도 없이 담담하고 냉정하게 해부한다. 그런 접근 방식의 미덕은 또 그것대로 의미 있는 것이지만, 중요한 것은 그럼으로써 이 소설집이 우리 사회의 한편에 엄연히 존재하지만 우리 문학이 그동안 외면하고 보지 않았던 삶의 한 풍경을 가시화한다는 사실이다. 『자연사박물관』의 새로움은 바로 거기서 온다. 이것이 노동자 가족의 삶이라는 일면 전통적인 소재를 다루는 이 소설집이 21세기 포스트모던 한국 사회에서 갖는 새로움의 역설이다.

3

모든 것은 한 외국인 노동자의 죽음에서 시작되었다. 분쇄기에 손을 잃고 목을 매 자살한 방글라데시 노동자 아불의 죽음(「고흐의 빛」)이 그것이다. 그에 자극받은 노동자들은 노조를 만들어 싸웠으며 '그'-남편은 해고되었고 기어이 굴뚝에 올랐다. 그리고 "아불이 죽은 후 재이의 그림 속 소녀들의 손은 모두 사라지고 말았다"(「고흐의 빛」, p. 134). 아불이 죽은 지 7년이나 흘렀어도 딸 재이가 손 없는 소녀의 그림만 그리는 이상 행동을 계속하는 것도 그들 가족의 운명이 이 땅의 노동자 전체의 운명과 뗄 수 없이 얽혀 있음을 상징적으로 보여준다.

"왜 손발을 그리지 않는 거야?" 낮에 재이에게 물었을 때 재이는, "그게 없으면 힘들지 않을 테니까, 실수도 안 할 테니까……" 더듬거리며 말했다.
저기, 공장, 방글라데시 사람이라는데, 앤과 내가 어릴 때 들었어. 숲에서 놀 때. 그거, 기계에 손이 들어가서, 손가락이 네 개나, 그게 실수였나? 그래서 자기 나라로 쫓겨날까 봐, 그 방글라데시가 목을…… 손이 없었으면…… 재이가 두려운 목소리로 더듬거리며 내게 해준 이야기는 몇 년 전에 있었던 폐자재 공장의 방글라데시 노동자 '아불'의 일이었다.
남편의 삶을 바꾸고 재이의 그림 속 소녀들의 손목을 잘라간 그 아불의 죽음. (「재이」, p. 164)

『자연사박물관』의 세계는 그렇기 때문에 더욱 멈출 수 없는 싸움의 불가피함을 받아들이면서도 간단치 않은 삶의 무게에 어쩔 수 없이 흔들리고 좌절하고 회의하는 노동운동가 가족의 내면을 가감 없이 펼쳐놓는다. 이 소설집의 득의의 지점은 바로 그곳에도 있는데, 그 중심은 다름 아닌 소설집 전체의 실질적인 주인공이라 할 수 있는 '나'-아내의 간단치 않은 심리적 풍경의 디테일이다. 그녀는 더 이상 남편과 섹스는 안 하지만 연애를 좋아해 지금도 혼자 연애소설을 쓰고 있고, 어릴 적에 담배를 너무 피워 폐가 망가져 있고, 종종 느닷없는 분노를 터트리고 항상 피곤에 지쳐 있다. 그녀는 누구인가? 그녀는 대학 시절 학생운동을 하다 지금의 남편을 만나 함께 노동운동에 투신했으나 이후 노동단체를 떠나 비정규직 상담원으로 일하며 노동운동가의 아내로 살아가는 인물이다. 가난한 노동운동가 남편과 함께하면서 겪은 지긋지긋한 궁핍과 고단한 삶의 사연이야 이루 말할 것도 없겠지만, 그 이전에도 이미 그녀는 충분히 불행했다.「재이」에서 그녀(이하 '나'로 지칭)는 그 불행했던 개인사를 이렇게 요약한다.

> 나의 어린 시절은 얼마나 불행했던가. 엄마와 아버지는 매일 밤 죽자고 싸워댔다. 정말이지 같이 죽자는 형국이었다. 그 때문에 나는 두 번이나 음독을 했고, 불행에서 도망치기 위해 짧은 연애와 실연을 거듭했다.
> 그 정점은 엄마의 자살이었다. 맙소사.
> 엄마가 죽어버린 뒤에 아버지도 죽었고, 마침내 나는 최초의 운명에서 풀려났다. (「재이」, p. 144)

'나'는 말한다. "나의 전생 삼십칠 년은 지옥이었던 거예요. 지옥!"(「인생 이야기」, p. 68) 그러나 그렇게 해서 가까스로 지옥을 벗어난 '나'를 기다리고 있던 세계가 또 다른 지옥이 아니었다고 할 수 있을까. 가망 없는 싸움을 힘겹게 지속하는 남편과 함께 겪고 있는 그 세계는 "결국 무언가 할 수 있을 것이라는 꿈을 꾸다가 누군가는 비틀거리고, 전향하고, 남은 몇몇은 거리나 굴뚝 위로 몸을 던"(「크라운 공장 노동자 가족」, p. 46)지고야 마는 그런 세계다. 그러나 그보다 사실 '나'가 겪는 진짜 지옥은 마음의 지옥이다. 승산 없는 싸움을 다시 시작하려는 남편을 지지하면서도 "미안해, 함께 추락하기 싫어……"(「자연사박물관」, p. 31)라고 말할 수밖에 없는 마음의 분열은 그래도 그나마 견딜 수 있는 편이다. '나'의 마음을 극한으로 몰아가는 것은 미래가 보이지 않는 막막한 오늘의 삶과 가족의 안위와 생존에 대한 지독한 불안이다. 가령 「고흐의 빛」에서 '나'는 말한다. "이 집이 얼마나 좁고 어둡고 추운지, 그래서 식물들과 물고기가 모두 죽거나 사라졌을 때 얼마나 겁이 났는지, 재이도 재이아빠도 그렇게 사라져버릴 것 같아 얼마나 불안했는지."(「고흐의 빛」, p. 134) '나'는 속수무책으로 마음을 잠식하는 그 불안을 숨기지 않고 소설집의 곳곳에서 발설한다.

그리고 억압된 '나'의 불안은 느닷없이 방향 잃은 분노로 터져 나오거나 편집증적 증상으로까지 번져간다. 자기는 먹지도 못하는 닭똥집을 남편이 안 사다 준다며 분노하고(「자연사박물관」), 딸의 부주의함에 대한 남편의 무관심에 "약이 오르고 화가 치밀어서 견딜 수가 없"(「재이」, p. 153)어 한다. 심지어 딸 재이의 증상 때문에 남편과 함께 병원을 찾은 '나'는 엘리베이터에 같이 탄 낯선 남자가 송곳으로 찌르려 한다는 편집증적 망상에 시달린다(「재이」). 불안의 원인을 애써 다른 사소한 것으로 돌려버리는 '나'의 사고도 그 연장선상에 있다. 예컨대 "이따금 불안과 분노로 방 안에 틀어박혀 운다"(「재이」, p. 143)는 '나'는 "이 모든 것이 재이의 저 망할 부주의 때문이 아닌가!"(「재이」, p. 152)라고 말하는 것이다.

> 결혼을 하면서 연애와 실연 따위로 괴로워할 일도 없었다. 내 인생은 바뀌었고, 나는 충분히 행복할 수 있었다.
> 재이가 그토록 부주의한 아이가 아니라면.
> 그리고 그 애의 아버지이자 내 남편이 이렇게 침묵하지 않는다면. (「재이」, p. 144)

'나'는 "나를 위협하는 것은 무엇일까. 남편인가 재이인가. 지친 이웃인가. 공장인가"(「재이」, p. 169)라고 자문한다. 그러나 '나'는 물론 이 모든 것의 진짜 원인을 알고 있다. 느닷없이 터져 나오는 분노와 편집증적인 집착이 생존의 불안과 공포를 잠재우기 위한 스스로의 안간힘이라는 것도. 작가는 이렇게 불안에 시달리는 '나'의 분열적인 마음의 지도를 통해 운동권 출신 노동운동가의 아내라는 인물형에서 연상할 법한 익숙한 스테레오타입을 해체하면서 노동가족이 처한 현실을 더욱 드라마틱하게 부조한다. 그리고 바로 그것이 이 소설집이 노동자/노동운동가의 현실을 그리면서도 기존의 노동소설과 차별화되는 새로운 영역을 열어 보인 지점이기도 하다. 이를 가능하게 한 주요한 축으로 작용한 것이 다름 아닌 아내이자 엄마인 여성의 시선이었다는 점도 여기서 특별히 강조해야 할 것이다.

4

그에 더해, 노동운동가의 아내 '나'의 심리적 풍경을 한층 입체적으로 만드는 것은 이 소설집의 한가운데 자리 잡고 있는 아버지의 이야기다. 「인생 이야기」에서 '나'는 어릴 적 아버지 때문에 겪었던 불행한 가족사와 그 후 자기 눈앞에서 숨을 거둔 아버지의 허망한 죽음을 회고하고, 「노블카운티」에서는 고모할머니를 방문해 그의 오랜 상처의 근원이 어디에 있었는지를 듣게 된다. '나'는 왜 어머니를 자살로 내몰고 어린 '나'를 가난과 폭력의 공포로 떨게 했던 주정뱅이 아버지의 삶을 추적하는가? 그것은 일차적으로 "그가 어떤 이유로 그녀의 가엾은 어머니와 그들 남매의 지옥이 되었을까"(「인생 이야기」, p. 76)라는 물음에 대한 해답을 구하기 위한 것이겠다. 그래서 '나'는 말한다. "다시 태어난다면 아버지가 태어난 그날로 돌아가고 싶다고 생각한 건 그때부터였어요. 내 눈으로 확인하고 싶었지요. 그리고 묻고 싶었어요. 왜 그렇게 살았느냐고."(「인생 이야기」, p. 83) '나'가 알게 된 바에 따르면 신여성이었던 아버지의 친모는 유모 방에서 아버지를 낳고 쫓겨났고 모친이 바람나 도망쳤다고 들은 아버지는 평생을 그 상처 때문에 모친을 원망하면서 외롭게 자랐다는 것이다. 상처는 그렇게 시작됐다. '나'는 짐작한다. "혹 거짓으로 만들어진 친모에 대한 애증이 그녀의 가엾은 어머니에게 모질게 전가된 것은 아니었을까."(「인생 이야기」, p. 86)

그러나 '나'가 아버지의 사연을 추적하는 이유는 단지 불행한 가족사의 기원을 이해하기 위해서만은 아니다. 그것은 이제 죽고 없는 아버지를 이해하고 그와 화해하려는 시도인 동시에 불행했던 '나'의 상처의 오래된 기원으로 거슬러 올라가 그 속에서 자기의 진실을 새롭게 읽고 발견하려는 자기 탐구의 노력이기도 하다. 그리고 그러한 노력이 또한 불행한 과거의 상처를 자기의 불가피한 일부로 감싸안으려는 자기 긍정의 시도와 별개가 아님은 말할 것도 없다.

『자연사박물관』에서 펼쳐지는 이 고단한 노동가족 생존기에 왜 아버지의 이야기가 포개져야 했는지가 여기서 드러난다. 그리고 우리는 이해하게 된다. 오래된 아버지의 시간으로 거슬러 올라가는 '나'의 회고적 탐구가, 종국에는 비록 힘들고 두렵더라도 오늘의 삶의 고통을 긍정하고 '나'의 것으로 감싸안고 버텨내려는 의지와 불가분하게 연결되어 있음을. 바로 그런 이유로, 앞으로도 이 선한 노동가족이 그들 몫의 힘겨운 싸움을 쉽게 포기하지 않을 것임을.

이쯤에서 우리는, 노동운동가의 아내인 '나'가 다름 아닌 소설을 쓰고 있었다는 사실을 기억할 필요가 있다. 그러면 우리는 "나의 지옥"(「인생 이야기」, p. 75)이었던 아버지의 역사를 회고하고 감싸안으면서 벌어지는 저 모든 마음의 드라마가 결국은 '나'의 소설 쓰기의 동력으로도 작용하리라는 것을 어렵지 않게 짐작할 수 있다. 그리고 "소설 쓰는 k선생"은 이를 이미 알고 있었다.

> 한때 소설 쓰는 k선생은 그녀에게 이런 말을 했다. '네 아비의 시궁창 같은 삶이 네게는 보석과도 같을 거다.' 계룡산 동굴에서 도를 닦았다는 소문이 있기는 하나, 도무지 이해할 수 없는 말이었다. 〔……〕 k선생의 문하에서 수년 간 글공부를 하며 그녀는 어느덧 아버지를 늦겨울에 날아든 나비처럼 연약하고 애처로운 어린아이, 이생의 회오리에 어쩔 도리 없이 휩쓸려야 했던 본래의 여리고 순한 청년으로 느끼고 있었으니, 보석까지는 아니더라도 k선생의 그 말이 아주 틀린 것은 아니었나 보다. (「인생 이야기」, pp. 75~76)

k선생의 예언처럼 아마도 그녀/'나'는 "보석과도 같"은 소설을 쓰게 될 것이다. 이제 첫 소설집을 낸 작가 이수경의 이후 소설을 더욱 기대하게 되는 이유다.

노이즈는 영혼을 잠식한다
─ 권여선의 「희박한 마음」

1

　황정은의 소설 『디디의 우산』(창비, 2019)에는 "바늘이 먼지를 긁거나 잡다한 흠(欠)을 읽는", 불규칙하게 "지글거리는 잡음"(p. 77)에 대한 이야기가 나온다. LP를 재생했을 때 나는 그 잡음은 음악과 더불어 음악의 일부가 되는 그런 노이즈다. 또 다른 노이즈도 있다. 주인공인 d가 자기 방에서 턴테이블에 LP를 올렸을 때, 옆방의 거주자들은 시끄럽다고 투덜거리며 얇은 합판을 두들긴다. 그때 d는 생각한다. "매트리스를 짓누를 때 말고는 존재감도 무게도 없어 무해한 그들, 내 이웃. 유령적이고도 관념적인 그 존재들은 드디어 물리적 존재가 되었다. 사악한 이웃의 벽을 두들기는 인간으로."(p. 91) 이때 옆방의 이웃이 투덜거리며 문을 두드리는 소리는 아무런 존재감 없던 그들을 살아 숨쉬는 물리적 존재로 지각하게 만든다. 이 장면에서 노이즈는 어쩔 수 없이 따라붙는 음악의 일부이고 나아가 삶의 일부다. 아니, 어쩌면 그것은 음악을, 나아가 삶을 더욱 생동감 있게 만들어주는 어떤 불가피한 잉여와 같은 것이겠다.
　그런가 하면 신경을 자극하고 갈가리 찢어놓는, 삶의 안정과 균형을 파괴하는 노이즈도 있다. 권여선의 소설 「희박한 마음」(『자음과모음』

2018년 여름호)은 그 때문에 고통받는 한 늙은 여성 데런의 이야기를 그린다.

2

소설은 데런이 사는 아파트에서 간헐적으로 들리는 기괴한 소리와 더불어 시작된다. 그것은 "숨이 막히는 듯한 컥 소리와 끼이이아 하는 높은 비명 같은 소리"[1]다. 알고 보니 그 소리는 옆집의 노후된 수도계량기에서 나는 소리였다. 잊을 만하면 들려오는 그 섬뜩한 소리는 데런의 평온한 일상을 흩트러놓는다. 그녀를 불안과 불면에 시달리게 하는 그 소리는 문득 위층에 혼자 살던 여자를 떠올리게 하고, 한편으론 자기와 같은 집에서 동거했던 친구 디엔과의 기억을 불러온다.

소설을 조금 더 읽어보자. 데런은 어느 날 디엔이 들려주던 이상한 꿈 얘기를 떠올린다. 그러다가 그녀는 디엔의 꿈속에서 자신이 이미 오래 전에 죽어 있는 자였음을 깨닫는다. 디엔이 꿈에서 누군가에게 데런이 이미 죽은 지 오래라고 말했다는 것이다. 디엔의 꿈 얘기를 복기하다가 데런은 저도 모르게 흘러내린 침을 들이마시는데, 그 침을 흡입하는 소리에서 돌연 옆집의 수도관이 내는 기괴한 소리를 연상한다.

> 어둠 속에서 멍하니 입을 벌리고 디엔의 꿈을 복기하는 데 골몰하느라 데런은 고인 침이 흘러내리는 것도 몰랐다. 〔……〕 데런의 생각은 어느덧 디엔의 꿈에서 빠져나와 침을 흡입하는 소리가 촉

---

[1] 권여선, 「희박한 마음」, 『자음과모음』, 2018년 여름호, p. 65. 이하 이 소설을 인용할 경우 페이지만 적는다.

발시킨 청각의 기억 쪽으로 옮겨갔고, 한참 동안 방심상태에 빠져 있다가 어느 순간 옆집 계량기에서 울리는 소리에 퍼뜩 정신을 차린 후에야 자신이 침을 들이마시는 소리를 크게 증폭하면 수도관이 내는 기괴한 소리의 어느 부분과 매우 흡사하리라는 걸 깨달았다. (pp. 74~75)

여기까지 보고 나면, 어쩌면 이런 추측도 가능하겠다. 디엔의 꿈에서 데런이 이미 죽은 지 오래라는 얘기는 데런의 지금 상태를 은연중 암시한다. 즉 데런은 살아 있으나 이미 죽은 것과 다름없는 삶을 살고 있다. 그런 데런이 자기 몸에서 나는 소리에서 옆집 계량기의 기괴한 소리를 떠올린다. 그러니 적어도 데런에게, 안과 밖의 그 두 소리는 다르지 않다. 이는 데런이 자기의 내부가 (마치 옆집 계량기에서 나는 소리처럼) 일상을 파괴하는 기괴한 노이즈로 들끓고 있음을 무의식중에 자각하게 되는 장면이다. 이쯤 되면 우리는 이렇게 말할 수도 있겠다. 즉 옆집 계량기에서 나는 섬뜩한 소리는 데런의 안에서 들끓는 노이즈의 청각적 증상이다.

그렇다면 데런 내부의 노이즈란 대체 무엇인가? 그것은 평소엔 마음 깊숙한 곳에 숨어 있다가 예고 없이 출현하는 돌연한 발작을 통해서만 밖으로 정체를 드러낸다. 작가는 그 발작이 어떤 형태로 나타나는지는 자세히 말하지 않는다. 너무도 끔찍해서 비유로밖에는 설명할 수 없다는 뜻이겠다. 여하튼 디엔의 말을 빌리면 이렇다. 그것은 자기를 "타 죽어도 마땅한 작은 벌레나 한갓 풀포기"로 여기게끔 만드는, "산불처럼 무섭게 번지는 파괴"(p. 78)와 같은 것이다. 그것은 데런의 정신을 갈가리 찢어발기는 어떤 파괴적인 힘이고, "공기 중에 퍼져 있는 미세먼지처럼 어찌 해볼 수 없는 재앙"(p. 71)이며, 그래서 같이 살던 디엔을 어마어마한 공포에 질리게 만든 어떤 것이다. 그러니 우리는 이렇게 짐작해볼 수 있다. 디엔이 그토록 무서워한 데런의 재앙과도 같은 발작은, 데런의 영혼을 점령한 파괴적인 노이즈가 그녀의 의지를 뚫고 스스로를 주장하는 노이즈의 언어다. 다시 말하면 그것은 이미 오래전에 죽은 데런의 내부에 숨어 있는 죽음의 목소리다.

데런은 자기가 이미 오래전에 죽었음을 모른 채 살고 있다. 하지만 디엔의 꿈은 진실을 알고 있다. 디엔은 꿈속에서 데런이 실은 오래전에 죽었다고 누군가에게 말했다. 이상하게도 디엔의 꿈 얘기가 오래도록 데런의 머리를 떠나지 않고 강박적으로 환기되는 것은, 그것이 자기가 망각한 자기의 진실에 대한 이야기이기 때문이다. 데런은 자기가 죽었음을 망각했고 왜 죽었는지도 망각했다. 왜냐하면 오래전 디엔과 함께 겪은 어떤 체험이 너무나 끔찍한 트라우마였기 때문이다. 이쯤이면 궁금해질 것이다. 그들은 대체 무슨 일을 겪었던 것일까?

소설은 그때 일을 이렇게 소개한다. 디엔도 데런도 까마득히 젊었던 학생 시절, 그들은 학생식당 뒤에서 함께 담배를 피우고 있었다. 그때 복학생처럼 짧은 머리를 한 남학생이 다가와 그들에게 담배를 끄라고 소리친다. "끄라고! 끄라고! 끄라고!"(p. 81) 디엔이 못 끄겠다고 하자 그는 팔을 들어 디엔을 후려친다. 그 대목에서 충격을 받은 데런은 모든 기억을 잃어버린다. 바로 그 순간, 데런의 내부에서 "고요히 작열하던 무력감이 정신의 어떤 연결 퓨즈를 태워"버렸고, "그 분노와 절망과 공포가 그들의 삶을 돌이킬 수 없이 응결"(p. 82)시켜버렸다. 디엔의 꿈에서 오래전에 죽은 걸로 등장하는 데런이 오래전에 죽은 순간은 바로 이때였다. 디엔의 꿈 얘기, 그리고 데런의 기억과 일상을 교차하며 차분히 전개되던 소설의 파토스도 (마치 데런의 발작처럼) 이 지점에서 폭발한다.

이 장면의 폭발할 듯한 강렬함과 작열하는 언어의 밀도를 여기에 다 옮기기는 불가능하다. 다만, 이 대목이 데런의 영혼을 잠식한 파괴적인 노이즈가 어디에서 온 것인지를 발작적으로 폭로하고 있다는 점만은 말할 수 있다. "끄라고! 끄라고! 끄라고!" 소리치는 명령과 그에 이어진 물리적 폭력이야말로 모든 것의 원인이다. 그것은 데런을 치명적인 망각과 죽음으로 이끌었고, 그럼으로써 그녀의 내부를 노이즈로 들끓게 했으며, 오래도록 억압된 분노와 절망과 공포가 어느 순간 끔찍한 발작으로 터져 나오게 만들었다.

그런데 그들에게 폭력을 행사한 그 남학생은 누구인가? 아니 무엇인가? 그는 머리를 짧게 깎은, "안경을 썼는지 안 썼는지는 기억나지 않았고 어느 쪽이라고 해도 좋을 얼굴"(p. 81)이었다. 일단 그 인상착의만 눈에 넣어두고 다시 디엔의 꿈 얘기로 돌아가보자. 꿈에서 어떤 선배가 디엔의 이력에서 부도덕한 점을 발견했다고 하면서 디엔에게 스티치된 천 조각을 내민다. 디엔은 그건 자기가 한 게 아니라고 부인하면서 아마도 친구인 데런이 한 것일지도 모르는데 그녀는 이미 오래전에 죽었다고 말한다. 그러자 또 다른 선배가 등장해 디엔에게 죽은 데런에 대해 5분만 증언해달라고 요구한다. 디엔의 기억에 따르면 꿈속에 등장한 그 선배(들)는 "안경을 썼는지 안 썼는지 모르겠는데 어느 쪽이라고 해도 그렇다고 생각될 만한 얼굴"(p. 78)이었다.

과거에 폭력을 행사한 남학생과 디엔의 꿈에 등장한 선배들은 그렇게 똑같이 "어느 쪽이라고 해도 좋을" 평범한 얼굴을 하고 있었다. 심지어 데런에게 소음 때문에 시끄럽다고 항의하러 올라온 아래층 남자도 떠올려보니 그런 얼굴이었다. 과거와 현재, 그리고 꿈과 현실에서 데런과 디엔이 부도덕한 짓을 했다고 추궁하는 그들은 모두 같은 인간들이다. 즉 그들은 하나다. 어느 쪽이라고 해도 좋고 누구라도 상관없는 그들은 데런과 디엔이 맞닥뜨린 모든 세상 사람들이고, 나아가 그녀들을 비난하고 그녀들에게 적대적인 삶의 환경 그 자체다. 심지어 그들은 (의식의 아래에 살고 있는) 무의식이다. 이를 깨닫기라도 한 듯 데런은 이렇게 중얼거리는 것이 아닌가. "바로 아래층에 살고 있는 건 우리가 아니었어. 바로 그들이었어, 디엔."(p. 83)

3

　꿈속에서든 현실에서든, 또 실제적으로든 상징적으로든 그들이 입을 모아 비난하는 것은 무엇인가? 어렵지 않게 짐작된다. 데런과 디엔이 레즈비언 커플일 수 있음이 어렴풋이 암시되기 때문이다. 어쩌면 그 비난(들)은 레즈비언 커플에게 가해지는 유형무형의 폭력을 암시하는 것일 수도 있겠다. 그러나 그것이 전부인가? 그렇지 않을 것이다. 이것은 차라리 우리 삶에 공기처럼 만연한 폭력에 대한 이야기이고, 그 폭력이 영혼에 심어놓는 파괴적인 노이즈에 대한 이야기이며, 그 노이즈에 모든 것을 잠식당한 영혼의 이야기다. 어쩌면 데런을 망각과 죽음으로 몰아간 그 폭력이야말로 우리 삶의 정신적 토대를 잠식하는, 심지어 꿈까지도 점령해버리는 거대한 노이즈일지도 모른다.
　권여선의 소설 「희박한 마음」에는 그렇게 미세먼지처럼 만연한 거대한 폭력의 근원에 대한 절박한 물음이 있다. 디엔이 꾸었던 꿈속으로 들어간 데런이 묻는다. "도대체 이런 꿈들은 어떤 사고, 어떤 심리에서 발아해서 어떤 경로로 뻗어 나온 것일까, 그래서 결국 어쨌다는 것일까"(p. 83). 나도 궁금하다.

미끄러지는 복수와 성찰적 할머니의 탄생
── 윤성희의 「남은 기억」

1

윤성희의 소설 「남은 기억」(『현대문학』 2019년 7월호)은 억울한 할머니들의 복수극이다. 복수극이라니. 늘 선한 인간들만 등장하는 윤성희의 소설에 복수극은 전혀 어울리지 않아 보인다. 그럼에도 이것이 복수극이 아닌 건 아닌데, 왜냐하면 이 소설은 세상과 주변의 인간들에게 이리저리 치이고 당하며 쌓인 울화를 욕으로 되갚아주는 이야기이기 때문이다. 그런데 이 복수는 어쩐지 좀 이상하고 사소하고 엉뚱하다. 그뿐인가. 슬프기까지 하다. 윤성희는 이렇게 복수에도 자기의 인장을 새긴다.

암이 폐로 전이되었다는 말을 들은 날 영순은 택시 기사에게 욕을 한다. 소설은 그렇게 시작한다. 시종 친절하고 상냥했던 여자 기사가 "안녕히 가세요"라는 인사를 하자 택시에서 내리던 영순은 "씨발"이라는 욕을 뱉으며 차 문을 닫는다. 영순은 왜 기사의 상냥한 친절을 느닷없는 욕으로 되돌려주는가? 영문을 모르겠는 건 독자들뿐만이 아니다. 정작 당사자인 영순도 그 이유를 알 수 없다. "집으로 걸어오면서 영순은 같은 질문을 수십 번 했다. 왜 그랬지? 그 질문에 답을 할 수 없어서 영순은 불면증에 걸렸다."[1] 윤성희의 「남은 기억」은 이 "왜 그랬지?"라는 질문에 스스로 답하는 소설이다.

2

의문에 대한 해답의 실마리는 소설의 첫머리에 놓인 영순과 택시 기사의 대화에 있다. 내용인즉슨 이렇다. 친절하게 말을 거는 기사와 대화를 하던 영순은 기사에게 반신불수가 된 아버지의 대소변을 3년이나 받아냈다는 언니의 사연을 듣게 된다. 기사의 말에 따르면, "아버지가 짜증을 내도 늘 웃던 언니였다고. 그러던 언니가 아버지의 장례식이 끝난 뒤 식구들을 불러놓고 고추밭을 달라고 했다. 어머니가 언니에게 무서운 년이라고 욕을 했다. 남동생은 미친년이라고 욕을 했다"(pp. 35~36). 그러던 언니가 위암에 걸려 병원비를 좀 빌려달라고 했을 때, 기사는 자기도 힘들어서 병원비를 주지 않았다고 말한다. 어쨌든 고추밭을 물려받은 건 남동생이었기 때문이고, 그 뒤 남동생은 고추밭을 팔아 고깃집을 차렸다가 망했다는 것이다. 그리고 기사는 말한다. "돈은 안 주었지만 그래도 매일 언니를 위해 기도해요."(p. 36)

기사가 들려준 이 이야기가 말하는 것은 세상의 억울한 딸들의 사연이다. 세상은 겉보기에 정확한 계산법에 의해 관계가 유지되고 돌아가는 것 같지만 그것은 항상 누군가의 무임 노동과 희생을 요구한다. 기사의 가족들은 반신불수가 된 아버지를 보살핀 언니 덕분에 피해와 고통을 덜었지만, 누구도 언니의 희생에 대한 대가를 제대로 지불하지 않았다. 오히려 언니에게 돌아간 건 '무서운 년'이라거나 '미친년'이라는 욕설뿐이다. 게다가 고추밭이 남동생의 차지가 되었듯이, 얼마 안

---

1   윤성희, 「남은 기억」, 『현대문학』 2019년 7월호, p. 36. 이하 이 소설을 인용할 경우 페이지만 적는다.

되는 재산이나마 부모를 위해 희생한 딸에게는 한 푼도 상속되지 않고 아들에게만 상속되는 것이 딸들이 겪는 세상의 불공정한 계산법이다.

그리고 이런 사정은 고향의 밭을 자기 맘대로 팔아버린 큰오빠를 둔 영순의 집안 사정과도 크게 다르지 않다. 영순이 암에 걸렸다는 기사 언니의 사연과 자기의 지난 삶을 겹쳐 보게 되는 것은 당연하다. 그런 와중에 "돈은 안 주었지만 그래도 매일 언니를 위해 기도해요"라는 기사의 말은, 영순에게는 제대로 된 대가를 지불하지도 않으면서 자기는 할 만큼 했다며 '기도'하는 것으로 모든 걸 대신하려는 위선적인 자기중심적 태도로 비쳤을 것이다.

영순의 욕은 이때에 튀어나온다. "씨발." 이 욕은 기사에게로만 향하는 게 아니다. 거기엔 딸들의 희생과 무임 노동을 당연하게 생각하면서 그에 대해 제대로 된 대가를 지불하지 않고 미안해하지도 않는 세상의 모든 인간들에 대한 분노가 묻어 있다. 또한 거기엔 남에게 피해 안 주고 외려 당하기만 하면서 선하게 살았음에도 암에 걸려 이대로 끝나버릴 것 같은 자기 삶에 대한 억울함도 섞여 있다. 영순의 욕설은 이제 더는 그런 불공평한 계산법을 온순히 받아들이지 않겠다는 의지의 발설이다. 그런 측면에서 영순이 품게 되는 '왜 그랬지?'라는 의문 자체에 이미 대답이 포함되어 있는 셈이다. 물론 영순은 자기 스스로도 이 모든 것을 분명하게 의식화하진 못한다. 외려 그녀는 왜 자기가 욕을 했는지 스스로도 영문을 알 수 없어서 그 때문에 불면증에 시달리기까지 한다. 그러나 영순이 "5만 원을 냈는데 5천 원을 냈다고 우기던 생선 가게 사장. 집들이에 와서 상을 뒤집었던 남편의 고등학교 동창" 같은 사람들을 떠올리며 "씨발년. 씨발놈"(p. 36) 하고 욕을 하기 시작하면서 그때부터 화를 참지 않고 발산하기 시작한다. 그것은 바로 자기에게 잘못한 뻔뻔하고 못된 인간들의 행태를 그 당시엔 하지 못했던 욕설로 되갚아주는 행위다.

그러면서 영순은 '나'를 찾아오는데, '나'는 영순이 빌려준 돈을 떼어먹고 야반도주한 전력이 있던 터다. '나' 또한 억울하기로는 영순에 못지않은 삶을 살았다. 가산을 탕진하고 제사도 지내지 않는 오빠, 그럼에도 죽을 때는 오빠만을 찾던 엄마. '나'는 그 오빠에게 남편이 보증을 서는 바람에 악착같이 돈을 모아 산 집을 날리고 어렵게 살았다(항상 오빠가 문제다!). 게다가 '나'는 아들 내외를 교통사고로 잃었고 하나뿐인 손자는 그 때문에 한동안 자폐를 앓기도 했다. 그러고 보면 '나' 역시 영순이 겪었던 불공정한 계산법에 똑같이 치이고 희생당한 억울한 여자다. '나'가 "아들이 죽었으니 나는 대가를 치렀어"(p. 46)라고 말하면서도 같이 욕을 하러 가자는 영순을 따라나서는 것은, 영순 못지않게 고통을 겪은 사람으로서 공감과 고통의 연대의식이 작동했기 때문이겠다.

욕을 하러 떠나는 '나'와 영순의 모험은 그렇게 시작된다. 그 대상은 바로 문전성시를 이룬다는 맛집으로 알려진 국숫집 사장이다. 우연히 텔레비전에서 그 국숫집을 보게 된 영순은 속이 미어터지는데, 왜냐하면 그 집 사장이 바로 자기 남편 회사의 공금을 횡령한(그 때문에 남편의 회사는 망했다) 총무과장과 남편의 내연녀였기 때문이다. 문제는 욕을 해주고 오겠다는 야심 찬(!) 계획을 실행에 옮기기엔 그들이 지나치게 선한 인간들이라는 것이다. 그래서 그들은 국숫집 순번을 기다리는 사이에 절이라도 한번 하고 와야 마음 놓고 나쁜 짓을 할 수 있을 것 같다며 근처의 절을 찾는가 하면, 도중에 원래 목적을 잊고 뜬금없이 산딸기(!)를 먹는 데 집착하기도 한다.

분심(憤心)은 흐트러지고 욕을 해주겠다는 애초의 계획은 지연된다. 심지어 '나'는 자기가 손자에게 둘러주었던 망토를 뒤집어쓰고서야 겨우 욕을 할 용기를 얻게 된다. 따지고 들면 애초에 욕 한마디를 한다고 해서 제대로 된 앙갚음이 될 수도 없을뿐더러, '나'에게는 그마저도 길고 사소한 준비 절차를 거쳐야만 가까스로 할 수 있게 되는 그런 것이다.

그런 측면에서 당한 만큼 되돌려주는 제대로 된 복수란 이들에겐 애초부터 가능하지 않은 프로젝트다. 그들은 당한 만큼 되돌려주지 못한다. 기껏해야 욕을 해주겠다고 마음먹을 뿐이고, 그 욕마저도 영순은 자기의 병이 가망 없음을 알고 나서야 비로소 발설할 수 있게 된다. 게다가 그들의 삶을 고단하게 만든 것의 근원에는 따지고 보면 여자이기에 순응하고 감내해야 했던 세상의 불공정한 계산법이 있지만, 복수는 즉흥적으로 당장 자기를 화나게 하는 이 사람 저 사람을 향할 뿐 정작 정확한 목적지에는 도달하지 못한다. 복수는 마치 농담처럼 치러지고 그마저도 온전히 이루어지지 못한다. 이들이 그 부당함의 실체에 대해 무지해서 그런 것만이 아니다. 그러기엔 이들이 너무도 심성이 여리고 선한 존재이기 때문이다. 자기에게 어울리지 않는 복수극을 자기 방식대로 연출하는 이 할머니들의 엉뚱한 기행에서, 그리고 이를 딴전 피우듯 가볍게 띄워 올리는 소설의 전개 방식에서 역설적으로 무거운 슬픔이 느껴지는 것은 그 때문일 것이다.

3

국숫집 사장에게 욕을 하러 가는 영순의 기행은, 사기 치고 횡령한 사람들은 잘살고 피해자들은 억울해서 죽고 암에 걸려 죽는 이 세상의 불공정한 계산법에 대해 그나마 할 수 있는 소심한 항거의 방법이다. 흥미로운 것은 영순의 삶을 고단하게 만든 인간들에 대한 사후적 징벌이 싱겁게 마무리된 후 곧바로 이어지는 장면이다. 집에 돌아오는 길에 '나'는 물총 싸움을 하는 아이들을 발견한다.

> 나는 벤치 뒤에 웅크리고 앉아서 물총을 쏘는 아이에게 말했다. "할머니한테 한 번만 쏴줄래?" 아이가 어리둥절해했다. "더워서 그래. 여기에 맞혀봐." 나는 손가락으로 명치를 가리켰다. 아이가 머뭇거리더니 물총을 들었다. 다른 두 아이가 다가와 무슨 일이냐고 물었다. "이 할머니가 물총에 맞고 싶대." 아이가 친구들에게 말했다. 미끄럼틀 뒤에 숨어 있던 아이가 그럼 그러자, 하고 대답했다. 그러고는 내 가슴을 향해 물총을 쏘았다. 차가웠다. 나머지 아이들도 따라서 물총을 쏘았다. 처음에 머뭇거리던 아이가 가장 신나게 총을 쏘았다. 옷이 흠뻑 젖었다. "이제 시원해요?" 아이들이 물었다. (p. 52)

언뜻 뜬금없고 엉뚱한 행동처럼 보일지 모르지만, 이 뒤에 숨어 있는 '나'의 심리는 그리 간단치 않다. 아이들에게 명치에 물총을 쏴달라고 하고 흠뻑 젖어버리는 '나'의 기이한 행동은 일종의 자기 징벌이 아닌가. 이는 이중의 자기 징벌이다. 그것은 일차적으로는 국숫집 사장으로 짐작되는 사내에게 "나쁜 새끼. 개새끼"(p. 50)라고 욕을 한 자기의 행위에 대한 징벌일 수도 있겠다. 그러나 여기엔 또 하나의 자기 징벌이 있다. 그것은 다름 아닌 "아들이 죽었으니 나는 대가를 치렀어"라고 말한 자기의 편리한 계산법에 대한 사후적 징벌이다. 그리고 거기엔 희생하고 당하기만 하며 살았다고 생각했지만 기억 못 하는 다른 누군가에게 자기도 그런 식으로 잘못을 저질렀을지 모른다는 반성이 보이지 않게 숨어 있다.

소설은 이렇게 영순의 복수(타인에 대한 징벌)에서 시작해 '나'의 자기 징벌로 마무리된다. 이 소설은 그렇게 영순의 복수극에 동참하는 걸 계기로 자기의 지난 삶을 되돌아보는 '나'의 이야기다. 이는 이 소설이 단순히 농담 같은 복수극이 아니라 세상의 부당한 계산법에 소심하게 항거하는 영순의 모험에 동참해 이를 통해 자기를 되돌아보고 반성하게 되는 '성찰적 할머니'의 탄생에 관한 이야기임을 암시한다. 억울하고 화난 여성 노인들의 이야기를 그리는 최근 윤성희의 소설은 여기까지 이르렀다. 윤성희 소설은 이런 식으로 진화한다.

세속적 현현(顯現)과 삶의 경이
— 백수린의 「흰 눈과 개」

관계가 어긋난 아버지와 딸이 있다. 딸은 오래전 아버지가 반대하는 결혼을 강행한 뒤 스위스로 떠나버렸다. 배신감과 분노로 터질 듯했던 '그'(아버지)의 가슴은 세월이 갈수록 쪼그라들어가 이제는 빈 구멍만 남았다. 그런 딸이 8년 만에 그들 부부를 제네바로 초청한다. 이를 계기로 그들 부녀는 멀어진 서로의 거리를 나름의 방식으로 메워보려 하지만 생각만큼 쉽지 않다. 서로에 대한 오해와 상처는 깊고, 분노와 배신감은 아물지 않았다. 백수린의 소설 「흰 눈과 개」(『현대문학』 2020년 5월호)는 그렇게 한때 지극히 서로를 사랑했으나 지금은 멀어져버린, 그러나 다시금 관계 회복을 시도하는 아버지와 딸의 이야기를 그린다.

백수린은 이 이전에, 중편소설 『친애하고, 친애하는』(현대문학, 2019)에서 할머니-엄마-나로 이어지는 여성 삼대의 사연을 그린 바 있다. 가정을 돌보기보다 자기 일에만 몰두하는 엄마와 그런 엄마를 이해하지 못하는 '나'의 이야기다. 이 소설에서 백수린은 서로를 사랑하면서도 각자 다른 삶의 방식과 입장 때문에 미묘하게 어긋나는 가족 간의 관계를 묘사했다. 이를 통해 작가는 친밀성의 관계 속에서 발생하는 소통의 불가능과 어긋남을 탐구하는 한편, 이를 어떻게 받아들이고 이해해야 하는가를 질문한다.

가족 간의 관계는 혈육이라는 이유로 서로를 속속들이 이해하고 받아들일 수 있을 것처럼 보이지만, 너무도 가까워서 외려 보지 못하고 이해하지 못하는 지점들이 있다. 이는 아버지, 엄마, 딸, 아들 등과 같은 가족 내 정체성과 역할에 대한 관습적인 고정관념과 환상이 결국은 서로가 서로에게 타인일 수밖에 없는 엄연한 현실에 대한 인식을 차단하기 때문이다. 백수린의 소설이 주목하는 것은 바로 이 지점이다.「흰 눈과 개」에서 딸을 사랑하면서도 딸에 대한 분노와 배신감을 잊지 못하고 딸과의 불화에 제대로 대처하지도 해결하지도 못하는 아버지인 '그'가 묻는다. "우리는 대체 어떻게 해야 타인을 제대로 사랑할 수 있는 걸까?"[1] 이것은 평범하고 단순하지만, 관습적인 삶에 젖은 그로서는 쉽게 해결되지 않는 질문이다.

그런데 아버지인 '그'는 누구인가? '그'는 "청춘을 희생해 아내와 아이들을 위해 돈을 버는 것"(p. 230)으로 가족들에 대한 사랑을 베풀어왔다고 생각했던 사람이다. 대기업에서 인사팀 임원으로 누군가의 해고를 결정하는 일을 했던 '그'는 그 죄책감으로 "자신의 부를 축적하는 대가로 자르는 데 동의한 사람들에 대한 최소한의 도리"를 다하며 살기 위해 노력했던 인물이기도 하다. 탈세와 투기를 절대 하지 않고 "매해 일정 금액의 돈을 기부하고, 자신의 이익에 반하는 정책을 펴더라도 중도 정당에 투표하는 것"(p. 231). 예컨대 이것이 '그'가 살았던 삶의 방식이다. '그'는 서로 무관한 것을 그런 식으로 애써 연결시키면서 쉽게 감상에 빠지는 인물이다. 우리가 볼 때 '그'는 전형적인 자기기만의 삶을 살아온 인물이지만, 그에게 그런 자각은 존재하지 않는 것 같다. 다만 분명한 것은 그런 '그'를 이해해준 유일한 사람이 다름 아닌 하나뿐인 딸이었고, 그 딸이 '그'를 배신하고 떠난 뒤에는 쪼그라드는 가슴속에 깊고 어두운 구멍만이 남았다는 사실이다.

---

1 백수린,「흰 눈과 개」,『현대문학』2020년 5월호, p. 246. 이하 이 소설을 인용할 경우 페이지만 적는다.

소설은 아버지와 딸이 눈이 흩날리는 알프스의 설산을 함께 오르는 장면으로 시작한다. 그렇게 둘이 알프스의 눈길을 어색함 속에서 걷고 있을 때, 둘 사이의 사연이 소개된다. 아버지가 자기와 같은 심성과 눈빛을 가진 딸을 얼마나 유별나게 사랑했는지, 그 딸이 어느 날 갑자기 마다가스카르 출신 외국인 입양아와 결혼하겠다고 했을 때 얼마나 배신감을 느꼈는지, 그리고 결국 "아빠는 위선자예요"(p. 232)라는 말을 남기고 외국으로 떠나버린 딸에 대한 분노와 그리움으로 오랜 세월을 어떻게 고통받았는지. 이런 곡절이 '그'(아버지)의 관점에서 서술된다. 딸은 아버지와 화해하려 하고 아버지도 그러길 바라지만, 서로의 입장을 고집하는 그 둘의 생각과 감정은 미묘하게 엇나가고 서로를 튕겨낸다. 화해는 불발된다.

여기까지 읽은 독자라면 이런 물음을 던져볼 수 있겠다. 그렇다면 그들은 과연 어떻게 화해할 수 있을까? 당연한 물음이지만, 이는 실상 이 소설을 흔하디흔한 상투적인 가족드라마로 한정하고 고착시켜버리는 물음이다. 그리고 작가가 이 소설에서 주의를 기울이는 것 또한 그들이 어떻게 서로 간의 오해를 극복하고 서로를 용서하면서 화해에 이르게 되는가가 아니다. 작가는 그보다는 오히려 그 둘 사이에 무언가를 던져놓는다. 무엇을?

딸과의 화해가 불발된 후 '그'는 자신이 딸의 말처럼 정말로 위선자일지도 모른다는 생각에 수치심에 젖는다. 그러면서 '그'는 딸과 같이 갔던 산속의 휴게소에 들러 커피를 마시고 내려오곤 했는데, 그곳에서 딸과 함께 휴게소에서 보았던 다정한 노인 커플과 그들 옆에 웅크린 검은 개를 다시 발견한다. 그리고 그가 목격하는 것은 엎드려만 있던 개가 일어서 걷는 장면이었다. 그날 '그'는 딸에게 보여주고 싶은 게 있다면서 휴게소에서 만나자는 문자를 보낸다. 그가 딸에게 보여주고 싶었던 것은 무엇이었을까? 아니, 그 이전에 그는 이런 말을 하고 싶었을 것이다. "그는 언제나 그녀를 사랑했으며 앞으로 무슨 일이 있어도 변함없이 사랑할 것이라고. 그녀가 한 말로 인해 그는 오랫동안 고통스러웠으나, 그가 딸에게 주었을 상처 때문에 더욱 괴로웠으며, 사실은 용서를 구하고 싶었다고. 그렇게 말하는 것이 또다시 위선처럼 들릴지라도. 다소 얼마간은 정말 위선에 불과할지라도."(p. 247)

그러나 아버지와 딸의 진정한 화해와 감정의 소통을 이끌어내는 것은 그런 진부한 말 따위가 아니다. 오히려 그것은 다름 아닌, 아버지와 딸이 함께 목격하는, 소소하고 일상적이지만 경이로운 한 풍경이다. 그들이 함께 목격하는 경이로운 장면을, 좀 길지만 옮겨보자.

"아빠."

그때 딸이 낮게 탄성을 지르듯 그를 불렀다.

딸의 시선이 멈춘 곳에는 그 검은 개와 노인 커플이 서 있었다. 그들은 장갑을 고쳐 끼며 서로 대화를 나누고 있었고, 검은 개는 신이 난 듯 정신없이 뛰어다니다가 눈밭 위를 뒹굴었다. 저렇게 신나할 수가.

"아빠, 봤어요?" 딸이 말했다. 온몸으로 뛰어오르는 생명력. 그리고 그는 너무나도 천진한 개를 보면서 딸이 어째서 그렇게까지 그 장면에 몰두하는지를 알아챈다. 그가 딸에게 보여주려던 것을, 딸아이가 이미 발견했음을. 그러니까 그 개가 세 개의 다리만으로 폴짝폴짝 뛰고 있다는 걸.

개는 다리가 하나 없는 것 따위는 아무렇지도 않다는 듯, 어떤 끔찍한 일이 있었지만, 그것은 이제 다 아물었으므로, 괜찮다는 듯 남아 있는 세 다리로 그렇게 꼬리를 흔들며 눈밭을 뒹굴었다. 얼마나 경이로운지. 전날 그 개를 처음 본 순간 그가 느낀 것은 놀라움이었다. 그리고 그다음엔 또 다른 감정이 그의 안에 서서히 번졌는

데, 그것이 무엇이었는지, 어째서 딸에게 이 장면을 보여주고 싶어졌는지 그는 설명할 말을 찾지 못했다. 그러므로 그는 그저 그렇게만 말할 뿐이었다.

"그래, 보고 있어."

하지만 딸은 그의 마음을 이해한다는 듯, 아무것도 덧붙일 필요 없이, 모든 것이 완벽하다는 듯, 그를 바라보며 미소를 지었다. 천진하게. (p. 248)

다리 하나 없는 것쯤은 아무것도 아니라는 듯 온몸으로 뛰어오르며 눈밭을 뒹구는 검은 개의 모습이 전해주는 경이와 가슴속으로 번져가는 모종의 감정. 그것은 말할 수도 설명할 수도 없는 것이고, 그 자체로 완벽한 것이며, 아무런 말도 필요 없이 그저 마음에서 마음으로 전해지는 것이다. 이것은 사실 이들 부녀의 삶이나 갈등과 직접적인 인과관계도 없고 자신의 문제를 떠올리는 것도 아닌, 그들과는 전혀 무관한 삶의 한 풍경일 뿐이다. 그러나 일상적이고 상투적인 삶의 한 순간이 놀라움으로 다가오는 그 순간의 경이는 돌연 그들의 삶과 상처와 갈등 같은 것들을 상대화하면서 어떤 말할 수 없는 깨달음으로 이끌어 간다. 그런 의미에서 이들 부녀가 목격하는 이 장면을 우리는 일종의 세속적 현현(顯現, epiphany)이라고도 할 수 있을 것이다. 이 압도적인 삶의 경이에 비추어본다면 자신들의 상처와 수치와 분노와 슬픔이란 얼마나 작고 하찮은 것인가. 오가는 서로의 눈빛 속에 이들 부녀의 갈등과 상처를 순간적으로 녹여버리는 것은 그 말할 수 없고 설명할 수도 없는 깨달음이다.

그러면 모든 갈등을 단숨에 손쉽게 해결해버리는 기계장치의 신deus ex machina과 뭐가 다르냐고? 그러면 또 어떤가? 반대로 이 소설이 구구절절 일일이 설명하고 대화하고 화해에 이르는 과정의 곡절을 세세하게 그리는 데 집중했다면 얼마나 지루하고 따분했겠는가? 백수린의 「흰 눈과 개」는 이처럼 자칫 갈등 끝에 화해에 이르는 상투적인 가족 드라마에 그치기 쉬운 이야기를 구출해내, 경이로운 순간의 현현과 말 없는 각성으로 마무리함으로써 매력적인 단편 미학의 한 영역을 구축했다.

4부
혁명과 고독

분단시대 드라큘라의 꿈
— 최인훈 선생을 추모하며

1. 그래서 드라큘라

최인훈은 2015년 자택에서 나도 함께했던 어느 인터뷰에서 이렇게 말한 적이 있다.

> 나는 드라큘라영화를 매우 좋아했다. 사찰의 불상이나 성당의 예수상 앞에서 느끼지 못한 영감을 얻었다. 다른 한국 작가가 샤머니즘에서 영감을 얻듯이 나는 드라큘라에게서 많은 것을 느꼈다. 내 소설 '구운몽'은 관 속에 누웠던 사람이 깨어나 마치 드라큘라의 성(城) 속을 돌아다니듯이 도시를 배회하는 것이다. 드라큘라의 나쁜 점은 내 이성으로 확인할 수 있는 것이지만, 어떤 다른 지성과 종교도 주지 못하는 드라큘라의 생리적 매력은 무엇인가를 탐구하고자 했다.[1]

인터뷰에서 최인훈은 그가 젊은 시절 크리스토퍼 리가 연기했던 드라큘라에게 매혹되었음을 열띤 어조로 고백하고 있었다. 그러면서 그

---

1 최인훈·김성렬·김영찬·바버라 월 대담, 「韓國 작가는 한 손에, 現代史라는 수갑을 차고 있다」, 박해현 정리, 『조선일보』, 2015년 6월 29일자.

는 드라큘라라는 캐릭터에서 많은 영감을 받았으며, "드라큘라의 생리적 매력"이 무엇인지를 탐구하고자 했다고 말한다. 자신의 소설「구운몽」도 관 속에 누웠던 사람이 깨어나 밤의 도시를 돌아다닌다는 설정이 드라큘라 영화와 유사성을 가지고 있다는 것이다. 드라큘라라니. 다소 뜬금없어 보일지도 모르겠다. 그러나 드라큘라는 최인훈의 문학에서 중요한 의미를 갖는 캐릭터다. 오랜 세월이 흘러 새삼 드라큘라에 대한 애정을 고백하는 그의 말을 듣고 내가 알게 된 것은 그가 생각보다 훨씬 더, 그리고 오래도록 드라큘라라는 캐릭터에 애착을 갖고 있었다는 사실이다.

그러고 보면 드라큘라는 그가 쓴 소설의 도처에 숨어 있는 것도 같다. 무엇보다 젊은 날의 최인훈이 드라큘라 영화를 좋아했다는 것은 분명한 사실일 테다. 그가 1964년에 펴낸 장편소설『회색인』에서 드라큘라 이야기에 무려 한 챕터를 넘게 할애하고 있을 정도니 말이다. 그 챕터는 'V, 드라큘라 백작의 계보'라는 소제목을 달고 있다. 거기서 최인훈은 주인공 독고준이 극장에서 드라큘라 영화를 보고 나온 이야기를 쓰면서 (그로서는 예외적으로) 친절하게도 영화의 줄거리까지 길고 자세하게 소개한다. 한 처녀가 우연히 음침한 고성(古城)을 방문했다가 사슬에 묶인 귀공자를 발견한다. 그를 동정한 처녀는 열쇠를 훔쳐 가져다 달라는 그의 청을 들어주고 마침내 드라큘라는 사슬에서 풀려난다. 이어지는 피의 학살, 그리고 어찌어찌 결국 십자가 그림자에 갇혀 비틀거리며 쓰러지는 드라큘라의 최후.

소설에 영화의 제목은 나오지 않는다. 그러나 최인훈이 요약한 줄거리로 판단할 때,『회색인』에서 독고준이 본 것으로 설정된 영화는 테렌스 피셔Terence Fisher 감독의「드라큘라의 신부The Brides of Dracula」다. 흥미로운 건 이 영화는『회색인』의 시간적 배경으로 되어 있는 1959년에는 존재하지도 않았던 영화라는 점이다. 실제 이 영화는 1960년에

제작됐기 때문이다. 게다가 독고준이 영화를 본 극장은 "값이 헐한 대신에" 시간이 지난 "이삼 년 전의 필름"을 돌리는 삼류 영화관이었다고 하니, 소설에서 이 영화는 심지어 1959년보다도 훨씬 이전에 나왔던 작품으로 설정돼 있는 셈이다.[2] 「드라큘라의 신부」는 1959년 국내에 "괴인(怪人) 드라큘라"라는 제목으로 개봉했던 「드라큘라의 공포 Horror of Dracula」(1958)의 인기를 등에 업고 졸속으로 만든 속편이다. 심지어 이 영화에 등장하는 것은 드라큘라 백작이 아닌 정체 모를 한 뱀파이어이고, 당연히 크리스토퍼 리가 주연을 맡지도 않았다. 그럼에도 최인훈은 뻔한 시대착오를 무릅쓴다. 그는 줄거리까지 상세하게 소개하면서 굳이 (실제론 1년 뒤에 세상에 나왔던) 이 조야한 B급 영화를 소설에 등장시킨다. 왜 하필 「괴인 드라큘라」가 아닌 「드라큘라의 신부」였을까? 『회색인』의 이야기가 1959년 여름밤에 끝난다는 걸 감안해보면, (어차피 허구임을 고려하더라도) 그해 6월에 국내에 개봉했던 「괴인 드라큘라」 쪽이 훨씬 아귀가 맞지 않겠는가.

당연히 이유가 있다. 독고준이 본 드라큘라 영화에는 필히 드라큘라를 동정하고 구해주는 순수하고 동정심 많은 처녀가 등장해야 했다. 이어지는 장면에서, 영화 속의 그 처녀는 독고준이 자기 삶의 태도를 새삼 다잡는 데 자극을 주는 매개 역할을 하기 때문이다. 이를테면 이런 것이다. 영화를 보고 나온 독고준은 김순임을 만난다. 김순임은 독실한 기독교 신자로, 어린 독고준에게 아찔한 육체적 체험을 안긴 방공호의 여인을 떠올리게 하는 처녀다. 그녀는 또한 고향, 전통, 상식, 평화, 안정 등의 가치를 연상시키는, 그래서 독고준의 마음을 끌어당기는 순수한 처녀다. 그런데 독고준은 영화를 보고 나온 바로 그날 김순임을 보고 흠칫 놀란다. 김순임이 영화 속의 그 처녀와 겹쳐 보였기 때

---

2 최인훈, 『회색인』, 문학과지성사, 1991, p. 268. 이하 이 책을 인용할 경우 페이지만 표기한다.

문이다. 그 순간은 또한 독고준이 그녀와 마주 선 자기의 얼굴에서 드라큘라의 얼굴을 보는 순간이기도 하다.

> 그때였다. 준은 가벼운 외마디소리를 지르면서 한걸음 물러섰다. 김순임은 공포의 빛을 가득 담은 남자의 얼굴을 보았다.
> "왜 그러세요?"
> 그녀는 놀라며 물었다.
> "네…… 갑자기……"
> 준은 이마를 짚으며 한참 그 자리를 움직이지 않았다. 그의 얼굴이 금세 해쓱해 있었다.
> 〔……〕
> 아까 김순임의 얼굴이 그 영화 속의 여주인공처럼 보였던 것이다. 그리고 같은 순간에 준은 보았다. 그 뒤쪽 창유리에 비친 한 남자의 얼굴을—창백한 드라큘라의 얼굴을. (p. 273)

독고준은 이를 계기로 김순임에 대해 청산하지 못했던 어떤 감정을 깨끗이 정리한다. 그는 생각한다. 자신은 드라큘라처럼 "신(神)이라는 완충기를 잃어버린 사람"이며 "족보(族譜)라는 브레이크를 잃어버린 자동차"다(p. 280). 그런 자신에게 김순임 같은 여인은 어울리지 않는다. 그녀를 다치게 해선 안 된다. "사랑하기 때문에 사랑하지 말기로"(p. 279) 한다. 그녀가 상징하는 '거짓 평화'의 세계에 더 이상 연연하지 않겠다는 의지, 상식의 태양이 비치는 낮이 아닌 반역의 시간인 밤에 머물겠다는 의지가 그와 맞물린다. 거짓 평화의 약속에 속아 현실에 안주하기보다 차라리 끝없는 방황과 고독을 선택하겠다는 것이다. 그런데 왜 그래야 하는가? 그리고 독고준은 왜 그렇게 드라큘라에게 끌리는가?

독고준이 답한다. "간단하다. 내가 드라큘라이기 때문이다."(p. 274) 그 이전에 그는 이미 "이 괴담(怪談)이 지니고 있는 아름다움"(p. 273)을 새삼 알아보고 그에 매료됐던 터다. 그에 따르면 드라큘라 이야기는 "신(神)을 잃어버린 인간의 드라마"(p. 274)다. 그는 신을 잃고 세상의 질서에 도전하다 쫓기고 추방되고 학살되는 드라큘라에 자기의 모습을 겹쳐놓는다. 자신을 드라큘라와 동일시하며 이르는 이런 결론은 곧 완강한 에고의 고독 속에 머물겠다는 의지적 선언으로 이어진다. 독고준은 말한다. "강해야 한다. 최소한 나의 에고는 지킬 수 있도록. 태연한 낯빛으로 약간 웃음 띠고 신(神) 없는 고독을 견디어내기만 하면."(p. 279) 그렇게 세상의 질서에 도전하는 고독한 반역자로 새롭게 해석된 드라큘라는 독고준의 상상적 자아의 표상이 된다. 드라큘라가 돌연 최인훈의 문학적 주체성의 메타포로 부상하는 것은 바로 이 지점이다. 그런데 드라큘라란 무엇인가?

2. 애타게 집요하게, '나'를 찾아서

최인훈의 소설에는 동서고금의 다양한 작가와 텍스트가 자주 언급된다. 프란츠 카프카, 피카소와 몬드리안, 이상(李箱)과 발자크, 제임스 조이스의 『율리시스』, 조명희의 「낙동강」, 이광수의 『흙』과 채만식의 『탁류』 등이 그런 사례들이다. 이때 그 텍스트들은 대개 한국적 현실을 살아가는 작가-지식인으로서 자신이 서 있는 자리와 존재 방식을 비춰보는 자기 성찰의 거울로 기능한다. 최인훈 소설의 곳곳에서 그 텍스트들을 딛고 뻗어가는 작가의 논평은 역사와 미학, 문화와 정치를 가로지르면서 소설을 거대한 사유의 실험장으로 만든다. 드라큘라도 그와 방불하다.

일반적으로 야만과 광기, 어둠과 죽음의 화신으로 묘사되는 드라큘라는 문명이 축출한 모더니티의 억압된 타자이자 적대자다. 최인훈은 그런 드라큘라의 이미지를 반전시킨다. 『회색인』의 독고준에 따르면, 드라큘라는 기독교 신에게 추방된 이단의 토착신(土着神)이며 검은 신약(新約)의 어두운 주인공이다. 그가 볼 때 드라큘라는 거짓 상식, 비열한 평화와 타협하지 않고 쫓기며 사랑을 호소하는 깨어 있는 영혼의 반란자다. 이때 드라큘라의 캐릭터는 단순히 동일시의 대상으로만 기능하지 않는다. 그것은 독고준(과 작가 최인훈)의 자기의식이 투사되는 자기 성찰의 거울로 작동하기 시작한다. "내가 드라큘라"라는 독고준의 자각은 자신이 다름 아닌 이식된 서구적 모더니티의 식민성과 불구성에 짓눌린 후진국 한국의 고독한 이성이며 가망 없이 타락한 한국적 현실과 맞서는 정신의 반역자라는 자기 확인과 연결된다. 이때 그 자기의식의 핵심에 있는 것은 바로 이런 물음이다. '나는 누구인가, 또 어떻게 살아야 하는가.'

이 물음은 「광장」에서 시작해 『회색인』 『서유기』 「크리스마스 캐럴」(연작) 「하늘의 다리」 『소설가 구보씨의 일일』 등으로 이어지는 일련의 지식인소설에서 형태를 바꿔 지속되고 심화되어온 일관된 화두다. 최인훈이 살아온 시대는 그의 말처럼 "자기 자신에게조차 자기가 확실치 않은 시대"[3]였다. 특히 한국전쟁 당시 LST(Landing Ship Tank, 전차상륙함)를 타고 월남했던 그때의 체험이 그런 인식에 결정적인 영향을 미쳤다. 최인훈에게 LST 체험은 일종의 트라우마였다. 발 디딜 모든 것이 흔들리고 불안정한, 그래서 멀미를 일으키는 LST 선상의 체험은 자아를 지탱할 바탕을 상실한 뿌리 뽑힌 삶의 메타포로 작용했다. 그런 그에게 전쟁과 반혁명, 급격한 근대화로 이어지는 한국의 현실

---

3 최인훈, 『화두』 1, 민음사, 1994, p. 81.

은 멀미 나는 LST 체험의 연장이었고 한국의 근대는 여전히 흔들리는 'LST의 시대'였다. 그렇게 돌아갈 고향도 기댈 전통도 잃은 채 정체 모를 힘에 의해 압도되고 휩쓸려가는 삶이 바로 최인훈이 파악한 한국적 근대의 삶이다. 그 흔들리는 'LST의 시대'는 무엇을 초래하는가? 최인훈이 거기에서 맞닥뜨린 것은 다름 아닌 자기 해체와 자기 분열의 공포다. 그는 말한다.

> 결국 작가인 내가 인간으로서의 아이덴티티라고 하는 것에 집착하는 것은 스스로 어떤 인격적인 통합이 없다고 하는 것, 그런 공포에 직면해 살아왔다는 증거라고 할 수 있겠죠.[4]

초기부터 일관된 최인훈 소설의 주제 의식은 바로 그 '인격적 통합'이 어떻게 가능할 것인가를 향해 있었다. 그에게 소설이 자기 삶의 공포를 치유하기 위한 방법이기도 했음을 보여주는 대목이다. 그 공포에 직면한 주체의 곤경을 집요하게 응시하면서 자기 삶의 정체를 고고학적으로 파헤쳐보려는 시도가 바로 최인훈의 소설이다. 그의 소설에서 '나'는 누구이며 어떻게 살아야 하는가,라는 물음이 핵심에 자리 잡고 있는 것은 그런 까닭이다. 최인훈의 소설은 그 물음을 붙들고 거대한 혼돈의 시대에 발 디딜 바탕을 잃고 방황하는 "갈래갈래 찢긴 나"[5]의 증상을 어떻게든 넘어서보려는 자기 해부와 자기 치유의 문학적 실험이라고 할 수 있다.

최인훈의 소설에서 작가의 분신인 주인공들이 하나같이 '자아 완성'(「가면고」「광장」), '보편과 에고의 황홀한 일치'(『회색인』), 자기 구

---

[4] 최인훈·한승옥 대담, 「신화의 진액을 퍼올리는 고독한 예술가의 초상」, 『동서문학』 1989년 8월호, p. 41.

[5] 최인훈, 「그레이 구락부 전말기」, 『총독의 소리』, 홍익출판사, 1968, p. 17.

원 등을 욕망하는 것도 같은 맥락에 있다. 물론 그들은 그런 고전적인 조화와 자기 구원의 이상이 더 이상 가능하지 않음을 알고 있다. 인격적 통합을 불가능하게 하는 적대적인 환경은 오히려 에고를 더욱더 소외와 분열 속으로 몰아넣는다. 최인훈의 소설에서 그 적대적인 환경이란 전쟁과 분단, 독재와 반혁명으로 이어지는 한국적 근대의 폭력에서 기인하는 것이다. 최인훈의 주인공이 일관되게 견지하는 회의와 권태, 방관과 냉소는 그 압도적인 힘에 도리 없이 내몰릴 수밖에 없는 주체의 무력감의 표현이다. 그럼에도 불구하고 그들은 그 불가능한 이상에 대한 욕망을 포기하지 않는다. 그들은 에고를 굴복시키는 적대적인 환경에 맞설 수 있는 것 또한 다름 아닌 내적 확실성으로 무장한 에고뿐이라는 사실을 확신하는 자들이다. 최인훈 소설의 주인공들이 유독 에고에 대한 "맹렬한 집념"(p. 39)에 사로잡히는 것도 그런 이유 때문이다.

자기 자신의 에고에 대해 그들이 보여주는 집념은 등단작인 단편 「그레이 구락부 전말기」(1959)와 「라울전」(1959)에서부터 한결같았다. 그런 경향은 「가면고」「광장」을 거쳐 『회색인』『서유기』에서 절정에 이른다. 최인훈의 주인공은 모두 자기 자신의 상황을 끊임없이 곱씹으며 회의하고 사유한다. 그러면서 그들은 의심할 수 없는 자기 존재의 내적 확실성을 끊임없이 재확인한다. 그들은 그렇게 자신의 존재에 대한 강한 자의식과 자기 확신으로 한국적 근대가 강요하는 혼란과 분열, 절망과 소외에 맞선다. 소설에서 그들이 펼치는 현실에 대한 관념적 사유는 자기를 둘러싼 환경을 이성의 논리적 질서 속에 복속시킴으로써 자아에 대한 현실의 우위를 역전시키고 자기 이성의 상상적 권력을 실현하기 위한 나름의 방법이다. 그들은 그것을 자기 이성의 "내적 승리"[6]라고 부른다.

---

6   최인훈, 「가면고」, 『크리스마스 캐럴/가면고』, 문학과지성사, 1976, p. 361.

최인훈 소설의 바탕을 지탱한 것은 그렇게 주체의 존립을 위협하는 한국적 근대의 상황 속에서 자기를 지키면서 정신의 자유를 실현하려는 주체의 안간힘이다. 그의 주인공이 보여주는 자아에 대한 맹렬한 집착과 자기 확신은 이를 가로막는 상황에 대한 일종의 방법적 반작용이라고도 할 수 있겠다. 이때 자아에 대한 강렬한 집념은 '자유'에 대한 강렬한 집념의 다른 이름이다.

다시 드라큘라로 돌아간다.

3. 불가능한 것, 그리고 문학적 프로이트주의

드라큘라는 최인훈의 주인공들이 품는 그런 집념이 투사되는 대상이다. 최인훈의 드라큘라는 무엇보다 독서가다. 독고준은 생각한다. "아마 드라큘라도 처음에는 독서가였을 것이다. 〔……〕 파우스트처럼 철학·문학·연금술, 게다가 신학까지 닥치는 대로 읽었을 것이다."(p. 284) 드라큘라는 닥치는 대로 책을 읽는 탐독가였다. 이때 책 읽기란 자율적 내면 공간으로의 침잠을 암시하는 것이며, 달리 말하면 이성의 작동과 같은 것이다. 이성이 아닌 비이성, 문명이 아닌 야만으로 상징되는 드라큘라의 통상적인 상징성은 이 지점에서 거꾸로 뒤집힌다. 드라큘라는 오히려 고독한 이성의 탐구자다.[7]

독고준에 따르면 파우스트는 타협했으나 드라큘라는 타협하지 않았다. 그는 기만적인 안정과 거짓 평화에 맞서 싸우기 위해 '이성을 사용할 결단과 용기'(칸트)를 실천한 자다. 무엇보다 그는 강한 자다. 『회색

---

[7] 드라큘라가 활동하는 밤의 시간은 이성이 활동하는 시간이다. 그런 측면에서 최인훈의 소설에서 밤 12시부터 새벽 4시까지 통행이 금지된 어두운 야밤의 도시를 산책하며 한국의 현실을 사유하고 성찰하는 「크리스마스마스 캐럴 5」의 '나'도 그런 드라큘라의 이미지를 연상시킨다.

인』의 독고준이 창유리에 비친 자기 얼굴에서 드라큘라를 보고 난 후의 다짐도 바로 "강해야 한다"는 것이었다. 그가 볼 때 드라큘라는 신을 거부하고 스스로 신이 됨으로써 자기만의 신약(新約)을 완성한 자다. 그는 강력한 단독자의 표상이다.

> 낡은 책 냄새가 밴 어두운 서재에서 어떤 순간 그의 머리를 스치고 지나가는 생각이 있었다. 내가 바로 신(神)이 아닐까? 그 순간에 그는 으스스 떨었다. 그래서는 왜 안 되는가? 신은 아무리 불러도 대답이 없다. 이 세상에 다시 오겠다고 약속하고도 이내 소식이 없다. 그에게는 그럴 힘이 없는 것이다. 그를 기다리는 것은 소용없는 일이다. 확실한 것은 나뿐이다. 그렇다. 신은 유(有)가 아닌가. 그런데 내가 확실히 증명할 수 있는 것은 나다. 그러므로 나는 신(神)이다. (p. 284)

드라큘라는 대답 없는 신을 대신해 스스로 신이 되어 '나' 자신을 증명하기로 결심한다. 이것은 독고준이 상상하는 드라큘라의 의식의 흐름이지만, 거기에 자연스럽게 오버랩되는 것은 독고준 자신의 목소리다. 이때 신이란 단독자로서 누리는 무한한 자유의 다른 이름이다. 그러나 독고준은 자신이 드라큘라처럼 신이 될 수 없음을 알고 있다. 그것은 불가능하다. 그럼에도 그는 그 불가능을 욕망한다.

> 그러나 나는 배신할 신(神)을 가지고 있지 않다. 나에게는 드라마가 불가능했던 것이다. 불가능한 것을 뛰어넘는 것, 그것이 혁명이다? 불가능한 것을? 〔……〕 그렇다. 내가 신(神)이 되는 것. 그 길이 있을 뿐이다. (p. 301)

최인훈은 주어진 신을 거부하고 자기 자신이 신이 되고자 한 고독한 단독자 드라큘라의 드라마를 창조한다. 그 드라마는 그대로 최인훈 소설의 의식의 드라마를 비추는 거울상이다. 그러면서도 그는 드라큘라의 드라마가 '나'에겐 가능하지 않음을 다시금 확인한다. 그 순간 자유의 가능성을 비춰주던 드라큘라는 거꾸로 그 불가능을 비추는 거울로 역전된다. 최인훈은 신이 되고자 하지만 그것이 애초 불가능함을 알고 있는 자가 나아갈 길은 바로 그 불가능을 무릅쓰는 것이라고 말한다. 초월적 자기의 무한한 자유는 불가능하지만 그럼에도 자유는 그 불가능을 뛰어넘으려는 시도 속에서만 가능하다는 말이겠다. "내가 신이 되는 것. 그 길이 있을 뿐이다"라고 독고준이 생각할 때, 거기에 숨어 있는 것은 그 모든 불가능을 무릅쓰리라는 강렬한 주체적 의지다.

최인훈의 소설에서 발견되는 자아에 대한 맹렬한 강박은 이런 맥락 속에 놓아야만 비로소 그 진정한 의미가 오롯이 드러난다. 그것은 자신이 그토록 집착하는 완전한 자아조차 이미 저 불가능에 돌이킬 수 없이 오염된 하나의 허구일 수 있음을 직감하는 자의 절망적인 자기의식의 표현이다. (최인훈 소설의 주체를 단순히 나르시시즘적 주체로 환원해버리는 일각의 평가가 부적절한 것도 이 때문이다.) 최인훈 소설의 주인공은 끊임없이 현실에 구속받지 않는 초월적 자기의 확실성을 추구하면서도 그것이 불가능할 수밖에 없음을 고통스럽게 응시한다. 그들은 알고 있다. 그럼에도 불구하고 멈추지 않는다. 그러면서 그들은 그 불가능이 어디에서 오는 것인지를 끈질기게 추적하는데, 그것 자체가 바로 자아를 제약하는 불가능의 조건을 뛰어넘으려는 의지의 표현이다.

대부분의 최인훈 소설은 그렇게 불가능에 걸려 주저앉은 주체의 자기의식과 자기분석의 드라마다. 그런 의미에서 그의 소설은 주체의 실패를 보여주는 하나의 증상이며 동시에 그 증상의 진단이기도 하다.

그의 사후(死後)에 씌어질 이 글의 논지를 미리 앞질러 의식하기라도 한듯, 최인훈 또한 그에 동조하며 스스로 이렇게 말하기도 했던 터다. "삶과 하나가 되지 못하는 내 삶의 모습이었다. 내 소설들의 증상을 그 것은 닮아 있었다. 소설이라는 형식으로 그 증상을 되풀이 진단하는 것은 진단 자체가 적어도 그 증상에 대한 공포를 조금은 진정시키는 효과가 있었다."[8]

최인훈 소설의 큰 줄기를 차지하는 것은 바로 그 실패의 증상에 대한 분석과 해부다. 증상에 대한 최인훈의 문학적 진단은 프로이트의 작업을 흡사하게 닮아 있다. 드라큘라가 그렇듯이, 최인훈은 그의 소설 속에서 밤의 주재자(主宰者)였다. 밤은 이성이 활동하는 시간이지만 무의식이 암약하는 시간이기도 하다. 최인훈은 그의 소설에 무의식을 풀어놓고 그 정체를 낱낱이 추적하고 해부한다. 이때 무의식이란 최인훈의 표현에 따르면 '초자아'다. 바로 그 초자아야말로 최인훈에게는 공포스러운 불가능의 조건이다. 그것은 의식의 심층에서 깊이 구조화되어 자아의 삶을 감시하고 통제한다.[9] 그의 소설은 바로 그 사회적 초자아 혹은 무의식을 추적하며 자아를 주저앉히고 실패로 몰아가는 저 불가능의 실체를 밝혀보려는 작업이었다. 최인훈은 말한다. 『서유기』에 대한 진술이다.

---

8 최인훈,『화두』1, pp. 460~61.

9 초자아의 감시와 통제는 최인훈의 실제 삶과 글쓰기를 지배한 트라우마 중 하나이기도 하다. 그것의 원형적인 형태는 (『회색인』에도 등장하는) 어린 시절 최인훈이 북한에서 실제로 겪은 억압적인 자기비판의 경험에 집약되어 있다. 최인훈의 글쓰기는 그 초자아의 응시를 끊임없이 의식하고 내면화하면서 이루어진다. 최인훈은 그에 대해 『화두』에서 이렇게 말한다. "이 재판이 나를 떠나지 않는 더 중요한 까닭은 이후의 나의 생애 전체를 통하여 내가 성인으로 살아가는 현실도 이 재판의 모습으로 진행되었고, 나의 직업상의 경력도 이 재판을 빼다꽂은 듯한 유사성을 가지고 진행되었다."(최인훈,『화두』2, 민음사, 1994, p. 77.)

나는 이 작품에서 〈사회적 자아〉라는 인간 개인의 내면 구조를 붙잡은 듯싶다. 개인에게 있어서 〈사회〉라는 것은 〈프로이트〉가 말하는 〈초자아〉의 형태로 개인의 의식 속에 모형이 〈빌트-인Built-in〉되어 있는 것으로 보아야 할 것 같다. 〔……〕「서유기」에서는 〈자기 안에 있는 남(그러면서도 자기 안에 있고 보면 그것은 자기이기도 한)〉, 그러한 의식의 구조를 탐구해 보았다.[10]

같은 관점에서 최인훈은 『회색인』을 의식의 "발생학적 추적"으로, 「크리스마스 캐럴」 연작을 "우리 머리 속에 있는 〈초자아〉의 원산지를 추적"해본 작업으로 설명한다.[11] 그에 따르면 모든 자아는 사회적 자아다. 사회는 개인의 의식 속에 초자아의 형태로 각인되고 구조화된다. 억압적인 분단 상황과 분단 이데올로기, 독재와 정치적 후진성, 정신적 식민성과 의식의 낙후, 전통의 부재와 가치 기준의 상실, 강압적 근대화의 폭력과 문화정치적 통제 등이 예컨대 그런 것이겠다. 그의 소설은 개인을 통제하고 혼란과 분열과 실패로 몰아가는 바로 그 초자아의 정체에 대한 고고학적 탐구다. 회의와 권태로 신음하는 자기 자신의 상황에 대한 응시가 혁명을 불가능하게 하는 한국적 상황에 대한 성찰과 하나로 결합되는 『회색인』의 서사가 대표적인 경우다. 자기 내면으로의 여행이라는 환상적 알레고리 형식을 빌려 한국 근대사의 파행적 전개에 의해 규정된 자아의 내면구조 혹은 (무)의식의 세계를 좇아가는 『서유기』도 마찬가지다.

그러나 그보다 더 흥미로운 것은 소설 전체가 꿈의 형식으로 되어 있는 중편 「구운몽」이다. 「구운몽」은 주인공 독고민이 첫사랑을 찾아

10 최인훈, 「원시인이 되기 위한 문명한 의식」, 『길에 관한 명상』, 청하, 1989, p. 36.

11 같은 책, pp. 35, 38.

헤매다가 기이하고 혼란스러운 상황에 말려들어가 반란의 수괴로 몰려 쫓기던 중 총살되고 또다시 살아나지만 결국 얼어 죽은 시체로 발견되는 종잡을 수 없는 사건들이 혼란스럽게 나열된다. 그리고 그 모든 사건의 배후에 있는 것이 다름 아닌 5·16 군사쿠데타임이 암시된다. (마치 크리스토퍼 놀란의 영화「인셉션」의 구조를 미리 예견하는 듯한) '꿈속의 꿈'의 연속과 독고민의 상황에 대한 논평 등이 혼란스럽게 뒤섞인「구운몽」의 서사 공간은 그 자체로 무의식이 활동하는 꿈의 공간이다. 그리고 주체의 분열 및 혼란에 조응하는 파편적인 서사는 압축condensation과 전위displacement, 동일시identification 등 프로이트가 설명한 꿈 작업 기제(『꿈의 해석』)에 의해 조직돼 있다. 그에 더해 최인훈은 소설의 끝에 현실의 연인이 보고 나오는 영화(앞의 내용 전부가 바로 이 영화의 내용임이 암시된다)의 해설 형식으로 그 모든 상황에 대한 분석적 논평을 덧붙이는데, 그런 서사구조는 그 자체로 꿈의 내용을 설명한 뒤 그 의미를 세세히 분석하는 프로이트의 꿈 해석 절차를 연상시킨다. 앞서 최인훈의 소설이 프로이트의 작업을 닮아 있다고 말했지만, 무의식의 활동을 풀어놓고 응시하며 해부하는 이 소설은 말 그대로 소설로 쓴 최인훈 버전의 『꿈의 해석』이라 할 만하다.

『소설가 구보씨의 일일』에서 정치에 대해 언급하는 자리에서 "정신분석의 공적은 이 기층 부분의 존재를 확인한 것"[12]이라고 하면서 퇴적된 심층이 없어지지 않고 현재에 영향을 미친다는 자신의 생각이 '정치적 프로이트주의'라고 말한다. 그 말을 따라 우리는 앞에서 살펴본 최인훈의 문학적 작업의 근간을 '문학적 프로이트주의'라고 이름 붙일 수 있을 것이다. 자아 안에 각인된 초자아에 대한 비판적 해부와 성찰로 요약되는 이러한 문학적 작업은 문학의 정치를 실천하는 최인훈 나

---

12 최인훈, 『소설가 구보씨의 일일』, 문학과지성사, 1991, p. 104.

름의 방법이기도 했다. 왜냐하면 그에게 "정치는 가까운 데, 제일 가까운 데, 에고의 한복판에"(p. 205) 있는 것이었기 때문이다.

4. 거대한 실패, 그리고, 드라큘라의 꿈

드라큘라가 서구적 모더니티의 적대자였던 것처럼, 최인훈은 한국적 모더니티의 적대자였다. 더욱이 서구 모더니티의 정신과 문화에 끊임없이 치이고 차압되고 압도당한 것이 한국의 저개발 모더니티였던 한에서, 최인훈이 상대한 것은 그 둘이 겹겹이 얽힌 이중의 전선(戰線)이었었다. 그리고 그 중심에 다름 아닌 분단체제의 악몽이 있었다. 그의 모든 소설은 오직 문학적 지성 하나만으로 분단체제의 폭력적인 후유증을 견디면서 전쟁과 분단의 트라우마를 해부하고 치유하려는 무력한 주체의 지적 노동의 산물이었다. (그가 본 영화 「드라큘라의 신부」에서) 사슬에 묶인 드라큘라처럼 그는 그렇게 "몸은 비록 노예일망정, 자유민의 꿈을"[13] 꾸기를 멈추지 않았다. 그 과정에서 그는 자기 소설의 육체가 갈수록 해체되고 관념적 담론에 의해 점령되거나 끝내 (『총독의 소리』처럼) 앙상한 목소리만 남게 되는 것도 마다하지 않았다. 아니, 그것은 불가피했다. 그에겐 그것이 역사와 현실의 무게를 정직하게 받아 안는 길이었기 때문이고, 문학이 또한 그런 것이었기 때문이다. 최인훈의 소설은 그런 방식으로 역사의 증상을 앓았고, 그럼으로써 스스로가 증상이 되었다.

해방에 연이은 전쟁과 분단, 혁명과 반혁명, 독재와 억압, 감시와 통제로 얼룩진 한국 사회의 역사가 있었고, 오래도록 한국문학은 그로부

---

13 최인훈, 『화두』 1, p. 460.

터 한 치도 자유로울 수 없었다. 그리하여 문학 스스로 짊어져야 했던 역사와 현실의 중압이 있었고, 끊임없이 그 중압을 견디고 의식해야 하는 글쓰기의 제약과 함정이 있었다. 자유를 제약하는 사회에서 자유로운 글쓰기는 불가능하다. 그럼에도 불구하고 현재에 충실하려 한 한국문학은 문학에 적대적인 그 현실의 하중에 짓눌릴지언정 어떻게든 말하려는 의지를 포기하지 않았다. 그것은 강요된 제약과 함정을 거슬러 내면의 윤리적 법칙을 따르려는 글쓰기의 의지였다. 수다한 문학적 시도가 그들 앞에 가로놓인 현실의 제약에 걸려 넘어지거나 실패했지만, 그럼에도 좋은 문학은 그 실패를 자기 것으로 떠안으며 한 걸음씩 앞으로 나아갔다. 그들은 불가피한 그 실패를 기꺼이 무릅썼고, 언어와 형식에 그 무릅씀의 표식을 새겼으며, 그럼으로써 그 자체가 실패의 기록이 되었다. 최인훈의 소설은 단연 그 첨단에 놓인다. 최인훈은 그 실패야말로 역사와 현실에 충실한 문학의 다른 이름임을 증명한 작가였다. 한국 근대문학이 한국적 근대의 일그러진 현실과 싸우며 쌓아 올린 거대한 실패의 기록이라 할 수 있다면, 최인훈의 소설은 그 자체가 한국 근대문학이 걸어온 바로 그 운명의 상징이다.

    최인훈의 운명은 출세작인 『광장』에서부터 시작되었다. 어느 면에서 『광장』은 그의 문학적 여정의 처음이자 마지막이다. 최인훈은 생의 마지막 순간까지 『광장』을 고치고 또 고쳤다. 그런 만큼, 문학적 삶을 마무리하고 생의 마지막을 앞두고도 절망 끝에 바다에 몸을 던진 이명준의 죽음이 갖는 의미를 놓지 않고 생각하고 또 생각했다는 의미겠다. 이명준의 죽음은 분단의 상처가 낳은 비극이다. 그런 한에서 그것은 전쟁으로 고향을 잃고 평생을 피난민이자 정신적 망명인으로 살았던 작가 최인훈의 증상 그 자체다. 그것은 또한 최인훈이 맞닥뜨려야 했고 그 앞에서 좌절할 수밖에 없었던, 파괴적인 한국적 근대가 강요한 모든 불가능의 문학적 상징이기도 하다.

『광장』에 최인훈이 쏟아부은 부단한 애착은, 나에겐 자신의 그 비극적 증상을 죽어서도 회피하지 않고 끝까지 앓겠다는 의지로 읽힌다. 분단체제의 악몽을 끝까지 앓다 생을 다한 그는 그렇게 분단시대 한국문학의 상징으로 우뚝하게 살아남았다. 이제 우리는 그의 죽음 뒤에 그가 남겨놓은 거대한 실패의 흔적들을 읽고 또 읽어야 할 것이다. 그러면서 우리의 최인훈론을 부단히 고치고 또 고쳐 써야 할 것이다. 분단의 상처를 앓다 간 드라큘라의 꿈을.

증상과 성찰
── 1969, 다시 읽는 이청준

1. 이청준 소설의 증상들

　이청준 소설의 주인공은 대부분 현실에 적응하지 못하고 불행하고 소외된 삶을 살아가는 인물들이다. 그 불행과 소외의 원인은 물론 그들의 삶에 보이게 보이지 않게 지배력을 행사하는 억압적 세계의 폭력이다. 그것은 그들에게 치유될 수 없는 정신적 상처를 남긴다. 그들이 대부분 불안과 신경증에 시달리면서 정상적인 삶의 궤도를 이탈하는 것도 그 때문이다. 이는 이청준의 인물들이 그만큼 그들의 삶을 지배하는 세계의 작용에 민감하게 반응한다는 것을 의미한다. 하지만 그들은 단순히 세계에 반응하는 수동적인 객체에 머물지만은 않는다. 그들은 또한 그 속에서 자기만의 고유한 내적 세계를 구축해나간다. 물론 그 내적 세계는 많은 부분 소극적이지 않으면 자기 집착적이거나 심한 경우 병리적이다. 하나 그것이 단순히 수동적 반응의 산물이라고만 볼 수 없는 것이, 그 안에는 어떤 형태로든 자아를 압박하는 외부 세계를 향한 자기주장의 리비도가 투여되어 있기 때문이다. 이청준의 인물들은 그런 방식으로 세계를 향해 자기의 진실을 주장한다.
　이청준의 초기 소설에서, 인물들의 그 자기주장은 크게 두 가지 방식으로 나타난다. 하나는 개인에게 가해지는 세계의 압박 속에서 자신의 설 자리와 존재 방식을 성찰하는 것. 이는 등단작인 「퇴원」(1965)에서부터 이청준이 지속적으로 보여준 것으로, 대개 '소설에 대한 소설'의 형식 속에서 그 표현을 얻는다. 그처럼 자신이 서 있는 자리를 곱씹고 성찰하는 행위는 세계에 대한 지적 대응의 의미를 갖는데, 이청준 소설의 고유한 개성과 의미는 거기에서 비롯된다. 「줄광대」(1966), 「병신과 머저리」(1966), 「매잡이」(1968), 「소문의 벽」(1971) 등의 소설이 대표적인 사례다. 이 소설들에서 인물들은 기자, 소설가, 화가, 잡지 편집자 등 대부분 지적, 예술적 담론 생산과 관련된 직업을 가지고 있는데, 그들이 보여주는 자기 성찰의 행위는 조용하고 우회적이지만 강력한 자기주장의 한 형태다.

다른 하나는 자기만의 사고나 습관, 행동 방식 혹은 직업 세계 등에 대한 강박적 집착이다. 첫번째 경우가 지적인 형태의 대응 방식이라면 이 경우는 신경증적인 대응 방식이다. 여기서 인물들은 동기를 설명할 수 없는 기묘한 충동에 휩쓸리거나, 그 속에서 부여잡은 사소한 사건이나 사물에 비정상적일 정도로 몰두한다. 그들의 행위는 대부분 의식적 동기에 의해 유발되기보다는 다분히 무(전)의식적인 충동에 의해 이끌린다. 「임부(姙婦)」(1966), 「무서운 토요일」(1966), 「나무 위에서 잠자기」(1968) 등의 소설이 그 대표적인 사례이거니와, 이때 인물들을 사로잡는 것은 불안과 공포, 증오 같은 부정적인 감정들이다. 강박증이 대개 대타자의 요구에 대해 주체가 자기를 방어하는 형식이라 할 수 있다면, 이들의 증상은 일면 세계를 향한 네거티브한 형태의 자기주장이라고도 볼 수 있다. 그 과정에서 그들은, 그들의 증상으로써 자기를 억압하는 세계의 폭력성을 증언한다.

1960년대 이청준의 초기 소설은 대략 위의 두 가지 형태로 나타난다. 하나는 인물들의 지적인 자의식을, 다른 하나는 병리적 증상을 소설의 중심에 놓는다. 그리고 이청준의 소설에서 그 둘은 따로 분리되어 있지 않다. 예컨대 첫번째 경향의 소설에서 인물들의 강박증적 증상은 소설 속에서 지적인 자의식을 펼치는 화자-주인공이 관심을 갖고 추적하는 비밀로 등장하기도 하고, 또 다른 한편으로는 그 자체가 바로 그 화자-주인공의 자의식을 지배하는 특성이 되기도 한다. 여하튼 1960년대 이청준의 소설에 나타난 저 두 유형의 인물을, 그 성격의 근본적인 차이에도 불구하고 공히 '증상symptom'이라 불러도 좋을 것이다. 그들은 그 자체 1960년대 한국 사회의 억압성을 제 몸으로 앓는 증상이다. 이것이 1960년대 이청준 초기 소설의 개략이다.

그러나 1960년대 이청준의 소설 중에서도 아직 상대적으로 크게 주목받지 못한 소설도 다수 존재한다. 그 까닭이야 여러 가지가 있을 수 있겠으나, 그럼에도 불구하고 이 소설들은 1960년대 이청준 소설의 세계를 온전히 재구성하는 데 빼놓을 수 없는 작품들이다. 예컨대『꽃과 소리——이청준 전집 3』(문학과지성사, 2012)에 수록된 소설들이 바로 그러하다.[1] 그 의미를 하나씩 살펴본다.

2. 가짜의 세계

1960년대 이청준의 소설을 지배하는 중요한 테마 중 하나는 '자기 진실'의 문제다. 자기의 진실을 진술하지 못하게 가로막는 세계 속에서 그럼에도 불구하고 그 진실을 말해야 한다는 것. 이것이 이청준이 생각하는 소설가의 운명이다. 어떤 측면에서 그의 소설은 그렇게 진술을 불가능하게 하는 세계의 조건에 대한 탐구라고도 할 수 있다. 소설의 곳곳에서 '말할 수 없다' 혹은 '쓸 수 없다'는 사실을 반복적으로 곱씹

---

1 이 글에서는 이 책에 실린 작품들을 다룬다. 이하 이 책에서 인용할 경우 작품명과 페이지만 적는다.

고 확인하는 인물들의 행로도, 실은 그 말하지 못하게 하는 세계에 맞닥뜨려 보여주는 일종의 증상이다. 이때 '말할 수 없다'는 사실을 반성적으로 곱씹는 행위 그 자체가, 그럼에도 불구하고 어떻게 해서든 말하려고 하는 의지의 역설적 표현이다.

이청준의 소설에서 그처럼 정직한 자기 진술을 가로막는 것은 유형무형의 억압과 통제이고, 오만과 편견이며, 독선과 허위다. 그리고 그것은 그 모든 것의 총체이기도 하다. 이청준은 중편 「소문의 벽」에서, 이를 '소문의 벽'으로 상징화했다. 그에게는 이 세계의 구조 자체가 진실의 드러냄을 가로막는 '소문의 벽'이다. 그의 소설에서 드물지 않게 발견되는 '가(假)의 세계' 혹은 '가짜의 세계'에 대한 비판이 또한 이와 무관하지 않다.

'가짜의 세계'는 진실을 가로막고 은폐하면서 그 자신이 되레 '진짜'임을 가장(假裝)한다. 「꽃과 뱀」과 「꽃과 소리」에서, 이 '가짜의 세계'에 대한 문제의식을 집약하는 것은 '가화'(假花) 혹은 '조화'(造花)라는 상징이다. 각각 우화와 연극의 형식을 띤 일종의 알레고리라 할 수 있는 이 두 소설은 똑같이 '조화'라는 소재를 중심으로 전개되고 또 이를 중심으로 거의 유사한 문제의식을 펼친다. 그 점에서 이 둘은 서로가 서로를 비추는 상호텍스트적 관계 속에 있는 소설이다. 이를 반영하듯 두 소설에는 똑같은 모티프가 등장한다. 자기 집 꽃이 향기도 없고 시들지도 않는다는 데 의문을 품고 진짜 꽃을 그리워하다 결국은 가출해 실종되는 조화 가게 집 딸의 이야기가 그것이다. 두 소설에서 이 모티프는 이야기를 끌어가는 중요한 기능을 한다. 조화 가게 집 어린 딸이 품는 의문은 순진하게도 이런 것이다.

　　　―엄마, 우리 집 꽃엔 왜 물을 주지 않어? (「꽃과 뱀」, p. 93)

─오빠! 우리 집 꽃은 왜 시들지 않아?

잠시 사이를 두었다가 다시 소리.

─오빠! 우리 집 꽃은 왜 처음부터 피어 있기만 하지?

다시 침묵이 따르다가 같은 여아의 목소리가 졸라대듯,

─응? 오빠! 우리 집 꽃은 왜 향기가 없어? (「꽃과 소리」, p. 137)

「꽃과 뱀」에서 그런 의문과 원망을 품고 유리창을 통해 생화 가게 안의 꽃을 망연히 들여다보던 화자의 누이 이화는 오래전 집을 나갔고, 세월이 흘러 화자의 딸인 경선 또한 괴이하게도 집 나간 누이 이화와 똑같은 행태를 반복한다. 그리고 「꽃과 뱀」의 경선/이화의 캐릭터와 이력은 「꽃과 소리」에서도 조화 장수의 누이 '가화'의 그것으로 똑같이 반복 변주된다. 결국 조화 가게 주인인 「꽃과 뱀」의 화자는 실종된 누이에 대한 죄의식을 안은 채 가짜의 세계에 틈입하는 공포스러운 뱀의 환각에 시달리고, 「꽃과 소리」의 소설 속 연극 장면에도 다시 등장해 애타게 누이를 찾아 헤맨다.

그중 「꽃과 소리」의 중심에 격자 형식으로 배치된 연극 속에서, 조화(造花) 모티프는 여러 방식으로 변주된다. 사랑의 징표로 남자에게 조화를 바치는 조화 장수의 누이, 정신이 이상해져 조화가 진짜 꽃으로 변했다고 주장하는 조화 장수, 생화보다 조화를 더 선호하는 꽃 가게 손님들이 바로 그렇다. 「꽃과 뱀」에서도 그렇지만, 「꽃과 소리」에서는 가짜임을 알면서도 오히려 그 가짜를 진짜보다 더 선호하는 가치의 전도 현상이 그보다 더 부각된다. 가령 다음 구절.

"우리 집 꽃에는 향기가 없소. 뿐만 아니라 피고 시들 줄도 모른답니다."

"그래서 생화보다 조화를 사려는 거예요."

여인은 겨우 말뜻을 이해하겠다는 듯, 그리고 걱정스러운 주인을 오히려 위로하려는 듯,

"얼마나 좋아요, 시들지 않는 꽃. 그리고 향기가 없다지만 그런 건 염려가 되지 않아요. 향수를 뿌려 얼마든지 근사한 향기를 뿜게 할 수 있어요. 어서 주세요, 꽃을……" (「꽃과 소리」, p. 132)

이것은 가짜가 진짜를 억압하고 오히려 거꾸로 그 자신이 마치 진짜인 양 행세하는 세계의 희비극적 우화다. 「꽃과 소리」에서 이 가치의 전도는 다음처럼 연극 속 등장인물의 입을 빌려 곳곳에서 발설된다. "조화 세상이군. 가짜 꽃을 진짜 꽃이라고 우길 만하게 되기도 했어."(p. 170) 「꽃과 소리」에서 작가는 이런 문제의식을 다양한 방식으로 변주하는데, '소리'와 '가면'이라는 상징이 또한 이와 관련된다. 가짜의 세계에 만연한 것은 본래의 자기를 잃어버리는 비극적 자기소외의 현실이며, 소설에서는 '소리'와 '가면'의 상징이 이를 요약한다. 본래의 자기가 아닌 오직 '소리'로만 자신의 존재를 확인받는 엿장수, 청소부, 화장품 장수, 아궁이 소제부 등의 현실이 그러하고, 자기의 본얼굴을 가리는 가면을 써야만 여자와의 만남을 지속할 수 있는 화장품 장수의 비극이 그러하다.

"우리 중에 누구 한 사람 제값으로 사는 사람이 있는 줄 아나? 우린 모두가 제구실을 못해. 나만 해도 그렇지. 그래 난 엿장술세. 그러니까 말하자면 엿장수 가위 소리지. 가위 소리로밖에 행세할 수가 없단 말이야. 어디 그게 나뿐인가. 모두가 다 그래. 피리 소리구, 징 소리구, 종소리구……" (「꽃과 소리」, pp. 160~61)

"다시 말하지만, 그러니까 자네가 그 아가씨를 영구히 차지할 방

법은 아가씨를 만나지 않을 때마저 그 가면을 쓰고 지내는 데 익숙
해져야 하네. 말하자면 자네의 본얼굴을 잊어버리고 자네 자신마저
도 그 가면의 얼굴이 진짜 얼굴인 것으로 믿어야 한단 말일세. 그
렇다고 슬퍼할 건 아무것도 없어. 이 꽃은 진짜가 아니라 조화야.
요즘 여자들은 다 조화를 바치는 모양이지. 하지만 가면을 쓰는 자
네와는 피장파장인걸 뭐."(「꽃과 소리」, p. 162)

「꽃과 소리」의 연극 속 등장인물인 엿장수의 말은 자기소외의 한 국면을 나름의 언어로 지적한다. 그에 따르면, 인간은 본래의 자기가 지닌 제값을 인정받지 못하고 단지 직업적 구실의 외적 표현인 '소리'로만 환원될 뿐이다. 여자를 만나기 위해 내키지 않는 가면을 계속 써야만 하는 화장품 장수의 운명 또한 마찬가지. 이는 모두 진짜를 가리는 가짜가 진짜보다 더 가치 있는 것으로 대접받는, 그럼으로써 진실을 억압하는 근대화의 비가시적 폭력을 겨냥하는 작가의 문제의식을 우화적 방식으로 보여준다. 그렇다면 개인의 진실의 장소는 어디인가? 우리는 그 진실에 어떻게 접근할 것인가? 아니 대체 그것이 가능하기나 한 것인가? 1960년대 이청준 소설의 중심에 있는 물음은 바로 그것이다.

3. 비밀

1960년대 근대화의 비가시적 폭력 속에서, 개인의 진실은 증상을 통해서만 자신을 드러낸다. 물론 이청준의 소설에서 그 증상은 한편으로 근대의 마성(魔性)에 대한 반응 형성물이기도 하지만, 다른 한편으론 개인의 진실 자체가 갖는 본래적 성격의 표현이기도 하다. 이청준

의 소설은 그 증상의 진실에 대한 보고서다. 이때 증상은 일종의 본능적인 자기주장이며, 개인의 깊숙한 곳에 존재하는 무언가 절실한 충동이나 의지를 표출하는 하나의 방법이다. 문제는 증상의 진실이 무엇인지 명확한 언어로 표현할 수도 없고 알 수도 없다는 것이다. 그것은 심지어 스스로도 알 수 없고 다른 사람도 다만 모호한 느낌으로만 감지할 수 있는, 그럼에도 불구하고 개인의 중핵에 있는 어떤 것이다.

이청준의 소설은 대부분 증상으로 표출되는 그 개인의 진실에 대한 의문을 풀어가는 구조로 되어 있다. 그런데 진실은 단지 어렴풋이 느낄 수만 있을 뿐 명확히 알 수는 없는 것이기에, 의문은 증폭되고 호기심은 가중된다. 이청준의 소설을 이끌어가는 동력은 바로 그 의문과 호기심이다. 가령 「변사와 연극」에서 어느 날 마을로 흘러들어온 사내의 이력과 그가 연극 공연에 집착하는 이유, 그와 더벅머리와의 관계 등에 대해 마을 사람들은 의문을 품지만 명확한 것은 아무것도 없다. 그 모호함이 호기심을 증폭시키고 온갖 추측과 소문을 낳는다. 이는 「이상한 나팔수」에서도 마찬가지다. 부대에 새로 온 나팔수가 부대 막사가 아닌 남쪽을 향해 아득하고 구성진 취침 나팔을 불어대는 까닭에 대해 짐작과 추측은 분분하나 이유는 끝내 모호한 것으로 남는다. 나팔수의 이상한 행위가 해산을 앞둔 그의 여자와 관계있었으리라는 게 사건의 전개를 통해 어느 정도 밝혀지지만, 의문은 끝내 해소되지 않은 채 남는다.

이런 방식으로 이청준의 소설은 인물들이 보여주는 이상한 행태에 대한 의문과 호기심을 중심에 놓고 전개된다. 문제는 그 인물들의 "내면의 질서"(「이상한 나팔수」)는 알 수 없고 모호하며, 끝내 밝혀지지도 않는다는 것이다. 왜냐하면 개인의 진실이 바로 그러한 것이기 때문이다. 그것이 추측과 소문을 낳고, 다시 의문을 증폭시킨다. 「변사와 연극」과 「이상한 나팔수」에서 작가는 의문스러운 한 개인의 비밀에 대한 호기심이 유발한 분분한 '추측'과 '소문'의 생태학을 흥미롭게 그려 보여준다. 추측과 소문이란 개인의 진실이 결국은 말 그대로 '비밀'인 까닭에 발생하는 인식의 무능력의 소산이다. 이청준의 소설에서 그처럼 개인의 비밀은 결국은 알 수 없는 것이며 명확한 언어로 설명할 수 없는 어떤 것이다. 추측과 소문은 그 지점에서 자라 나온다. 「가수(假睡)」는 이를 더욱 정교한 방식으로 보여주는 소설이다.

「가수」의 중심에 있는 것은 주영훈이라는 인물의 죽음을 둘러싼 비밀이다. 소설이 전개되면서 밝혀지는 것은 주영훈이 두 번 죽었다는 것인데, 이미 1년 전에 같은 곳에서 주영훈과 똑같이 열차에 말려들어 죽은 사내가 있었고 그의 이름이 주영훈이었다는 것이다. 사건을 취재하던 기자 유상균은 주영훈이 1년 전에 죽은 사내의 흔적을 밟아가며 그 사내와 똑같은 방식으로 죽음을 택했다는 사실과 오래전 4·19 시위 당시 그에게 자기 이름을 빌려줬다는 사실을 알아낸다. 진짜 주영훈은 자기가 이름을 빌려준 그 사내에게서 자기의 이름을 되찾기 위해 노력하다가 결국은 스스로 그 사내와 같은 방법으로 죽음을 선택했다는 것인데, 문제는 그렇게 하지 않을 수밖에 없었던 주영훈의 숨겨진 동기다. 그 동기를 추적하던 유상균은 나름의 추리와 상상력을 동원해 기사를 작성하지만, 정작 주영훈의 죽음 뒤에 숨은 진짜 이유는 알 수 없는 것으로 남는다. 그는 이해할 수 없다. "이해할 수가 없군요. 도대체 영훈이란 허 선생의 친구는 무엇 때문에 한 사내가 살고 간 흔적을 그렇게 열심히 자기 것으로 만들려고 했습니까? 심지어는 그의 죽음까지도 말입니다."(p. 273)

이해할 수 없는 것은 그뿐이 아니다. 사실 모든 문제는 주영훈이 4·19 시위 당시 자기 이름을 처음 만난 낯선 사내에게 빌려준 데서 비롯됐다. 하지만 그런 행동 뒤에 숨은 이유는 단지 추측만 할 수 있을 뿐 도무지 알 수 없는 것이다. 그것이 밝혀지지 않는 한 주영훈의 죽음의 비밀은 끝내 밝혀지지 않은 채 남을 수밖에 없다. 그런데 주영훈의 친구인 소설가 허순의 논리에 따르면, 그것은 그 비밀의 당사자조차도 알 수 없는 것이었다. 가짜 주영훈의 행적을 그 죽음까지도 그대로 모방했던 주영훈의 행적 자체가 어찌 보면 오히려 자기도 알 수 없었던 자기 안의 비밀을 알아내기 위한 시도였다는 것이다.

> 그러나 제 말씀은 그의 노력이 그 점에서보다는 어째서 그가 이름을 사내에게 빌려주게 되었던가 하는 그 자신의 이유를 알아내기 위해서라는 쪽이 더 컸으리라는 것입니다. 〔……〕 그런 짓을 한 자기 행위가 후회스럽지 않은 것을 보면 아직도 그는 자신 속에 그 이유를 지니고 있는 게 분명한데, 그걸 집어낼 수가 없었겠지요. 제가 관심을 가지고 제 몫으로 만들고 싶었던 것은 바로 거기였습니다. 왜 그렇게 되었던가. 또 영훈은 그런 자기 이유를 찾아낼 수 있었을 것인가. 그러니까 저는 잊어버리고 있는 자기의 이유를 다시 찾아 헤매는 영훈을 추적하여 그가 쫓고 있는 이유를 그를 통해 거꾸로 찾아내려고 했던 것이지요. 그리고 전 실상 그 이유에는 별 관심이 없었어요. 중요한 것은 그가 그것을 생각해낼 수 없다는 것과 그것을 다시 찾고 싶어 한 마음의 궤적이었습니다. (「가수」, pp. 284~85)

'자기 이유'는 당사자조차도 알 수 없는 어떤 것이다. 혹 안다고 하더라도, 그것은 어떤 언어로도 표현할 수 없는 모호한 것이다. 그래서 생전의 주영훈은 말한다. "아냐 난 알고 있어. 내 속에 가지고 있거든. 그 이유를 스스로 납득할 말을 찾아내지 못할 뿐이야. 느끼고는 있어."(p. 291) 그러니 제삼자가 그것을 알 수 없는 것은 당연하다. 그는 다만 당사자와 똑같이 어렴풋이 '느낄 수 있을 뿐'이다. 소설에서 허순이 주영훈의 내면의 비밀을 '외로움'이나 '피로감' 혹은 '죽음의 공포' 같은 언어로 설명하는 데서도 드러나듯, 그것은 주관적이고 모호한 언어로밖에 접근할 수 없는 그런 것이다.

「가수」는 추리를 통해 그 개인의 비밀을 명확한 언어로 설명하고 이해하려는 노력을, 그리고 그 노력의 불가피한 실패를 보여주는 소설이다. 당사자인 주영훈도 자기 안의 이유를 명확히 알 수 없었고, 제삼자인 유상균과 허순도 단지 짐작과 추측만 할 뿐 분명한 언어로 설명하지 못한다. 작가는 그 실패를 통해 개인의 진실은 분명한 언어로 객관화할 수 없는, 오직 느낌으로밖에 감지할 수 없는 내밀한 어떤 것임을 암시한다. 그러니 당연히 사실의 인과성을 따지는 객관적 논리도 그 앞에서는 무력하다. 이 점은 「가수」에서 기자인 유상균이 사실의 인과관계를 재구성한 기사가 주영훈의 진실의 핵심에 도달하지 못함을 보여주는 데서도 드러난다. 이는 「이상한 나팔수」에서 나팔수가 부는 구성진 나팔 소리가 부대 밖에 살던 그의 여자 때문이었음이 밝혀진 후에도 그 이상한 나팔수의 진실이 여전히 해명되지 않은 채로 남는 것과 마찬가지다. 예컨대 다음 대목. "그러나 녀석의 나팔 소리는 그가 당한 구체적인 슬픔과는 상관이 없을 것 같았다./적어도 우리가 그동안 추상해온(정말 모든 것이 추측과 소문에 불과한 것이었지만) 나팔수 녀석의 그 내면의 질서에 따른다면 그랬다."(pp. 53~54)

「가수」에서 개인의 진실은 '가수상태'라는 상징 속에 집약된다. 가수상태에서 사람들은 부지불식간에 "스스로 납득한 정확한 행위"(p. 296)를 하면서도 정작 이를 의식화하지도 기억하지도 못한다. 그럼에도 불구하고 "가장 절실하고 순수한 생의 포즈나 동작"(p. 297)은 그 가수상태 속에서 나오는 것이며, 그런 의미에서 가수(假睡)란 "열심히 그리고 정직하게 그것을 살고 지키려고"(p. 296) 하는 의지의 상징적 표현이다. 가수상태에 들어서야 '나'는 비로소 자기 안의 내밀한 진실에 충실해지고, 더욱 절실하게 이를 표출한다. 그 진실은 주영훈이 그러했듯 죽음까지도 불사하면서 되찾아야 하는 절실한 어떤 것이다. 이청준은 이를 통해 개인의 진실이 갖는 특별한 의미와 가치를 강조한다. 그러면서 그는 그 진실을 확정적인 언어로 설명하는 것이 필연적으로 실패할 수밖에 없음을, 그럼에도 불구하고 다양한 시도를 통해 그 실패를 반복하는 것이 또한 소설의 윤리임을 보여준다.

4. 글쓰기의 곤경과 불가능의 가능성

1960년대 이청준 소설의 중심에 있는 것은 개인의 자기 진실에 대한 옹호와 탐구이며, 그 진실을 억압하는 모든 것에 대한 비판이다. 이청준 초기 소설의 핵심 모티프라 할 수 있는 '진술 불가능성'의 문제에는 '소문의 벽'으로 상징되는 외부의 억압이 어떻게 개인의 진실을 말하는 것을 불가능하게 하는가, 그럼에도 불구하고 작가는 왜 그 불가능을 무릅쓰면서 말할 수밖에 없는가에 대한 질문과 대답이 함축되어 있다. 그리고 어떻게 말해야 하는가에 대한 탐구가 거기서 필연적으로 따라 나온다. 이청준의 소설이 대부분 '소설에 대한 소설' 혹은 소설 쓰기에 대한 성찰의 형식을 띠는 것은 이런 문제의식에서 비롯된다.

이청준의 소설에서 이는 다양한 방식으로 나타난다. 무엇보다 격자소설의 형식은 그런 소설 쓰기에 대한 성찰을 보장하는 구조적 형식이다. 「가수」에서 특징적으로 드러나는 것처럼 그것은 의혹을 불러일으키는 인물의 사연과 그 비밀을 추적하는 화자 혹은 주인공의 이야기가 교차하고 겹치는 이중구조로 되어 있는데, 작가는 이를 통해 그 인물의 비밀에 어떻게 접근하고 어떻게 이야기할 것인가의 문제를 또 하나의 중요한 주제로 배치한다. 이때 격자 안의 인물에 호기심을 품고 그의 비밀을 추적하는 격자 밖의 화자-주인공이 그 인물의 이야기를 듣거나 재구성하면서 개입하고 논평을 덧붙이는 과정에서 '소설이란 무엇인가' 혹은 '어떻게 쓸 것인가'의 문제가 소설의 표층으로 떠오르게 된다. 예컨대 「가수」에서 유상균이 작성한 기사와 허순이 쓴 소설의 서술 방법이나 그 진실성 등이 다시 문제로 부각되고 또 주영훈의 비밀을 분명한 언어로 설명하는 것이 과연 가능한가 하는 문제가 인물들 간의 토론 주제가 되는 것도 정확히 이를 반영한다.

「소매치기올시다」도 이런 맥락 속에 있는 소설이다. 소설의 내용은 직업적 긍지를 잃고 스스로 타락했음을 고백하는 한 소매치기의 넋두리다. 그래서 이 소설은 겉으로는 사람들이 그에게 보여주는 달갑잖은 관용과 아량이 어떻게 소매치기 일에 나태와 회의를 초래했는가를, 그럼으로써 자신이 어떻게 타락해갔는가를 고백하는 소설로 보인다. 그러나 이는 표면적인 내용일 뿐, 소설의 의도는 오히려 다른 데 있다. 소매치기 작업의 비유에 얹혀 표명되는 소설 쓰기의 문제가 바로 그것이다. 그런 측면에서 「소매치기올시다」에서 그려지는 한 소매치기의 고백은 소설 쓰기와 소설가의 존재 방식에 대한 알레고리로 읽을 수 있다. 예컨대 다음 대목.

> 소매치기란 직업(되풀이 말씀드리지만 제겐 물론 이것도 퍽 고맙고 떳떳한 직업입니다)은 세상 만인으로부터 일단 그 존재의 근거가 부인되어야만 하지요. 그리고 그 존재의 자리가 부인된 처지에서 사람들과의 긴장감 넘치는 대결을 통해 사실상의 존재로서 그것을 지키고 유지해나가는 데에 이 소매치기 직업의 참맛과 의의가 있습니다. 〔……〕 전 그렇듯 저나 제 일의 존재 가치가 부인되는 곳에서 사실상 존재하며 투철한 대결 의식 속에 스스로 그것을 증명해온 터이거든요.

그렇습니다. 저의 일에는 그 투철한 대결 의식이라는 것이 가장 중요한 덕목이었지요. 그리고 제 소매치기 일에 최초의 타락이 초래되고 팽팽한 긴장이 깨지기 시작한 것도 바로 이 대결 정신의 나태에서였습니다. 저를 그렇게 만든 것이 바로 선생님들 당신들의 허물이었단 말씀입니다. (「소매치기올시다」, pp. 57~58)

여기서 이청준은 소매치기를 자신의 몸을 숨긴 채 패를 취하고 까 보이며 세상과 대결하는 행위로 설명하면서 소설가의 소설 쓰기에 대한 알레고리로 제시한다. 이에 따르면 소설가는 한편으론 세상과, 다른 한편으론 독자와 대결한다. 소설에서 화자는 와중에 긴장감 있는 대결을 지속하지 못하게 만드는 손님 측의 허물을 지적한다. 문제는 손님들의 어쭙잖은 "아량과 관용"(p. 64)에 있다. 그것은 소매치기 작업에 있어야 할 팽팽한 긴장을 깨트려버린다. 이런 소매치기의 불만은 작가의 소설 쓰기가 맞닥뜨린 문제에 대한 알레고리적 진술이다. 문제는 작가가 결정적인 패를 까 보이기도 전에 지레 굴복해버리는 독자에게 있다. 이는 소설 쓰기의 긴장을 상실하게 만드는 결정적인 독자 측의 허물이다. 이런 진술의 이면에는 독특한 소설관이 암시돼 있다. 그것은 소설이 작가 혼자만의 작업이 아니라 독자와의 대결을 통해, 그리고 독자의 개입과 참여를 통해 완성되어가는 어떤 것이라는 생각이다. 그리고 이는 현실의 재현에 대한 이청준 고유의 문제의식에서 비롯된다. 그 문제의식이란 무엇인가?

그것은 「꽃과 소리」에서 한층 직접적인 방식으로 서술된다. 「꽃과 소리」에서 격자 형식으로 제시되는 소설 속 연극이 가짜의 세계에 대한 우화적 비판을 담고 있다면, 격자 바깥에서 '나'와 미스 윤이 나누는 대화는 소설 쓰기에 대한 작가의 자의식을 보여주는 자기 언급적 장치다. 이때 소설 쓰기에 대한 작가의 문제의식의 핵심은 소설 속 연극의 대본 작가로 밝혀지는 미스 윤-가화의 입을 통해 진술된다. 그에 따르면 작가는 현실을 관찰해 거기에서 본질적인 질서를 추출하고 의미를 부여하면서 새로운 현실을 창조해야 하는데,

> 하지만 전 자신이 없었어요. 현실에 대한 해석이나 의미 부여에 앞서 그 현실 자체를 정직하게 볼 수가 없었어요. 왜냐하면 관찰의 대상이 되는 현실은 제가 그것과 만나는 순간에 이미 저의 의식 속으로 침투해 들어와 있거나 영향을 주고 있어서 그 실체가 저로부터 독립적으로 존재하고 있으면서 관찰되기를 거부해버리기 때문이에요. 그런데 어떻게 제가 감히 그 현실의 한 부분을 완전히 해석된 것으로 관객으로 하여금 구경만 하도록 무대에 올리겠어요. 저로서 성실할 수 있는 길은 이런 자신의 방법에 정직해지는 것뿐이었어요. 제가 잘라내어 무대로 끌어낸 한 조각의 현실은 해석되어진 넋이 아니라 무대에서까지도 최초의 관찰자인 저를 포함해버리며 그래서 저는 다만 그런 한계 속의 관찰자로서 현실의 실체를 붙잡아보려고 노력하고 그런 노력의 과정을 보여주는 것 말이에요. 그러니까 관객을 바라보고 있게만 놔둘 수는 없지 않아요? 그들은 극장 바깥에서 그랬듯이 자신들이 그 현실 속에 있으면서 그것을 관찰하고 의미를 획득하도록 하는 노력이 요구되지요. 그래서 저는 무대의 현실이 가능하면 극장 바깥의 그것처럼 관객의 의식에 영향을 주도록 하려고 했던 것입니다. (「꽃과 소리」, pp. 233~34)

여기에서 일차적으로 암시되는 것은 일종의 글쓰기의 곤경이다. 그 곤경은 작가가 포착하는 현실이 현실 그 자체라기보다 이미 그의 의식 속에서 해석되고 재구성된 것이기에 진짜라고 확정적으로 진술할 수 없는 데서 비롯된다. 그리고 '나'는 미스 윤이 부딪혔던 연극 창작

에서의 곤경에 공감하면서 그것을 소설 쓰기의 문제로 번역해 이렇게 말을 보탠다. "아닌 게 아니라 소설들에서도 요즘은 거의 대부분 자신이 설정한 문제에 대한 작가의 확고하고 자신 있는 해답이 보이지 않았다. 혹시 그런 것을 이야기하는 작가가 있어도 지극히 자신이 없고, 그보다는 오히려 그 해답을 얻으려고 고난을 치르는 자신의 고통을 강조해 보여줄 뿐이며 해답은 오히려 독자의 몫으로 남겨놓기가 일쑤였다."(pp. 234~35)

이는 분명 곤경이지만, 미스 윤과 '나'의 진술에 따르면 글쓰기는 오히려 그 곤경을 자신의 내부로 포섭해 들이는 것이어야 한다. 정직한 글쓰기란 그럼으로써 명확하고 확정적인 진술의 불가능을 불가능 그대로 드러내면서도 그럼에도 불구하고 어떻게든 말하려고 하는 고통스러운 노력의 과정을 보여주는 것이다. 그리고 이때 독자는 수동적인 수용자가 되어선 안 된다. 독자는 작가가 보여주는 현실을 함께 관찰하고 거기에 스스로 의미를 부여하려고 노력하면서 하나의 적극적인 주체로서 참여해야 한다. 왜 그래야 하는가? 진실이란 이미 주어진 확정적인 것이 아니라 그것을 포착하려는 작가와 독자 모두의 공동의 시선과 노력이 함께해야만 가까스로 접근할 수 있는 미지의 불확정적인 어떤 것이기 때문이다.

소설 쓰기에 대한 그런 성찰을 비슷한 맥락에서 또 다른 방식으로 전개하는 소설이 바로 「가수」다. 「가수」의 핵심에 있는 물음은 도대체 주영훈의 진실은 무엇인가, 하는 물음이다. 그리고 이는 필연적으로 또 하나의 물음을 불러온다. 그것은 진실의 실체 혹은 사건 자체의 모습을 우리는 알 수 있는가, 혹은 이를 재현하는 것은 어떻게 (불)가능한가, 하는 물음이다. 이는 다시 말하면, 있는 그대로의 현실 혹은 진실을 포착하는 데 실패할 수밖에 없는 소설이 그럼에도 불구하고 어떻게 그 진실에 접근해야 하는가 하는 방법론적 물음이기도 하다. 중요한 대목이므로 부득이 조금 긴 인용을 무릅쓴다. 「가수」에서 기자 유상균과 소설가 허순의 대화다.

"우리들은 한 사람이 사건의 전체를 그렇게 볼 수는 없으니까요. 사람에 따라 한 사건이 자기 쪽을 향하고 있는 부분만 보게 된다는 말입니다. 관찰자의 관심의 종류가 그 방향을 결정할 게 아니겠습니까? 하지만 사실 자체의 모습은 그런 한정된 시선의 저쪽 너머에 있는 것인지도 모르지요. 우리는 각자의 관심을 따라 한쪽에서 사건에 접근해갑니다. 그리고 어느 점에 도달합니다. 그러나 사건의 진짜 모습은 그렇게 여러 방향에서 접근해오다 사건의 한 면의 사실과 만난 점에서 다시 상상력을 따라 그어진 여러 연장선들이 만난 지점의 근처에 있을 거란 말입니다. 그래서……"

"하지만 그런 논리로는 사건의 실제 모습을 아무도 볼 수 없다는 게 되지 않습니까?"

"그렇지요. 아무도 그것을 볼 수는 없습니다. 다만 느낄 수 있을 뿐입니다.〔……〕그러나 유 선생은 어디까지나 자신의 연장선 위에 있을 뿐이었지요. 실체와 만나서 사건에 대해 갖고 계신 의문의 해답을 얻어내지는 못했습니다. 그 연장선 위에 있으면서 다른 사람이 그어올 수 있는 보이지 않는 연장선과 만나는 그 가상의 지점 근처에서 유 선생은 뭔가 느낄 수 있을 뿐이었습니다."

"하지만 전 그 느낌마저도 확실하지 않았습니다."

"누구나 확실할 수는 없지요. 더욱이 유 선생의 경우는 다른 사람이 그어올 수 있는 연장선에 관심을 갖지 않았기 때문입니다. 한 검사나 기관사 최 씨, 그리고 운평의 그 여자라든가 저까지 포함한 모든 사람들이 그어들어가고 있었던…… 이 사람들도 모두가 어느 한곳에서 주영훈이란 사람의 죽음과 그 죽음이 설명되는 사실들과 만났습니다. 그러나 이들은 그것으로 주영훈과 그 죽음을 다 알지는 못합니다. 그래서 자기들의 상상력을 따라 계속 어떤 연장선을 그어가지요. 영훈의 죽음은 그 가상의 교차점 근처에 있을 것입니다. 우리는 그것을 느낄 수 있을 뿐이지요." (pp. 282~83)

핵심은 주영훈의 진실을 어떻게 재구성하고 서술할 것인가의 문제다. 진실은 그 누구도 완전히 알 수 없다. 왜냐하면 누구든 자신이 서 있는 위치에 따라 사건의 전체가 아닌 일면만을 보기 때문이다. 사건의 진실은 오히려 그렇게 제한적일 수밖에 없는 각 개인의 시선을 초과한 어떤 지점에 존재한다. 다시 말하면, 사건의 진실은 다양한 위치에서의 다양한 개별적 시선들이 각자의 관점에서 그려가는 상상력의 연장선들이 교차하는 어떤 지점에 존재한다. 이런 입장은 글쓰기의 방법론에서도 그대로 드러난다. 실제로 「가수」의 서사 자체가 주영훈의 죽음에 얽힌 비밀을 유상균과 허순을 비롯한 다양한 등장인물들의 시각으로 재구성하는 방식을 취하고 있다. 허순의 주장에 따르면 주영훈의 진실은 그렇게 개별적인 상상력들이 그려놓은 연장선의 교차점 근처에 있을 것이다.

그러니 소설의 결말에서 주영훈의 비밀이 그 자체로 온전히 밝혀지지 않는 것은 지극히 당연한 논리적 귀결이다. 오히려 이청준은 독자에게 그 열린 결말에 독자 자신의 시선과 상상력을 보태 또 하나의 연장선을 그어볼 것을 권유하는 셈이다. 그가 보기에 진실은 그처럼 독자의 그것을 포함한 다양한 시선과 관점 들이 서로 협력하는 상호주관적 네트워크 속에, 그것이 작동하는 어느 지점에 존재한다. 이청준의 소설은 그렇게 확정적인 진실을 말하는 것의 불가능성, 그리고 그 불가능을 무릅쓰는 다양한 시도와 관점 들의 교차를 그 자체로 보여줌으로써 거꾸로 그 어느 것으로도 환원할 수 없는 (개인적) 진실의 존재와 가치를 환기한다. 이것이 이청준의 소설이 진실에 접근하는 소설적 성찰의 방법론이다.

5. 다시 읽는 이청준

이렇게 1960년대 이청준의 소설 몇 편을 읽었다. 한 편 한 편을 각기 따로 떼어 세세히 살피지 않은 것은 그보다 이청준 소설의 큰 특징적 흐름을 그려보는 것이 좀더 요긴한 까닭이다. 이 책에 실린 (중)단편들은 이청준 소설의 커다란 성좌 가운데 각기 제몫의 한자리를 차지하며 빛나는 작은 별들이다. 물론 그 빛의 강도나 비중에서 예컨대 「줄광대」 「병신과 머저리」 「소문의 벽」 등 그의 대표작이라 일컫는 중·단편에 비할 바는 아닐지도 모르나, 그럼에도 불구하고 이 (중)단편들은 1960년대 초기 이청준 소설의 문제의식이 다양한 방식으로 녹아 있는 작품이다.

더욱이 이 작품들이 1969년에 집중적으로 씌어진 것들임을 감안하면, 그 안에는 1960년대의 소설 세계를 마무리하면서 다음 단계를 준비하는 숨 고르기 혹은 문제의식의 재정비라는 의미도 담겨 있을 것임을 쉽게 짐작할 수 있다. 특히 그중 「소매치기올시다」는, 이후 1970년대에 발표하는 「문단속 좀 해주세요」(1971)와 「목포행」(1971)으로 이어지는 (소설 쓰기의 알레고리로 읽을 수 있는) 연작의 첫 작품이라는 사실에 주목할 필요가 있다. 더욱 특별한 것은 중편 「가수」다. 이 소설은 '진술 불가능성'이라는 이청준 소설의 핵심 테마가 단순히 억압적 시대 상황의 문제로만 한정되지 않고 좀더 철학적인 보편성을 획득하면서 그 영역을 확장하는 데 다리를 놓는 작품이다. 이후의 중편 「이어도」(1974)가 이 소설과 흡사한 문제의식을 이어가고 있는 것이나, 크게 보면 「시간의 문」(1982)이나 『제3의 현장』(1984) 등 추리소설의 성격을 띤 작품들이 이 연장선상에 있는 것에서도 알 수 있듯이, 「가수」가 이청준 소설의 연속적인 흐름과 맥락 속에서 차지하는 의미는 작지 않다.

  21세기에 이청준을 다시 읽는 까닭은 멀리 있지 않다. 이청준은 지난 세기의 근대적 문학정신을 그 나름의 방식으로 대표하는 작가다. 21세기의 새로운 문학정신의 창조는 지난 세기와의 단순한 단절이 아니라 그에 대한 제대로 된 애도 속에서만 가능하다. 그리고 그것은 불가피하다. 가고 없는 그를 다시 불러 읽어야 할 이유다.

근대의 모순을 살아가는 개인의 길
— 백인빈, 이제하, 김승옥의 소설[1]

문   백인빈은 좀 생소한데요, 우선 작가 소개부터 해주시죠.

답   백인빈은 1937년 평북 태천 출신으로, 서라벌예대 문예창작학과와 국학대학 국문학과를 졸업했습니다. 1959년 『현대문학』에 단편 「다리 아래」와 1960년 「조류」로 추천을 완료받아 작품 활동을 시작했고, 1962년에는 「환절기」로 제1회 공보부 신인예술상을 수상하기도 했습니다. 대표작으로는 「조용한 강」 「한계상황」 「환절기」 「블랙 죠」 「제3폭동」 등이 있습니다. 이들 작품들은 홀대받는 기층 민중들의 삶을 통해 사회의 부조리와 모순을 고발하고 위선에 찬 현실을 풍자하고 있습니다.

문   「조용한 강」은 배경 묘사가 마치 시처럼 아름답지만 전체적인 내용은 그런 배경 묘사와 매우 다르더군요. 또 그 속에 등장하는 인물은 분노에 가득 찬 노여움의 화신이고요. 그렇기 때문인지 등장인물이 느끼는 절망이나 파괴적 욕망이 더 거칠게 느껴지던데요. 백인빈 소설의 전반적인 특징을 살펴볼까요?

---

1   이 글에서는 『김승옥·이제하 외』(최원식 외 엮음, 창비, 2005)에 실린 작품들을 다루고 있다.

답 백인빈의 소설은 전반적으로 사회의 밑바닥에 있는 불행한 삶에 관심을 기울입니다. 그의 소설에 혼혈아·거지·깡패·매음녀 등이 많이 등장하는 것은 그 때문입니다. 그런 인물들의 그늘진 삶의 행태를 통해 작가는 사회의 부조리하고 비인간적인 상황을 해부하고 고발합니다. 「조용한 강」의 주인공인 삼능이가 보여주는 위악적인 분노와 파괴적인 욕망 등은 그런 비인간적인 상황의 산물인 셈이지요. 그리고 그런 시적인 아름다운 배경 덕분에 그와 대조되는 삼능이의 절망에 찬 끔찍한 위악은 더욱 선명하게 부각되는 효과를 거두는 것입니다. 백인빈 소설의 특징은 그렇게 근대화 이면의 가난하고 그늘진 부정적인 세태를 냉철한 인식과 대상에 대한 객관적 거리의 확보를 통해 치밀하게 묘사하는 데서 찾을 수 있습니다.

문 「조용한 강」은 김승옥의 「건」과 마찬가지로 유년의 세계가 어른들의 폭력적인 세계에 의해 파괴되는 과정에서 위악(僞惡)을 체험하는 소년들의 삶을 그리고 있습니다. 여러 작품을 한 가지 기준으로 비교한다는 게 감상을 단순화할 위험이 있긴 하지만, 좀더 분명하고 쉽게 이해할 수 있는 표지가 될 수도 있다고 생각하는데요. 그런 의미에서 이 두 작품을 비교해보면 어떨까요?

답 「건」에서 '나'가 보여주는 위악은 폭력적인 현실에 대한 나름의 생존 방식입니다. '나'는 어느 순간 이 잔인한 의지가 지배하는 무시무시한 세계에서 위악적으로 행동하지 않으면 살아남을 수 없음을 감지하는 것이지요. 그것은 일종의 '순수함'과 같은 것을 스스로 버림으로써만 가능한 성장의 과정입니다. '나'가 좋아하던 윤희 누나를 윤간하려는 형과 그 친구들의 음모에 자발적으로 가담하는 것은 그렇게 순수를 등지고 이 세계에서 살아남으려는 방어적인 행동이지요. 이를 통해 그들은 '어른'이 되는 것입니다.

　반면「조용한 강」에서 삼능이가 보여주는 위악은 한편으로는 어머니를 잃은 깊은 상실감과 그리움을 보상하기 위한 것이고, 다른 한편으로는 아버지의 폭력에 대한 반발에서 생겨난 것입니다. 삼능이는 예쁜 학교 선생님과 아버지가 데려온 루이스에게서 어머니의 이미지를 찾지만 그의 기대는 무참하게 배반당합니다. 그리고 그 때문에 분노는 더욱 증폭됩니다. 삼능이의 위악은 그 배후에 있다고 가정되는 폭력적인 아버지에 대한, 그리고 그를 둘러싼 위선적인 인간들에 대한 공격적인 분노의 표출입니다. 이를 통해 세상의 위선과 폭력은 더욱 극적으로 부각되는데, 삼능이의 위악은 그것을 보여주기 위한 효과적인 장치인 셈이지요.

　그런 측면에서 이 두 작품에 나타나는 아이들의 위악은 그 배경과 성격은 다르지만 공통적으로 그렇게 하지 않고서는 생존할 수 없는 비인간적인 사회의 질서를 비추어주는 거울인 셈입니다.

문　그럼, 이제하로 넘어가죠. 이제하는 시인이자 소설가고, 화가라고 하는데요. 그에 대한 소개부터 해주시죠.

답　1937년 경남 밀양에서 출생한 이제하는 20대 초반인 1958년 『소설계』에 단편「나팔산조」가 준당선되었고, 1961년 『한국일보』 신춘문예에「손」이 입선되어 등단했습니다. 이후 그는 장편과 단편뿐 아니라 시·동화·콩트·시나리오 등 문학의 거의 모든 분야에 관심을 보이며 꾸준히 창작 활동을 해왔습니다. 전통적인 리얼리즘 수법과는 뚜렷하게 대비되는 초현실주의적인 성격을 갖는 비약과 단절로 가득 찬 환상적인 수법의 작품을 주로 발표했지요. 특히 그는 미당 서정주의 추천으로 『현대문학』에 시를 싣는 등, 많은 시를 쓰지는 않았지만 꾸준히 시작 활동을 했으며 1982년에는 『저 어둠 속 燈빛들을 느끼듯이』라는 시집을 내기도 합니다. 이렇게 이제하는 시도 쓰고 소설도 쓰는, 우리 문학사에서 흔치 않은 유형의 작가입니다. 게다가 그는 화가이기도 합니다. 그는 홍익대 미대 출신으로 개인전을 열기도 했으며 자기 작품의 삽화를 직접 그려 넣기도 합니다. 이외에도 자신의 작품 「나그네는 길에서도 쉬지 않는다」의 시나리오를 직접 각색하기도 했습니다. 이러한 영화에 대한 관심은 영화에 관한 글을 꾸준히 쓰게 하는 계기가 되었지요. 이처럼 전방위적으로 활동해온 이제하는 '예술가'라는 이름에 걸맞은 우리 시대의 진정한 작가라고 평가됩니다.

문 그의 소설은 매우 독특한 분위기를 가지고 있습니다. 마치 그림이나 시 같은 이미지적인 문체나 초현실적 비유를 많이 사용해 내용 속에 환상이 모자이크되어 이야기 흐름에 균열을 가져오곤 하는 것 같습니다. 작가는 스스로 자신의 작품 세계는 '환상적 리얼리즘'을 추구한다고 했는데요, 좀더 자세히 설명해주세요.

답 이제하의 소설은 전통적인 리얼리즘 소설과는 완전히 다른 방식으로 현실을 그립니다. 그의 소설은 쉽게 이해할 수 없는 파편적인 이야기 구조와 낯선 비유, 이미지의 몽타주와 비약적인 환상 등으로 구성되어 있습니다. 플롯은 곳곳에서 돌연 중단되고 생략되거나 다른 곳으로 훌쩍 비약해버립니다. 매우 비논리적이고 불친절한 서술방식이지요. 그래서 그의 소설은 매우 몽환적인 분위기를 지니면서도 지극히 난해합니다. '환상적 리얼리즘'이라는 표현은 현실의 리얼리티를 전통적인 리얼리즘의 수법과는 다른, 매우 파편적이고 일탈적인 방식으로 드러내고 표현하는 이런 작가 고유의 방법론을 암시하고 있습니다. 이때 '환상'은 겉으로 보이지 않는 내면의 무의식과, 그리고 '리얼리즘'은 겉으로 객관적으로 보이는 현실과 관련된 용어라고 할 수 있겠지요. 이제하는 서로 모순적으로 충돌하는 이 둘을 결합함으로써 초현실적인 수법을 통해 눈에 보이지 않는 현실의 깊은 이면에 숨어 작동하는 의식과 정서의 리얼리티를 보여주려는 의도를 드러내는 셈이지요.

이제하는 1985년 단편 「나그네는 길에서도 쉬지 않는다」로 이상문학상을 수상한 후 수상 소감에서 그의 작품에 영향을 미친 작가들을 열거한 적이 있습니다. 그런데 그 작가들은 화가로, 대개 표현주의나 초현실주의를 표방하는 폴 델보, 어드바르 뭉크, 프랜시스 베이컨 등입니다. 이러한 몽환적이면서도 추상적이고 초현실적인 그림의 이미지는 그의 작품을 이해하는 데 중요한 단서가 됩니다. 이제하가 자신의 소설 기법을 두고 스스로 칭한 '환상적 리얼리즘'이라는 표현은 이런 맥락에서 이해해야 합니다. 즉 그는 가브리엘 가르시아 마르케스를 비롯한 남미 작가들의 소설에서 주로 나타나는 '환상적(혹은 마술적) 리얼리즘'과는 직접적인 관계가 없습니다. 오히려 그것은 이제하의 소설에 나타나는 표현주의적·초현실주의적 회화 기법의 영향을 표현하는 것으로 이해하는 편이 옳습니다. 다시 말해 이제하는 소설 속에 환상적이고 초현실적인 모티프를 도입하긴 하지만 이는 대개 개인의 내면을 효과적으로 드러내는 소설적 방법일 뿐 남미의 '환상적 리얼리즘'과 직접 관련된 것은 아니라는 얘기지요.

문   전통적인 서술 수법과는 다른 이제하의 이런 실험적인 문체가 작품에 주는 효과는 무엇이라고 봐야 할까요? 일종의 '낯설게 하기' 같은데요.

답   이제하 소설의 문체는 전통적인 문체에 익숙한 독자들에게는 당혹감을 줍니다. 그의 소설에서는 시간과 공간이 뒤죽박죽 뒤섞여 있고, 현실과 환상이 기묘하게 결합되어 있습니다. 심지어 한 문장 안에서도 주객이 도치되거나 아니면 논리적으로 서로 연결되지 않는 사실이나 사물들이 결합되어 나타나지요. 이런 문체 때문에 작품 전체가 마치 초현실주의 회화를 보는 듯이 모호하고 환상적인 분위기를 얻게 됩니다. 물론 난해해진다는 것은 말할 것도 없지요.

이런 문체는 독자에게 무엇보다 지각의 충격을 안겨줍니다. '어? 이게 뭐지?' 하는 당혹스러움과 거기서 비롯되는 궁금증을 유발하는 것이지요. 이것은 일상적인 사물과 현실에 길들여져 있던 우리의 지각을 자극합니다. 우리의 지각은 아주 낯선 표현에 반응함으로써 활성화되는 셈입니다. 이를 통해 현실에 대한 고정관념에 갇힌 우리의 지각과 인식은 거기서 풀려나오게 되고, 이 현실을 전혀 새로운 시각으로 바라보게 됩니다. 우리에게 익숙한 현실을 낯선 방식으로 경험함으로써 현실에 대한 반성을 촉발하게 되는 것이죠. 물론 여기에까지 도달하기 위해서는 참을성을 갖고 작품을 꼼꼼히 읽으면서 반응하고 사고하는 인내심 있는 독서가 필요하겠지요?

문　그렇다면, 그런 특질은 작가의 현실 인식하고도 어떤 관련성이 있겠군요.

답　그렇습니다. 그런 특질은 이제하가 현실을 바라보는 관점과 밀접한 관계가 있습니다. 작가가 볼 때 우리의 현실은 합리적 사고로는 접근할 수 없고 해명할 수도 없는 세계입니다. 논리적으로 일관성 있게 설명할 수 없다는 얘기입니다. 그만큼 일그러져 있다는 것이지요. 그것은 이 세계가 물신숭배와 폭력, 비합리적 억압 등으로 왜곡되고 얼룩져 있다는 현실 인식에서 옵니다. 그러니 작가가 보기에 이 일그러진 세상을 바른 시선으로 정시하는 것은 불가능합니다. 만일 그렇게 정시한다면 그것은 어떤 형태로든 이 세계의 본질을 회피하는 것이 겠죠. 이제하 소설의 문체는 그처럼 합리적인 사고와 표현으로 설명할 수 없을 만큼 일그러진 세상을 표현하기 위해 선택된 방법적 수단인 셈입니다.

문   「초식」은 돈 한 푼 없이 매번 국회의원에 출마하여 늘 꼴찌로 낙선하면서도 국회의원이 되겠다는 신념을 불태우는 서광삼이라는 인물의 이야기입니다. 선거 중에는 늘 채식을 하지요. 소설에는 구약「다니엘서」에서 섭생으로서 채식을 택한다는 이야기에서 연유했다고 나와 있습니다. 이 작품의 제목인 '초식'이 이와 어떤 연관성이 있을 것 같은데요.

답   작품에서 '초식'은 이중적인 의미를 지니고 있습니다. 먼저 초식은 말 그대로 풀을 먹는다는 뜻이지요. 거기에서 연상되는 것은 고요한 평화의 이미지입니다. 육식이 무자비한 탐욕과 약육강식의 폭력을 연상시키는 것과 비교하면 그 의미는 더 뚜렷하게 파악할 수 있을 겁니다. 서광삼이 선거 중에 꼭 채식을 하는 것은 그가 국회의원이 되고자 하는 것이 이 땅에서 벌어지고 있는 '육식'의 정치를 거부하고 폭력이 없는 평화로운 삶을 실현하려는 생각과 관련되어 있습니다. 그것은 곧 '풀 먹는 자'의 평화인 것이죠. '초식'의 또 다른 의미는 여기에서 나옵니다. '풀 먹는 자'란 곧 민중입니다. 이는 민중을 다르게는 '민초(民草)'라고 표현하는 데서도 짐작할 수 있습니다. 그런 의미에서 '초식'은 선량한 민중이 주인이 되는 평화로운 정치에 대한 지향과 관련되어 있습니다. 물론 작가는 곧 이 순진한 환상이 우둔한 민중에게 배반당하는 것을 보여주지요.

문　「초식」에서 아버지가 도수장을 찾아가서 '草' 자를 쓰는 게 어떤 의미일까요? 또 소설의 마지막 장면에서 소를 단번에 때려잡는 행위의 의미도 짚어봐야겠습니다.

답　무자비한 살육이 벌어지는 도수장은 곧 육식을 부추기는, 폭력의 근원지를 상징합니다. 아버지는 그곳을 찾아 더 이상 소를 죽이지 말라고 설득하지요. 아버지가 도수장 주인 앞에서 혈서로 '草' 자를 쓰는 것은 이제 더 이상 무자비한 폭력과 탐욕의 정치가 없어져야 한다는, 이제는 선량한 민중의 정치가 실현되어야 함을 역설하는 행위입니다. 마침 민초들의 축제인 4·19혁명이 일어났으니, 아버지는 이에 고무된 것입니다. 그러나 이러한 아버지의 선의는 실패하고 또 배반당합니다. 마지막 장면에서 도수장 주인은 그의 눈앞에서 소를 한 번의 도끼질로 때려잡는 것입니다. 이 장면의 의미는 4·19혁명을 배반하고 나온 5·16쿠데타와 맞물려 있습니다. 아무도 보지 않는 곳에서 이루어지는 살육이 이제 훤한 대낮에 눈앞에서 자행됩니다. 이 살육에 겹쳐지는 것은 바로 5·16쿠데타의 이미지이지요.

　문제는 아버지가 그렇게 믿었던 민중들의 반응입니다. 평소 아버지가 설득할 때는 완고하게 거부했던 민중들이 정작 도수장 주인의 소를 잡는 솜씨를 보고는 열광하는 것입니다. 그들이 이끌리는 것은 그 살육의 솜씨와, 거기서 얻어지는 고기와 뼈다귀 국물뿐입니다. 이 민중은 아버지가 '초식'의 이미지로서 기대했던 그런 존재가 아니라 결국 무자비한 살육과 폭력, 이기주의와 탐욕의 정치를 무비판적으로 추종하고 심지어 그와 공모해 열광하는 그런 우둔한 존재일 뿐입니다. 결국 이 소설은 억압과 폭력으로 유지되는 현실과 그에 조종되는 한편으로 가담하기도 하는 우둔한 민중들의 생태에 대한 비판적인 알레고리인 셈입니다.

문   「초식」「유자약전」에는 정치적인 문제와 도시성 등에 대한 작가의 부정적인 견해가 깔려 있는 것 같습니다. 대신 순결한 영혼을 가진 인물들, 특히 예술가들에 대해서는 차원을 달리하여 생각하고 있지요. 이제하 소설에서 예술가는 어떤 위치를 점하고 있으며, 이들의 역할은 어떠한가요?

답   이제하의 소설에서 예술가는 현실의 삶에 깊숙이 매여 있는 인물로, 현실의 논리에서 벗어날 수 없다는 사실 때문에 괴로워하고 절망합니다. 「유자약전」의 '나'가 바로 그렇지요. 이것은 모든 것이 상품가치로 환원되는 자본주의 사회에서 예술가가 겪을 수밖에 없는 고통과 갈등을 드러냅니다. 하지만 그러면서도 예술가들은 근대사회의 제도화된 폭력성과 억압성, 물신숭배에 정신적으로 저항합니다. 그리고 그들은 이미 그것이 현실의 어떤 것도 변화시키지 못하는 무력한 행위라는 것을 일찌감치 알고 있습니다. 그럼에도 불구하고 그들은 광기에 휩싸이거나 자기 자신을 파괴하면서까지 그 현실의 부당함을 폭로하면서 현실과 부딪칩니다. 예술은 바로 그런 거부와 저항을 표현하는 행위입니다. 무엇보다 예술은 이 제도화된 폭력 속에서 그래도 무언가 지금의 세계와는 다른 삶의 가능성을 엿볼 수 있게 해주는 것이기 때문입니다. 마치 유자가 그랬던 것처럼, 때로 예술가는 이를 위해 자기 자신의 몸을 내던지고 죽음에 이르기까지 하지요. 일종의 순교인 것입니다. 그들은 그럼으로써 이 세계의 일그러진 모습을 비추어 보여주는 거울과 같은 역할을 하는 셈입니다.

문   「유자약전」에서 중간중간 '나'가 유자를 주인공으로 해서 만들어내는 '환상'은 마치 초현실주의 기법으로 그린 그림을 보는 듯합니다. 이는 작품에 대한 자신의 이루지 못한 꿈을 나타낸다고 볼 수 있을 텐데요. 이것이 작품 전체에서 어떤 역할을 한다고 봐야 할까요?

답   「유자약전」에서 '나'는 환상 속에서 유자를 세 평에서 1천 평에 이르는 공간에 가져다 놓으면서 상상력을 확장해나갑니다. 이것은 그 자체로 주어진 공간의 한계를 벗어나는 예술적 상상력의 속성을 환상적으로 표현하는 효과를 가져옵니다. 그런 만큼 이는 고착된 현실을 거부하는 예술의 존재 방식을 보여주는 이 작품의 주제의식을 그대로 형식적인 차원에서 실현하는 장치입니다. 그와 동시에 이는 주어진 자신의 한계를 예술적 상상력의 비약을 통해 넘어서려는 '나'의 욕망을 표현하는 장치이기도 합니다. 중요한 건 이런 장치 속에서 유자의 모습이 다양한 시간과 공간 속에 다양한 형태로 변형되면서 배치된다는 점입니다. 그 속에서 유자의 이미지는 깡마른 유자, 안개 속에 가려진 유자, 어깨와 바지만 남은 유자, 비틀거리는 유자, 성기만 남은 유자 등으로 변형되며, 그것은 또한 나일론 셔츠, 소나무, 나치 병정, 비행기의 폭음 등의 시청각적 이미지와 기괴하게 결합합니다. 이런 이미지의 변형과 몽타주를 통해 유자는 다양한 시각에서 조망됩니다. 이를 통해 하나로 고정될 수 없고 획일적인 정의를 벗어나는 유자라는 인물의 이미지가 효과적으로 표현되는 것입니다. 결국 이는 하나로 고정되지 않고 끊임없이 미끄러져가는 유자의 일탈적인 이미지의 표현을 통해 그 자체로 자유분방한 예술적 상상력의 속성 그 자체를 연출하면서도 다른 한편으로 그런 예술에 대한 '나'의 욕망을 드러내는 실험적인 방식이라고 할 수 있습니다.

문   그럼 「유자약전」에서 유자의 '영구불임 선언'은 무엇을 의미할까요?

답　유자는 스스로 자신이 영구불임이라고 선언합니다. 하지만 이는 작품에서도 보듯 사실이 아닙니다. 단지 그렇게 말하고 있을 뿐입니다. 여기서 우리는 유자의 영구불임이 생물학적 '사실'이 아니라 일종의 상징이라는 것을 알 수 있습니다.

이것은 두 가닥으로 설명할 수 있습니다. 한편으로 유자가 자신을 영구불임이라고 선언하는 것은 삶의 불모성에 대한 자각을 표현하는 것입니다. 자신의 삶은 자본주의적 가치체계와 일상에 의해 훼손된 불모의 삶이라는 것이지요. 그렇지만 이 자각은 단지 그에서 머물지 않습니다. 작품에서 그것은 자본주의적인 삶과 가치체계를 지배하는 생산과 재생산이라는 패러다임에 대한 의식적인 거부를 상징하는 것으로 확장됩니다. 그리고 이러한 자각은 곧 예술의 존재 방식과 깊은 관련이 있습니다. 작가가 보기에 예술이란 자본주의적 가치체계가 요구하는 '쓸모'와 '용도'라는 교환가치를 거부하는 데서 성립하는 것이니까 말이지요.

문　「유자약전」의 유자가 말하는 꿈 이야기에서는 구두가 걸어다니거나, 모자가 흔들흔들거리며 가는 등 사물이 사람처럼 행동합니다. 이에 대해 '나'는 나도 바지와 구두밖에 안 남아 보이느냐고 허탈해하는데요, 이처럼 사물과 사람이 도치됨으로써 얻는 효과는 무엇일까요?

답　유자의 꿈 이야기에서 인간과 사물의 지위는 전도되어 있습니다. 인간이 자신의 온전한 모습을 상실하고, 그 대신 비인간적이고 사물적인 요소들이 오히려 인간의 형상을 삭제하면서 활성화되는 것이지요. 작가는 이런 도착된 묘사를 통해 무엇을 이야기하려는 것일까요? 유자의 꿈은 무엇보다 인간과 사물의 관계가 전도되어 있는 비인간화된 현실의 본질을 포착하고 있습니다. 인간이 아닌 사물이, 그리고 돈이 인간을 소외시키고 주인 행세를 하고 있는 게 현실의 참모습이라는 얘기지요. 그런 현실은 분명 비정상입니다. 그렇다면 그 비정상을 정상적인 방식으로 표현하는 것은 왜곡에 불과할뿐더러, 사태를 정확하게 포착하지도 못한다는 것이 작가의 생각입니다. 왜곡되고 도착된 현실에는 똑같이 왜곡되고 도착된 방식으로 대응해야 현실의 본질에 다가갈 수 있다는 얘기인 겁니다. 그리고 그것이 바로 예술이고, 예술의 방법론인 것이죠. 유자의 꿈은 바로 이런 생각을 매우 집약적인 형식으로 상징적으로 표현하는 효과를 거두고 있습니다.

문 「나그네는 길에서도 쉬지 않는다」에서 주인공과 간호사가 여관방에서 하룻밤을 보내는 장면이 나오는데요, 주인공 '나'는 길에서 맺는 인연은 아내에게 일어난 일 같은 안 좋은 일을 부를지 모른다는 생각에 간호사를 받아들이지 않고, 이후 정식으로 그녀와 시작하겠다고 마음을 먹습니다. 그런데 마지막 장면에서 여자에게 신(神)이 내리지요. 이 사건과 앞의 사건은 필연적인 연결고리를 가지고 있는 것처럼 보입니다.

답 한번 생각해보세요. 여자가 옷을 벗고 몸을 던져옵니다. 여러분은 어떤 반응을 보일까요? 그런데 만일 주인공처럼 응하지 않는다면? 거기에는 어떤 윤리적 감각이 작용하고 있을 것입니다. 주인공이 간호사의 요구에 응한다면 그것은 개인 차원의 욕망의 문제로 해소되어버리고 맙니다. 그러나 지금 주인공이 처한 상황은 그렇게 해결될 수는 없는 문제입니다. 왜냐하면 아내의 죽음으로 인한 '나'의 상처와 불편함은 분단의 아픔이라는 문제와 무관하지 않으니까요. 작품에서 간호사는 '나'에게 끊임없이 어떤 심리적 불편함을 야기하는 존재로 그려지는데, 그것은 바로 간호사에게 그런 아내의 형상이, 또 아내로부터 촉발되는 분단의 상처가 무의식적으로 겹쳐지기 때문입니다. 따라서 간호사를 하룻밤 욕정의 대상으로 삼지 않고 그녀와 정식으로 시작하겠다는 '나'의 다짐은, 확장해 생각하면 분단으로 인한 개인의 상처를 개인의 차원에서 해소해버리지 않고 공동체적 전체의 차원에서 사고하고 떠맡겠다는 의지를 보여주는 윤리적인 행위입니다.

그다음 날 간호사에게 신이 내립니다. 일종의 샤머니즘적 해결 방식이지요. 육체의 질병을 치유하는 존재인 간호사가 정신의 질병을 치유하는 존재인 무당이 되어 상처 치유의 가능성을 열어 보이는 셈입니다. 이렇게 간호사에게 신이 내리는 것은 전날 밤 '나'의 행위와 무관하지 않습니다. '나'의 윤리적 행위에 감응된 것이라고 할 수밖에요. 분단이 야기한 상처의 해결은 이처럼 개인을 넘어 전체의 문제로 받아들여 떠맡고 행위하는 윤리적 감각에서 비롯된다는 작가의 인식을 보여주는 대목이라 하지 않을 수 없습니다.

문　무척 흥미로운 분석입니다. 이제 김승옥에 대해 알아보죠. 우선 작가 소개부터 해주세요.

답　김승옥은 1941년 일본 오사카에서 태어나 전남 순천에서 성장했고, 서울대학교 불문과를 졸업했습니다. 그는 1962년 『한국일보』 신춘문예에 「생명연습」이 당선되어 등단한 후, 1965년에는 「서울, 1964년 겨울」로 동인문학상을, 1977년에는 「서울의 달빛 0장」으로 이상문학상을 수상하기도 했습니다. 『강변부인』 등의 장편소설을 발표하기도 했으나 장편보다는 단편에서 더욱 뛰어난 역량을 보여주었는데, 그의 단편 미학은 이후 많은 작가들에게 직간접적으로 큰 영향을 끼쳤습니다. 1967년부터 영화 시나리오를 쓰기 시작하면서 이후 1975년까지 문학보다는 영화와 더 많은 관련을 맺어 「영자의 전성시대」「겨울여자」 등 당시 흥행작들의 시나리오 각색으로 인기를 얻었고, 김동인의「감자」를 각색해 직접 감독을 맡아 연출을 하기도 했습니다.

'전후문학의 기적'이라는 찬사를 받았던 김승옥의 소설은 당시 보기 드문 신선한 감수성과 감각적인 문체로 많은 독자들을 사로잡았으며, 문학평론가 유종호는 그의 소설에 대해 '감수성의 혁명'이라는 표현을 사용하기도 했습니다. 김승옥은 전후의 상흔(傷痕)과 근대화의 혼란이 뒤섞인 불행한 현실 속에서 정신의 자유와 개성적인 자기 세계를 문학적으로 추구해나갔던 4·19세대의 대표적인 작가로 평가되고 있습니다.

문 김승옥의「생명연습」「건」「역사」「무진기행」「서울, 1964년 겨울」, 이제하의「초식」「나그네는 길에서도 쉬지 않는다」, 백인빈의「조용한 강」은 모두 하나의 세계에서 다른 세계로 넘어가는 이니시에이션initiation의 요소가 풍부합니다. 청소년이 주인공으로 등장하건, 등장하지 않건 간에 통과제의라는 장치가 이용되어 도달하려는 또 다른 세계를 지향한다는 느낌이 들지요. 그런데 이 작품들에는 그 도달하려는 세계가 완성된 질서로 성립되어 있지 않고, 도달이라는 결과에 중점을 두기보다는 그 과정 자체에 관심이 있는 듯합니다.

답 이 소설들에서 통과제의는 개인의 현실 인식과 자아 정립을 위한 과정으로 나타나고 있습니다. 그런데 중요한 것은 이 소설들에서는 개인이 그 통과제의를 통해 도달해야 할 질서가 안정되고 완성된 것이 아니라는 점입니다. 그 사회는 불안하고 혼란스러우며 위선과 폭력이 만연한 곳입니다. 따라서 이런 가운데서는 통과제의가 이념적으로든 윤리적으로든 안정된 질서에 성인으로서 진입하고 편입되면서 그 사회의 이념과 가치를 성공적으로 내면화하는 방식으로 진행될 수 없습니다. 오히려 이 경우 이니시에이션은 억압적이고 폭력적인 질서와 끝까지 불화하고 대립하는 방식으로 고독한 쟁투를 계속하거나 아니면 생존을 위해 거기에 적응하는 것을 선택하더라도 그로부터 야기될 수밖에 없는 회한과 갈등, 정신의 파멸과 자기기만을 표출하는 방식으로 이루어집니다. 그렇기에 이 소설들에서는 그런 이니시에이션의 구조를 만들 수밖에 없는 1960년대 한국 사회에 대한 성찰이 자리할 수 있게 되는 것입니다. 도달이라는 결과보다 그 과정 자체가 더 부각되어 있는 것은 그 때문이라 할 수 있겠지요.

문   김승옥은 1960년대의 작가라고 불리며 작가 스스로도 그것을 인정하고 있습니다. 이는 1950~60년대의 시대정신을 담고 있다는 뜻으로 해석할 수 있을 텐데요. 한국전쟁 직후 그 허무함과 혼란함을 그리기엔 시간이 많이 흘러버렸고, 군부 정권이 주도한 경제성장 정책이 본격적으로 시작된 1970년대와는 그 성격이 또 다른 1960년대의 시대 상황은 어떠하다고 말할 수 있을까요?

답   이 대화의 처음에 나누어야 할 얘기를 이제야 하게 되었군요. 1960년대를 말할 때 빠질 수 없는 것이 바로 4·19혁명입니다. 1960년대는 4·19혁명과 함께 열렸다고 하지요. 그런 만큼, 1960년대는 전후의 폐허와 허무를 딛고 4·19혁명을 계기로 분출된 '자유'와 '민주주의'라는 근대적 가치에 대한 열망이 공감을 얻고 확산된 시기입니다. 그렇지만 1960년대는 또한 그런 열망이 곧바로 이어진 5·16쿠데타에 의해 굴절되고 좌절된 시기였다고 할 수 있습니다. 한마디로 희망과 좌절이 교차하면서 어지럽게 뒤섞여 있던 시기였지요. 그리고 그 위에 아직도 치유되지 않은 한국전쟁의 상처가 강한 영향력을 행사하면서 그 좌절의 경험을 한층 복잡하게 만들기도 했습니다. 그런 가운데

1960년대는 산업화·근대화가 본격적으로 진행되기 시작한 시점이라는 것도 중요합니다. 이를 계기로 정치·경제·문화를 비롯한 거의 모든 분야에서 오늘날 한국 사회의 지배적인 특징이 형성되었던 것이죠. 그 과정에서의 혼란과 불안, 막연한 기대와 동요가 어지럽게 뒤섞여 1960년대의 특징을 만들어내고 있었던 것입니다.

그래서 김승옥은 자신이 살았던 1960년대를 이렇게 말하고 있습니다. "안개가 낀 듯이 미래가 보이지 않던 시대, 6·25전쟁으로 전통적인 재산도 가치도 다 파괴돼버리고 너나없이 속물이 돼버린, 속물이 되지 않고서는 살아남을 것 같아 보이지 않던 불투명하던 시대가 바로 1960년대였고 내 젊은 날의 상황이었다." 김승옥의 문학에서 나타나는 1960년대의 시대정신은 이런 환경에서 자라 나온 것입니다.

문 「생명연습」에서는 화자인 '나'뿐 아니라 주변 인물들까지 자기를 완성해나가려는 의지를 보여주고 있습니다. 극기를 위해 눈썹을 민 학생, 생식기를 자른 전도사, 두음법칙을 무시하는 친구 등 이를 관찰하는 화자는 부정적인 자기 세계라도 귀한 재산이라 여기지요. 여기서 작가가 말하고자 하는 '자기 세계'란 무엇을 의미한다고 봐야 할까요?

답 「생명연습」의 화자는 자기 세계에 대해 이렇게 설명하고 있습니다. "분명히 남의 세계와는 다른 것으로서 마치 함락시킬 수 없는 성곽과도 같은 것"이라고 말이지요. 바로 이 표현에 주목할 필요가 있습니다. 그러니까, 자기 세계는 남과의 뚜렷한 구별을 통해 자신의 정체성을 유지해주고, 외부 세계의 혼란으로부터 자기 자신을 지켜주는 것입니다. 그런데 김승옥의 소설에서 그 '자기 세계'는 '극기'를 통해서만 만들어집니다. 다시 말해 그것은 "번득이는 철편(鐵片)"과 "눈뜰 수 없는 현기증", 그리고 "끈덕진 살의"와 "마음을 쥐어짜는 회오(悔悟)" 같은 복합적인 감정의 쟁투와 격랑을 겪고 또 그것을 이겨내고서야 비로소 만들어지는 것이지요. 이것은 그 자기 세계의 형성이 얼마나 힘들고 고통스러운 일인가를 보여주는 대목입니다.

「생명연습」은 물론이고 김승옥의 다른 소설에서도 그 자기 세계를 위한 싸움이 대부분 지독한 '위악'의 형태로 표출되는 것도 그 때문입니다. 그곳에서 소설 속 주인공들이 보여주는 자학과 가학, 위선과 절망 등은 불안하고 혼란스러운 현실 속에서 자기 자신을 지키고 정체성을 유지하는 것이 얼마나 지난한 일인가를 보여줍니다. 그만큼 1960년대는 자기 자신의 정체성을 지키고 자율적인 주체로 성장하기 어려운 시기였음을 반증한다 할 수 있겠지요. 그것을 뛰어난 감수성으로 포착하고 보여준 것이 바로 김승옥의 '자기 세계'가 갖는 의미입니다.

문 「역사」에서 '나'는 창신동에서 깨끗한 양옥집으로 이사를 합니다. 양옥집의 가풍은 주인할아버지의 권위로 질서 있게 유지되고 있는데, 내화의 화자와 외화의 화자 모두 창신동과 양옥집에 대해서 어떤 가치판단도 내리지 못하고 있습니다. 이를 당시 시대적 상황과 연결해 살펴본다면 어떨까요?

답 과연 「역사」의 화자는 창신동과 양옥집에 대한 가치판단을 유보하고 있습니다. 소설에서 양옥집은 안정적인 질서가 있고 '규칙적인 생활제일주의'가 관철되는 공간이라 언뜻 근대적 합리성이 실현되는 공간으로 보입니다. 그렇지만 그곳은 또한 권위주의라는 전근대적인 봉건질서와 그에 대한 무비판적인 순종이 공존하는 허위적인 공간이기도 합니다. 그에 비해 창신동은 구질구질하고 무질서한 곳이기는 하지만 생활의 활력과 생명력, 공동체적 감각을 잃어버리지 않은 공간입니다. 내화의 화자의 심리 속에는 분명 창신동으로 상징되는 전통적인 공동체적 삶과 질서에 대한 이끌림이 있기는 해도 화자는 어느 쪽에 대해서도 호오(好惡)의 판단을 쉽게 드러내지 않습니다. 오히려 화자는 창신동의 가치와 양옥집의 가치를 이분법적으로 가르고 어느 한쪽의 손을 들어주기보다 한편으로는 겉으로 번드레해 보이는 양옥집의 불합리한 이면을 폭로하고, 다른 한편으로는 겉으로 무질서해 보이지만 (지금은 스러져가는) 창신동의 이면의 활력을 상기합니다. 중요한 것은, 소설에서 화자는 그럼에도 불구하고 창신동으로 다시 돌아가고 싶어 하지 않는다는 점입니다. 결국 화자는 그 어느 쪽에 대해서도 마음을 주지 않는데요, 그것이 소설에서 그 두 공간이 갖는 양면성에 대해 똑같이 거리를 두고 바라보는 태도로 나타납니다.

그리고 이는 작품의 구성에서도 분명히 드러납니다. 외화의 화자는 그런 작중 상황에서 거리를 두고 한발 물러나 객관적인 입장에서 사실을 전달하는 역할을 자임하는데, 이는 어느 쪽으로도 이끌리지 않고 그 상황에 대해 명백한 가치판단을 유보하는 작가의 입장과 밀접한 관련이 있습니다. 그렇다면 여기에서 드러나는 것은 무엇일까요? 그것은 바로 양옥집으로 상징되는 근대적인 삶의 질서가 갖는 불합리하고 위선적인 모순을 혐오하고 또 그래서 심리적으로도 쉽게 적응할 수 없음에도 불구하고 자신으로서는 그곳이 주는 아늑함의 유혹을 벗어나기란 이미 불가능하다는 것을 알아버린, 차라리 그곳에 안주하고 싶은 소시민적 심리입니다. 이것은 화자의 심리이기도 하고, 더 나아가서 보면 부정적인 삶의 질서라는 것을 알고 있지만 어찌 됐든 살아갈 수밖에 없는 1960년대 한국의 근대적 질서에 대해 작가가 느꼈던 복잡하고 모순적인 심리의 반영이기도 합니다.

문 「서울, 1964년 겨울」에서 구청 병사계에서 근무하는 나(김), 대학원생 안, 월부책 판매원 사내 사이에는 무의미한 대화만이 오갈 뿐, 인물들의 대화는 언제나 단절됩니다. 이는 작품에 어떤 효과를 주며, 또 작가가 이런 방식을 통해 말하려는 바는 무엇일까요?

답 「서울, 1964년 겨울」에서 인물들의 대화는 끊임없이 겉돌고 있습니다. 대학원생 안은 사소한 사물이나 행동에서 의미를 찾으려고 하는 반면, 그에 반응하는 김은 냉소적이지요. 그런 대화의 어긋남은 월부책 판매원 사내와의 대화에서도 마찬가지여서, 아내의 주검과 돈 몇 푼을 맞바꾸게 된 기막힌 사연을 듣고도 안과 김은 그의 사연에 공감할 수도 없고 또 그러려고 하지도 않습니다. 그런 만큼 그들은 서로가 앓고 있는 고독과 삶의 상처에 대해 냉담할 정도로 무관심합니다. 그리고 그들의 대화는 자기 자신에게만 의미 있는 아주 사소한 내용을 단편적으로 나열하는 데서 그칠 뿐입니다. 그러니 의견을 공유한다거나 합의에 이른다거나 하는 의사소통의 과정은 있을 수도 없겠지요. 경험을 공유하거나 소통하는 것도 불가능할 정도로 철저하게 단자화되고 파편화된 인간관계의 단면인 겁니다. 작가는 의사소통의 어긋남으로 나타나는 이런 인간소외의 비극을 역으로 유희적인 터치로 제시합니다.

그럼으로써 1960년대에 전면화하기 시작한 자본주의적 일상 속에서 고립되고 소외된 인간관계의 한 국면을 더욱더 극적으로 부각시키는 효과를 거두고 있지요. 작가는 이를 통해 자본주의적 일상 속에서 헤어 나오지 못하고 절망하면서도 타인과의 유대를 통해 또 다른 삶의 가능성을 추구하기보다는 편협한 자기 안에 매몰되어 타인에 대한 지독한 무관심으로 스스로를 무장하고 상실의 삶을 개인적인 방식으로 견뎌나갈 수밖에 없는 1960년대 자본주의 근대의 개인주의적 삶의 비극을 보여줍니다.

문   그중에서도 특히 김과 안 사이에 오가는 특이한 의사소통 방식이 눈길을 끕니다. 그 자체로는 아무 가치가 없는 지극히 사소하고 개인적인 내용을 담은 대화인데요.

답   나와 안은 오직 자기 자신만이 소유할 수 있는 것에 대해 이야기합니다. 그들이 이야기하는 내용은 실로 아무런 의미가 없는 것들입니다. 일례로 종로2가에 있는 벽돌들의 숫자가 대체 무슨 의미가 있겠습니까? 아무런 의미가 없는 일에 몰두하고 집착하는 것은 어떤 측면에서 볼 때는 사회에서 좌절하고 절망한 개인들이, 의미 있고 유용하다고 여겨지는 현실의 가치를 인정하기를 거부하는 소극적이고 자기방어적인 저항의 방식이라 할 수 있습니다. 물론 그럼으로써 소외와 좌절을 극복하기보다는 거기에 더욱 매몰되어가는 길이기도 하지요. 그런데 역설적이게도, 그들은 바로 그 대화를 통해 "서로를 존중"할 수 있게 됩니다. 의미 없는 고립되고 지루한 삶을 아주 사소한 것들에 집착하면서라도 억지로 견디며 살고 있는 것은 자신만이 아니라는 사실을 대화를 통해 서로 확인하는 데서 그들은 자신들이 공유하는 희미한 동질성을 억지로 찾아내는 것이죠. 그러니 쉽게 알 수 있을 겁니다. 이것 자체가 얼마나 비극적인 상황인가를 말이지요.

문   김승옥 소설에서는 두 공간이 대립하고 있습니다. 「서울, 1964년 겨울」 「무진기행」에서 '서울'이라는 공간은 1960년대와 관련지어 어떤 의미로 쓰이고 있는지요?

답   이 두 소설에서 '서울'은 자본주의 근대의 질서가 정착되기 시작하고, 그리하여 개인의 소외와 꿈의 좌절을 유발하는 공간입니다. 김승옥은 그런 서울의 성격을 「서울, 1964년 겨울」에서 개인의 극단적인 고립과 파편화, 의사소통의 단절을 통해서 그려 보여주고 있습니다. 그리고「무진기행」에서 서울은 순수함을 상실한 타락한 속물들의 세계로 나타납니다. 이 두 소설에서 나타나는 서울의 성격을 규정하는 것은 바로 1960년대부터 본격화된 근대화입니다. 이 작품들에서 그려지는 서울의 부정적인 속성은 바로 근대화에서 비롯되는 것이죠. 문제는 그럼에도 불구하고 서울은 발붙이고 살아갈 수밖에 없는 생존의 공간이라는 데 있습니다.「무진기행」의 윤희중이 그런 것처럼, 그곳은 부끄러움을 무릅쓰고 자기를 방어하고 기만할지언정 어떻게든 적응해야 하는 공간인 것이죠. 그런 의미에서 김승옥의 소설에서 서울은 1960년대의 소시민적 주체가 경험하는 근대화의 모순과 그에 대한 불안이 집약되어 있는 지리적 상징이라고 할 수 있습니다.

문　그렇다면 서울과 고향의 관계에서 '고향'은 무얼 의미할까요? 또 '무진(霧津)'이라는 배경은 고향과 어떤 관계를 맺고 있을까요?

답　중요한 것은 김승옥의 소설에서 '고향'은 항상 서울과의 관계를 통해서 나타난다는 점입니다. 그런 의미에서 그의 소설에 나타나는 고향이 흔히 낭만적인 노스텔지어를 유발하는 순수함의 공간이라고 단순하게 생각하기 쉽지만, 결코 그렇지 않습니다. 또 고향은 근대화가 한창 진행되고 있는 서울과는 다른 전근대의 공간도 아닙니다. 김승옥 소설의 고향은 그런 식의 이분법으로는 파악할 수 없는 복잡한 의미를 지니고 있습니다. 우선 주인공들의 의식 속에서 고향은「무진기행」에서 보이는 것처럼 서울과는 무언가 다른, 그래서 서울에서 겪는 갈등을 해결해줄 수 있을 것이라 생각하는 공간으로 나타나는 한편으로, 결국에는 결코 그럴 수 없는 것으로 밝혀지는 공간입니다.「무진기행」에서 무진은 서울과 마찬가지로 속물적인 삶이 잠식해가고 있는 공간이며,「환상수첩」에서 그려지는 고향 역시 절망과 위악이 넘쳐나는 곳일 뿐입니다. 김승옥의 소설에서 고향은 서울에서의 훼손된 삶을 결코 치유하고 보상해줄 수 없는, 안타까운 그리움과 환상 속에만 존재하는 곳입니다. 즉 순수함이 살아 있는 고향에 대한 기대는 한낱 환상일 뿐이라는 것이지요.

　중요한 것은 김승옥의 소설에서 고향이 왜 이런 방식으로 그려지는가에 주목하는 것입니다. 왜 고향을 서울과 다르지 않은 속물들의 세계로, 그렇지 않으면 환상 속에서만 그리워할 수 있는 공간으로 그리겠습니까? 여기에는 매우 복잡한 심리의 작용이 있습니다. 그 점은 예컨대「역사」와「서울, 1964년 겨울」등에서 인물들이 서울을 좌절과 상처, 자기소외를 겪을지라도 어찌 됐든 발붙이고 살아갈 수밖에 없는 공간으로 생각하는 것과 관련이 있습니다. 한마디로 그들은 서울을 벗어나고 싶지 않은 것이지요. 그런 그들의(혹은 작가의) 의식적·무의식적 욕망이 고향을 그렇게 받아들이고, 또 그리고 있는 것입니다. 어차피 고향이 서울과 똑같이 훼손되고 속물들이 넘쳐나는 곳이라면, 그리고 순수함이 살아 있는 아늑한 고향의 이미지라는 것도 환상 속에만 존재하는 것이라면, 그들은 돌아갈 필요가 없고 또 돌아갈 수도 없죠. 그런 고향의 의미는, 비록 서울이 상징하는 근대화된 질서에 상처받고 훼손되며 심지어 자기 자신을 스스로 기만하고 파괴하며 살아갈지라도 그곳에 성공적으로 적응하고 싶다는 자기보존의 욕망이 의식 속에서 구축해낸 것입니다.

　문　「무진기행」에서 '안개'라는 배경이 나타내는 의미와 그 이미지가 작품에 미치는 영향에 대해서도 살펴보지요.

　답　「무진기행」에서 안개의 이미지는 이승에 한(恨)을 품은 "여귀

(女鬼)가 뿜어내놓은 입김" 같은 것으로, 사람들이 헤쳐나가려 해도 그럴 수 없는 보이지 않는 위력을 지닌 것으로 나타납니다. 그것은 비록 손으로 잡을 수는 없어도 뚜렷이 존재하면서 그 안에 선 자의 시야를 가리고 무기력으로 몰아넣는 것입니다. 그 안개의 이미지는 작품의 서두에 배치되어 무진이라는 소읍을 둘러싸고 있는 답답하고 단조로운, 벗어나려고 해도 그럴 수 없는 무기력한 혼돈의 느낌을 작품 전체에 걸쳐 만들어냅니다. 이 안개는 윤희중의 고향인 무진의 명산물로 설정되어 있지만, 1960년대 한국 사회의 불안과 혼돈 한가운데 있었던 무기력한 개인의 경험을 집약하는 상징으로 확대해 파악할 수 있습니다. 1960년대는 바로 그렇게 안개가 긴 듯이 한 치 앞도 보이지 않는 혼돈의 시대였고, 그래서 개인들은 불안했으며, 또 그런 무기력한 자신을 응시할 수밖에 없었습니다. 그 안개 이미지에는 개인의 지각과 정체성을 교란시키며 그들을 보이지 않게 어떤 거대한 소용돌이 한가운데로 휩쓸어가는 근대화의 혼돈과 폭력에 대한 무기력과 불안이 스며 있는 것입니다.

문 아까도 말씀해주셨지만, 김승옥의 문체는 정말 감성적이고 개성적입니다. 지금 읽어도 세련된 느낌을 받을 정도지요. 김승옥의 문체에 대해서 좀더 설명해주세요.

답 김승옥의 문체는 흔히 감각적이라고 말합니다. 그의 소설을 두고 '감수성의 혁명'이라고 일컫는 것도 그런 맥락이지요. 이때 문제는 그 '감각적'이라는 특징이 구체적으로 무엇을 의미하는가일 것입니다. 김승옥은 소설에서 인물의 의식이나 관념, 감정 등을 직접적으로 표현하는 어휘를 사용하지 않습니다. 그 대신 사건이나 외부 세계의 풍경을 청각·후각·시각 등의 감각을 동원한 회화적인 이미지로 그려놓습니다. 그리고 나서 그것을 인물의 의식과 감정을 표현하는 간접적이고 우회적인 수단으로 사용하는 식이지요.

「무진기행」의 첫머리에 나오는 안개에 대한 서술이 좋은 예가 될 수 있겠습니다. 인물이 겪는 혼돈과 불안이 안개의 모호하고도 감각적인 이미지에 겹쳐지고 투사되면서 간접적으로 암시되는 것을 확인할 수 있습니다. 그런 의미에서 김승옥의 문체는 매우 주관적인 셈이지요. 또 다른 예를 봅시다. 「건」에서 한 인간을 죽음으로 몰아가는 전쟁의 폭력은 감각적이고 회화적인 벽돌 더미의 이미지로 암시됩니다. "적갈색과 자주색이 엉켜서 꺼끌꺼끌한 촉감의 피부를 가진 괴물"이라는 표현이나 "어설프고도 허망한 주황색 구도"라는 표현이 바로 그것입니다. 주목해야 할 것은 전쟁의 폭력과 현실의 냉혹함을 불현듯 감지하고 큰 충격을 받는 '나'의 내면의 공포가 그런 회화적인 이미지에 스며 있다는 점입니다. 그것은 그냥 외부 세계의 사물이나 풍경이 아닌, 그 자체로 나의 내면의 의식과 감정이 투사되어 있는 매개체인 것이죠. 김승옥 문체의 감각적인 특성은 눈에 보이는 외부 세계의 일면을 효과적으로 포획하는 회화적인 이미지를 매개로 한 이런 주관적인 표현 방식과 매우 밀접한 관련을 맺고 있습니다.

지금 우리 학교는, 훈육과 폭력의 오작동
— 전상국의 『우상의 눈물』

1. 학교

전상국의 소설집 『우상의 눈물』(강, 2022)[1]에는 학교를 배경으로 한 소설들이 실려 있다. 이 소설들에서 작가가 보여주는 것은 지난 시기 교육 현장에서 흔히 볼 수 있었던 훈육 권력의 횡포와 부조리, 출세 지향적인 처세술과 허위 같은 것들이다. 이를 두고 교육 현장을 다룬 전상국의 소설을 실제 정치권력의 축도 혹은 알레고리로 볼 수 있다고 흔히 이야기한다. 물론 그렇게 볼 수도 있을 것이다. 즉 전상국의 학교 소설은 박정희 군사정권의 파시즘적 통치성에 대한 알레고리로 읽을 수 있는 여지가 다분하다. 그러나 중요한 것은 그의 소설이 단지 그런 알레고리의 차원에만 그치지 않는다는 점이다. 그러기엔 그의 소설 속 교육 현장에서 벌어지는 사건과 인물 들, 그리고 그 속에서 만들어지고 작동하는 인간관계들 속에는 어느 하나로 축약하거나 환원할 수 없는 독자적인 개성과 풍부한 디테일이 살아 있다.

그보다 우리는 전상국이 그려 보여주는 학교의 풍경이 그 자체로 학교라는 '이데올로기적 국가장치'에 대한 문학적 탐구에 더 가깝다고 해

---

[1] 이 글에서는 이 책에 실린 작품들을 다룬다. 이하 이 책에서 인용할 경우 작품명과 페이지만 적는다.

야 할 것 같다. 일찍이 알튀세르는 국가장치를 이야기하면서 억압에 의해 기능하는 국가장치와 이데올로기에 의해 기능하는 국가장치를 구분했다. 가령 정부, 내각, 군대, 경찰, 재판소, 감옥 같은 것들이 억압적 국가장치라 한다면, 교회, 가족, 학교, 조합, 신문, 문화기업 같은 것들이 이데올로기적 국가장치에 포괄된다. 이데올로기적 국가장치들은 이데올로기를 확대 재생산하고 그에 복종하는 주체들을 만들어내며, 그럼으로써 현재의 체제를 재생산한다. 그 이데올로기적 국가장치를 통해 헤게모니를 행사하지 않으면 지속적으로 권력을 유지하는 것은 불가능하다. 그에 따르면 이데올로기적 국가장치 중 문화와 종교와 가족과 학교 등은 각기 다른 방식으로 지배 이데올로기라는 악보를 연주하며 화음을 이루는데, 이 중에서 하나가 특히 지배적인 역할을 수행한다. 그것이 바로 학교다.

학교는 지배 이데올로기를 전파하고 강요하고 재생산한다. 학교 이데올로기는 특히 권력의 작동을 숨기고 은폐하는 기능을 하는데, 이를 가능하게 하는 것은 학교를 중립적이고 이데올로기를 갖지 않는 장소로 표상하는 이데올로기 때문이다. 그렇게 보이지 않는 이데올로기들의 중첩 한가운데서 이데올로기를 통해 주체를 생산하는 장소, 그것이 바로 학교다. 전상국의 소설을 보면 우리는 이데올로기적 국가장치로서 학교를 설명하는 이 말들이 무엇을 뜻하는지, 또 그것이 현실에서 어떻게 구체화되는지를 조금씩 이해하게 된다.

물론 전상국의 소설이 학교가 이데올로기적 국가장치임을 그 자체로 충분히 예시한다고는 볼 수 없다. 왜 그런가? 학교의 교육 현장에서 이데올로기는 많은 부분 교과과정의 내용 속에서 또 그것을 통해 작동한다는 점을 떠올려보면, 전상국의 소설에는 그에 대한 묘사가 거의 존재하지 않기 때문이다. 그의 소설이 그리는 것은 그보다 비교과과정을 포함한 학교생활 전반의 자질구레한 일들과 행위들이다. 인물들 간의 갈등이 폭발하거나 사건이 발단하는 지점도 거의 대부분이 그곳이다. 중요한 것은 오히려 바로 그 지점에서 학교의 본질과 실체가 모습을 드러낸다는 사실이다. 억압, 폭력, 감시, 통제, 규율, 처벌, 복종 같은 것들이 바로 그것이다. 그것은 전상국의 소설에서 그려지는 관계와 갈등과 사건의 한가운데서 펼쳐지고 또 작동한다. 그럼으로써 그의 소설은 학교가 규율을 내면화함으로써 권력에 순종적인 신체를 생산해내는, 미시권력이 작동하는 규율장치임을 효과적으로 폭로한다. 달리 말하면, 이는 또한 학교를 이데올로기적 국가장치로 설명하는 저 알튀세르의 지적이 학교의 실체에 대한 설명으로는 그다지 충분치 않음을 보여주는 예시이기도 하다. 그렇다면 전상국은 학교를 어떻게 그리고 있는가? 하나씩 살펴본다.

2. 폭력

교육 현장을 다룬 전상국의 소설에는 학교를 구성하는 인물들 간의 갈등이 다각도로 그려진다. 그 갈등의 구도는 교사와 학생, 신임 교사와 고참 교사, 교사와 교장/교감, 학생과 학생 간에 이르기까지 다양하게 나타나고, 갈등의 양상도 다채롭다. 학교 현장의 부조리와 허위를 둘러싼 갈등이 있는가 하면, 그에 순응하기를 거부하는 교사들의 싸움도 있다. 이 중에서도 가장 임팩트가 있고 무게 있는 주제를 주조해가는 갈등이 바로 교사와 학생 간의 갈등이다. 실제 현실에서 그렇듯이, 이때 교사는 억압과 통제, 규율과 처벌을 대표한다. 그리고 그는 학생들을 교화하고 동원하기 위해 이데올로기에 호소하고, 그럴듯한 논리로 설득하고 강요한다.

"이제부터 육십육 명이 운명을 함께하는 역사적 출항을 선언한다. 목적지에 이를 때까지 단 한 사람의 낙오자나 이탈자가 없기를 진심으로 기원한다. 아울러 이 시간 분명히 밝혀두는데 우리들의 항해를 방해하는 자, 배의 순탄한 진로를 헛갈리게 하는 놈은 용서하지 않을 것이다. 우리가 나무를 전정할 때 역행 가지를 잘라버려야 하듯 여러분의 항해에 역행하는 놈은 여러분 스스로가 엄단할 수 있어야 한다. 더 중요한 것은 일 년간의 일사불란한 항해를 위해서는 서로 사랑과 신뢰로써 반을 하나로 결속하는 슬기를 보이는 일이다." (「우상의 눈물」, p. 10)

「우상의 눈물」에서 담임인 김 선생은 학급 구성원들 모두가 공동운명체임을 강조한다. 낙오자나 이탈자에게는 처벌이 주어질 것이고, 모두가 사랑과 신뢰로 뭉쳐 하나의 목적을 향해 일사불란하게 나아가야 할 것이다. 이런 집단주의 논리를 강변하고 강요하는 인물은 「우상의 눈물」의 담임만이 아니다. 학교를 배경으로 한 전상국의 소설들을 보면 거의 대부분의 교사들이 그런 논리를 아무런 의심 없이 자신의 교육관으로 확고하게 내면화한 것으로 보일 정도다. 「돼지 새끼들의 울음」에서 학생들과 학부모들이 선망해 마지않는 '실력파 선생님'인 최달호 선생이 학교에서 쌓아온 신화적 성과의 원동력도 바로 저 집단적인 협동 정신이다. 그가 강조하는 단결과 협동의 집단주의 정신은 교실 좌우 벽에 써 붙여놓은 슬로건에서도 강조된다. '나는 약하다. 그러나 우리는 강하다'라는 슬로건은 개인보다 집단의 우월함을 역설하는 그의 교육관을 가감 없이 보여준다. 그리고 그런 집단주의적 신념은 기존 질서 혹은 체제에 대한 긍정과 순응, 그에 기초한 무비판적인 복종의 강요와 결합되어 있다.

"근본적으로 말이다, 느이들 머릿속에는 조상 적부터 내려오는 돼먹지 못한 정신이 뿌리박혔단 말이다. 무조건 회의하고 불신하는 그런 좁고 썩어빠진 사고방식— 이러한 부정적 인생관이야말로 우리 민족의 발전을 저해해온 가장 큰 원인이란 말이다. 일단 학교 당국에서 그것이 옳다고 정한 일인 이상, 또 그것이 담임이 교육적 입장에서 심사숙고하여 지시한 것인바 너희들 배우는 입장에선 다소 이견이 있다고 하더라도 우선은 긍정적으로 받아들이려고 하는 마음의 자세가 무엇보다도 중요하다는 걸 알아야 한다는 말이다. 인생 자체가 그런 것 아니냐. 세상을 긍정적으로 바라볼 때 너희들의 삶은 더없이 즐겁고 값진 것으로 되지만, 오늘 느이들 중 한 놈처럼 불만을 앞세워 세상을 대할 때 그 인생은 병들고 찌들고…… 사회악의 결정적 요소로……"(「돼지 새끼들의 울음」, p. 54)

이에 따르면, 세상을 긍정하기보다 회의하고 불신하는 '부정적 인생관'은 "조상 적부터 내려오는 돼먹지 못한 정신"이다. 그리고 그런 "썩어빠진 사고방식"은 민족의 발전을 저해한다. 이런 논리가 우리 민족의 정체성(停滯性)을 강변하고 일제 식민주의에 대한 순응을 강요함으로써 식민 지배를 정당화했던 식민사관에서 비롯된 논리임은 주지하는 사실이다. 그리고 이것이 놀랍게도 박정희 시대에 국가주의와 결합해 국민의 정신개조를 정당화하는 근거로 재활용되었다는 것 또한 잘 알려져 있다. 더 나아가 그 정신 개조를 통한 동원의 논리를 작동시킨 박정희 체제 특유의 정신주의는 「돼지 새끼들의 울음」에서 최달호 선생이 학생들에게 주입하는 "정신일도 하사불성"이라는 표어에서 더욱 극적인 방식으로 드러나기도 한다.

전상국의 소설은 이를 통해 국가주의, 집단주의, 정신주의가 하나로 묶여 작동했던 박정희 체제 개발동원의 지배논리가 교육 현장에서 학생들을 훈육하고 감시하고 통제하는 논리로도 적용되고 있었음을 보여준다. 이와 동시에 소설은 그 이데올로기를 학생들에게 효과적으로 각인하는 수단이 주로 억압, 폭력, 감시, 협박, 통제, 처벌 같은 것이었음을 인상적으로 부각한다. 전상국의 학교 소설이 박정희 개발동원 체제에 대한 은유적 비판으로 읽힐 수 있는 여지는 그런 측면에서도 충분하다.

3. 복종

그런데 모두가 알다시피 박정희 개발동원 체제를 움직여간 것은 위로부터의 폭력과 강제만이 아니었다. 거기에는 지배 이데올로기에 대한 대중들의 적극적인 동의와 협력, 그리고 자발적 내면화의 과정이 수반되고 있었다. 앞서 전상국의 소설이 개발동원 체제에 대한 은유적 비판으로 읽힐 수 있다고 말했지만, 이는 작가가 지배 이데올로기에 대한 대중들의 그런 자발적인 동의와 내면화의 국면들을 학생들의 반응과 행동 양식을 통해 정확하게 포착하고 있는 데서도 다시 한번 확인된다. 다시 말해, 작가는 학생들이 억압적인 교사가 주입하고 강제하는 훈육 이데올로기를 자기의 것으로 자발적으로 내면화하는 과정을 소상히 보여주는 것이다. 가령 「돼지 새끼들의 울음」에서, 담임에 의해 단체로 강제되던 방과후 학습에서 언젠가부터 열두 명의 아이들이 담임의 묵인 아래 무리 지어 빠지기 시작한 것을 목도한 화자는 이렇게 말한다.

무단 조퇴. 우리들 한 덩어리로 탄탄하게 조여진 기계 뭉치에서 나사 하나가 풀어져 나간다는 것은 용서할 수 없는 일이었다.

'나'라는 하나의 개체를 위해서 '우리'를 다치게 하는 못난이가 결코 아님을 우리들은 스스로 그 얼마나 자랑스러워했던가. 대를 위해서 소를 버릴 줄 알아야 한다.

그것이 3학년 8반이었던 것이다. 다른 반이 선망해 마지않은 바도 바로 그런 점에 있었다.

몇 년의 세월이 지난 지금도 우리들은 그 시절의 완벽한 질서와 철저하게 다져진 반의 단결력에 대해 막연한 동경과 예찬의 정을 금할 수 없었다. (「돼지 새끼들의 울음」, pp. 56~57)

전상국의 소설에서 학생들은 '나'가 아닌 '우리'의 가치와 우월성을 강조하는 집단주의를 이런 방식으로 내면화한다. 그리고 「우상의 눈물」은 그 내면화의 과정이 자유의 고독보다 예속의 평안을 추구하는 심리와 결합되어 있음을 암시한다. 반장을 해보지 않겠냐는 담임의 권유를 거절하며 '나'(이유대)는 이렇게 생각하는 것이다. "남을 다스리는 그런 자유보다 남에게 다스림 받는 데서 얻는 마음의 평화가 내게는 더 좋았다. 나는 고독하기를 바라지 않는다."(「우상의 눈물」, p. 13)

「우상의 눈물」에서 반 아이들을 괴롭히고 무자비한 린치를 가하는 폭력의 화신으로 나타나는 최기표는 '나'가 원치 않는 바로 그 '고독'을 나름의 방식으로 고수하는 인물이다. '나'는 순수 악의 현현이자 "악마의 자식"(p. 23)처럼 보이는 기표의 "안쪽에 몸을 뒤틀고 있는 고독의 그림자"(p. 13)를 어렴풋하게 감지하며, 집단에 예속되기를 거부하는 "무언가 헤아릴 수 없는 힘"(p. 21)을 그에게서 발견한다. 「우상의 눈물」은 집단에 포섭되고 동질화되기를 거부하는 그 인물이 어떻게 보이지 않는 폭력에 의해 그 힘을 잃고 획일적인 집단의 그물 속에 포획되는가를 극적으로 보여주는 소설이다.

반 아이들에게 자행되는 기표의 폭력이 사적 폭력이자 보이는 폭력이라면, 반의 결속을 위해 기표에게 마스게임용 추리닝을 대신 사주고 부정행위를 통해 시험 점수 올리는 걸 도와주려 한 담임과 반장 형우의 행위는 제도적 폭력이자 보이지 않는 폭력이다. 그 보이지 않는 제도적 폭력은 스스로를 악마화함으로써 동질화에 저항하는 기표의 사적 폭력을 무력화하고 굴복시킨다. 이때 기표를 무너뜨리게 된 결정적인 계기가 그의 어려운 가정 형편을 까발리고 그럼으로써 그를 동정과 구제의 대상으로 만든 데 있었다는 사실은 작가의 독창(獨創)이 유감없이 드러나는 지점이다.

> 형우는 기표네 가정 사정을 낱낱이 얘기함으로써 이제까지 우리들에게 신화적 존재로 군림해온 기표의 허상을 빈곤이라는 그 역겨운 것의 한 자락에 붙들어 맨 다음 벌거벗기려 하는 것 같았다. 기표는 판잣집 그 냄새나는 어둑한 방에서 라면 가락을 허겁지겁 건져 먹는 한 마리 동정 받아 마땅한 벌레로 변신해 나타났다. (「우상의 눈물」, p. 42)

숨기고 싶었던 기표의 가정 형편이 공공연하게 까발려지는 것과 그에 대해 집단의 동정과 선의의 손길이 가닿는 것은 동시에 이루어진다. 이후 기표에게 내려진 동정과 시혜, 그리고 이를 포장하는 감동적인 미담들은 동질화에 저항하던 단독자로서 기표의 의지를 거세하는, 집단의 거대한 폭력이다. 이는 집단의 동질화를 가로막고 불가능하게 하는 계급의 문제를 은폐하고 해소해버리는 전형적인 사례라고도 할 수 있다. 작가는 이를 통해 교육 문제의 최종 심급에 다름 아닌 계급의 문제가 가로놓여 있음을 암시한다. 그리고 전상국의 다른 소설들에서도 그 계급의 문제는 또 다른 방식으로 환기된다. 예컨대 「돼지 새끼들의 울음」에서 그것은 집단의 허울 좋은 결속을 무너뜨리고 단결과 조화의 환상을 폭로하는 계기로 나타나고,「음지의 눈」에서는 학교에서 횡행하는 많은 허위와 부조리의 원인으로 그려진다.

4. 고독

그런 측면에서 계급의 문제는 집단주의의 강제를 통한 동질화의 시도가 실패할 수밖에 없는 지점이다.「우상의 눈물」이 보여주는 것은 그 실패의 지점을 교활하게 봉합하고 돌파해가는 보이지 않는 제도적 폭력의 위력이다. 하지만 집단주의와 정신주의 같은 훈육 이데올로기를 동원한 규율과 통제, 이를 통한 획일화와 동질화는 그처럼 항상 성공하는 것이 아니다. 주체를 주체로 호명하고 만들어내는 이데올로기가 어느 지점에서 오작동을 할 수밖에 없듯이, 전상국의 소설에서 학생들에게 강제되는 획일화와 동질화 또한 실패한다. 그 실패의 지점에 계급의 문제가 가로놓여 있음은 이미 지적했지만, 작가는 그보다 근본적인 원인을 다른 곳에서 찾는다. 그것은 바로 그 규율과 통제를 통한 동질화와 획일화에 저항하는 개인의 자유의지다.「우상의 눈물」에서 화자인 이유대가 기표에게서 보았던, 그리고 스스로도 끌렸던 "무언가 헤아릴 수 없는 힘"이 예컨대 바로 그런 것이다. 달리 말하면 그것은 동질화된 무리에 통합되기를 거부하는 '고독에의 의지' 같은 것이다. 기표를 길들이기 위해 부반장에 임명하려는 담임의 생각에 반대하며 화자는 생각한다.

> 기표가 학교의 지시 사항을 전달하기 위해 교단 위에 서서 아이들한테 애원하는 광경은 생각만 해도 불쾌하다. 누가 사자를 울 속에 넣어 길들이는 발상을 처음 했는가. 나는 내 허벅지의 상처를

결코 격하시키고 싶지 않았다. (「우상의 눈물」, p. 19)

화자가 기표에게 린치당해 생긴 상처에 자기 나름의 의미를 부여한다거나 기표를 체제 안으로 끌어들이려는 담임에게 반대하는 것도 모두 기표가 보여주는 그 고독에의 의지에 은연중 동조하고 있기 때문이다. 그러나 「우상의 눈물」에서 훈육 이데올로기의 실패는 폭력적으로 봉합되고 기표의 자유의지는 결국 그에 굴복한다. 그리고 이를 통해 작가는 체제를 유지하는 집단주의의 교활한 폭력성을 강렬하게 부각한다.

이와 반대로, 다른 소설들에서 작가는 교사의 억압과 통제에 맞서는 아이들 나름의 집단적인 모사(謀事)와 반란을 그림으로써 바로 그 자유의지로 인해 통제가 균열되고 실패하는 것을 보여준다. 「돼지 새끼들의 울음」에서 담임을 슬리핑백에 감금하는 아이들의 반란은 부잣집 아이들에게 부당한 혜택을 줌으로써 '우리'라는 공동운명체를 훼손한 담임에 대한 아이들 나름의 처벌로 그려지는데, 동기야 어찌 됐든 거기에 존재하는 것은 우리는 언제까지나 울타리에 갇힌 돼지 새끼가 아니라는 저항의 외침이다. 그리고 그 느닷없는 저항은 권력의 탈신비화라는 의도치 않은 효과를 낳는다. 이를 통해 자기들을 억압하고 통제했던 독재자가 한낱 땀에 젖은 "형편없이 왜소하고 짜부라진 사내"(p. 82)에 불과했음이 폭로되는 것이다. 이런 아이들의 저항은 「껍데기 벗기」에서는 형사 선생으로 자처하며 아이들에게 자기도취적인 권력을 휘두르는 권 선생의 맨얼굴을 폭로하는 아이들의 단합된 장난으로 나타나고, 「음지의 눈」에서는 자기 때문에 사고를 당한 가난한 친구의 죽음의 진실을 왜곡하고 은폐한 선생과 학교의 권위에 궤도를 일탈함으로써 저항하고 부잣집 아들에게 주어진 모든 혜택을 반납하는 김형수의 사연에서도 다른 방식으로 변주된다.

전상국은 이런 방식으로 교육 현장을 지배하는 온갖 부조리와 허위, 그에 동반되는 억압적인 감시와 통제의 그물망, 그 모든 것들을 합리화하는 개발동원 체제의 훈육 이데올로기, 온갖 비리와 처세술이 난무하는 교육 현장 속에서 교사로서 갈등하는 소시민의 고뇌와 소심한 일탈 같은 것들을 세세하게 소설의 화폭에 담고 있다. 그중에서도 특히 억압적인 감시와 통제를 바탕으로 횡행하는 훈육 권력의 양태와 그 권력의 균열과 실패를 다루는 곳에서 작가의 필치는 더욱 날카로워진다.

　그런데 이 훈육 권력의 균열과 실패, 그리고 이를 유발하는 아이들의 장난기 어린 저항을 통해 작가가 강조하는 것은 무엇인가? 그것은 바로 개인의 단독자로서의 자유의지다. 바로 그것이 억압적이고 허위적인 권력의 감시와 통제를 균열시키고 실패하게 만든다. 교육 현장을 다룬 적지 않은 소설들 속에서, 작가는 오래전부터 바로 이 간단하지만 중요한 진실을 우리에게 차근히 들려주고 있었다.

감정 실천과 수행적 자기 발견의 드라마
그리고 고쳐 읽는 『무정』
─ 이수형의 『감정을 수행하다』에 덧붙여

1. 들어가며

 감정은 인간 존재의 물질적 기초인 동시에 정신적 표현이다. 그것은 한편으로 우리 본성의 동물적 부분에서 유래[1]한다는 점에서 본능적이고 원초적인 것이지만, 다른 한편 지식과 도덕을 정초하는 근거가 된다는 점에서 고도의 정신작용을 매개하는 것이기도 하다. 따라서 감정은 기본적으로 양면성을 갖는다. 하지만 감정에 대한 고금 대부분의 논의에서 이 양면성을 제대로 균형 있게 고려했던 사례는 드문 것 같다. 특히 이성과 합리의 지배를 정당화하는 근대적 이원론의 틀 속에서, 감정은 대개 이성에 비해 뒤떨어지는 주변적이거나 부수적인 가치로 취급됐다.

 한국 문학예술과 비평의 장(場)에서도 예외가 아니었다. 사실 감정은 예컨대 낭만주의 예술의 핵심에 있는 중요한 요소이기도 한데, 그럼에도 불구하고 그 의의와 가치는 오랜 동안 정당하게 주목받지 못했다. 이는 감정이 공적 숙고의 대상이 되기엔 부적절한 비합리적인 특성을 갖는다는 통상적인 편견[2] 때문이기도 하지만, 이성에 비해 감정

---

1 마사 누스바움, 『감정의 격동』, 조형준 옮김, 새물결, 2015, p. 67.

을 열등한 것으로 생각했던 지식인 예술계의 관행도 한몫을 했다. 이에 따라 감정은 이념, 이성, 실천, 성찰 같은 것들의 부수적인 요소로 취급되거나 아니면 대중예술에서 (경멸적 의미에서의) 감상주의 등과 결합된 과도하게 흘러넘치는 어떤 부정적인 이미지와 함께 다루어졌다. 다시 말해 감정은 주로 감상주의, 과잉 혹은 과장, 통속 같은 부정적인 함의를 갖는 개념들과 짝지어졌다. 특히 이성과 합리, 반성과 성찰을 요체로 하는 근대적 주체성을 강조하는 입장에서, 감정은 잉여적인 것이거나 근대적 주체의 자기 활동과 관리를 위해 억압되고 배제돼야 할 것으로 취급되었다. 오랜 동안 감정이 남성 중심적으로 형성된 근대적 주체의 이미지와 어울리지 않는 여성적인 것으로 젠더화되었던 것도 이와 무관하지 않다.

근자에 감정에 주목해 그 의의와 가치를 새롭게 조명하는 학술 연구가 증가한 것은 이런 사정에 대한 문제제기에 기반한다.[3] 감정 연구의 의의는 단순히 근대가 누락하고 배제한 것들에 대한 복권에만 있지 않다. 그보다 그것은 그 속에 숨어 있을지도 모를 새로운 미래의 가능성을 탐지하고 상상하는 작업이기도 하다. 그리고 이것이 바로 이수형의 저작 『감정을 수행하다―근대의 감정생활』(도서출판 강, 2021)이 놓여 있는 맥락이다.[4] 이 책에서 저자는 감정에 대한 기존 담론들을 자유롭게 딛고 가로지르면서 문학에서 감정의 가치와 활용에 대한 흥미로운 논의를 펼친다. 부제가 정확하게 지시하는 그대로, 이것은 '근대의 감정생활'에 대한 생생한 이론적 풍속화다. 그러면서 저자는 감정의 자

---

2 마사 누스바움, 『시적 정의―문학적 상상력과 공적인 삶』, 박용준 옮김, 궁리, 2013, pp. 127~35 참조.

3 학술장에서 이루어진 최근의 감정 연구 경향과 그 의미에 대해서는 소영현, 「감정연구의 도전―흐르는 성찰성과 은폐된 미래」, 『한국근대문학연구』 34호, 한국근대문학회, 2016 참조.

4 앞으로 이 책을 인용할 경우 페이지만 적는다.

각과 표현이 근대적 주체의 자기 정립에 어떻게 작용했는가를 드라마틱하게 묘사한다. 그 생생한 묘사를 좇아가다 보면, 우리는 그 끝에서 한국 근대문학의 주체성의 핵심에 대한 의미심장한 통찰을 발견하게 된다.

이 글에서는 『감정을 수행하다』의 구도와 논지를 밀착해 따라가면서 감정을 주축으로 한 근대적 주체의 운명과 자기 발견의 드라마에 대한 이수형의 시나리오를 검토할 것이다. 그리고 그가 이 책에서 말하고는 있으나 충분히 말하지 않은 여백 혹은 공백을 메우고 덧붙이면서 한 걸음만 더 나아가보려 한다.

2. 감정학(感情學)의 지도 그리기

이수형의 『감정을 수행하다』는 동서와 고금, 각종 학(學)과 문(文)의 경계를 가로지르는 거대한 감정학(感情學)의 지도 그리기다. 저자는 문학, 철학, 신경학, 심리학, 미학, 사회학 등 다양한 학문적 담론들을 넘나들며 감정을 둘러싼 논의들을 정리, 분석하면서 데카르트의 이성 중심적 이원론과는 다른 길을 걸었던 또 다른 자아 탐구의 계보를 검토한다. 그리고 마지막으로 그 계보를 계승한 적자(嫡子)로서 (그러한 흐름의 정점이라고 평가하는) 이광수의 장편소설 『무정』의 자기 탐구를 조명한다.

그런데 감정이란 무엇인가? 저자는 이 물음에 한마디로 답하기 어려움을 상기시키면서, 거기에 애초부터 내재한 자명한 전제를 문제 삼는다. 감정이 어떤 고정된 실체를 지닌다는 통념이 바로 그것이다. 그 통념은 감정 자체 혹은 주체의 주관과 분리된 감정을 정의하려는 시도로 이어진다. 그러나 감정은 그런 식으로 주체와 분리된 감정 자체를 탐구하는 것만으로는 해명되지 않는다. "나의 느낌들이 나 자신의 존재를 느끼게 한다"고 했던 루소의 말에서도 강조되는 것처럼, 감정은 그것을 느끼는 주체와 뗄 수 없이 결합되어 있다. 저자가 "'감정이란 무엇인가'라는 질문이 '나는 누구인가'라는 질문과 함께 제기되어야 한다"(p. 38)고 주장하는 것은 이런 맥락에서다. 어떤 감정을 느낀다는 것은 "궁극적으로 그 감정을 느끼는 자기 자신의 존재를 발견하는 것"(p. 36)이다.

이 책을 시종 관통하는 것은 그 감정의 작용과 실천이 근대적 자아의 자기 발견에 결정적인 역할을 했다는 관점이다. 감정의 예외적인 가치를 강조하는 저자는 그런 관점에서 『멋진 신세계』 『1984』 『어려운 시절』 『오즈의 마법사』 같은 서구 소설에서부터 『무정』 『탁류』 『삼대』 등의 한국 근대소설을 자유롭게 넘나들며 그 소설들 속에서 감정이 어떻게 실천되었고 특히 인간성의 실현과 근대적 자아의 발견에 어떤 역할을 했는지를 소상히 분석한다.

이성이 아닌 감정을 근대적 주체성의 원천으로 보는 이런 시각은 사실 낯설진 않지만 매우 의미 있는 전환인데, 이를 위해 저자는 데카르트가 대표하는 이성 중심주의와는 상반되는 철학적 전통을 참조한다. 저자에 따르면 진지하고 본격적인 자아 탐구는 인간이 도구적 이성 혹은 교환가치라는 획일적 척도에 다시 종속되고 그리하여 한낱 객체화된 사물로 축소되는 상황에 이르러서야 비로소 시작된다. 그 자아 탐구는 이른바 "데카르트적 탐색"과는 상반되는 "몽테뉴적 탐색"의 길이다. 데카르트는 개인을 일반적 본질 속으로 해소해버린 반면, 몽테뉴는 반복될 수 없는 차이 속에서 개인을 발견하고 보편이 아닌 바로 그 개인의 '독창' 속에서 '나는 누구인가'라는 질문을 던진다. 저자는 찰스 테일러를 빌려 이를 "비인칭적 추론"에서 "일인칭적 자기 해석"으로의 방향 전환이라고 명명한다. 이때 어느 누구와도 다른 '나'의 독창성을 만들어내는 것은 바로 "지금까지 무시되고 기각되었던 '나' 안의 개별적인 요구나 열망, 욕망"(p. 53) 같은 것들이다. 즉 이 일인칭적 자기 해석에서 감정이란 '나'의 독창성을 증명할 수 있는 중요한 무대인 셈이다.

저자는 이렇게 이성 중심주의의 압박으로 인해 망각되었던 감정 옹호의 철학적 전통을 다시 상기시킨다. 예컨대 프랜시스 허치슨, 데이비드 흄, 애덤 스미스 등은 인간 활동과 도덕적 실천의 기초로서 감성을 지목하고 동정, 공감, 자비, 박애 같은 도덕 감정의 중요성을 역설했다. 저자는 그런 감정 예찬 문화가 18세기 후반 감상소설과 19세기말 톨스토이를 거쳐 20세기 초의 한국에 이르기까지 도저한 흐름으로 면면히 이어졌음을 증명한다. 그에 따르면, 그런 흐름의 연장선상에 이광수의 정육론(情育論)이 있다.

> 이성이 감정의 노예라고 주장했던 데이비드 흄에 의하면 감정은 지식과 도덕을 가능하게 하는 근거이다. 왜냐하면 지식의 정당성을 위한 합리적 추론도 종국에는 감정의 영향 아래 있는 개개인의 신념을 참조하지 않을 수 없으며, 도덕적 명제를 판단하고 행동으로 옮길 때도 역시 감정의 투사를 피할 수 없기 때문이다. 흄의 주장은 한마디로 인간은 기본적으로 감정적 존재라는 것인데, 흄의 이러한 주장에서 이백 년 뒤의 이광수의 논지를 떠올린다면 단지 우연의 일치만은 아니다. 앞서 말한 대로 한동안 망각되었던 18세기의 감정 예찬(cult of sensibility) 문화는 근대적 감정관의 효시로서, 감정이 모든 활동의 원동력이자 근거라는 의미에서 인간을 "정적 동물(情的 動物)"로 규정한 이광수의 이른바 정육론(情育論)으로 계승되었던 것이다. (pp. 73~74)

흥미롭게도 인간은 감정적 존재라는 흄의 주장과, 인간은 "정적 동물(情的 動物)"이라는 이광수의 주장은 얼핏 보기에도 한 치의 오차도 없이 일치한다. 감정을 지식과 도덕을 가능하게 하는 인간 활동의 원천으로 보는 흄의 감정론은 이처럼 정(情)을 지식과 도덕의 우위에 놓는 이광수의 정육론으로 무리 없이 승계된 것처럼 보인다. 저자는 이광수의 정육론을 데카르트의 이성 중심적 이원론에서 이탈해 감정의 가치를 존중하고 그것을 지식과 도덕의 토대로 승격시켰던 도덕 감정론의 계보 위에 올려놓는다. 그리고 그 정육론의 문학적 실천의 정점에 바로 장편소설 『무정』(1917)이 있다. 이수형은 이광수의 『무정』을 감정의 수행을 통한 자기 발견의 최초의 모범적인 사례로 지목하며 그 의의를 감정적·표현적 주체의 자기실현이라는 새로운 맥락 속에 위치 짓는다. 그렇게 보면, 이 저작 전체가 감정의 복권이라는 맥락 속에서 새롭게 쓴 『무정』론이라고도 할 수 있겠다.

3. 『무정』, 수행적 자기표현의 텍스트

그렇다면 『무정』의 새로운 면모란 무엇인가? 저자에 따르면 "『무정』은 감정의 가능성의 정점을 보여준 첫 소설"(p. 294)이다. 『무정』은 그렇게 자신의 감정에 예민하게 반응하고 그것이 불러일으키는 내면의 목소리에 귀 기울임으로써 자기를 발견하는 감정적 자아 탐구의 텍스트로 소환된다. 그 감정의 가능성에 기반한 자아 탐구가 어떻게 펼쳐질 것인지는 바로 이 책의 제목 '감정을 수행하다'라는 말에 그대로 집약돼 있다. 저자는 쓴다. "지난 세기 초의 소설들을 읽으면서 우리는 감정이 선재하는(pre-existent) 것이 아니라 다양한 방식으로 수행되는 것이라는 사실을 확인할 수 있으며, 이를 통해 근대적 자아에 관해 오해되어왔던 퍼즐 한 조각을 풀게 될 것이다."(p. 6) 그에 따르면, "우리는 감정을 소유('having' an emotion)하고 있는 것이 아니라 감정을 수행('doing' an emotion)한다"(p. 226). 감정은 표현되기 이전에 먼저 존재하는 것이 아니라, 그렇게 수행됨으로써 사후적으로 생겨나고 만들어진다. 자기 정체성 또한 미리 앞서 존재하는 것이 아니라 그러한 자기 감정의 표현을 통해 구성된다.

그리고 그런 자기표현의 사례로 『무정』의 이형식이 소환된다. "한국문학사상 『무정』의 주인공 이형식만큼 감정에 관해 상상하고 표현하고 나아가 자기를 표현하는 수행적 행위를 일삼았던 인물도 다시없을 것이며, 그리하여 스스로 알지 못했던 자기를 발견하고 탐구하기를 멈추지 않았던 인물도 다시없을 것이다."(p. 249) 즉 『무정』의 이형식은 표현을 통해 자기를 발견하고 창조하는 "일인칭 표현주의적 자아 탐구의 모델"(p. 270)이다. 이때 자기표현이란 무엇인가?

> 자기 내면에 귀 기울이고 그리하여 자기를 드러내는 자기표현은 사전에 정해져 선재하는(pre-existent) 존재, 또는 이미 알려져 있던 존재를 그대로 드러내는 단순한 모방적 반복으로서의 재현을 의미하지 않는다. 그보다는 자기표현이란 내적 심연에 귀 기울임으로써 지금까지 존재한다고 생각지 못했던 자기, 지금까지 각성하지 못했던 낯선 자기를 새롭게 드러내는 작업에 가깝다. 〔……〕 자기표현은 또한 자기 발견이기도 한데, 이 발견 역시 은폐되어 있던 그대로를 찾아 드러내는 것이 아니라는 점에서 창조적 작업으로 볼 수 있다. (p. 201)

자기표현은 이미 정해져 있는 자기를 '재현'하는 것이 아니다. 그것은 "자기 배역을 위한 연기이자 자기를 구성하는 수행적 행위"(p. 220)

다. 자기는 그 표현 이전에는 존재하지 않으며 오직 표현을 통해서만 사후적으로 구성된다. 저자가 『무정』의 이형식에게서 발견하는 것은 표현을 통해 사후적으로 정체성을 창조하는, 바로 이 수행적 자기표현이다. 이때 수행성은 주디스 버틀러와 오스틴의 수행성 이론에서 그렇듯이 현실 구성적이자 자기 지시적인 특성을 갖는다. 버틀러의 수행성 이론에 따르면 정체성은 자신의 표현물을 통해 수행적으로 구성된다. 다시 말하면, 주체는 담론의 효과로 구성된다. 저자는 이러한 버틀러의 수행성 이론을 근대적 주체의 감정적 자기표현의 차원으로 옮겨 전유한다. 버틀러의 수행성 개념이 어떤 측면에서 근대적 주체라는 개념과 상반된 지점에 있는 것임을 감안한다면,[5] 『무정』의 주체를 수행성 개념으로 설명하는 논리는 어느 면 과감한 비약을 내포한다. 하지만 그 비약이 『무정』에 대한, 그리고 『무정』의 근대적 주체에 대한 신선하고 흥미로운 독법을 만들어내는 데 큰 몫을 하고 있음을 부정할 수 없다.

저자에 따르면 『무정』에서 일관되는 것은 '나'가 느끼는 감정을 통해 '나'라는 존재를 산출하는 수행적 행위다. "그는 수행적 행위로서 바라보고 듣고 표현하고 그리하여 수행적으로 자기를 발견한다."(p. 262) 사실 『무정』의 이형식이 감각적·육체적 체험 속에서 각성하는 주체이자 내면의 감각·본능·욕구에 충실해짐으로써 자아를 새롭게 창조하려는 인물이라는 점은 이전의 연구에서도 충분히 밝혀진 바 있다.[6] 저자는 이에 더해 그 각성과 창조가 수행적 감정 실천에 의해 비로소 가능해지고 활성화된다는 점을 덧붙인다. 그리하여 저자는 이형식이 선형과의 첫 만남을 앞두고 공상을 펼치는 장면, 선형과 수업을 하고 김장로의 집을 나서는 장면, 영채를 찾아 평양을 찾았다가 홀로 서울로 올

---

5 조현준, 『젠더는 패러디다—주디스 버틀러의 『젠더 트러블』 읽기와 쓰기』, 현암사, 2014, p. 39 참조.

6 이철호, 『영혼의 계보—20세기 한국문학사와 생명담론』, 창비, 2013, pp. 150~62 참조.

라오는 기차 안에서 상상을 펼치는 장면, 마지막 삼랑진 음악회 장면 등을 상세히 분석하면서 거기서 펼쳐지는 자기표현과 자기 창조의 드라마를 감정의 수행적 실천이라는 맥락에서 재해석한다.

저자는 『무정』의 위 장면들에서 이형식이 상상과 현실 속에서 경험하는 감각과 육체와 관능과 쾌락이 단단한 이성과 지식의 표피를 뚫고 올라와 기존의 정체성을 흔들고 변화시키는 순간들을 포착한다. 그에 따르면 그것은 계몽주의의 내적 혼란이나 분열과 같은 것이다. 기존의 논의들이 (예컨대 김동인이 그렇듯이) 대체로 그 혼란과 분열이 성격과 감정의 통일성을 해치는 것이며 곧 봉합되어야 할 것이라 보았다면, 저자는 오히려 그런 혼란과 분열을 숨기지 않고 응시하는 이형식의 내면에 주목한다. 선형의 "살내와 옷고름과 말소리에서 느낀 환희"를 고백하고 그 "새로운 경험에 대한 환희와 경탄"(p. 257)을 연발하는 이형식의 경험은 성적·관능적 쾌락을 욕망하는 '나'와의 만남의 순간이고, 다른 어느 누구가 아닌 바로 일인칭 '나'에 대한 감각적 자아 탐구의 순간이다.

그리고 저자는 영채와 선형에 대한 상상과 공상에 의해 부추겨지는 상상적 쾌락이 자기 자신을 '사랑하는 자'로서 창조하는 표현주의적 자아 탐구에 큰 몫을 하고 있음을 흥미롭게 입증한다. 이를 통해 그가 『무정』에서 찾아내는 것은 "자신의 정체성에 대한 위협으로 간주하던 낯선 경험을 적극적인 자아 탐구의 계기로 받아들이는 자세"(p. 257)를 통해 새로운 '나'를 발견하고 창조하는 자아 탐구의 새로운 경로다. 이는 감각과 감정을 우리를 속이는 껍데기로 치부하는 데카르트적 자아 탐구와는 정반대의 길이다. "데카르트라면 확실한 토대로서의 자아에 대해 알기 위해 잡다한 껍데기들을 철저히 떨어버리려 할 테지만, 반대로 형식은 자아에 대해 알기 위해 지금까지 대수롭지 않게 지나쳤던 것들을 새롭게 느끼고 생각하면서, 마치 데카르트의 다짐을 뒤집어

'눈을 뜨리라. 귀를 열리라. 모든 감각을 맞이하리라'고 방침을 세운 듯하다."(p. 261)

계몽주의적·이성적 주체의 통일성을 내부에서 균열시키는 감각적·관능적·쾌락적 욕망에 대한 자각이 오히려 거꾸로 주체성의 핵심이었음을 부각하는 이러한 논리는 매력적이다. 이로써 『무정』은 이성을 혼란과 균열로 몰아넣는 자기 내면의 감각과 감정에 귀 기울임으로써 자기의 내적 원천을 발견하는, 감각적 자아 탐구의 모범적인 텍스트로 새롭게 등재된다.

4. 새롭게 쓰는 『무정』론,
……그리고 덧붙여, '문학예술'이라는 메타포

이수형은 『감정을 수행하다』에서 『무정』이라는 '감정의 텍스트'가 수행적 자기 발견과 자기 창조의 드라마임을 설득력 있게 논증한다. 그런데 그에 따르면, '감정을 느낀다는 것'이 자기 정체성의 창조에서 갖는 결정적인 의미를 보여주는 사례는 비단 이형식뿐만이 아니다. 저자는 박영채가 진정한 자기 자신을 발견하게 되는 계기 또한 감정에서 찾는다. 김현수 일당에게 강간당한 후 겪게 되는 분노와 슬픔이 그 자기 발견의 계기가 되고 있다는 해석은 과감한 만큼 흥미롭다.

> 어리고 약한 영채가 그저 되어가는 대로 따라야 할 것으로 정해진 '세상' 전부와 맞서면서 이른바 자기 규정적이고 주체적인 개인으로 설 수 있었던 힘은 어디에 있는가? 그 원천 가운데 중한 하나는 아마도 영채가 흘린 피눈물에서 찾을 수 있을 것이다. 〔……〕 피눈물을 쏟으며 분노하고 슬퍼할 때 영채는 무정한 '세상'과 절연한

독립된 '(참)사람'으로 존재하게 된다. (pp. 137~39)

감정을 느낀다는 것은 그 감정을 느끼는 자기 자신을 독립적인 존재로 깨닫고 발견하는 것이다. 분노와 슬픔의 자각을 통해 영채는 "희로애락의 감정을 정체성의 중핵으로 삼는 자기 규정적 존재"(p. 141)로 스스로를 자리매김한다. 이런 해석에 따르면 결국 영채를 변화시킨 것은 (통상의 독해처럼) 병욱과의 만남을 통한 외부의 계몽적·교육적 자극이 아니라 그 이전에 자기 자신의 내부에서 들끓었던 감정의 자각이다. 이는 영채의 재생(再生)을 새롭게 해석할 수 있는 사뭇 신선한 시각이지만, 다른 한편으론 감정이 미리 앞서 존재하는 것이 아니라 수행됨으로써 만들어진다는 논리와 정확하게 부합하진 않는 사례인 것 같다. 왜냐하면 이 경우 영채의 분노와 슬픔은 외부의 자극에 의해 분출되는 것이지 수행을 통해 만들어지는 사후적인 것이 아니기 때문이다.

그럼에도 불구하고, 수행성 개념은 기존과는 전혀 다른 방향에서 『무정』의 주체가 펼쳐놓는 감정적 실천의 의미를 이해하는 길을 열어주었다. "활동, 작용, 생성 뒤에는 어떤 '존재'도 없다"[7]는 니체의 말처럼, 수행적 행위 이전에는 어떤 정체성도 미리 앞서 존재하지 않는다. 어떤 측면에서는 차라리 주체란 그 주체가 행하는 수행의 효과라고도 말할 수 있다. 이 점에서 『무정』의 주체를 추적하는 아이디어는 충분히 매력적이고 생산적이다. 그럼으로써 저자는 (앞서 말한 비약에 힘입어) 근대적 주체가 나아갈 수도 있었을 대안적 자기 성찰의 모델을 보여준다. 그 주체는 낯선 것과의 만남으로 인한 혼란과 분열을 봉합하지 않고 오히려 거꾸로 그것을 자기 자신의 독창(獨創)을 창조하는 계기로 역전시키는 주체다. 그 주체는 또한 그 어떤 외부의 것에도 의존하지

---

7 프리드리히 니체, 「도덕의 계보」, 『선악의 저편·도덕의 계보』, 김정현 옮김, 책세상, 2002, p. 378.

않고 오직 자기 창조를 통해 자기가 만들어나갈 미래의 정체성만을 현재의 자기 창조의 준거로 삼는 그런 자기 지시적 혹은 재귀적(再歸的) 주체다.

그럼으로써 이수형은 기존에 우리가 알던 이형식과는 전혀 다른, 수행적 행위를 통해 스스로를 발견, 창조하는 새로운 이형식의 캐릭터를 만들어낸다. 그리고 그 연장선상에서, 나는 『무정』의 주체가 미학적 주체이며 그 또한 수행적 행위에 의해 만들어진다는 점을 덧붙이고 싶다.

"인(人)은 실로 정적(情的) 동물"이라 말하는 이광수에 따르면, 문학이란 다름 아닌 그 "정(情)의 분자(分子)를 포함한 문장"[8]이다. 이수형은 『무정』의 삼랑진 음악회 장면을 분석하면서, 눈물과 감동으로 마무리되는 그 장면이 "진정하고 심각한 사업은 정(情)에서 솟구칠 때 비로소 자동자진, 자유자재로 실천될 수 있다는 정육론의 주장을 구현한 모델로 손꼽을 만하다"(p. 291)라고 쓴다. 그러나 비단 그 장면뿐일까. 차라리 어떤 측면에서는, 『무정』의 이야기 전체가 정육론(情育論)의 서사화라고 하는 편이 옳을 것이다. 예컨대 저자는 공상과 사색을 통해 상상적 쾌락에 빠져들고 감정을 만들어나가는 형식의 면모를 부각하는데, 이 또한 그런 맥락에서 볼 수 있다. 저자에 따르면 감정은 수행됨으로써 생겨나고 만들어진다. 이때 감정의 수행과 생산을 촉발하는 형식의 상상과 공상은, 상상력을 핵심 자질로 갖는 문학예술의 체험을 수행적으로 연출하는 것으로도 볼 수 있지 않을까.

좀더 나가보자. 그뿐만이 아니다. 『무정』의 곳곳에서 이형식은 문학예술의 감상 체험을 수행적으로 연출한다. 일찍이 이광수는 이렇게 쓴 바 있다.

---

8   이광수, 「문학의 가치」, 『이광수전집』 1, 삼중당, 1971, p. 546.

> 오인(吾人)의 정신은 지(知)·정(情)·의(意) 삼(三)방면으로 작(作)하나니, 지(知)의 작용이 유(有)하매 오인(吾人)은 진리를 추구하고, 의(意)의 방면이 유(有)하매 오인(吾人)은 선(善) 우(又)는 의(義)를 추구하는지라. 연즉(然則), 정(情)의 방면이 유(有)하매 오인(吾人)은 하(何)를 추구하리요. 즉, 미(美)라. 미(美)라 함은, 즉 오인(吾人)의 쾌감(快感)을 여(與)하는 자(者)이니……[9]

정(情)은 미(美)를 추구하고 미는 쾌감을 준다는 얘기다. 이광수는 이렇게 문학예술 혹은 미의 추구를 가능하게 하는 기본적인 토대를 정에서 찾았고, 그 미의 기능은 우리에게 쾌감을 주는 것이라고 역설했다. 그는 그처럼 "인(人)으로 하여금 미감(美感)과 쾌감(快感)을 발(發)케"[10] 하는 것이 바로 문학(예술)임을 주장한다. 『무정』에서 이형식이 여성의 육체를 마주하는 장면은 어떤 측면에서 미와 쾌감에 대한 이러한 이광수의 주장을 은유적으로 보여주는 것이기도 하다. 좀 길지만 인용해본다.

> (A) 여자란 매우 아름답게 생긴 동물이라 하였다. 〔……〕 이렇게 두 처녀를 보고 앉았으면 말할 수 없는 향기로운 쾌미가 전신에 미만하여 피 돌아가는 것도 극히 순하고 쾌창한 듯하다. 인생은 즐거우려면 즐거울 수가 있는 것이라, 아무 목적과 꾀도 없이 가만히 마주보고 앉았기만 하면 인생은 서로서로 사랑스럽고 즐거운 것이라. 여자의 몸이나 남자의 몸이나 내지 천지의 모든 만물이 다 가만히 보기만 하면 그새에 친밀한 교통이 생기고 따뜻한 사랑이 생

---

9   이광수, 「문학이란 何오」, 앞의 책, p. 550.
10 같은 글, p. 548.

기고 달콤한 쾌미가 생기는 것이라. 쓸데없이 지혜 놀리고 입을 놀리고 손을 놀림으로 모처럼 일러 놓은 아름다운 쾌락을 말못되게 깨트리는 것이라 하였다.[11]

　　(B) 형식은 그 어린 기생의 말과 모양을 보고 무슨 맛나는 좋은 술에 반쯤 취한 듯한 쾌미를 깨달았다. 마치 몸이 간질간질한 듯하다. 〔……〕 형식은 생각하기를 자기의 일생에 그렇게 미묘(微妙)하고 자릿자릿한 쾌미를 깨닫기는 처음이라 하였다. 그 어린 기생의 눈으로서는 알 수 없는 광선(光線)을 발하여 사람의 정신을 황홀하게 하고, 그 살에서는 알 수 없는 미묘한 분자가 뛰어나 사람의 근육(筋肉)을 자릿자릿하게 하는 것이라 하였다. 〔……〕 각 사람의 속에는 대개는 서로 보고 즐거워할 무엇이 있는 것이어늘, 사람들은 여러 가지 껍데기를(껍데기로) 그것을 싸고 싸서 흘러나오지 못하게 하므로 즐거워야 할 세상이 그만 냉랭하고 적막한 세상이 되고 맒이라 하였다. 그 중에도 얼굴과 마음이 아름답게 생기거나, 혹 아름다운 그림을 그리고 조각(彫刻)을 하며, 시(詩)를 짓는 사람은 이 인생을 즐겁게 하는 거룩한 천명(天命)을 가진 자라 하였다.[12]

　인용문 (A)는 선형의 집에서 영어 교습을 위해 선형과 순애를 마주하고 두 처녀의 육체를 관찰하는 장면이고, (B)는 평양의 어린 기생 계향의 육체를 보고 만지면서 쾌감을 느끼는 장면이다. 두 장면 모두 여성의 육체에서 느끼는 관능적 쾌락을 묘사하지만, 자세히 들여다보면 이 두 장면에는 어떤 은유적인 의미가 숨어 있다. 잘라 말하면, 이 장

11　이광수, 『무정』, 동아출판사, 1995, pp. 87~88.
12　같은 책, pp. 185~86.

면들에서 형식이 여성의 육체를 접하고 그것이 전해주는 자릿한 쾌감에 젖는 것은 문학예술의 감상 체험에서 오는 쾌감을 수행적으로 연출하는 것이다.

이 장면들에서 형식이 '아름다운' 여성의 육체를 마주하고 느끼는 감정은 "친밀한 교통" "따뜻한 사랑" "달콤한 쾌미" "아름다운 쾌락" "미묘(微妙)하고 자릿자릿한 쾌미" 등과 같은 언어로 표현되는데, 소설에서 이는 모두 예술 체험에서 느낄 법한 감정과 유사한 것으로 나타난다. 즉 여성 육체와의 관능적인 만남은 이광수의 표현 그대로 "인(人)으로 하여금 미감(美感)과 쾌감(快感)을 발(發)케" 하고 있다. 이는 인용문 (B)에서 "얼굴과 마음이 아름답게 생긴" 사람을, 조각을 하고 시(詩)를 짓는 사람과 동일시하는 데서도 다시 한번 확인된다. 이 장면들에서 형식을 쾌감에 젖어들게 하는 아름다운 여성의 육체는 문학예술과 등가(等價)이며, 문학예술을 은유적으로 암시한다. 다시 말해 여기서 여성의 육체는 예술로, 거기에서 느끼는 관능적 쾌락은 예술에서 느끼는 미감과 쾌락으로 코드 변환된다.

사실 여성의 육체를 예술의 메타포로 표현하는 이런 방식의 대상화는 이후 한국소설의 역사 전체에 걸쳐 형태는 각기 달라도 남성 작가들에게 하나의 편리한 클리셰처럼 통용되었다. 정신분석의 언어를 빌리면, 이 장면은 그런 식으로 여성을 대상화하는 형상화 방식이 탄생하는 일종의 원초적 장면 primal scene이라고 할 수 있다. 이광수의 『무정』은 그런 방면에서도 단연 원조다. 어쨌든 다시 돌아와서, 그럼에도 무엇보다 인상적인 것은 이형식이 이 순간들을 경험하고 나서 "가슴 속에 희미한 새 희망과 새 기쁨이 일어남을"[13] 자각하고, 그로 인해 '속눈'을 뜨고 '속 사람'의 해방을 경험하게 된다는 사실이다. 그가 평양에

---

13   이광수, 앞의 책, p. 91.

서 영채를 찾지 못한 채 돌아가면서도 뜬금없이 "무한한 기쁨"에 젖어 드는 것도 실은 그 해방의 경험을 다시 한번 똑같이 반복하는 것이다.

『무정』의 이형식은 그렇게 여성 육체와의 만남을 예술 체험으로 비유하고 그 체험을 통한 자아의 각성과 발견을 묘사함으로써 정육론에 기반한 그의 문학론을 수행적으로 연출한다. 중요한 것은 이때 자아 발견의 매개가 되는 것이 다름 아닌 예술이라는 사실이다. 그런 측면에서 보면, 『무정』의 주체는 예술 체험의 쾌락을 매개로 자기를 발견하고 정립하는 미적 주체이기도 하다. 그리고 여기에 우리는 『무정』이 작가 자신의 문학(예술)론을 다름 아닌 바로 그 문학으로써 패러프레이즈하는, 자기 반영적인 수행적 자기 연출의 드라마이기도 함을 덧붙일 수 있을 것이다.

감정을 통한 수행적 자기 발견에 대한 이수형의 논의가 채 말하지 못한 것이 있다면, 그것은 『무정』의 주인공 이형식의 경우 그처럼 (실제로든 비유적으로든) 문학예술 체험에서 얻게 되는 쾌감과 감동 같은 것이 바로 그 감정의 많은 부분을 차지한다는 사실이 아닐까. 어찌 됐든 중요한 것은, 감정을 매개로 한 수행적 자기표현과 자기 발견에 대한 그의 논의가 지금까지와는 다른 방식으로 근대적 주체에 대해 새롭게 상상하고 논의할 가능성을 보여주었다는 사실이다. 이수형은 『무정』이 감정의 가능성을 보여준 첫 소설이지만 후속작이 없다는 의미에서 마지막 소설이기도 하다고 말한다. 그래서 우리가 감정에 대해서 이야기하려면 『무정』에서 시작해야 하는 것처럼, 어쩌면 이후 우리는 근대적 자아의 퍼즐을 풀기 위해 『감정을 수행하다』에서부터 시작해야 할지도 모른다.

5부
문학 영화 카페

저개발의 모더니티와 숭고의 정치학
─ 신상옥 영화 「상록수」 읽기[1]

1. 개발의 알레고리

1961년 개봉한 신상옥 감독의 영화 「상록수」는 심훈의 동명 소설을 원작으로 한 영화다. 심훈의 『상록수』(1935)는 농민의 문맹 퇴치와 농촌 계몽을 위한 식민지 청춘 남녀의 헌신적인 희생을 그린 장편소설로, 대중성과 계몽성이 결합된 식민지 시대 농촌계몽소설의 대표작으로 꼽힌다. 두 젊은 남녀 박동혁과 채영신이 농촌의 계몽운동에 투신해 헌신하던 중 채영신이 건강 악화로 죽게 되고 연인을 잃고 홀로 된 박동혁이 그 뜻을 이어간다는 것이 소설의 대략이다. 그리고 그런 서사는 신상옥의 영화 「상록수」에서도 변형 없이 반복된다.[2] 그런 측면에서 「상록수」는 소설을 영화로 충실히 번역한 일종의 문예영화라고 할 수 있다. 게다가 이 영화는 개봉 후 서울 명보극장에서 17만 명의 관객을 동원하는 등 흥행에서도 작지 않은 성과를 거둔 문제작이기도 하

---

1 이 글은 애초 영어로 발표한 다음 글의 한국어 버전이다. "Modernity of Underdevelopement and Politics of the Sublime ─Reading Sin Sangok's Film *Sangnoksu*", *Acta Koreana*, Vol. 19 No.2, Academia Koreana, Keimyung University, 2016. 처음 발표한 영어판에서 의미가 제대로 전달되지 않은 부분은 바로잡고 약간의 수정을 거쳤다.

2 실제로 이 영화는 당시 "지나칠 만큼 원작을 충실하게 다이제스트"하고 있다는 평가를 받기도 했다. 「심훈의 이상 잘 그려 「상록수」」, 『동아일보』, 1961년 9월 25일.

다.³

그런데 영화「상록수」의 문제성은 단순히 작품의 완성도나 흥행의 차원에만 있지 않다. 중요한 것은 농촌의 계몽을 위한 희생적 헌신에 초점을 맞춘 이 영화의 서사가 1960년대 초반 한국 사회를 지배한 탈후진 근대화의 정신적 지향과 접점을 형성하면서 자연스럽게 정치적 함의를 띠게 되었다는 점이다. 특히 1960년대의 담론 지형 속에서 농촌은 한국 사회의 후진성과 빈곤의 원천이자 그것을 비추어보는 거울이었다.⁴ 농촌의 정신적, 물질적 낙후성 타파를 역설하는 이 영화의 메시지는, 후진성 탈피를 열망했던 1960년대 한국 사회의 심리지형 속에서 당대의 낙후한 현실을 환기하고 개발의 절박한 필요성을 설득하는 강력한 효과를 발휘했다.

영화「상록수」가 이후 박정희 체제 정책 선전과의 결합을 가능하게 했던 내적 근거도 바로 거기에 있었다. 1961년 5·16 군사쿠데타로 정권을 잡은 박정희는 당시 한국 사회를 지배했던 빈곤 탈출과 후진성 극복의 열망을 지배체제의 논리로 흡수한다. 그리고 이에 근거해 탈후진 근대화를 정책적 기조로 한 개발 드라이브를 추진해나간다. 그런 개발주의는 반공 민족주의와 더불어 1960년대 박정희 체제를 지탱했던 중요한 축이었다. 농촌의 빈곤과 낙후성 타파를 위해 헌신하는 청년들의 눈물겨운 희생을 그린 신상옥의「상록수」는 그런 점에서 탈후진 근대화를 역설하는 박정희 체제의 정책적 지향과 절묘한 접점을 형성한 영화였다.「상록수」를 본 박정희가 영화를 16미리 필름으로 대량 카피해 농촌 순회 상영을 할 것을 지시한 것도 이 때문이다. 그러면서 「상록수」가 농촌 정신개혁의 정치적 선전에 효과적으로 활용되었음은

3 「「상록수」16년 만에 다시 영화화」,『경향신문』, 1977년 11월 5일.

4 이상록,「경제제일주의의 사회적 구성과 '생산적 주체' 만들기」,『역사문제연구』제25호, 역사문제연구소, 2011, pp. 138~39 참조.

잘 알려진 사실이다. 그런 측면에서 이 영화는 이후 박정희 체제의 농촌 근대화 정책과 그 정신적 지향을 직간접적으로 매개한 중요한 예술적 사례다. 영화 「상록수」의 문제성은 그렇게 1960년대 (대중)예술과 정치의 절합(節合) 및 공모(共謀)를 가장 극적으로 보여준다는 데 있다.

비단 이 영화뿐만 아니라 1960년대 내내 제작자로서 신상옥의 이력과 활동도 박정희 체제와의 밀접한 관계 속에서 이루어졌다. 신상옥은 한국영화의 황금기라 일컫는 1950~60년대에 문예영화, 역사극, 멜로드라마, 전쟁영화, 코미디 등 장르를 가리지 않고 수많은 흥행작들을 발표하면서 한국영화의 흐름을 앞장서 주도하고 이끌었던 최고의 흥행 감독이었다. 그는 「로맨스 빠빠」(1960), 「성춘향」(1961), 「사랑방 손님과 어머니」(1961), 「상록수」(1961), 「로맨스 그레이」(1963), 「벙어리 삼룡」(1964), 「빨간 마후라」(1964) 등 다수의 문제작들을 연이어 발표하면서 1960년대 한국을 대표하는 감독으로 입지를 굳혔다. 특히 1961년에 그가 설립한 거대 영화제작사인 '신필름'은 한국영화계 전체를 지배하는 최대의 제작사로서 성장을 거듭했다. 그리고 그 배후에 박정희와 김종필의 직간접적 후원과 지원이 있었음은 잘 알려진 사실이다. 신상옥과 신필름이 군사정권 영화정책의 최대 수혜자였다는 평가의 근저에는 그런 맥락이 존재한다.[5] 「상록수」는 신상옥과 박정희 정권 간에 지속된 그런 협력관계의 맨 앞자리에 놓이는 작품이다. 실제로 신상옥은 「상록수」 이후 5·16 군사쿠데타의 정당성과 개발주의 정책의 당위를 적극적으로 선전하는 영화 「쌀」(1963)을 발표하는 등 영화를 통해 박정희 체제와의 이데올로기적 협력관계를 구축해나갔다.

그러나 「상록수」가 당시 대중에게 발휘한 정치적·이데올로기적 영향력은 신상옥과 박정희의 협력관계만으로는 충분한 설명이 되지 않

---

5   조준형, 『영화제국 신필름』, 한국영상자료원, 2009, p. 21.

는다. 그리고 당시 농촌 근대화의 당위를 역설하는 정치적 선전의 도구로 활용되었다는 것만으로 이 영화가 1960년대에 가졌던 정치적 의미가 온전히 해명되는 것도 아니다.[6] 그런 역사적 사실들은 단지 이 영화의 유통과 수용이 놓여 있던 외적인 배경에 지나지 않는다. 그보다 중요한 것은 이 영화의 내용이 대중에게 자발적 공감을 불러일으키고 광범위한 인식적·감정적 설득력을 발휘했다는 점이다.[7]

그런 당대적 상황이 증명하는 것은 무엇인가? 그것은 이 영화가 1960년대 한국 사회 근대화의 기로를 결정한 지배와 동의의 역학을 감성적으로 매개하는 역할을 했다는 사실이다. 그런 측면에서 신상옥의 「상록수」는 대중예술이 한국 사회 근대화의 망탈리테와 관계 맺는 중층적인 양상을 보여주는 흥미로운 범례이기도 하다. 「상록수」는 그렇게 1960년대 한국에서 민족국가의 운명과 개발의 알레고리로 작용했다.

그렇다면 이 모든 것을 가능하게 한 토대는 무엇인가? 즉 개발의 알레고리로서 영화 「상록수」의 인식적·정서적 설득력을 강화하고 정치적 의미 효과의 확산을 가능하게 한 내밀한 미학적 근거는 근본적으로 어디에 있었는가? 이 글은 이런 물음에서 시작한다. 이는 저개발 근대화의 알레고리로서 「상록수」의 근저에서 작동한 대중미학을 구체적으

---

6 이후 신상옥은 「상록수」의 남녀 주인공 역을 했던 신영균과 최은희를 다시 캐스팅해 농촌 근대화와 개발의 정당성을 선전하면서 그 지도자로서 제3공화국과 군인의 형상을 명시적으로 제시한 계몽영화 「쌀」(1963)을 발표한다. 하지만 「상록수」에 비해 정치적 목적을 노골적으로 전면화한 이 영화가 오히려 정치적 효과나 그 파급력에서 「상록수」에 결코 미치지 못했다는 점은 시사하는 바가 크다.

7 이는 감독 신상옥의 다음 회고를 통해서도 확인된다. "이 영화는 사회적으로 큰 파급 효과를 일으키면서 후일 일어난 새마을운동에도 커다란 기폭제가 되었다. 이 영화를 보고 감동하여 농민운동을 시작했다는 사람도 많았고, 심지어는 이 작품의 주인공처럼 살아야겠다고 너무 노력을 하다가 숨진 여성 농민운동가까지 있었다."(신상옥, 『난, 영화였다』, 랜덤하우스코리아, 2007, p. 78)

로 해명하고 그것이 1960년대 한국 사회에서 갖는 정치적 의미를 밝히는 작업이 될 것이다.

2. 빈곤의 (재)발견과 저개발의 눈물

영화「상록수」의 내러티브를 간략히 정리해보면 이렇다. 영화는 여주인공인 채영신(최은희 분)이 농촌계몽 활동을 위해 청석골을 찾아오는 장면으로 시작한다. 그녀는 청석골에 정착해 농민들의 오해 및 무지와 힘겹게 맞서며 강습소를 세워 아이들과 부녀자들에게 글을 가르치고 계몽운동에 헌신한다. 한편 애초 그녀에게 계몽운동의 열정을 불어넣어준 박동혁(신영균 분)은 고향인 한곡리로 내려가 청년운동에 힘쓴다. 그리고 둘은 간혹 만나 계몽운동에 대한 서로의 열정을 확인하면서 동지이자 연인이 된다. 영화는 이 두 청춘 남녀의 열정적이고 헌신적인 활동, 그러면서 조금씩 키워가는 서로에 대한 동지적 애정을 충실히 묘사한다. 그러던 중 박동혁은 힘들게 만든 청년조직을 접수하려는 친일 지주의 음모에 맞서 싸우다 누명을 쓰고 경찰서에 잡혀 들어가고, 그런 동혁을 면회하고 온 채영신은 아이들을 더 많이 수용할 수 있는 새 강습소를 짓기 위해 제 몸을 돌보지 않고 애쓰다 과로로 쓰러져 병을 얻는다. 채영신은 결국 병석에서 그리운 연인의 이름을 애타게 부르다 숨을 거두고, 뒤늦게 달려온 박동혁은 슬퍼하며 채영신의 장례를 치른 후 연인이 못다 한 사명을 자신이 이어받아 완수하리라 다짐한다. 영화는 황량한 농촌의 정경과 가난에 찌든 농민들의 형상을 배경으로 특히 채영신이 겪는 시련과 희생적 헌신, 연인과의 이별과 죽음을 강렬한 정서적 강도로 재현한다.

이처럼 영화는 소설의 핵심 사건을 효과적으로 요약하면서 계몽주의적 이상과 청춘 남녀의 로맨스를 충실히 재현한다. 그렇게 다시 영화로 만들어진 「상록수」의 서사는 원작에 못지않은 파급 효과를 불러왔다. 한편에선 그 이유를 애절한 로맨스와 이상주의의 결합에서 오는 원작의 문학적 감동을 영화적으로 충실히 재연한 데서 찾았지만,[8] 이는 너무 단순한 시각이다. 원작에 담긴 계몽적 민족주의의 메시지와 모델을 효과적으로 반복, 환기했다는 평가도 이 영화의 강력한 파급력의 원인을 온전히 설명하진 못한다. 그보다 당시 「상록수」의 파급 효과는 오히려 이 영화가 소설의 단순한 영화적 각색에 그치지 않고 1960년대의 역사적 상황 속에서 원작과는 다른 새로운 맥락과 의미를 창출해냄으로써 가능해진 것이었다. 그렇다면 그 새로운 맥락과 의미란 무엇인가? 그리고 이를 통해 영화가 불러일으켰던 정서적 파급 효과의 원천은 무엇인가?

    무엇보다 이 영화의 이야기가 지대한 파급력을 가졌던 것은 당대를 살아가는 대중들의 집단심리와 효과적인 접점을 형성했기 때문이다. 그리고 그 배경에는 '농촌 근대화'라는 시급한 과제가 공감대를 확산해 가던 당대 한국 사회의 분위기가 있었다. 사실 농촌 근대화 문제는 이미 1950년대 후반부터 각계각층에서 본격적으로 제기되고 활발하게 논의되던 이슈다.[9] 그리고 그 (농촌)근대화 담론은 4·19 이후 더욱 급속히 확산되고 설득력을 확보해나가고 있었다. 박정희의 탈후진 근대화 프로젝트가 당시 광범위한 대중적 동의를 얻을 수 있었던 것도 그런 심리적, 담론적 배경이 있었기 때문이다. 박정희 체제의 근대화 프

---

[8] 예컨대 당시 신문의 영화 단평에서 엿보이는 평가의 초점이 이를 전형적으로 보여준다. "사각모(四角帽)와 노트 대신 곡괭이와 분필을 들고 흙 속에 뛰어든 젊은이들의 순수한 정열이 뜨겁게 눈시울을 적신다. 흙 속에서 피어나는 러브 로맨스도 속(俗)되지 않는 낭만성을 돋구었으나 ……"(「심훈의 이상 잘 그려 「상록수」」, 『동아일보』, 1961년 9월 25일자).

[9] 이에 대해서는 정홍섭, 「1960년대 농촌근대화 담론과 농촌/도시소설」, 『민족문학사연구』 40호, 민족문학사연구소, 2009, pp. 135~36 참조.

로젝트는 어떤 측면에서 4·19 이후의 그 (농촌)근대화 담론과 그에 대한 대중적 공감을 성공적으로 포섭함으로써 순조롭게 안착하게 된 것이었다.[10] 식민지 시대 농촌계몽운동에 투신한 남녀의 이야기를 그린 이 영화가 당대적 의미를 획득하는 것을 가능하게 했던 사회적 토대는 바로 거기에 있었다.

그리고 거기엔 감각적 직접성을 갖는 미디어로서 영화적 이미지의 힘 또한 적지 않게 작용했을 것이다.[11] 그러나 보다 더 중요한 것은 그 효과를 가능하게 했던 이면의 근본적인 심리 기제다. 이와 관련해, 영화「상록수」가 관객의 감성을 건드린 중요한 요인 중 하나로 무엇보다 무지와 빈곤으로부터의 해방, 그리고 '미래'와 '희망'이라는 명시적 메시지의 절실함을 지목할 수 있다. 그리고 그 절실함은 극중에서 채영신이 병든 몸을 가까스로 가누면서 아이들과 마을 사람들 앞에서 '미래'와 '희망'이라는 글자를 칠판에 꾹꾹 눌러써 보여주는 장면에서 특별히 강조된다. 영화에서 그 메시지의 절실함이 더욱 부각되는 것은 이를 위한 극중 인물들의 눈물겨운 자기희생 때문이기도 하지만, 무엇보다 빈곤으로부터의 탈피를 열망하던 당대 관객들의 공통감각이 그 절실함을 한층 증폭시켰다고 보는 것이 옳다.

이 과정에서 작동한 것은 어떤 희생을 치르더라도 완수해야 할 빈곤 탈출과 개발이라는 정언명령의 반복강박이다. 이는 영화에서는 소설『상록수』의 계몽의식을 떠받쳤던 민족의식이 다소 부차화되는 대신 빈곤과 무지로부터의 해방이라는 정신적 지향으로 주제의 강조점이 미묘하게 이동한다는 사실에서도 확인된다. 이 점은 영화에서 일제 통치성과의 갈등과 그에 대한 저항의식이 단순한 배경의 차원으로 물

---

10 이에 대한 분석은 황병주, 「1960년대 박정희 체제의 '탈후진 근대화' 담론」, 『한국민족운동사연구』 56집, 한국민족운동사학회, 2008, pp. 239~80 참조.

11 이런 영화적 효과의 메커니즘에 대해서는 뒤에서 자세하게 설명한다.

러나고 농촌 계몽에 대한 열정과 헌신의 숭고함이 상대적으로 더 강조되는 데서도 확연히 드러난다. 이를 통해 영화「상록수」는 박정희 체제의 근대화 담론이 본격적으로 한국 사회를 지배하기 이전에 이미 이를 영화언어의 차원에서 미리 앞질러 보여주고 있었다. 어떤 측면에서 그런가? 1964년 박정희는 3·1운동의 반제국주의 투쟁의 민족의식을 '빈곤과의 대결'로 방향을 돌려 후진의 굴레에서 벗어나는 '조국의 근대화'를 이룩하자는 요지의 연설을 한 바 있다.[12] 이를 떠올려보면, 영화에서 나타나는 강조점의 이동이 그런 박정희의 논법과 의미심장한 상동성이 있음을 어렵지 않게 확인할 수 있다.

그리고 그런 민족의식의 부차화와 강조점의 이동은 이 영화의 멜로드라마적 서사 관습과도 긴밀한 관련이 있다. 소설과 마찬가지로 당연히 영화에서도 주인공들이 겪는 시련과 고난의 배후에는 일제 식민통치기구의 탄압이 있음이 그려진다. 그러나 영화에서 그런 민족주의적 함의는 무지와 빈곤으로부터의 해방과 이를 위한 희생의 고귀함에 방점을 찍는 멜로드라마적 서사 전략에 종속된다. 즉 영신과 동혁이 겪는 고난의 민족주의적 맥락(일제의 탄압)은 당시 관객들에게는 일종의 도덕적 성취를 방해하는 '시련'과 '고난'이라는 탈역사적인 멜로드라마적 장애로 코드 변환되어 전달되었던 것이다.

1930년대 심훈의 소설 『상록수』에서 계몽과 근대화에 대한 자의식은 지식인적 사명에 대한 자각을 통해 표출된 반면, 영화「상록수」의 수용 과정에서 그 자의식은 대중적 자의식의 차원으로 확장되어 반복된다. 그리하여 영화에는 당시 빈곤 탈출과 근대화의 절박함에 대한 대중의 집단적 동의와 공감이 투사되었고, 영화가 소설과 달리 관람성 spectatorship의 문제가 개입되는 대중예술이라는 점이 이를 가능하게

---

12 박정희, 「제45회 3·1절 경축사」, 『박정희 대통령 연설문집』 2, 대통령 비서실, 1973, p. 56.

했다. 감독 신상옥은 식민지 조선의 후진성에 온몸으로 맞서는 남녀 지식인의 자발적 고난과 계몽의식을 1960년대의 시점에서 재가공해 동시대의 관객들 눈앞에 이미지로 펼쳐 보여주었다. 그 이미지를 수용하는 관객들은 무지와 빈곤으로부터의 해방을 위해 자신의 안위와 행복을 희생하고 헌신하는 남녀 주인공에게 동일시되면서 후진성 극복을 위한 근대화의 논리를 자신의 욕망으로 자각하고 내면화했을 것이다. 그리고 그 연장선상에서 영화가 상연하는 식민지 시대 낙후한 농촌의 스펙터클은 관객들의 현재적 의식의 프리즘을 통과하며 현재 한국 사회의 풍경과 자연스럽게 오버랩되었을 것이다.

이 과정에서 특히 영화에서 전시되는 헐벗고 황량한 농촌의 랜드스케이프landscape는 그 시대적 배경에서 탈맥락화되면서 당대 한국 사회 후진성의 풍경으로 코드 변환되어 받아들여졌을 법하다. 이와 관련해「상록수」에서 그려진 풍경에 대한 다음 신문 단평의 지적은 그 의도와는 전혀 다른 맥락에서 시사적이다.

> (영화는—인용자) 숨막힐 듯한 농촌의 궁상(窮狀)과 지방색(地方色)을 씨네스코 화면(畫面)에 펼친다. 하지만 그와 같은 절망적인 현실을 조성한 시대적인 요인과 동기의 설명이 아쉽다.[13]

영화「상록수」가 황량한 농촌 풍경을 보여주면서도 그 시대적 맥락에 대한 설명을 빠트렸다는 얘기다. 그러나 이때 중요한 것은 "시대적인 요인과 동기"의 설명이 없다는 바로 그 이유 때문에 오히려 반대로 "농촌의 궁상(窮狀)"이 동시대의 풍경으로 지각될 수 있었다는 역설이다. 즉 시대적 맥락에 대한 설명의 결여라는 문제점이야말로 거꾸로

---

13 「심훈의 이상 잘 그려「상록수」」,『동아일보』, 1961년 9월 25일자.

헐벗은 농촌 풍경의 전시를 통해 동시대를 환기하는 효과를 낳은 결정적인 요인이었다. 그렇게 농촌의 빈곤은 26년이라는 시차를 지워버리는 현전하는 이미지의 마력에 힘입어 1960년대 한국적 현재의 풍경으로 지각되었다. 그리고 이를 통해 「상록수」는 '빈곤의 (재)발견'을 가능하게 하는 미디어로 기능할 수 있었다.

영화 「상록수」의 의미 효과는 그처럼 '(농촌)근대화'의 필요와 시급함에 대한 한국 사회 지식인과 대중 들의 동의와 공감 속에서 만들어졌다. 그리고 영화는 그런 식으로 빈곤을 재발견하고 동의와 공감을 확산시켰다. 신상옥의 영화가 "급격히 변화하는 대중들의 정서구조를 의미 있게 전달하려는 문화적 실천의 결과물"이고 "신상옥은 그 스스로가 5, 60년대 한국사회의 징후"[14]라고 하는 진단이 그르지 않다면, 그 중심에는 단연 「상록수」가 있었다. 영화 「상록수」는 '조국 근대화'의 기로에 놓여 있던 1960년대 한국 사회의 심리 지형을 반사하는 증상이었다.

그런데 이와 관련해 눈길을 끄는 것은 감독 자신의 회고다.

> 나는 오직 영화만을 생각하는 영화 한길주의자(?)지만 '개발도상국의 영화 예술가들은 30퍼센트 정도는 현실 기여를 해야 할 의무가 있다.'고 생각해 왔고 지금도 그 소신에는 변함이 없다. 영화는 단순한 오락이 아니다. 영화에는 흥미를 넘어선 인간 승리, 정의, 사필귀정 등의 당위적인 진리가 살아 있어야 한다. 요즘 젊은이들이 들으면 웃을지도 모르겠지만 이것이 나의 믿음이다.
> 이런 생각을 바탕으로 정말 순수한 심정으로 만든 것이 「상록수」다. 〔……〕 16미리로 대량 카피를 해서 전국적으로 돌렸기 때문

---

14 김소영, 「전통성과 모더니티의 유혹—신상옥의 작품세계」, 『시네마, 테크노 문화의 푸른 꽃』, 열화당, 1996, pp. 134~35.

에 많은 사람들이 본 작품이기도 하다. 유료 관객은 아니지만 관람자 숫자만으로는 가장 많은 사람들이 본 영화일지도 모르겠다. 이 작품을 보고 박정희 대통령도 눈물을 흘렸다고 했고 북한에서는 김정일이 당 간부들의 교육용 영화로 권장했다고 한다. 하나의 작품을 두고 적대적인 남북의 수뇌부가 다 같이 공감을 느꼈다는 사실 자체가 뿌듯하다. 이것이 바로 영화의 힘이라고 믿는다.[15]

후진 개발도상국의 영화예술가들은 영화를 통해 현실에 기여해야 할 의무가 있다는 것이 감독 신상옥의 소신이었다. 그런 감독의 소신은 소설의 서사를 당대의 빈곤 탈출을 촉구하는 선전의 서사로 바꾸어놓는 데도 영향을 미쳤다. 그러나 이 회고에서 더 주목되는 것은 따로 있다. 그것은 이 영화가 여하튼 좌우의 적대적 체제와 이데올로기를 가로질러 남북의 지도자 모두가 '눈물'을 흘리면서 감명을 받고 실제 정책 선전에 활용할 정도로 지대한 영향을 끼쳤다는 사실이다.[16] 빈곤의 타파라는 대의에 대한 관객의 공감을 투사하고 확산했던 영화의 현실적 효과는 여기에서 통치성의 층위와 결합한다. 이것은 이 영화가 (농촌/조국)근대화에 대한 아래로부터의 동의와 위로부터의 강제(지배)를 어떻게 매개했는지를 암시해주는 흥미로운 대목이다.

15 신상옥, 앞의 책, pp. 77~78.
16 남한의 경우 신상옥의 그런 진술의 진위는 당시 여러 신문의 가십난에 거의 동시에 소개된 다음 일화가 확인시켜준다. "언젠가 박 의장은 이 「상록수」의 영화화한 것을 보고 눈시울을 적시는 것 같더라고 누군가가 전하였다."(「농촌의 좋은 일은 알리라」, 『경향신문』, 1962년 1월 19일); "최고희의 박정희 의장은 젊은 지식인들이 농촌진흥을 위해 그의 삶을 바친 소재를 다룬 심훈 원작의 영화 「상록수」에 깊은 감명을 받은 것 같다. 박 의장은 기회 있는 때마다 상록수 이야기를 즐겨하며 18일 상오 재건국민운동본부를 시찰할 때에도 「상록수」와 같은 영화를 많이 만들어 농촌으로 보내도록 하라고 지시했는데……"(「「상록수」에 감동한 박 의장(朴議長)」, 『동아일보』, 1962년 1월 19일) 북한의 경우에도 이 영화의 수용 맥락은 크게 다르지 않다. 김정일이 이 영화를 당 간부들의 교육용 영화로 권장했다는 것은 '개발'이라는 집단적 가치를 위한 개인의 숭고한 희생이라는 영화의 내용이 당시 북한에서도 지대한 설득력을 지녔음을 증명한다.

이때 서로 적대하는 남과 북의 지도자가 심정적으로 공유했던 것은 무엇인가? 그것은 국가적 대의를 위해 일신의 안녕과 행복을 반납하는 숭고한 희생정신의 필요에 대한 공감일 테다. 이 지점에서 「상록수」의 정치적 의미는 좌우의 이념적 적대를 넘어서는 일종의 〔의사擬似〕보편성을 획득한다. 또 거꾸로 그렇지 않았다면 상호 적대적인 남북의 지도자가 이를테면 '한마음'이 되는 위와 같은 흥미로운 장면도 없었을 것이다. 미리 말한다면, 그 (의사) 보편성의 중심에 있는 것이 바로 숭고의 미학이다. 숭고의 미학은 좌우 이데올로기를 가로지르며 남북한 근대화(자본주의적 근대화든 사회주의적 근대화든)의 정서적 축을 떠받치는 근간으로 작용했다. 그리고 이는 관객의 눈물을 유도하는 대중 멜로드라마의 장르적 관습을 통해 한층 증폭된다.[17] 그런데 이때 숭고는 어떻게 작동하는가?

3. 모성적 숭고와 얼룩

조금만 돌아간다. 신상옥의 영화 「상록수」는 원작의 스토리를 충실히 따르는 편이지만 원작소설의 단순한 영화적 다이제스트 혹은 반복에서 그치지 않는다. 무엇보다 신상옥은 새로운 촬영기술의 도입과 실험을 통해 기존 한국영화의 투박함을 넘어서는 세련된 화면과 미장센을 만들어내는 데 남다른 관심과 열정을 보여준 감독이었다.[18] 미장센

---

17 스티븐 정에 따르면 「상록수」는 개발을 위한 투쟁과 불운한 연애의 서사가 결합된 '개발의 멜로드라마'다. 그리고 이 영화가 정서적 반향을 불러일으키고 정치적으로 작동하는 데 그 멜로드라마적 특징이 핵심적으로 작용했다고 설명한다. Steven Chung, *Spilt Screen Korea: Shin Sang-ok and Postwar Cinema*, University of Minnesota Press, 2014, pp. 129~45.

18 신상옥의 영화에서 시종 관철되는 '장면화에의 욕망'에 대해서는 박유희, 「스펙터클과 독재—신상옥 영화론」, 『영화연구』 49집, 한국영화학회, 2011, pp. 103~13 참조.

에 대한 신상옥의 집착은, 외견상 원작소설의 내용을 그대로 반복한 것처럼 보이는 이 영화에 (소설과 다른) 통약 불가능한 차이를 새겨 넣는다. 더불어 그 차이는 서사구조에서도 나타나는데, 예컨대 영화의 서사가 소설과 갈라지는 결정적인 지점은 그 종결closure에 있다.[19] 그렇다면 그 종결의 차이는 어디에 있는가?

심훈의 소설 『상록수』에서는 채영신이 죽고 나서 방황하던 박동혁이 이내 슬픔을 딛고 고향에서 다시 새로운 출발을 다짐하는 내용이 꽤 길게 서술된다. 그에 반해 영화는 이를 다루지 않고 삭제해버린다. 그 대신 영화는 채영신이 죽은 후 그녀를 추념하면서 박동혁이 학교의 종을 울리고 「애향가」가 울려 퍼지는 화면 밖 사운드voice-over를 배경으로 아이들이 학교로 달려오는 데서 끝난다. 소설의 경우 박동혁이 중심에 선 종결이 남성 지식인 주체가 중심이 되는 계몽운동의 젠더적 권력구조의 함축적 완성을 의미한다면,[20] 원작과 다른 이 영화의 종결은 남성 엘리트를 중심에 놓는 그런 의미작용을 상쇄시킨다. 그러면서 그것은 엘리트 남성 주체(박동혁)를 오히려 부차화하고 채영신의 희생정신에 대한 애도에 기초해 새로운 시작의 의미를 재구성한다. 푸른 하늘로 솟아 있는 상록수를 배경으로 환히 웃는 채영신의 얼굴이 오버랩되는 영화의 마지막 장면(〈장면 1〉)은 이를 상징적으로 보여주는 쇼트다.

---

19 이 '종결'의 차이가 중요한 것은, 서사의 종결은 그 자체가 특정한 이데올로기가 집약되는 지점이기 때문이다. 이 점은 Fredric Jameson, *The Political Unconscious: Narrative as a Socially Symbolic Act*, Cornell University Press, 1981, p. 154 참조.

20 이에 대해서는 이혜령, 「신문·브나로드·소설—리터러시의 위계질서와 그 표상」, 『한국근대문학연구』 제15호, 한국근대문학회, 2007, pp. 185~91 참조.

〈장면 1〉

　소설 『상록수』의 종결에서 채영신은 충분한 애도를 받지 못한 채 서사에서 사라져버린다. 하지만 영화에서 죽은 그녀는 이런 방식으로 오히려 죽음으로써 하늘에서 모든 것을 굽어보는 신적(神的) 시선을 부여받는다. 이 쇼트에서 두드러지게 부각되는 것은 자신의 모든 것을 희생하고 죽은 후에도 하늘에서 아이들을 인자하게 굽어보고 포용하는 숭고한 모성의 이미지다. 그리고 이 모성적 숭고의 이미지는 채영신과 아이들을 함께 포착하는 쇼트들의 고유한 장면화 방식을 통해 영화가 진행되는 내내 지속적으로 암시된 것이기도 하다.[21] 이에 더해, 이 종결 이미지의 의미 효과는 당시 배우로서 최은희의 이미지가 희생과 지성의 미덕을 갖춘 어머니의 표상으로 소비됐다는 사실을 통해 더욱 강화된다.[22] 게다가 「상록수」의 이 모성 이미지는 다른 영화들에서의 모성 표상보다 더욱 강렬하게 다가온다. 왜냐하면 이것은 죽음을 통해 획득하게 된 초월적인 초자아의 이미지와 결합되어 있기 때문이다.

21　실제 영화에서 채영신과 아이들을 함께 담아내는 쇼트는 그녀의 모성적 이미지를 부각하는 방향으로 장면화된다.
22　배우 최은희의 모성 표상에 대해서는 박유희, 「영화배우 최은희를 통해 본 모성 표상과 분단체제」, 『한국극예술연구』 제33집, 한국극예술학회, 2011, pp. 129~64 참조.

이 강렬한 모성적 숭고의 이미지에 힘입어, 영화의 종결은 그런 방식으로 채영신을 중심에 세우면서 그녀의 모성적 희생정신의 애도와 계승이라는 지점으로 수렴된다. 영화가 계몽 활동을 마치고 돌아온 학생들을 위로하는 간담회 장면으로 시작하는 원작과 달리, 농촌계몽운동에 헌신하기 위해 청석골을 찾아가는 채영신의 장면에서 시작하는 것도 그 점에서 의미심장하다. 즉 이 영화는 채영신의 계몽 활동의 시작과 끝을 그 내러티브의 시작과 끝으로 갖는 셈이다. 채영신이 박동혁에게 정신적 감화를 받는다거나 그녀의 활동이 한곡리에서의 박동혁의 활동과 수시로 교차되며 그려짐에도 불구하고, 영화적 디제시스 diegesis의 중심에 있는 주체는 그런 의미에서 궁극적으로는 채영신이다. 그리고 이는 영화적 형식의 차원에서 남녀 주인공 각각을 담아내는 카메라 각도의 비대칭성에서도 다시 한번 확인된다. 채영신은 많은 장면에서 시종 앙각low angle shot으로 포착되는 반면, 박동혁의 경우 영화 도입부의 연설 장면을 제외하면 그런 카메라의 시선을 받지 못한다. 즉 영화는 이렇게 인물을 포착하는 카메라 각도의 차별화를 통해서도 숭고한 주체로서 채영신의 중심적 위치를 표 나게 부각한다.

기존의 시각에 따르면, 「상록수」는 민족국가 담론이 남성 권력과 결합되는 지점을 재현한 영화 중 하나다. 그 속에서 여성성은 민족국가 형성과 근대화 과정에서 국민을 대표하는 집단적인 남성성에 종속되는 존재로 재현될 뿐이다.[23] 그러나 이런 주장을 영화 스스로 반박하는 것이 다름 아닌 바로 이 지점이다. 실제로 근대화 과정에서 여성성이 남성 권력에 종속되었던 것은 분명한 사실이지만, 「상록수」의 영화적 재현의 논리는 그런 현실의 논리를 그대로 따르지 않는다. 물론 영화에서 채영신은 남성적인 것으로 성별화된 계몽과 개발의 논리를 충

---

23 대표적으로 김선아, 「근대의 시간, 국가의 시간: 1960년대 한국영화, 젠더, 그리고 국가권력 담론」, 『한국영화와 근대성』, 주유신 외, 소도, 2001, pp. 65~66 참조.

실히 따라간다. 그럼에도 불구하고 개발의 과제를 더욱 강력한 정서적 동일화의 대상으로 만드는 숭고의 논리를 완성하는 것은 그녀의 모성적 실천과 희생의 방식이다. 정신개혁/개발이라는 시대의 정언명령을 효과적으로 정당화하고 공감을 이끌어내는 이 영화의 정서적 반향도 바로 그곳에서부터 비롯된다.

개발의 숭고한 주체로서 채영신이 갖는 의미는 영화의 마지막 시퀀스에서 결정적으로 확인된다. 박동혁은 연인의 장례를 치르고 난 후, 그녀가 아이들을 학교로 불러 모으기 위해 울렸던 종 앞에 서서 살아생전 그녀가 했던 말을 떠올린다. 그녀는 말했다. "종은 아침저녁으로 꼭 제가 치겠어요. 그 종소리는 제 가슴속뿐만 아니라 마을 사람들의 어두운 기억, 깊은 잠을 깨워주며 멀리멀리 울려 퍼질 거예요." 박동혁이 떠올리는 채영신의 이 감격 어린 진술은 영화에서 보이스오버voice-over로 처리된다. 그리고 이 뒤에 박동혁이 종을 울리는 장면과 아이들이 학교로 달려오는 장면의 연속적인 몽타주가 이어진다. 이 마지막 시퀀스를 통해, 채영신은 의미화의 중심이자 동일시의 축으로서 자신의 의미를 결정적으로 완성한다.

이 과정에서 채영신의 보이스오버는 결정적인 기능을 한다. 신체 없는 그 목소리는 무지와 몽매("마을 사람들의 어두운 기억, 깊은 잠")로부터의 해방이라는 메시지를 영화 전체에 소급적으로 각인시킨다. 이뿐만 아니라 그 보이스오버의 인위적인 음향적 울림은 그 목소리가 마치 관객 자신의 내면에서 울리고 반사되는 자신의 목소리인 것처럼 들리게 함으로써 그에 대한 관객의 동일시를 유발하는 효과를 거두고 있다.[24] 그런 측면에서 이 보이스오버는 흥미롭게도 숭고 논리의 음향적

---

24 정확히 같진 않지만 이는 마치 영화에서 '자아의 목소리son-je'가 갖는 기술적 효과와 흡사하다. '자아의 목소리'에 대해서는 미셸 시옹, 『영화의 목소리』, 박선주 옮김, 동문선, 2005, pp. 77~88 참조.

번역으로 읽히기도 한다. 왜냐하면 채영신의 목소리가 관객의 내면을 깨우고 그 안에서 울리는 (관객) 자신의 목소리로 반전돼 들리는 이 음향적 효과는, 숭고한 것은 우리 안의 도덕법칙을 일깨우는 대상이라는 칸트의 지적을 음향적인 층위에서 정확히 체현하는 것이기 때문이다.

그런데 이것이 전부인가? 물론 아니다. 이 영화의 의미작용은 그렇게 단선적이지 않다. 그런 이데올로기적 종결에도 불구하고, 이 영화에는 한편으로 그 종결을 예비하면서도 다른 한편으론 거기에 미묘한 얼룩과 균열을 남기는 장면이 있다. 그리고 이는 이 영화의 이데올로기적 모호성이 순간적으로 노출되었다가 닫히는 순간이기도 하다. 그렇다면 그 얼룩이란 대체 무엇인가? 다음 쇼트(〈장면 2〉)를 보자. 이것은 죽음을 예감한 채영신이 오지 않는 박동혁을 온몸으로 그리워하는 간절한 감정을 노출하는 장면이다.

〈장면 2〉

이 장면에서 죽음을 앞둔 채영신은 박동혁을 그리워하다가 급기야 환각에 빠져든다. 그리고 그녀는 자신을 간호하던 마을 아낙을 동혁으로 오인하고 아낙의 뺨에 얼굴을 비비며 "동혁 씨"라고 부른다. 그러고는 쓰러져 "사랑해요…… 사랑해요……"라는 말을 남기고 숨을 거둔다. 비극적 절망과 격정이 교차하는 이 장면에서 표출되는 것은 일종의 멜로드라마적 과잉excess이다. 무엇보다 환각 속에서 대상을 오인한 채 연인과의 에로틱한 결합을 절망적으로 재연하는 채영신의 저 기이한 향유jouissance의 표정은 그 자체가 과잉의 증상이다. 더불어 그녀의 그런 절망적인 제스처에서 강화되는 애절함과 비극적 정서의 강렬한 분출도 과잉의 증상이긴 마찬가지다. 대의를 위해 힘겹게 절제하고 희생했던 자기 욕망에 대한 애착과 회한이 억압을 뚫고 절망적으로 귀환하는 이 순간, 계몽운동에의 헌신이라는 대의는 돌연 상대화된다. 정신분석의 언어를 빌리면 이것은 스스로 억압한 욕망의 보상에 대한 대타자의 보증이 무력해지는 순간이라고 할 수 있다. 이것은 이 장면에서 애타게 연인을 갈구하는 채영신의 파토스와 "사랑해요"라는 간절한 욕망의 언어가 그녀가 누워 있는 방 밖에서 아이들이 부르는 '애향가'(이것은 도덕과 책임을 환기하는 사운드트랙이다)의 음향을 압도하는 데서도 상징적으로 드러난다.

물론 여기에서 순간적으로 노출되는 이데올로기적 균열은 이어지는 장면을 통해 곧 봉합된다. 우리가 앞에서 본 영화의 마지막 장면은 여기서 순간적으로 노출된 일종의 이데올로기적 모호성을 메워버린다. 그리고 채영신의 조력자였던 원재(신성일 분)의 마지막 대사("선생님은, 돌아가시기 전에, 슬퍼하지 말고 끝까지 싸우라고 유언하셨어요")가 담당하는 기능도 그와 같은 것이다. 그렇다면 이 증상적인 장면은 영화에서 어떤 기능을 하는가?

4. 저개발의 모더니티와 숭고

앞에서 이미 채영신에게 투영된 것이 모성적 숭고의 이미지임을 지적했지만, 이 지점에서 우리는 숭고sublime에 대한 논의로 돌아가볼 필요가 있다. 숭고는 무슨 일을 하는가?

칸트에 따르면 숭고의 감정을 느끼는 주체는 자신의 '신체적' 무력함 속에서 자연적이고 현상적인 실존 너머로 그 자신을 '고양'시킬 수 있는 힘을 자각한다. 이때 일상생활에서 우리를 제약하는 현실의 중력이 갑자기 사소하고 중요하지 않은 것으로서 다가온다. 이런 숭고의 논리 속에서 일어나는 일은 바로 초자아의 지배다. 숭고 속에서 초자아는 주체로 하여금 자신의 안녕에 반해 행위하고 자신의 이익과 필요와 쾌락 등 자신을 '감각적 세계'에 묶어놓는 모든 것을 포기하도록 강제한다.[25] 달리 말하면, 숭고는 우리가 심려하는 것(재산, 건강, 생명)을 사소한 것으로 여길 수 있는 우리의 힘을 우리 안에 불러일으킨다.[26] 「상록수」의 기본 구도는 정확히 칸트가 설명한 이런 숭고의 논리를 따른다. 남녀 주인공들이 사랑과 행복 같은 개인적인 가치들을 희생하고 농촌 계몽이라는 이념적 대의에 스스로를 헌신하면서 정신적 고양을 경험한다는 점에서 그렇다. 「상록수」에서 농촌 계몽을 위해 자기의 개인적인 행복을 반납하는 희생의 논리는 이러한 숭고 논리의 대중미학적 버전이다.

그리고 칸트가 암시하듯이, 본래 숭고는 (자기)희생이라는 차원과 밀접하게 관련되어 있다.[27] 숭고의 논리 속에서는, 희생하는 것이 크

---

25 숭고에 대한 이런 이해는 알렌카 주판치치, 『실재의 윤리—칸트와 라캉』, 이성민 옮김, 도서출판b, 2004, pp. 231~58 참조.

26 임마누엘 칸트, 『판단력비판』, 백종현 옮김, 아카넷, 2009, pp. 271~72. 번역은 수정했다.

27 예컨대 다음 구절. "(숭고에서—인용자) 상상력은 자기가 희생하는 것보다 더 큰 확장과 위력

면 클수록 혹은 많으면 많을수록 그에 비례해 그 희생을 대가로 치르는 대의나 가치는 더 크게 부풀려지고 초월적인 것이 된다. 「상록수」의 자기희생의 정서적 강도가 예컨대 똑같이 여성의 자기희생을 그리는 신상옥의 영화 「사랑방 손님과 어머니」(1961)나 「이 생명 다하도록」 (1960)의 정서적 강도보다 한층 더 클 수밖에 없는 것은, 그것이 (저 두 영화에서처럼) 일상적 행복의 포기뿐만 아니라 죽음까지도 요구하는 것이기 때문이다.

멜로드라마적 과잉이 분출하는 앞의 장면은 이런 맥락 속에 놓았을 때 비로소 그 의미작용의 효과가 분명해진다. 즉 저 장면에서 돌출적으로 터져 나오는 사랑의 회한과 안타까움은, 그리고 이어지는 죽음의 비극은 농촌 계몽 혹은 조국 근대화라는 대의의 가치를 더욱 고양시키는 필수적인 계기로 작용한다. 희생의 안타까움과 비극성이 커지면 커질수록 대의의 가치는 더욱더 정신적으로 고양된다. 이때 빈곤과 무지로부터의 해방이라는 대의를 위한 자기희생은 모성이 갖는 자기희생적 이미지와 겹쳐지는데, 「상록수」의 모성적 숭고는 그럼으로써 결정적으로 완성된다. 그런 측면에서 앞의 장면은 농촌/조국 근대화를 위한 희생과 헌신에 대한 요청을 숭고의 논리를 통해 감성적으로 정당화하는 데 필수적인 계기로, 종결의 효과를 더욱 강화하고 숭고의 감정을 고양시키는 조건으로 작용하는 셈이다.

이것이 더욱 결정적이 되는 것은, 이 앞에서 도덕적 의무 때문에 일신의 안녕과 행복을 유보하고 시련과 고난을 마다하지 않던 채영신의 이미지가 영화가 진행되는 내내 관객들의 의식 속에 차곡차곡 축적되었기 때문이다. 이 장면의 비극적 정서와 함께, 앞서 그녀가 겪은 시련과 고난, 그리고 죽음으로 귀결되는 자기희생의 막대함에 대한 의식이

을 얻거니와……"(임마누엘 칸트, 같은 책, p. 282)

그 위에 겹쳐지면서 그녀가 헌신하는 도덕적 의무의 가치를 더욱 각인하는 효과를 낳는다. 이 영화는 이를 통해 관객들의 의식 속에서 조국 재건/근대화라는 가치를 절대적 당위로서 상호주관적으로 재구성하게 하는 현실적 효과를 발휘했다.

채영신의 죽음의 직접적인 원인을 묘사하는 과정에서 소설과 비교해 영화가 보여주는 결정적인 차이는 이 지점에서 다시 중요해진다. 소설에서 채영신은 요양차 일본으로 유학을 떠났다가 더 큰 병을 얻고 돌아와 건강이 악화돼 죽는다. 하지만 영화에서 그녀는 아픈 몸을 이끌고 활동을 계속하다가 쓰러지는 것으로 묘사된다. 이 점은 영화가 소설과 스스로를 차별화하면서 의식적으로 숭고 감정의 고양을 향해 장면을 축적해나가고 있었음을 의미한다.

그렇다면 「상록수」의 이 숭고의 미학은 박정희 체제의 근대화 담론과 어떤 지점에서 어떤 방식으로 만나는가? 이를 밝히기 위해서는 박정희 체제의 근대화 담론이 '정신'의 중요성을 강조하는 일종의 정신주의에 의해 추동되고 있었음을 환기할 필요가 있다. '정신'에 대한 강조는 박정희 체제 지배담론의 가장 중요한 특징 중 하나였다.[28] 그리고 박정희식 근대화 추진의 근간에 있었던 것이 각종 '정신혁명'과 '정신개조' 운동이었음은 익히 알려진 사실이다. 말하자면 그것은 "물질적 열등감을 정신적 우월함으로 상쇄하려고 한 전략"[29]이라고 할 수 있는데, 그런 전략이 그 본질상 숭고의 논리와 자연스럽게 결합할 수 있는 것임은 물론이다. 왜냐하면 주관의 무제한적인 능력에 대한 의식이 주체의 무능력과 열등함에 대한 자각을 통해 일깨워지고 그 무능력을 주관 속에서 '무제한적인 능력'으로 역전시키는 것이 또한 숭고 논리의

---

28 황병주 앞의 글, p. 265.

29 황병주, 같은 글, p. 266. 박정희 체제 근대화 담론의 정신주의에 대해서는 pp. 265~71을 참조할 것.

핵심에 있는 것이기 때문이다.³⁰

그 정신혁명과 정신개조라는 정신주의적 기획이 또한 후진성의 탈피와 '조국 재건'이라는 대의를 위한 민중과 지도자의 헌신과 자기희생에 대한 요청을 동반했다는 사실을 보더라도, 이를 숭고 논리의 정치경제적 코드 변환으로 해석할 수 있는 여지는 충분하다. 「상록수」에서 그려지는 숭고한 자기희생과 헌신, 그럼으로써 고양되는 정신적 충일과 일체감의 정서, 그리고 이 모든 것들을 통해 관철되는 숭고의 미학은, 그런 박정희 체제의 정신주의적 기획과 맥을 같이하는 것이었다.³¹ 그리고 이 영화가 이후 박정희 체제 근대화의 논리와 사후적으로 공모하고 나아가 '새마을운동'의 교본으로까지 활용될 수 있었던 미학적 근거도 바로 거기에 있었다고 할 수 있다.

가라타니 고진(柄谷行人)은 칸트가 "자기가 희생하는 것보다 더 큰 확장과 위력을 얻는" 것이라는 측면에서 숭고를 자본의 축적운동에 비유했다고 주장한다.³² 이를 우리의 관점에서 고쳐 말한다면, 오히려 숭고는 후진사회 저개발 근대화 논리의 미학적 표현이다. 숭고의 이상주의는 낙후한 물질조건 속에서 경제개발과 근대화를 위한 자기희생을 불가피한 도덕적 의무와 윤리의 차원으로 정당화하고 고양시킨다. 그런 측면에서 숭고는 대중의 자발적인 동의를 창출하고 대중을 동원하는 데 효과적으로 작용한 저개발 근대화의 감성적 논리였다. 헐벗은 농촌의 랜드스케이프를 통해 (물질적 무능력의 상징으로서) 빈곤을 재

---

30 "그리고 이러한 일은 그 자신의 무능력이 같은 주관의 무제한적인 능력의 의식을 드러내고, 마음은 그 무제한적인 능력을 오직 그 자신의 무능력에 의해서만 미감적으로 판정할 수 있음으로써 가능하다."(임마누엘 칸트, 앞의 책, p. 268)

31 1960년대 북한의 경우에도 이런 사정은 크게 다르지 않다. 그리고 대의를 위해 자기의 모든 것을 희생하는 데서 발생하는 「상록수」의 정서 구조가 남과 북을 막론하고 보편성을 획득할 수 있었던 현실적·미학적 근거는 바로 거기에 있다.

32 가라타니 고진, 『트랜스크리틱』, 송태욱 옮김, 한길사, 2005, pp. 362~67 참조.

발견하고 그 극복의 수단을 정신혁명(무지의 타파)에서 찾으며 이를 위해 자기를 희생하는 「상록수」의 정신적 고양의 논리는 그 자체로 숭고의 메커니즘을 그대로 따라간다. 이를 통해 「상록수」는 박정희 체제 근대화 논리의 정신주의적 함축을 미학적으로 선취했다고 할 수 있다.

신상옥의 영화 「상록수」는 지배권력의 통치성과 대중예술의 공모를 극적으로 보여주는 사례다. 그 근저에는 숭고의 미학적 논리와 그것이 대중에게 발휘하는 감성적 설득력이 핵심적인 요인으로 자리 잡고 있었다. 그리고 대의를 위한 희생을 숭고한 것으로 이상화하는 숭고의 미학은 감정의 분출을 극대화하는 멜로드라마적 서사 관습과 결합하면서 대중적 호소력을 더욱 극대화했다. 중요한 것은 이 영화의 강한 호소력이 근본적으로는 오랜 빈곤과 낙후된 생활환경으로부터의 탈출을 갈구하는 당대 대중의 욕망을 정확하게 투사한 데서 비롯되었다는 사실이다. 이 영화는 그런 대중의 욕망을 위로부터의 강압적인 근대화를 추진했던 지배체제의 정치적 논리와 은밀한 방식으로 접속시켰다는 점에서 대중예술의 정치적 기능과 작동 논리를 선명하게 보여주는 작품이다. 영화 「상록수」가 지녔던 정치적 의미는 바로 거기에 있다.

'민족'의 상상, 「아리랑」의 영화적 근대성

1. 영화적 근대성의 기원

나운규의 영화 「아리랑」(1926)은 한국영화 근대성의 기원으로 평가된다. 이는 「아리랑」에 이르러 비로소 근대적인 서사구조와 자각적 영화언어에 기초한 '조선영화'가 시작되었다는 데서 일차적인 근거를 찾을 수 있다. "「아리랑」이야말로 최초의 구극조(舊劇調)를 탈피(脫皮)한 첫 작품이었다"[1]는 평가도 이와 관련된다. 그리고 그런 평가와 항시 결합하는 것은 "민족의 비애와 불타오르는 민족정신", 혹은 "현실의 고통을 피의 영상으로 아로새긴 리얼리즘"[2] 등의 수사(修辭)였다. 「아리랑」이 근대 민족영화의 기원이자 정전(正典)으로서 받아들여진 것은 그런 평가의 토대 위에서였다. 저항민족주의와 예술리얼리즘은 그런 가운데 「아리랑」의 역사적 의미를 지탱하는 의심할 수 없는 두 가지 핵심 요소로 간주되었다.

그러나 그렇게 구축된 「아리랑」의 역사적·미학적 의미는 결코 자명한 것이 아니다. 이는 오히려 한국영화(사) 담론을 주도한 리얼리즘과

---

1   이경손, 「무성영화시대의 자전」(『신동아』 1964년 12월호), 『춘사 나운규 전집』, 김갑의 편저, 집문당, 2001, p. 104.

2   이영일, 『한국영화전사』(개정증보판), 소도, 2004, pp. 101, 108.

민족주의 담론[3]에 의해 창안되었다고 보는 것이 옳다. 그렇게 창안된 의미는 뒤로 갈수록 더욱 부풀려지고 확대 재생산되어 '민족(주의)영화'로서 「아리랑」의 신화가 구축됐다.[4] 무엇보다 원본 필름이 유실되어 작품의 실상을 확인할 수 없는 상황은 그런 신화를 더욱 부추겼다. 이 글은 민족주의/리얼리즘 담론에 의해 덧씌워진 그 과장된 신화와 풍문을 걷어내고 영화 「아리랑」의 본모습과 영화적 효과를 재구성해봄으로써 「아리랑」의 영화사적 의미와 그 맥락을 새롭게 재고하려는 시도다.

「아리랑」은 어떤 영화인가? 「아리랑」의 작품성에 의문을 제기한 조희문과 이효인의 논의에서 출발해보자. 조희문은 「아리랑」이 '항일적 민족의식을 상징화한 걸작'이라는 이후의 평가는 흥행 성과로 나타난 대중적 인기가 작품적 평가로 전이된 것이라고 지적하면서 「아리랑」이 실은 대중적 오락영화에 불과하다고 주장한다.[5] 당시의 자료를 근거로 「아리랑」에 나타나는 "지나친 과장과 비현실적인 묘사"와 "표피적 리얼리티"를 지적하는 것도 그 연장선상에 있다.[6] 반면 이효인은 민족영화로서 「아리랑」의 의의를 십분 인정하면서도 작품성에 대해서는 조희문과 크게 다르지 않은 판단을 보여준다. "건강하지 못한 통속성"[7]에 대한 지적이 바로 그것이다. 하지만 이들의 비판은 애초 의도와는 달

---

3 이에 대한 비판은 이순진, 「한국영화사 연구의 현단계—신파, 멜로드라마, 리얼리즘 담론을 중심으로」, 『대중서사연구』, 제12호, 대중서사학회, 2004 참조.

4 다음 평가는 그 신화화가 어떤 방식으로 이루어지는가를 분명하게 보여준다. "「아리랑」은 하나의 거대한 민족영화이며 민족저항의 '피의 예술'이었다. 이는 이 나라의 주권과 인민의 권리와 조국의 땅을 빼앗긴 모든 민족의 마음속에 있는 울분과 비애와 피끓는 분노와 저항의 심지불을 그어 당기는 도화선이었다."(이영일, 앞의 책, p. 101) 그리고 흥미롭게도 민족주의 담론에 의해 이루어지는 「아리랑」의 이런 신화화는 북한의 경우에도 크게 다르지 않다. 그와 관련해서는 최창호·홍강성, 『라운규와 수난기 영화』, 평양출판사, 1999 참조.

5 조희문, 「영화 「아리랑」의 재평가」, 『한국영화의 쟁점 1』, 집문당, 2002 참조.

6 조희문, 『나운규』, 한길사, 1997, pp. 152~54.

7 이효인, 『한국영화역사강의 1』, 이론과실천, 1992, p. 163.

리「아리랑」의 영화적 핵심이 무엇인지를 역으로 드러낸다. 그것은 바로 흥행성과 통속성이다.

조희문과 이효인은 공히 예술성과 작품성의 기준에 미달하는「아리랑」의 흥행성과 통속성의 부정적인 성격을 비판한다. 그런 방식의 비판은 물론 영화라는 대중예술을 '예술성'이라는 고급 예술의 가치 기준에 따라 재단함으로써 오락성이 근간이 되는 영화의 특성을 부당하게 간과하는 것이다. 이 점에서 이들의 논의는「아리랑」의 성과를 예술리얼리즘의 기준에 따라 신화화했던 기왕의 문제틀을 전도된 방식으로 반복하는 것일 뿐이다. 오히려 그보다 중요한 것은 따로 있다. 그것은「아리랑」이 식민지 근대의 불특정 다수 대중과 소통했던 근대적 대중예술이자 문화산업의 산물로서 어떤 방식으로 존재하면서 소비, 향유되고 있었는가의 문제다. 그런 측면에서「아리랑」의 흥행성과 통속성은 그 자체로 주목할 만한 자질이다. 요점은「아리랑」의 바로 그 흥행성과 통속성이 갖는 근대적 맥락과 특성에 있다.

이정하는 마침「아리랑」의 통속성과 오락성을 폄하하는 그런 논의의 문제점을 지적하고,「아리랑」이 대중영화로서 대중과 소통하는 장르 효과를 생산하면서 어떻게 의미론적·형식적 효율성을 구비하게 되었는가를 당시의 자료를 근거로 재구성해 보여주었다.[8] 이정하의 논의는 저항민족주의와 예술리얼리즘 담론에 의해 은폐되고 억압되었던「아리랑」의 오락적 대중예술로서의 의미를 부각한다.「아리랑」의 의미는 민족영화로서 민족정신을 이념적으로 체화했다는 사실보다 오히려 그 이전에 영화체험의 층위에서 다수의 대중들에게 각인되는 효과적인 영화장치를 계발하고 작동시켰다는 데 있다는 얘기다. 이 지점에서 이정하의 주장은 예술리얼리즘/저항민족주의 담론과는 다른 각도에서

---

8 이정하,「나운규의「아리랑」(1926)의 재구성—「아리랑」의 활극적 효과 혹은 효과의 생산」,『영화연구』26집, 한국영화학회, 2005.

「아리랑」의 영화사적 위치를 재고하고자 하는 이 글의 문제의식과도 상통한다.

이정하는 그런 맥락에서 「아리랑」의 장르 효과의 주요 원천을 '활극성'에서 찾는다. 그러나 대중예술로서 「아리랑」의 근대적 핵심은 그보다는 주로 멜로드라마적 장르 효과와 관련돼 있다는 것이 나의 생각이다. 물론 이정하가 강조하는 활극성도 외국영화 형식의 영향을 자양분 삼은 효과적인 영화장치의 계발이라는 측면에서 영화적 근대성과 무관하진 않다. 하지만 활극성은 한국적 멜로드라마인 신파라는 대중예술 양식[9] 속에 포괄할 수 있는 하나의 종속적 구성 요소일 뿐이다. 예컨대 「아리랑」에 나타나는 동적 연기와 액션, 군중신과 추격, 격투, 겁탈, 살인 신 등의 활극적 요소는 사실 멜로드라마와 구별되는 하나의 독립적인 장르 요소라기보다는 극의 긴장과 스피디한 활력, 스펙터클 등을 강화하면서 멜로드라마적 주제 효과에 봉사하는 부차적인 극적 요소 정도로 보는 것이 옳다.[10] 가령 당시 신파극에서 다양한 활극적 요소가 가미되고 있었던 것도 그와 같은 이치이자 맥락이다. 미리 말하면, 요점은 '민족영화'로서 「아리랑」의 영화적 특성과 수용 층위의 의미론적 작용을 결정한 것도 바로 그 멜로드라마적 장르 효과라는 사

---

9 '신파(新派)'는 식민지 시대에 연극, 영화, 소설 등을 포괄하는 대중서사의 지배적 양식이었다. 이 글에서는 그런 의미에서의 신파라는 용어와 함께 멜로드라마melodrama라는 개념을 주로 사용한다. 이는 식민지 조선에서 신파 양식이 갖는 역사성을 탈각시킬 수 있는 위험도 없지 않으나, 한편으로 신파에 대한 기왕의 불필요한 오해를 피해갈 수 있다는 점에서는 이점이 있다. 이 글에서 '멜로드라마'라는 용어는 식민지 근대에 신파 양식이 가졌던 특수한 맥락을 충분히 전제한 위에서, 기왕에 '신파'라는 명칭으로 불린 것의 양식적 특성과 함께 서구 멜로드라마 영화에서 일반적으로 나타나는 특징을 모두 포괄하는 의미로 사용한다. 신파 양식에 대해서는 강영희, 「일제 강점기 신파양식에 대한 연구」, 서울대 석사학위논문, 1989 참조.

10 멜로드라마를 과잉의 양식이라 정의한 피터 브룩스 역시 그와 방불한 요소들을 멜로드라마의 특징으로 함께 열거한다. Peter Brooks, *The Melodramatic Imagination: Balzac, Henry James, and the Mode of Excess*, New York: Columbia University Press, 1984, pp. 11~12 참조.

실이다.

이 글은 이런 맥락과 문제 지점을 고려하면서 「아리랑」의 근대성 문제에 접근한다. 물론 영화 원본이 없는 상황에서 이러한 작업은 일정한 한계를 가질 수밖에 없다. 그럼에도 불구하고 현재 볼 수 있는 당대의 감상평이나 자료들, 영화의 전체상을 짐작하는 데 도움을 주는 「아리랑」의 영화소설[11]과 변사 해설 자료[12] 등을 종합해 추론한다면 그런 한계는 결정적인 장애라 할 수 없다.

2. 「아리랑」의 멜로드라마적 미학과 상상력

「아리랑」의 대략의 줄거리는 이렇다. 철학을 공부하다 미쳐버려 낙향한 영진(나운규 분)은 아버지와 여동생 영희(신일선 분)와 함께 살아간다. 와중에 마을의 악질 마름 오기호(주인규 분)는 영희를 손에 넣기 위해 빚을 미끼로 영희의 아버지를 압박한다. 그러던 중 서울에서 영진의 친구인 현구(남궁운 분)가 내려와 영희와 함께 사랑을 키워간다. 한편 영진은 시도 때도 없이 환각을 보고 「아리랑」 노래를 부르면서 온갖 광태를 연출한다. 영희를 자기에게 달라는 오기호의 제안을 받고 고민하던 영희의 아버지가 결국 그 요구를 거절하자, 오기호는 풍년제가 벌어진 날 밤 영희를 노리고 덮친다. 그 광경을 목격한 영진은 환각 속에서 오기호를 낫으로 찔러 죽이고, 그 충격으로 정신을 되찾은 후 포승줄에 묶여 순사에게 끌려간다. 마을 사람들은 끌려가는 영진을 눈물로 보내며 「아리랑」 노래를 따라 부른다.

11 문일 편, 『아리랑』, 박문출판사, 1929.
12 성동호 편, 「아리랑」, 『무성영화 시절의 스타들과 유명변사 해설 모음집』, 김영무 편저, 창작마을, 2003.

이런 대강의 줄거리만으로도 「아리랑」이 계급적 갈등을 도덕적인 선악의 이분법으로 치환하면서 공감과 눈물을 유도하는 전형적인 사회성 멜로드라마임이 분명하게 드러난다. 이를 두고 이효인은 "민족 간, 계급 간의 갈등이 남녀의 치정문제로 격하된" "신파적인 경향"을 지적하고 이를 "흥행요인이자 부정적인 측면"[13]이라 비판한다. 그러나 이는 거꾸로 보면 대중의 흥미와 공감을 불러일으켜 상업적인 성공을 보장한 「아리랑」의 미학의 핵심이 통속성 혹은 신파적 경향에 있었음을 반증한다. 이때 우리는 애초 영화를 만들 당시 나운규의 의도가 민족의식 같은 심각한 내용을 담기보다 지루하고 따분하지 않은 흥행 영화를 만드는 데 있었다는 것[14]도 염두에 둘 필요가 있다. 그런 의미에서 오히려 먼저 따져봐야 하는 것은 「아리랑」의 성공적인 흥행을 가능하게 한 신파적 경향 혹은 멜로드라마적 미학의 구체적인 특성과 효과다.

이때 중요한 것은 크게 두 가지다. 하나는 마름/소작인의 계급적 갈등 구도가 연애와 결혼, 구애와 강간이라는 성적(性的)인 사건을 중심으로 한 선과 악의 대결로 표현된다는 점이다. 그런 식의 선악의 도덕적 이분법도 그렇지만, 특히 계급 갈등을 성적 갈등과 착취를 통해 은유적으로 표현하면서 도덕적 감정을 극대화하는 것이야말로 멜로드라마의 흔한 특징이다.[15] 그럼으로써 영화는 전체적으로 인지적이 아닌 감정적인 내러티브로 구조화된다. 지식인 청년과 사랑에 빠진 여리고

---

13 이효인, 앞의 책, p. 169.

14 다음과 같은 진술은 그래서 주목할 만하다. "그러나 이 작품을 시작할 때에 깊이 느낀 것은 졸립고 하품 나지 않는 작품을 만들리라. 그러자면 스릴이 있어야 하고 유머가 있어야 한다." 나운규, 「'아리랑'을 만들 때―조선영화 감독 고심담」(『조선영화』 1936년 11월호), 『춘사 나운규 전집』, p. 136.

15 Thomas Elsaesser, "Tales of Sound and Fury: Observation on Family Melodrama", Edited by Christine Gledhill, *Home is Where the Heart Is: Studies in Melodrama and the Woman's Film*, BFI Publishing, 1987, p. 46 참조.

순수한 여주인공[16]이 봉건 권력의 하수인에게 박해당하는 성적 수난을 중심에 놓고 주인공 영진이 살인을 하고 잡혀가는 수난으로 마무리하는 양식화된 비극성이 「아리랑」의 내러티브를 주도한다. 이것이 야기하는 효과는 행위와 감정의 선을 명료하고 단순하게 만들어 박해받고 수난받는 인물에 대한 관객들의 효율적인 감정이입을 가능하게 하는 것이다.

다른 하나는 영진의 광태(狂態)다. 강영희는 영진의 광태야말로 「아리랑」의 신파성을 구현하는 기제라고 지적한다. 그것은 현실주의적 갈등과 극적 논리를 압도하면서 극 전체를 이끌어나가고 구조화한다.[17] 다시 말하면 영화의 정조를 지배하고 이끌어가는 것은 바로 광증으로 분출되는 멜로드라마적 과도함excess이다. 강영희는 그 광증이 근본적으로 영진의 심리 속에서 발생하는 '저항과 체념의 이율배반'에 의해 발발한 것이라 지적하지만, 더 중요한 것은 그것이 영화 속에서 발휘하는(그렇게 추정할 수 있는) 현실적 효과다.

⟨「아리랑」의 장면 스틸(영진의 광태)⟩

16 이는 물론 효과적인 감정이입을 유도하는 신파 혹은 멜로드라마에서 흔히 보이는 양식화된 캐릭터다. 이와 관련하여 「아리랑」의 성공 요인 중 하나로 영희 역을 맡았던 배우 신일선을 꼽는 다음과 같은 평가도 기억해둘 만하다. "신일선같이 연연작작(戀戀綽綽) 마치 백합화 같은 아름답고도 부드럽고 선이 가는 여우를 타이 업시킨 것이 성공의 첫 조건이며……" 나운규 외, 「명배우 명감독이 모여 조선영화를 말함」, 『삼천리』 1936년 11월호), 『춘사 나운규 전집』, p. 90.

17 강영희, 앞의 글, pp. 49~66 참조.

영진의 광태는 어떤 측면에서 "행동의 창조적 표출이 전혀 불가능하기 때문에 나타난 현상"[18]이다. 즉 그것은 출로를 찾지 못하는 무력한 식민지 대중들의 억압된 심리적 에너지를 뒤집힌 방식으로 환기한다. 바로 이 지점에서 영진의 광태는 관객의 집단심리와 공명하면서 강한 심정적 동일시와 동정을 유발했을 것이다. 그리고 이는 당시 「아리랑」의 관람 경험을 회고하는 글에서도 단편적으로나마 확인되는 바다. "모친은 자못 감격하여 미친 자가 기쁜 일도 슬픈 일도 헤아리지 못하여 그저 웃고 뛰며 광태(狂態)를 연(演)하는 것을 보고 손수건을 적시었다"[19]고 하는 관람 후기가 그 한 사례다.

특히 영화의 마지막에 영진이 살인을 한 직후 제정신이 돌아오고 마을 사람들의 처량한 「아리랑」 노랫소리를 배경으로 포승줄에 묶여 끌려갈 때 신파성은 극대화된다. "이 노래가 영화의 클라이맥스에서 불려졌을 때 관객치고 통곡하지 않은 사람이 없을 정도였다"[20]라는 증언이 이를 뒷받침한다. 결국 영진의 광태와 살인이 "행동의 창조적 표출이 전혀 불가능하기 때문에 나타난 현상"이라 할 수 있다면, 어찌할 수 없는 그 불가피한 정황을 강조하는 것은 "이 강산 삼천리"에 태어났기 때문에 미쳤고 사람을 죽였다는 영진의 마지막 대사다.[21] 환경에 종속될 수밖에 없는 무력한 주체의 무기력함이 강조되는 셈이다. 이 장면

---

18 이를 민족적 낭만주의의 저항성의 표현이라 해석하는 것을 제외한다면 유현목의 이 언급은 어느 정도 타당하다. 유현목, 「나운규의 민족적 낭만주의 고찰」, 『영화연구』 5집, 한국영화학회, 1985, pp. 45~46 참조.

19 안동수, 「영화수감」(『연극영화』 1939년 1월호), 『춘사 나운규 전집』, pp. 134.

20 신일선, 「남기고 싶은 이야기들」, 『춘사 나운규 전집』, p. 95.

21 기록으로 남아 있는 성동호의 변사 해설에 따르면, 그 내용은 이렇다. "여러분은 웃음으로 나를 보내 주십시오. 여러분이 우시는 걸 보면, 나는 참으로 견듸일 수 업습니다. 이 몸이 이 강산 삼천리에 태어낫기 때문에 밋치엿스며 사람을 죽이엿습니다. 여러분! 그러면 내가 일상 불넛다는 그 노래를 부르며 나를 보내 줍시오." 『무성영화 시절의 스타들과 유명변사 해설 모음집』, 김영무 편저, 창작마을, 2003, p. 82.

에서 많은 눈물을 흘렸다는 관객의 반응 또한 현실에 짓눌린 그런 무기력함의 심리구조를 똑같이 반복한다.[22] 그 눈물은 그런 영진의 처지를 무력하게 지켜볼 수밖에 없는 데서 오는 안타까움과 무기력함의 정서에서 나오는 것이기도 하다.[23] 그리고 이는 당시 대중 관객의 일반적인 반응이었으리라 충분히 추정할 수 있다.

이로써「아리랑」의 극적·수용적 핵심이 멜로드라마에 있음이 증명된 셈인데, 이를 더욱 강화하는 것은 이 영화의 광고와 유통, 소비와 관람의 당대적 콘텍스트다. 이런 맥락에서 당대에 이 영화가 "일대 농촌비시(一大農村悲詩)" "현대비극(現代悲劇)"[24] 등의 수사(修辭)로 홍보되었다는 데 주목할 필요가 있다. 이 점이 중요한 것은, '비시(悲詩)' '비극(悲劇)' 등의 표현이 최루성 신파에 대한 대중의 관람 경험 및 장르적 지식과 만나면서 특정 형태의 기대지평을 창출해낸다는 사실이다. 앞서 보았듯이 영화의 내용과 극 구조는 그런 기대지평을 예외 없이 만족시켜주는 것이었고,「아리랑」에 대한 대중 관객들의 폭발적인 반응과 공감은 그렇지 않고는 결코 가능하지 않은 것이었다. "이 작품의 또 한 가지 장점(長點)은 관객의 심정을 만족할 만큼 포착한 점이었다"[25]는 감상평은「아리랑」의 민족주의적 색채와 반향을 강조하는 맥락에서 나온 것이지만, 이런 관점에서 다시 재맥락화할 필요가 있다.

22　그렇게 볼 때 그간의 많은 평가가 그렇듯이 특히 이 장면에서 민족의 울분과 저항의식을 읽어내는 것은 다분히 사후적인 담론적 의도가 개입된 과잉 해석이다.
23　멜로드라마를 보는 관객의 눈물이 무기력함의 산물이라는 데 대해서는 Steve Neal, "Melodrama and Tears", *Screen*, vol 27, no 6, 1986, p. 8 참조.
24　『조선일보』, 1926년 10월 1일.
25　이경손, 앞의 글, p. 104.

3. 「아리랑」의 장르 효과와 영화장치

멜로드라마는 근대의 문제 상황과 갈등을 감상적 방식으로 다루고 소화하는 서사 양식이다. 식민지 조선에서 연극, 영화, 소설 등 전 장르에 걸쳐 성행했던 한국적 멜로드라마인 신파의 경우도 예외가 아니다. 그런 맥락에서 「아리랑」의 멜로드라마적 성격은 「아리랑」의 근대성을 지탱하는 핵심이다. 특히 근대적 민족영화로서 「아리랑」의 의미는 광태로 표출되는 식민지 지식청년의 분열된 내면과 연애의 풍경, 봉건적 경제관계 속의 식민지 농촌의 정경, 그 안에서 벌어지는 악한과의 도덕적 싸움, 성적(性的) 위기와 해결, 파괴적인 살인, 억울함과 무기력함의 체념적 호소 등을 통해 식민지 근대의 심리적 풍경을 재연(再演)하면서 대중의 집단심리와 정서를 공공의 장(場) 속으로 끌어들이고 그와 공명하는 가운데 실현된 것이다. 그리고 이를 가능하게 한 핵심이 신파/멜로드라마적 성격에 있었음은 말할 것도 없다.

일찍이 임화(林和)는 「아리랑」이 조선영화의 "무성시대(無聲時代)를 대표하는 최초의 걸작(傑作)"이라 평가했다. 그는 그 주된 근거로 「아리랑」의 '리얼리티'를 꼽았다. 이 영화에는 "조선 사람에게 고유(固有)한 감정(感情), 사상(思想), 생활의 진실(眞實)의 일단(一端)이 적확(的確)히 파악(把握)되어" 있다는 것이다.[26] 중요한 것은 「아리랑」의 그 리얼리티가 이른바 잘 만들어진 well-made 극적 구성이나 현실적인 묘사, 리얼한 정서 표현 등에서 기인하는 게 결코 아니라는 점이다. 이 점은 「아리랑」과 나운규의 영화 전반에 대한 당대 평자들의 다음과 같은 언급에서도 암시된다. 「아리랑」이 상영될 당시 대부분의 감상평에서 보이는 평가도 이에서 크게 벗어나지 않는다.

---

26 임화, 「조선영화발달소사」(『삼천리』 1941년 6월호), 『실록 한국영화총서 上』, 김종욱 편저, 국학자료원, 2002, p. 76.

나운규 영화의 대중성은 이 통속적인 편이 아니었던가 생각된다. 〔……〕 그러나 여기에 한 가지 비판해볼 것은 그의 18편 영화 중에서 영화예술 형식상 대성(大成)한 베스트 팬 급의 「풍운아(風雲兒)」에 비하여 적어도 기교(技巧)의 약속에 있어 실패에 가까운 「아리랑」의 사회적 반향(反響), 즉 작품의 매력이란 점에서는 정반(正反)으로 「풍운아」를 열 길 스무 길 능가(凌駕)하였다는 모순된 대조(對照)이다. 그리고 보면 기교상 결함(缺陷)이 영화의 성패(成敗)를 판정(判定)하는 것이 아님을 깨달을 수 있는데 먼저 「아리랑」의 매력을 구명(究明)하여 보자. 관념적(觀念的)이었으나마 역시 「아리랑」은 어떤 퍼스낼리티를 풍기고 있는 것이 기인(基因)이었다. **그것이 관념적이었기 때문에 조선 팬을 특히 즐겁게 할 수가 있었다는** 한 개의 핸디캡으로 추찰(推察)하여 그 퍼스낼리티는 국한(局限)받은 것이요, 따라서 초지방성(超地方性)을 못 가졌던 증좌(證左)로써(……)[27]

요컨대 내가 보는 한에서 나운규 군은 현실을 봄에 있어 몹시 주관적이다. 그리고 주관적인 한에서 현실의 정확한 xx와는 거리가 멀어진다. 따라서 그것은 필연적으로 과장적 표현을 갖게 된다.[28]

나운규 영화의 기교적인 결함과 통속성, 주관성과 관념성, 표현의 과장 등을 비판하는 평가다. 그중에서도 김태진의 언급은 그런 특징이

---

27 김태진, 「영화계의 풍운아 고(故) 나운규를 논함─3주기를 맞아 그의 작품을 재고」(『동아일보』, 1939년 8월 10~11일), 『춘사 나운규 전집』, pp. 447~48. 강조는 인용자.

28 남궁옥, 「아리랑 후편을 보고」(『중외일보』, 1930년 2월 19일), 『한국 초창기의 영화이론』, 정재형 편저, 집문당, 1997, p. 140.

거꾸로 작품의 매력, 대중성과 직결됨을 지적하는 것이어서 특히 흥미롭다. 그리고 위에서 공통적으로 지적된 주관성, 관념성, 통속성 등은 또한 멜로드라마에 고유한 특징이기도 하다. 이런 일반적인 평가는 임화가 고평한 「아리랑」의 리얼리티가 대상에 대한 객관적·사실주의적인 접근이나 리얼한 극적 구성과 정서 표현 등에서 나온 것이 아님을 거꾸로 반증한다. 「아리랑」의 내러티브와 극적 구성은 물론이고 연기와 표현양식 또한 멜로드라마에 고유한 과장과 양식화가 주를 이루고 있었다는 점도 이를 뒷받침한다. 그런 측면에서 대중의 공감을 불러일으킨 「아리랑」의 '주관적' 리얼리티[29]는 식민지 조선의 대중적 생활감각과 결합한 멜로드라마적 과장과 과잉의 장르 효과 속에서 생산된 것이라 할 수 있다.

물론 이는 「아리랑」이 그 이전의 영화와 달리 현실의 농촌을 배경으로 현실주의적인 소재를 취한 것과도 전혀 무관하지 않다. 농촌의 정경과 그 속에서 살아가는 인물들을 재현하는 「아리랑」의 장면들은 당대의 관객들에게 리얼한 느낌을 불러일으키는 현실효과reality-effect를 만들어냈을 것이다. 「아리랑」의 멜로드라마적 내러티브는 그런 현실적 소재 및 배경과 결합함으로써 이전의 조선영화에서 쉽게 보기 힘들었던 심리와 정서구조의 현실적·구체적 맥락을 얻으면서 더욱 공감의 폭을 넓혀갔다고 할 수 있겠다.

영화예술로서 「아리랑」의 근대성을 이야기할 수 있는 결정적인 근거는 그 모든 것이 사뭇 자각적이면서도 효과적인 영화언어의 활용에 의해 뒷받침되었다는 데 있다. 물론 이는 「아리랑」이 당대의 대중의식과 호흡하는 효율적인 장르 효과를 만들어낸 고유한 영화적 표현을 계

---

29   위에 인용한 김태진의 글에서 "그것이 관념적이었기 때문에 조선 팬을 특히 즐겁게 할 수가 있었다"고 운운하는 표현에 주목하자.

발하고 구비했다는 뜻이다.[30] 이 지점에서 유용한 단서를 제공하는 것은 나운규의 다음 언급이다.

> 이렇게 처음 된 「아리랑」은 의외로 환영을 받았다. 졸음 오는 사진이 아니었고, 우스운 작품이었다. 느리고 어름어름하는 사진이 아니었고 템포가 빠르고 스피드가 있었다. 외국 영화를 흉내낸 이 작품이 그 당시 조선 관객에게 맞았던 것이다.[31]

이때 "외국 영화를 흉내"냈다는 것이 영화의 '빠른 템포와 스피드'와 결부되고 있음을 눈여겨볼 필요가 있다. 「아리랑」이 기왕의 "느리고 어름어름하는" 정태적인 영화가 아니라 템포와 스피드를 갖춘 영화였다는 것은 실은 편집의 효과를 효율적으로 활용했음을 뜻한다. 마침 나운규가 당시 편집을 통해 멜로드라마로서 영화적 효과를 극대화한 그리피스D. W. Griffith의 영화들을 언급한 것만 보아도,[32] '외국 영화를 흉내' 냈다고 하는 것의 의미가 무엇인지는 분명하다. 그것은 바로 영화에 고유한 언어와 표현 방법의 자각적 활용이다. 당시 나운규의 영화가 "무엇보다 스피드가 있는 것은 먼저 영화를 해득(解得)한다는 실증(實證)일 것"[33]이라는 김태진의 언급도 바로 이를 지적한다. 그렇다면 형식적인 차원에서 볼 때 「아리랑」의 성공은 기존의 조선 관객들에게 익숙한 신파 양식의 내러티브에 동적인 희극 터치를 가미하고 이를

---

30 이 점에 대해서는 이미 이정하가 활극적 장르 효과라는 관점에서 상세히 궁구한 바 있다(이정하, 앞의 글 참조). 물론 이 글에서 초점을 두는 것은 그보다는 '활극성'을 구성 요소의 일부로 포함하는 멜로드라마적 장르 효과다.

31 나운규, 앞의 글, p. 137.

32 나운규, 같은 글, p. 135.

33 김태진, 앞의 글, p. 450.

긴장감 있게 전달하는 효과적인 영화언어와 표현 장치가 그와 결합하는 가운데 가능했던 것이겠다. 그리고 이는 당시 할리우드 영화의 오락적 긴장과 속도감에 익숙해져 있던 관람 취향[34]을 충분히 만족시켜 줄 수 있는 것이었다.

그런 효과적인 영화언어의 활용을 통해 얻은 가장 결정적인 것은 물론 멜로드라마적 장르 효과의 극대화다. 기왕에 「아리랑」의 특출한 영화적 표현기법으로 제시된 것들도 사실은 이런 맥락에서 다시 이해할 필요가 있다. 「아리랑」이 당시로서는 획기적인 "판타스틱한 심리적 몽타주"를 효과적으로 사용했다는 이영일의 지적[35]이나, 영진의 환각으로 표현되는 "사막(沙漠)의 장면은 전 조선 영화를 통하여 가장 우수한 장면"[36]이라 한 당대의 평가가 바로 이와 관련된다. 「아리랑」에서 그런 표현기법은 영진의 광태와 환각 장면에서 주로 사용된 것이다. 그것은 극의 내용과 맥락상 주인공 영진의 분열된 내면은 물론이고 극의 전체 갈등 관계를 은유적 이미지들로 응축하고 분절하는 효과를 발휘했을 것이다.

물론 그 은유적 몽타주가 「아리랑」의 획기적인 예술성을 보여주는 증거라는 (이영일의 논의로 대표되는) 기왕의 주장에 전적으로 동의할 순 없다. 그럼에도 「아리랑」이 순간순간 등장하는 그런 은유적 이미지들의 배치를 통해 그 자체로는 다 말할 수도 없고 표현의 통로를 얻을 수도 없는 무언가 깊숙이 억압된 감정 혹은 파토스를 환기했으리라는 것만큼은 짐작하기 어렵지 않다. 애초 의도야 어떻든 궁극적으로는 그

---

34 식민지시대 영화의 관람성spectatorship에 대해서는 주훈, 「1920~30년대 한국의 영화 관객성 연구―무성영화 관객을 중심으로」, 서울대 석사학위논문, 2005 참조.

35 이영일, 앞의 책, p. 105.

36 김을한(영화동호회), 「'아리랑' 조선키네마작―영화평―」(『동아일보』, 1926년 10월 7일), 『춘사 나운규 전집』, p. 133.

몽타주를 「아리랑」의 내러티브에 잠복한 (앞에서 살핀 바 있는) 억압된 심리와 감정을 효과적으로 전달하는 멜로드라마적 영화표현의 하나로 볼 수 있는 것은 바로 이 때문이다.[37]

이처럼 나운규는 「아리랑」에서 장르 효과를 효율적으로 산출하는 자각적인 영화언어를 신파라는 한국적 멜로드라마의 내러티브 구조와 결합시켜 계발하고, 이를 통해 오락적 경험 속에서 대중들과 공명하는 메시지와 정서구조를 영화예술 고유의 방식으로 조직하는 데 성공했다. 그럼으로써 「아리랑」은 식민지 근대의 조선영화가 문학, 연극 등 이미 확립된 여타 장르의 단순한 전사(轉寫)에서 벗어나 나름의 언어와 산업적 재생산의 토대를 갖춘 독자적인 근대 예술장르로서 성립하고 성장할 수 있는 가능성을 열었다. 「아리랑」으로 대표되는 나운규의 예술이 "조선영화 최초로 타자 의존에서 독립해본 성과이며 또한 여러 가지의 조선영화 중 독립적인 영화정신이 농후한 조선영화"라는 임화의 평가[38]는 바로 이런 맥락에서 이해해야 할 것이다.

4. '민족영화'의 기원

「아리랑」은 그렇게 독자적인 근대 예술장르로서 조선영화의 길을 열었다. 그리고 그 중심에는 대중과의 광범위한 소통과 공감을 가능하

---

37 전적으로 같지는 않지만 엘세서가 미국의 1940~50년대 가족멜로드라마에서 보는 것도 이와 유사한 것이다. Thomas Elsaesser, op. cit., pp. 52~53 참조. 이 억압된 심리 혹은 파토스에서 '민족의 울분'을 연상하는 것도 불가능한 것은 아닐 테지만, 그것은 근본적으로는 멜로드라마적 내러티브와 정서구조의 포괄적인 함축성에서 기인하는 사후적인 효과 혹은 담론적 개입의 결과 정도로 보는 것이 타당할 것이다.

38 임화, 「조선영화론」(『춘추』, 1941년 11월호), 『한국 초창기의 영화이론』, 정재형 편저, 집문당, 1997, p. 113.

게 했던 멜로드라마적 장르 효과가 있었다. 중요한 것은 그 멜로드라마적 영화장치 속에서 생산되는 오락적 대중예술로서의 효과와 근대 민족영화로서 「아리랑」이 갖는 의미의 상호관련성이다. 사실 근본적인 차원에서 그 둘은 서로 분리된 것이 아니었다. 「아리랑」의 근대성은 차원이 다른 그 두 가지 국면이 특수한 방식으로 절합(切合)하고 상호작용하는 지점에서 찾을 수 있다. 한마디로 말한다면, 「아리랑」을 근대 민족영화의 기원으로 말할 수 있는 결정적인 근거는 그것이 '민족에 대한 상상'을 촉발하는 영화였다는 데 있다. 그리고 그 민족에 대한 상상은 바로 멜로드라마적 장르 효과를 매개로 생산되는 것이었다. 그렇다면 어떻게?

베네딕트 앤더슨에 따르면, 근대에 이르러 소설과 신문은 민족과 같은 상상의 공동체imagined community를 '표상'하는 기술적 수단을 제공했다.[39] 하지만 식민지 조선에서 그 기능을 충실히 수행했던 미디어는 신문이나 소설보다는 오히려 영화라고 하는 것이 더욱 적실할 것이다. 특히 멜로드라마 같은 대중적 영화장르는 다수 대중들이 공유하고 동의하는 관습적 세계표상과 지각, 대중의식과 세계관 등을 토대로 한다. 이를 통해 멜로드라마는 지역과 계급의 차이와 분별을 가로질러 인식과 정서의 공명을 통한 상호주관적인 결속의 이미지와 감정을 증대시킨다. 이것이 멜로드라마가 상상의 공동체의 창조와 긴밀한 관련을 가질 수 있는 가능성의 근거다. 민족영화로서 「아리랑」의 의미를 재구성할 수 있는 출발선은 바로 이 지점이다. 그렇다면 「아리랑」에서 그 과정은 어떤 메커니즘에 의해 이루어지고 있었는가? 다음 대목을 보자.

나운규의 「아리랑」이 나오기를 내가 보통학교 4, 5학년 때였다.

---

39 베네딕트 앤더슨, 『상상의 공동체―민족주의의 기원과 전파에 대한 성찰』, 윤형숙 옮김, 나남출판, 2002, pp. 48~63 참조.

학교로부터 영화관 출입이 엄금되어 있음에도 불구하고 나는 처음으로 모친(母親)을 따라 「아리랑」 구경을 갔었다. 이웃에 사는 누구의 어머니, 누구의 고모(姑母), 누구의 이모(姨母), 이렇게 모친과 친한 여러 부인네들도 같이 가셨다. 그들은 처음으로 활동사진 구경을 한 모양이었다. 모친은 자못 감격하여 미친 자가 기쁜 일도 슬픈 일도 헤아리지 못하여 그저 웃고 뛰며 광태(狂態)를 연(演)하는 것을 보고 손수건을 적시었다. 나중(那終)에 광인(狂人)이 사람을 죽이고 새 정신이 돌아왔으나 살인범으로 순사(巡査)에게 잡혀가게 되어 아리랑고개에서 이별하는 장면에 이르렀을 때는 모친은 흐느껴 우시는 것이었다. 누구 어머니도, 누구 고모도, 누구 이모도 다들 훌쩍이는 것이었다. 그 후로도 모친은 종종 「아리랑」 영화 이야기를 하시는 것을 보았는데 모친이 우시던 장면의 이야기를 하실 때는 별달리 흥겨워하시는 것을 보았다. 아마 그 시절에 「아리랑」을 못 본 사람은 별로 없었을 것이다. 보지 못한 사람이라도 「아리랑」의 내용은 다 알고 있었다. 그만큼 「아리랑」은 일반 대중에게 알려졌고 또 일반 대중은 「아리랑」으로 하여 활동사진이란 것이 어떠한 것이란 것을 알게 되었다.[40]

여기서도 드러나듯이 「아리랑」은 이전에 활동사진이라는 것을 아예 구경조차 못했던 수많은 대중들을 극장으로 불러들였으며, 그 속에서 집단적인 감정적 동일화를 가능하게 했다. 물론 이를 매개한 것은 바로 '눈물'이었으며 이 눈물은 영진의 처지에 대한 동정에서 나오는 것이었다. 이때 동정(同情)이란 타인에 대해 품는 가엾고 측은한 감정을 가리키는 것이기도 하지만 다른 한편으론 사회적 차원에서 타자에 대한 도

---

40 안동수, 앞의 글, p. 134.

덕적 판단이 내포된 '공감sympathy'의 의미를 갖는 것이기도 하다.[41] 그런 측면에서 위에서 보듯이 「아리랑」의 관람 경험의 핵심에 있는 동정의 눈물이 극중의 사태에 대한 집단적인 도덕적 판단과 감응을 매개로 모든 차이를 무화(無化)하는 사회적 유대와 결속을 정서적인 차원에서 확인시켜주었음을 짐작하기 어렵지 않다. 그 시절에 「아리랑」을 못 본 사람이 별로 없었고 보지 못한 사람도 내용만은 다 알고 있었다는 위의 증언은, 그런 기능을 통해 공동체의 상상을 광범위하게 매개한 근대적 미디어의 하나로서 영화 「아리랑」의 역할을 증명한다. 그리고 위의 회고는 "일반 대중은 「아리랑」으로 하여 활동사진이란 것이 어떠한 것이란 것을 알게 되었다"고 증언한다. 그처럼 공동체의 상상을 가능하게 한 「아리랑」의 사회적 기능은 흥미롭게도 그것이 영화라는 새로운 미디어를 대중화하는 데 결정적으로 기여했다는 사실과 긴밀하게 결합되어 있었다.

이 모든 것을 매개하는 '눈물'이 멜로드라마적 장르 효과의 핵심임은 두말할 필요가 없다. 하지만 그것이 전부가 아니다. 무엇보다 '언어'(한글)와 '음악'은 그 상상에 구두점을 찍고 정서적으로 매듭을 지어주는 중요한 기능을 했다. 그렇게 볼 때 다음 대목은 특히 흥미롭다.

> 첫째 시영(始映)의 종소리가 울리고 전등이 꺼지며 '아리랑'이라는 커다란 자막이 나올 때 관중은 일제히 갈채를 한다. 이것은 서양 영화의 대작(大作)이 나올 때 갈채(喝采)하는 것과는 얼마쯤 다른 맛이 있다. 예술에 국경이 없다 할지라도 우리 단체의 손으로 되고 우리 국경에 가까운 영화인만큼 그만큼 환희(幻戲) 같은 것이다. 그보다도 밤낮 꼬불꼬불한 영자(英子)만 비추던 막 위에 나타

---

[41] 이에 대해서는 우수진, 「신파극의 눈물, 동정의 정치학」, 『현대문학의 연구』, 제24집, 한국문학연구학회, 2004, p. 433 참조.

난 언문(諺文) 글자가 몹시 그립던 것이다.[42]

'눈물 흘림'을 통한 감정적 동일화 및 결속감과 더불어, 민족의 상상을 매개한 것은 바로 이 스크린 위에 영사된 '언문(諺文)'이다. 이때 중요한 것은 그것이 '언문'이라는 사실 자체에 있는 것이지, 그 글자가 무엇을 '의미'하고 있는가가 아니다. 위 인용문에서 갈채를 보내고 환희에 젖는 관중의 반응을 유발하는 것은 단지 스크린 위에 '언문'이 영사되었다는 바로 그 사실인 것이다. 그리고 그 반응은 자신이 스크린 위의 언문을 집단적으로 보고 있음을 자각하는 가운데 나오는 것이기도 하다. 이 지점에서 언문은 그 자체로는 아무런 의미가 없음에도 불구하고 말 그대로 '기능'한다.[43] 앤더슨이 민족어에 대해 지적했듯이, 여기서 저 '언문'이 수행하는 기능은 '특별한 결속감'을 만들어내면서 민족이라는 상상의 공동체를 창조하고 자기 자신이 그 안의 일원이라는 의식과 감정을 생산하는 것이다.[44]

특히 그 스크린에서 언문을 본 후에 나타나는 반응의 특징에 주목할 필요가 있다. "얼마쯤 다른 맛이 있다" "환희(幻戱) 같은 것" "그립던 것" 등의 표현에서도 나타나듯이 그것은 매우 주관적이고 감정적인 반응이다. 이 대목에서 알 수 있는 것은 「아리랑」의 관람 경험이 주는 민족의식 혹은 민족감정이란 바로 그 어렴풋한 주관성을 매개로 해서만 생성되는 것이며, 또한 그렇기 때문에 그것이 무엇인지 분명히 알진 못하지만 어쨌든 그런 것이 있다는 느낌 속에서만 작동하는[45] 비실체

---

42 抱氷, 「신영화 '아리랑'을 보고」(『매일신보』, 1926년 10월 10일), 『춘사 나운규 전집』, p. 131.
43 그런 측면에서 이는 일면 라캉이 설명하는 주인기표master-signifier와 동일한 것이다. 슬라보예 지젝, 『진짜 눈물의 공포』, 오영숙 외 옮김, 울력, 2004, pp. 107~108 참조.
44 베네딕트 앤더슨, 앞의 책, p. 173 참조.
45 주인기표의 작동 논리가 또한 그러하다. 슬라보예 지젝, 앞의 책, 같은 곳 참조.

적인 감정이라는 사실이다. 영화 「아리랑」에서 곳곳에 삽입되고 또 극의 마지막을 장식하는 노래 「아리랑」은 스크린 위의 언문과 동일한 작용을 하면서도 거기에서 더 나아가 이를 매개로 작동하는 공동체의 상상이 물리적으로 실현되는 데 기여한다.[46] 그리고 이는 영화 「아리랑」의 멜로드라마가 격한 감정과 동정의 눈물을 불러일으키는 극점에서 일어나는 사건이다.

이런 과정은 「아리랑」의 마지막 장면에서 성공적으로 매듭지어지는데, 이는 마을 사람들이 부르는 「아리랑」 노래가 영진의 마지막 대사와 겹쳐지며 공명하는 것을 통해서다. 이때 "이 몸이 이 강산 삼천리에 태어났기 때문에 미쳤으며 사람을 죽였습니다"라는 영진의 대사는 "이 강산 삼천리"라는 표현을 매개로 그의 운명과 그것을 보고 동정의 눈물을 흘리는 관객의 운명을 하나로 묶어주는 수행적 작용을 한다. '민족nation'은 근본적으로 상징적 결속의 네트워크이지만 '공통의 뿌리' '피와 대지' 같은 우연적인 물질성에 호소함으로써만 존립의 근거를 얻는다.[47] '삼천리 강산'에 태어났다는 우연한 사실 자체에 모든 죄를 돌리는 영진의 저 마지막 대사는 민족이라는 공동체의 상상을 그렇게 성공적인 종결로 이끈다.

「아리랑」이 민족영화의 기원이라 할 수 있는 것은 바로 이런 이유에서다. 이것이 저항민족주의와 무관하다는 것은 다시 말할 필요도 없다. 이 종결의 방식이 환경에 종속될 수밖에 없는 무력한 주체의 무기력함에 대한 체념적 비애라는 점만 보아도 특히 그렇다. 물론 그런 이데올로기적 한계가 있다고 해서 근대 민족영화의 기원으로서 「아리랑」의 역사적 의의가 부정되는 것은 결코 아니다. 무엇보다도 「아리랑」은 자

---

46 이러한 음악의 작용에 대해서는 베네딕트 앤더슨, 앞의 책, pp. 187~88 참조.
47 이에 대해서는 슬라보예 지젝, 『그들은 자기가 하는 일을 알지 못하나이다』, 박정수 옮김, 인간사랑, 2004, pp. 170~71 참조.

각적인 영화언어의 계발을 통해 얻은 오락적 대중성을 토대로 여타 장르와 독립한 독자적인 예술장르로서 조선영화의 길을 열고 개척했다. 그리고 이 모든 것이 효율적인 멜로드라마적 장르 효과와 결합하는 한에서만 가능했다는 점은 다시 한번 강조할 필요가 있다.

5. 새로운 기원

나운규의「아리랑」은 분명 근대 한국영화의 기원이다. 그렇지만 저항민족주의/예술리얼리즘 담론을 통해 설명되는 것과는 전혀 다른 의미에서 그렇다.「아리랑」의 근대성은 일차적으로는 대중의 흥미를 고려한 상업영화로서 구비했던 흥행 요인의 미학적·사회적 의미와 효과를 통해 실현된 것이다. 무엇보다「아리랑」의 멜로드라마는 식민지 근대의 광범위한 대중이 공유하는 억압된 경험과 정서구조를 극장이라는 공공의 장 안으로 끌어들여 그와 공명하는 데 기여했다.「아리랑」은 그 멜로드라마의 장르 효과를 자각적인 영화언어와 표현 방법의 계발을 통해 조직하고 극대화하는 과정에서 식민지 조선영화가 독자적인 근대 예술장르로서 성립할 수 있는 가능성을 열었다. 특히「아리랑」의 관람 경험 속에서 창출되는 '민족에 대한 상상'은 이를 매개로 해 성공적으로 실현될 수 있었다. 민족영화의 기원으로「아리랑」을 이야기할 수 있는 것은 바로 이 지점이다.

「아리랑」의 예술리얼리즘 영화로서의 가치를 강조하는 한편 그 이면의 통속성을 일방적으로 폄하하거나,「아리랑」을 저항민족주의의 걸작으로 신화화하는 기존의 평가는 이런 관점에서 필히 재조정될 필요가 있다. 그것은 특정한 담론화에 의해 부풀려진 '기원'과 '정전'(正典)의 자명성을 해체하고 이를 새로운 관점에서 재구성하는 작업이 되어야 할 것이다. 이는 영화 「아리랑」 자체의 역사적·미학적 의미에 대한 객관적인 자리매김을 위해서는 물론이고 리얼리즘/민족주의 담론의 프리즘에 의해 굴절된 한국영화사 전체의 객관적인 이해를 위해서도 긴요한 과제다.

문학에서 연극으로, 혹은 영화로

1. 신발 한 짝의 기억
—김숨의 『L의 운동화』

　장준환 감독의 영화 「1987」(2017)은 뜨거운 그날의 역사를 기록한다. 영화의 엔딩은 노래 「그날이 오면」을 배경으로 1987년 6월의 실제 기록사진들이 장식한다. 많은 이들이 이 영화에서 87년체제의 신화를 읽거나 자기만족적인 노스탤지어에 젖기도 했지만, 영화가 의도한 것은 딱히 그것만은 아닐 것이다. 1987년에 대한 기억은 이후 이어진 배신과 반동의 역사를 함께 상기하지 않고는 온전한 것이 될 수 없다. 영화에서 내가 87년체제에 대한 어쩔 수 없는 회한과 상실감을 읽은 것은 아마도 그래서일 것이다. 문제는 어떻게 기억할 것인가이겠다.

　영화에는 최루탄을 머리에 맞고 죽어가는 이한열의 발에서 벗겨진 운동화 한 짝이 클로즈업된다. 김숨의 장편소설 『L의 운동화』(민음사, 2016)는 그로부터 28년이 흐른 후 눌리고 찌그러지고 세월에 침식돼 부서져가는 그 운동화를 복원하는 한 복원사의 이야기다. 소설은 운동화의 복원 과정과 절차를 꼼꼼히 기록한다. '기억은 신발에서 시작된다.' 그리고 복원사인 화자는 알고 있었다. 그의 작업은 28년 전 이한열이 신었던 운동화를 되살리는 일인 동시에 28년이라는 그 후의 시간을 고스란히 함께 담아내는 일이다.

기억이란 과거의 단순한 복원이 아니다. 그것은 과거를 구원하려는 현재의 안간힘이다. 『L의 운동화』에서 작가는 그때 비로소 과거는 잠에서 깨어나 우리에게 응답한다고 말한다. '나'는 L의 운동화를 복원하면서 무엇을 하는가? "여전히 작업하는 시간보다 지켜보는 시간이, 기다리는 시간이 더 길다. 아무것도 하지 않는 시간이." 그 조용한 기다림과 성찰의 마음이 L의 운동화를 움직인다. "L의 운동화는 싸우고 있었다. 살기 위해서./살고 싶어 하는 '의지'가 L의 운동화에 발생한 것이다."

그뿐일까. 소설은 그날 시위 현장에서 이한열의 운동화를 주운 한 여학생의 일화를 소개한다. 그녀는 운동화를 찾아주려고 병원까지 따라가 응급실 한쪽에서 밤 11시까지 기다리다 L의 어머니에게 운동화 한 짝을 전해주고 돌아섰다. 이게 있어야 집에 갈 텐데 싶어서 찌그러진 운동화 한 짝을 꼭 들고 응급실 한쪽에 서서 애타게 기다리던 그 마음. 작가에 따르면 28년 동안 L의 운동화를 버티게 해준 것은 바로 그 마음이다. 과거는 그 마음과 기다림이, 그리고 오늘에 대한 반성이 쌓이고 쌓여 애타게 손을 내밀 때 비로소 망각에서 깨어난다. 신화화와 노스탤지어가 아니라, 어쩌면 그 마음 한 조각이, 우리의 과거를 구원해줄지도 모른다.

2. 동물적 생존의 이데올로기를 넘어서
—김훈의 『남한산성』

병자년 겨울, 청(淸)의 군대가 조선을 침략했고 임금은 남한산성으로 피신했다. 김훈의 소설 『남한산성』(학고재, 2007)은 성 안에 고립된 그 47일간의 고통과 참담의 기록이다. 적들은 목줄을 조여오고 병사들은 죽어간다. 혹한과 굶주림의 고통에도 대책은 없다. 병사들의 가마니를 빼앗아 주린 말을 먹이고 그 말을 죽여 주린 병사를 먹인다. 임금이 남한산성에 고립되고 성안의 백성과 병사 들이 속절없이 고통에 내몰리는 참담한 현실. 김훈의 소설은 모든 대의와 명분이 무력해지는 저 불가항력과 속수무책 앞의 악전고투를 집요하게 묘사한다.

성안에서 버티다 죽을 것인가, 성을 나가 살 것인가. 그러나 어차피 마찬가지다. 길은 결국 하나, 세상은 "되어지는 대로 되어갈" 뿐이다. 이 엄중한 '사실'의 무게에 압도된 인물들은 모두 홀로 신음하며 울음을 삼킨다. 『남한산성』은 치욕의 역사를 기록했지만 그 역사는 오늘의 세상을 말하기 위한 방편이다.

적들에게 둘러싸여 삶과 죽음이 다르지 않은 불가항력의 고통에 내몰리는 성안의 현실은 오늘의 한국적 삶에 대한 김훈식의 알레고리다. 김훈이 생각하는 그 세상은 약육강식의 생존논리가 지배하는 싸움터다. 세상은 결국 나의 의지와는 상관없이 그저 그렇게 되어갈 뿐이다. 그곳은 살아남기 위해선 어쩔 수 없이 치욕과 참담을 감당해야 하는 곳이고, 그 살아남음의 무참함을 홀로 견뎌야 하는 곳이다. 김훈은 그럼에도 불구하고 살아갈 수밖에 없는 무력한 삶의 비장과 비애를 역사 속에 투영한다.

소설은 가혹한 현실 속에서 어떻게든 살아남는다는 것의 가치를 강조한다. 어떤 명분과 대의보다 '먹고사는 것'만이 중요하고 영원하다는 생각이다. 이것은 단순한 생존을 넘어서는 모든 의미와 가치를 무력하게 만드는 보수주의의 일면이다.

황동혁 감독의 영화 「남한산성」(2017)은 원작을 충실하게 스크린에 옮겼다. 그러나 결말에 이르러 영화는 소설과 갈라선다. 영화에서 김상헌은, 자결에 실패하고 삶을 선택하는 원작과는 반대로 죽음을 선택한다. 원작에 없는 대사도 덧붙여졌다. 백성들의 새날을 위해선 나와 최명길과 임금마저 포함한 모든 낡은 것들이 무너져야 한다는 김상헌의 말이 그렇다. 영화는 적폐 청산이라는 현재적 과제와 그런 식으로 슬그머니 공명한다. 이를 통해 영화는 모든 의미와 가치보다 동물적 생존의 정당성을 앞세우는 원작의 이데올로기적 보수성을 아슬아슬하게 이겨낸다. 역사적 사실의 정확성과 원작의 결을 희생하는 대가를 기꺼이 치르면서.

3. 비밀
―김연수의 『꾿빠이, 이상』

죽음으로 그의 비밀을 완성하고 영원한 신화가 된 작가 이상(李箱). 김연수는 『꾿빠이, 이상』(문학동네, 2001)에서 말한다. "이상 문학의 본질은 바로 이상"이다. 서울예술단의 창작가무극 「꾿빠이, 이상」(2017년 9월, CKL스테이지)은 그 소설을 저본으로 삼았다. 가무극 「꾿빠이, 이상」은 원작을 조각조각 해체한다. 서사는 해체되고 무대와 객석의 경계, 음악과 무용과 대사의 경계도 무너진다. 이 다원적·입체적 퍼포먼스를 통해 공연은 이상이 남긴 비밀의 핵심을 향해 효과적으로 직진한다. 바로 그 해체, 그리고 그렇게 해체되고 분산된 파편들의 브리콜라주가 안겨주는 혼돈과 모호함. 바로 그게 이상 문학의 본질이라는 생각이겠다.

"사람이 비밀이 없다는 것은 재산 없는 것처럼 가난하고 허전한 일이다." 이상의 소설 「실화(失花)」의 첫 문장이다. 김연수의 소설 『꾿빠이, 이상』의 아이디어는 여기서 출발한다. 키워드는 비밀이다. 김해경(이상의 본명)은 가상의 인물 '이상'을 창조해 그의 삶을 창작했다. 1937년

4월 17일 새벽, 김해경이 죽어 이상의 문학이 남았고 이상은 죽어 데드마스크를 남겼다. 그의 삶과 문학은 그렇게 영원한 비밀로 남겨졌다. 이상의 죽음은 자기의 죽음으로 그 비밀을 창조하는 행위였다. 『꾿빠이, 이상』은 그 거대한 비밀에 자기의 운명을 거는 사람들의 이야기다. 그 비밀이란 대체 무엇인가? 김연수의 소설은 이 물음을 쫓아간다.

『꾿빠이, 이상』에서 김연수는 그 비밀에 다가가는 단서를 창조했다. 그 하나는 이상이 죽은 그 자리에서 떴다고 기록으로 전해지는, 그러나 지금은 유실되고 없는 이상의 데드마스크다. 다른 하나는 「오감도 시 제16호 실화(失花)」라는 위작(僞作)이다(이상의 「오감도」는 실제론 15편까지 발표됐다). 사라졌던 이상의 데드마스크가 모습을 드러내고 느닷없이 세상에 출현한 이상의 시 「오감도 시 제16호 실화」의 진위 여부를 놓고 논란이 벌어진다. 그것은 진짜인가 가짜인가?

아무래도 상관없다. 왜냐하면 진실이란 보이지 않는 것이고 그게 진짜냐 가짜냐의 문제는 논리나 이성의 문제가 아니라 '믿음'의 문제일 뿐이니까. 즉 진짜라고 믿는 자에게 그것은 진짜처럼 보이고 가짜라고 믿는 자에겐 가짜처럼 보일 테니까. 이것이 김연수의 대답이다. 비밀이란 그런 것이고 이상의 문학도 그런 것이다. 지나친 신비화가 아니냐고? 그것이 『꾿빠이, 이상』의 김연수가 이상 문학에 보내는 오마주의 방식이다.

4. 잔인한 무지(無知)의 무대
— 권여선의 「당신이 알지 못하나이다」

한일월드컵이 열리던 그해, 여고생 김해언이 살해된다. 범인이 밝혀지지 않은 채 오랜 시간이 흘렀고 그 죽음은 남겨진 가족의 삶을 통째로 삼켜버린다. 사건의 파장은 이후 김해언의 주변에 있던 모든 이들의 삶을 속절없이 뒤흔들고 의미 없는 잉여로 만들어버린다. 특히 죽은 언니를 떠나보내지 못하는 동생 김다언에게 그 사건은 결코 멈추지 않는, 끝없이 계속되는 고통이었을 것이다. 권여선의 중편소설 「당신이 알지 못하나이다」(『창작과비평』 2016년 여름호)는 이 끝나지 않는 상실의 고통을 포착한다. 작가는 이렇게 적는다. "끔찍한 무엇을 멈출 수 없다는 것, 그 무엇이 끝없이 진행된다는 것, 그게 한 인간의 삶에서 어떤 무게일지 나는 상상할 수조차 없다."

 삶 속에서 계속되는 끔찍한 고통의 무게를 상상할 수조차 없다고 말하는 것. 상상이 불가능함을 탄식하는 이 고백은, 역설적이게도 그럼에도 문학은 그 불가능을 끌어안고 써야 한다는 조용한 다짐의 목소리로 읽힌다. 그리고 작가는 이 소설에서, 그렇게 한다. 고통은 도처에 있다. 김다언이 범인으로 의심한 한만우의 삶이 또한 그렇다. 그는 무릎암이 온몸에 퍼져 스물여덟의 나이로 고단한 생을 마쳤다. 김다언은 자신의 잃어버린 삶을 한만우의 이유 없이 가혹한 고통의 옆에 나란히 겹쳐놓는다. 그녀의 애도는 그렇게 타인의 고통을 경유해 가까스로 완성된다.

 우리를 고통 속에 내던진 신(神)은 정작 자기가 한 일을 알지 못한다. 거부할 수 없는 우리의 이 가혹한 삶은 그럼에도 불구하고 의미가 있는 것일까? 작가는 묻는다. "혹시라도 살아 있다는 것, 희열과 공포가 교차하고 평온과 위험이 뒤섞이는 생명 속에 있다는 것, 그것 자체가 의미일 수는 없을까." 이것이 신의 잔인한 무지(無知)에 되돌려주는 작가의 대답이다. 아마도 그럴 것이다. 그저 그렇게 살아간다는 것이, 그렇게 존재하고 지속되는 삶의 하찮음이, 그것이 그 자체로 품고 있는 티끌 같은 존엄이, 어쩌면 우리를 구원할지도 모른다.

 「당신이 알지 못하나이다」(박해성 각색·연출)는 2017년 연극으로 무대화됐다(남산예술센터 드라마센터, 2017년 11월 23일~12월 3일). 사건의 끝나지 않는 파장을 각자의 시간 속에서 겪어내는 다섯 등장인물의 말과 시선이 한 공간에서 교차하고 엇갈리고 포개진다. 원작의 서사와 감정의 굴곡을 물리적 공간 속에 오롯이 입체화하려는 시도다. 반면 원작이 갖는 겹겹의 의미가 분산되고 평면화됐다는 느낌을 주는 것은 아무래도 이 소설의 무대화가 그만큼 쉽지 않음을 방증하는 것이겠다.

5. 말하(지 못하)는 존재들
―김숨의 『한 명』

"말을 하는 게 어디 쉽나? 더구나 50년, 60년, 70년을 넘게 숨기고 있던 이야기를."

김숨의 장편소설 『한 명』(현대문학, 2016)에서 열세 살에 영문도 모르고 만주 위안소로 끌려갔다 살아남은 '그녀'는 그렇게 생각한다. 그래서 그녀는 무덤 속에 누워 있는 어머니에게조차 말을 하지 못했다. 대략 20만 명이 끌려가 2만 명이 살아 돌아왔다고 알려졌지만 정부에 등록된 위안부는 고작 238명이다. 얼마나 많은 피해 생존자들이 자기가 위안부였음을 숨긴 채 살고 있었는지, 또 그렇게 생을 마감했는지 우리는 알지 못한다. 그들은 끝까지 말할 수 없는 존재로 남았고 그래서 보이지 않는 존재가 되었다.

왜 말을 할 수 없었는가? 그들이 겪은 일들이 차마 말하기 힘들 정도로 너무나 끔찍하기 때문만은 아닐 터다. 그들의 침묵은 강요된 침묵이었다. 성노예 피해자를 외려 기피하고 혐오한 한국 사회의 낡고 이중적인 도덕적 규범의 시선이 그들의 말을 가로막았다. 또 다른 위안부 서사인 김현석 감독의 영화 「아이 캔 스피크」(2017)는 그 강요된 수치와 침묵의 장애를 넘어 비로소 '말하는 존재'로 자기를 가시화하는 위안부 생존자의 투쟁을 보여준다. 영화에서 '영어'라는 언어의 장벽은 그녀의 말을 가로막아온 모든 장벽의 메타포다.

그런데 사실 그들은 말하지 않아 보이지 않았던 것이 아니다. 그들이 보이지 않았던 것은 거꾸로 우리가 보려고 하지 않았기 때문이다. 김숨의 소설 『한 명』이 환기하는 진실이 바로 그것이다. 이 소설은 세월이 흘러 생존해 계시는 위안부 피해자가 단 한 명뿐인 미래의 어느 시점에서 시작한다. 작가는 차마 말을 하지 못한 채 세상에 홀로 남은 미등록 피해 할머니인 '그녀'의 기억과 자취를 따라간다.

'그녀'가 겪은 만주 위안소에서의 참상을 작가는 실제 증언록에서 발췌해 가져왔다. 허구를 압도하는 믿을 수 없는 그 참혹한 디테일은 차마 옮겨 적을 수 없을 정도다. 이 소설에서 작가는 지금껏 자기를 숨겨온 위안부 피해자들이 말하지 않아도 이미 말하고 있었음을 보여준다. 끔찍한 폭력의 기억에 붙들려 있는 그녀의 가혹한 생애가, 자궁이 뒤틀려버린 그녀의 육체가, 스스로 자신을 증명하고 증언하고 있었다는 것을.

6. 냉소적 유머 VS 휴머니즘
―스콧 피츠제럴드의 「벤자민 버튼의 시간은 거꾸로 간다」

일흔 살의 노인으로 태어나 점점 어려지며 거꾸로 나이를 먹어가는 사내가 있었다. 앤드루 숀 그리어의 장편소설 『막스 티볼리의 고백』(2004)은 이 괴이한 삶을 사는 남자의 운명적인 사랑을 그렸다. 그리고 오래전 그와 똑같은 운명을 타고난 또 한 사내가 있었다. 그는 벤자민 버튼이다. 영화 「벤자민 버튼의 시간은 거꾸로 간다」(2008)에서 그는 한 여인을 향한 막스 티볼리의 기구한 사랑의 역정을 비슷하게 반복한다. "우리 모두는 누군가의 삶에서 가장 소중한 존재"라는 막스 티볼리의 고백은 그대로 벤자민 버튼의 것이기도 하다. 점점 어려지며 소멸로 다가가는 운명의 저주는 그들에게 사랑과 삶에 대한 성숙한 통찰을 선물한다.

그러나 이 모두의 원조인 스콧 피츠제럴드의 단편소설「벤자민 버튼의 시간은 거꾸로 간다The Curious Case of Benjamin Button」(1922)의 주인공은 그들과는 딴판이다. 그는 자기의 기이한 운명에서 어떤 교훈도 통찰도 얻지 못하는 인물이다. 70대 노인으로 태어난 벤자민 버튼은 불평과 투덜거림으로 인생을 시작한다. 그는 그때그때 주어진 삶을 자각 없이 살아가는 이기적인 인물이다. 점점 젊어지는 그는 열렬히 사랑해 결혼한 아내가 나이를 먹어가자 싫증을 느끼고 젊은 여자들과의 파티와 댄스에 몰두한다. 그를 사로잡는 것은 오직 성공에 대한 과시와 쾌락에 대한 욕구다. 그는 평생 동안 그를 이해하고 마음을 나누는 친구를 단 한 명도 갖지 못했다. 세월이 흘러 모든 것이 그의 마음에서 희미해지고 그는 결국 아무것도 기억하지 못하는 아기가 되어 어둠 속에서 쓸쓸히 죽어간다.

소설에서 주인공을 포함한 인물들은 모두 배타적이고 이기적이다. 가족도 그의 존재를 있는 그대로 포용하지 않는다. 그의 기이한 운명은 아버지에겐 재난이었고 아내에겐 불가해한 오류였으며 아들에겐 귀찮은 걸림돌이었다. 그가 환영받을 때는 오직 건강한 젊음을 과시하며 재산을 두 배로 불리고 전쟁 영웅으로 귀환하는 등의 세속적 성공을 거뒀을 때뿐이다. 피츠제럴드가 그린 벤자민 버튼의 기이한 생애는 성찰적 자각 없이 주어진 삶에 몸을 맡기고 세속적 성공과 현재의 쾌락에 탐닉하는 20세기 초반 미국적 삶의 우화이면서 미국식 가족주의 신화에 대한 냉소적 진단으로도 읽힌다.

데이비드 핀처의 영화는 원작의 이야기를 로맨틱한 휴먼드라마로 탈바꿈시켜 전혀 달리 되살려놓았다. 영화의 따뜻한 휴머니즘과 소설의 차갑고 쓸쓸한 유머. 삶의 진실은 아마도 불편한 쪽에 있지 않을까.